中小微企业**挂牌精读**系列

新三板
实战500例

常见、难点及关键问题各个击破

上 设立股权篇

王　骥◎编著

熟读案例500篇，不懂三板也成家

中国经济出版社
CHINA ECONOMIC PUBLISHING HOUSE
北京

图书在版编目(CIP)数据

新三板实战500例(上):设立股权篇/王骥编著.
北京:中国经济出版社,2016.1
ISBN 978-7-5136-3911-8

Ⅰ.①新… Ⅱ.①王… Ⅲ.①中小企业—企业融资—研究—中国 Ⅳ.①F279.243

中国版本图书馆CIP数据核字(2015)第184153号

责任编辑 李煜萍
责任审读 贺 静
责任印制 马小宾

出版发行 中国经济出版社
印 刷 者 北京艾普海德印刷有限公司
经 销 者 各地新华书店
开 本 710mm×1000mm 1/16
印 张 23.5
字 数 350千字
版 次 2016年1月第1版
印 次 2016年1月第1次
定 价 78.00元
广告经营许可证 京西工商广字第8179号

中国经济出版社 **网址** www.economyph.com **社址**北京市西城区百万庄北街3号**邮编**100037
本版图书如存在印装质量问题,请与本社发行中心联系调换(联系电话:010-68330607)

序

熟读案例500篇,不懂三板也成家

早在2009年,新三板中关村试点第一次制度更新时,笔者便强烈地感觉到中国场外市场的春天越来越近了。于是,在当时正在撰写的《掘金场外市场》书稿开篇,笔者做出了“以新三板大扩容及区域股权市场大发展为主要表现的场外市场将掀起我国资本市场的第二次革命”这一论断。但是,随后数年,新三板发展却很缓慢,几乎处于沉寂之中。当然,笔者的书稿出版事宜也到处碰壁,一直拖延到3年后的2012年6月,随着中国证监会《非上市公众公司监督管理办法》征求意见稿的出台,才被少数出版社认同并随后面市。不过,在这期间,笔者一直坚信一个判断,其核心有两点:

一是近4500万(其中,截至2014年底全国注册的中小企业近1400万家)的中小微型企业,创造了我国超过70%的GDP,解决了超过80%的城镇就业,贡献了超过70%国家税收,然而,它们获取的国内贷款资源却仅仅略超1/5,融资渠道极其狭窄,融资效率极其低下,生存艰难,发展更是问题。

二是对于资本市场而言,如果场外市场不发达甚或不存在,再怎么发展都是一个跛足的市场:场外市场的本质是引导民间资金和社会闲散资金朝向创新型、科技型和发展型实体经济流动并重塑人们投资的“价值”理念。

这两点正好对应多年来困扰我国经济发展的一个大难题——“两多两难”问题。所以,这样的市场怎么可能不得到政府、社会、人们的逐渐认同、重视和发展呢?

2013年以来,我国场外市场爆发式成长。两年不到,区域股权市场从寥寥数家扩展到31家,截至2015年9月15日,仅上海、深圳前海、天津、广州、辽宁、齐鲁、浙江、重庆8家做得比较有特色的市场挂牌数量就达到了16800余家。新三板更是突飞猛进,2013年挂牌企业仅仅356家,融资总金额仅为10.02亿元,而2014年达到1572家,融资金额为132.1亿元,一年时间,挂牌数量与融资额度分别增长了4.42倍和13.18倍。截至2015年9月15日,新三板挂牌企业超过沪深A股(2780家),达到3563家,是2014年的2.16倍,两年不到增长了近10倍。同时,2015年上半年新三板企业完成742次定增,募集资金317.47亿元,是2014年全年的2.42倍。另外,新三板基金、资管产品、市值管理、优先股、金融衍生产品等多种业务也在逐渐兴起,各类金融机构与企业都积极参与其中。

新三板爆发式成长的现状及其广阔的市场前景,是我国社会、经济与金融长期被压抑而得以释放的市场需求所致。目前,在政府倡导“大众创业、万众创新”的新型政策和环境下,作为社会中的经济体或个体,认识和了解新三板,已经成为了一种必然和必需,特别是对于国内各类中小微型企业人群,已经或即将进入金融、资本及相关中介等各类机构、团体的众多人士,了解、学习或深入研究新三板的相关理念、知识、操作和技能,则尤显重要。

针对市场所需,笔者与中国经济出版社曾从2014年10月起,陆续推出了“场外市场掘金三部曲”,从理论、历程与实操上全方位、立体性解读了我国场外市场发展、实践与操作,收到了很好的市场和社会反响,其中《新三板掘金800问》销售一直名列全国同类书籍的前茅,得到了市场、业界和广大读者的高度认同。如今,笔者根据市场反馈、广泛采纳读者及业界人士意见,集多年研究与实践经验,参考相关资料,经多方选题、论证,推出的《新三板实战500例》(上下部),主要包括四个方面的特点和内容:

一是本套图书设置了27章(上部13章,下部14章),即新三板挂牌、资本操作的27大类别。每一类别分别提炼出平均约25种常规、疑难及典型问题。依据这些问题,有针对性地梳理了相关制度、规则、实操经验以及常规或典型的解决思路和方案,然后列举大量的案例逐一剖析和解读。这些内容几乎涵盖了新三板目前涉及的所有制度、规则和实践以及企业规范、创新与拓展所涵盖的各类制度、治理、运营与技能,甚至可以将其作为中小微型企业新三板挂牌实务、资本运营谋划的宝典。

二是本套图书的案例是从目前新三板已经挂牌的近4000家企业中,筛选出500多个案例企业,从中提炼了700余个常规、疑难、典型、重点及特有问题,这些问题的绝大多数是在案例中直接标明的,少数是笔者综合整个或整章案例实战解读后梳理出来的,书中都分门别类地提供了切实的解决方案。其中,案例样本的选取经多方论证、长时间筛选,方式大致是这样的:2014年1月24日那次史无前例的新三板大扩容中选取的企业不少于180家(原因:这次扩容实际上是股转系统公司从2013年4月开始接收、筛选,并最后在新的交易系统运行时集中挂牌的第一批企业,标的时间跨度实际上长达8个月之久,其样本行业、类型与经营,以及所表现出来的各类实战问题的集中度与代表性,都很有价值和意义),其余的样本根据套书章节的设计所需,精选企业的挂牌时间跨度为2007年1月至2015年8月。这些案例和实战问题,涵盖了目前现实中的绝大多数行业、企业类型及问题。笔者一般从企业背景、问题根源、事件核心、解决思路、关键突破、步骤设计、材料采集、项目推进与方案落地等方面进行了较全面而深度的剖析。这些问题的解决之法千差万别,都是来自实战中的真实情况,并取得了良好甚至是绝佳的效果。

三是本套图书案例的原始资料来源并参考了国内50余家券商、1500余家中介机构以及超过8000位一线金融工作者们的汗水经验和智慧成果。这些工作者们深入一线实地考察,经反复研究、探讨、设计并最终完成的遍布祖国大江南北的各类企业资料以及庞杂问题的解决方案,其既坚守原则,又灵活、创新性地理解、运用制度、规则的才智以及众多绝妙、通变的方式跃然纸上,往往让人拍案叫绝。笔者对他们的辛勤工作致以崇高的敬意,并对这些资料于该套图书编撰的帮助致以由衷的谢意!

四是本套图书具有丰富的内容和广博的信息量,或许能够为你揭秘必备的,或者是你在新三板日常业务实践中难以学到的,抑或是未曾遇到过的众多的实战经验与技能。

新三板在取得较大成绩的同时,其爆发式成长也必然形成或累积很多问题,诸如股市一些由环境、机制、设计等导致的问题也会“感染”进来,未来,新三板也会出现如波浪般的低谷时期,或许某些问题还会在某些时候形成很严重的影响……这就更需要参与者关注实际,从挂牌企业的实战案例去捕获端倪。另外,新三板制度、规则及其所涵盖的内容博杂而广泛,实践中的各类主体及问题千差万别、浩如烟海。套用一句古人的经验心得“熟读唐诗三百首,不会吟诗也会吟”,笔者也可以说“熟读案例500篇,不懂三板也成家”……但愿本套书的立意、设计与内容,能够为广大的中小微型企业,金融、资本市场的各类机构、中介以及需要了解和学习新三板相关知识、实战操作技能的朋友们提供帮助。

本套书参考了包括新三板所及最新政策、制度和规范,其案例原始资料皆参考或来自全国股转系统官方网站,相关券商、中介与服务、派生机构的官网以及互联网所公开披露的大量信息资料,并经笔者及其团队辛勤整理、归纳和提炼,这里特作说明和感谢,不再书中单列。另外,笔者对业界各路朋友实战技能和经验资料的提供深表感谢!对笔者家属,所有支持过该套图书编撰、出版的单位及众多朋友致以深切的谢意!同时,书中的纰漏、不当与谬误,敬望业界同人予以批评、指正!

王 骥

2015年9月19日

新三板实战500例

总目录

上部　设立股权篇

第一部分　设立与出资

第二部分　股东与股权

下部　经营合规篇

第一部分　业务与经营

第二部分　治理与合规

新三板实战500例

（上：设立股权篇）

目录

第一部分　设立与出资

第二部分　股东与股权

第一部分

设立与出资

CHAPTER1
第一章

主体改制及各类常规、疑难问题的解决

本章要领 19 大案例及 30 种常规、典型实务问题及其解决思路

◎本章将解决的 30 种实务问题

①脱钩改制；②新《公司法》关于评估与验资的新解；③注册制度新规关于评估的新解；④国资履行程序；⑤研究院所等特殊主体改制；⑥股改常规流程；⑦先变更为有限公司再股改；⑧整体变更与是否以评估结果折股；⑨追溯调整股改之前的财务数据；⑩基准日审计与验资；⑪基准日净资产调减；⑫净资产与注册资本差额及补足；⑬发起人全属自然人的折股；⑭个人所得税缴纳与折股；⑮未分配利润转增股本；⑯未分配利润为负的股改；⑰实物股改后未转入；⑱股改后无形资产资质未变更；⑲股改未进行资产评估；⑳股改未履行验资程序；㉑股改未履行审计及发起人协议章程等系列程序；㉒会计事务所资格；㉓未完成股改即增资；㉔资产业务及债权债务等的承继；㉕审计变更及费用增加；㉖权责发生制与净资产调减；㉗改制后的股本不足与补足；㉘调减资本公积－股本溢价的调账；㉙改制增资同股不同价；㉚发起程序及发起人协议。

◎典型问题及一般性解决思路

1. 整体变更与业绩连续计算

整体变更在实操中应用普遍，其原因是股份公司存续期可以从有限公司成立之日起计算。注意及解决思路有三：

（1）不应改变历史计价原则；

（2）不能根据评估结果进行账务调整；

（3）以改制基准日经审计的净资产额为依据折合为股份公司中的股本。

业绩连续计算主要涉及两方面问题：

（1）公司业绩连续计算需以变更基准日经审计的净资产额为依据折合为其股份；以评估结果折股视为新设，不能连续计算业绩。

（2）业务重组可能影响申报期。业务重组分为同一控制下重组与非同一控制下重组两种情形。

2. 国有、外商及特殊主体

国有性质的有限责任公司、股份合作制企业、研究院所等特有主体，其设立、改制与股权变更等，约束较多，合法合规和履行程序是审核的重点。另，外商投资企业，依据我国法规，不论是中外合营、合作企业还是外商独资企业，一般的组织形式都是有限责任制公司，拟挂牌前需整体变更进行股改，其中，属外商独资的，还须引入中国股东。

以上改制常规处理思路：

（1）披露关于主体内部改制审批、投资者份额确定；

（2）主管机关批准或确认、登记机关核准等主要文件。

3. 国有资产折股要求

解决思路与注意事项有三：

（1）国有资产作价入股必须进行资产评估。国有资产的转让方应当委托具有相关资质的资产评估机构，依照国家有关规定进行资产评估。评估报告经核准或者备案后，作为确定企业国有产权转让价格的参考依据。

（2）国有资产作价入股时，企业应当以经核准或备案的资产评估结果为作价参考依据；当交易价格低于评估结果的90%时，应当暂停交易，在获得原经济行为批准机构同意后方可继续交易。

（3）国有资产严禁低估作价折股。一般应以评估确认后的净资产折为国有股的股本。如不全部折股，则折股方案须与募股方案和预计发行价格一并考虑，但折股比率（国有股股本/发行前国有净资产）不得低于65%。

依据：《股份有限公司国有股权管理暂行办法》、《企业国有产权转让管理暂行办法》、《企业国有资产评估管理暂行办法》以及深圳证券交易所2011年5月发布的《中小企业板、创业板股票发行上市问答》。

4. 评估及验资

根据2014年3月1日起实施的《公司注册资本登记管理规定》（工商总局令第64号）等规定，工商部门对有限公司整体变更为股份公司已不再强制要求提交评估报告等类似文件。目前法律明确规定需要评估有两种情况：以非货币资产出资和国有企业改制，除此之外评估并非必要条件。2014年3月1日起生效的修订后的《公司法》第八十三条规定，公司整体变更为股份公司时可以不进行验资。但2015年之前大部分公司为谨慎、严谨起见，在股份改制中仍由会计师出具验资报告。本章以6个案例来详解评估与验资。

5. 财务处理问题

改制财务问题主要包括公司财务情况与净资产数额问题。实操而言，改制主体会计、审计制度发生变化，有可能导致改制涉及的净资产发生变化。《公司法》对关于企业股改时净资产的规定，仅限于“有限责任公司变更为股份公司时，折合的实收资本不得高于公司净资产额”。注意：改制主要是从法律层面对企业进行制度上的变更，目前我国对财务情况是否影响改制暂无规定，财务优劣并不阻碍成功改制。所以，常规处理思路是：

（1）特殊财务问题，根据实际情况通过公司召开股东会的决议来调整实收股本。

（2）净资产折股时，如问题较突出，审计报告出具了“保留意见”，则需要对该问题进行专项审计和评估，将保留事项对应的金额找出、剔除，从而清楚改制的财务障碍。

6. 追溯调整股改基准日净资产

整体变更为股份有限公司，按照账面净资产折合股本。在办理完工商登记变更手续后，申报会计师发现财务报表存在重大会计差错，追溯调整股改之前的财务数据（主要指股改审计由不具有证券资格的事务所承担的情况）。如为调增净资产，则为超额出资；如为调减净资产，则为出资不足。

超额出资解决思路：

（1）股改前，由原股东承诺超额出资部分记入资本公积。

（2）由申报会计师以近期时点为基准日，对拟挂牌公司的财务报表进行审计并出具审计报告，由拟挂牌公司申请变更注册资本。

注意，变更后的注册资本应大于变更前的注册资本，否则将履行减资的法定程序。

出资不足的解决思路：

（1）充分披露可能受到的处罚，取得工商登记机关不予处罚的证明；

（2）取得其他批文及证明，主要指的是工商局确认出资且免予处罚的文件；

（3）股东补足出资，审计复核；

（4）股东做出相应承诺，同时中介机构发表意见。

7. 改制评估日与公司成立日间隔较长

改制评估基准日与公司成立日中间相隔时间较长，在此期间必定会产生损益，此期间如果产生收益，决不可擅自归为新设企业，务必界定清楚；如果产生亏损则很可能使出资资本不充足。如何解决？

解决办法：不管是哪一种情况，如果是出资不足，解决思路如前；如果是多出资，要么返还给原出资股东，要么取得原股东的承诺函，明确归属于全体股东共享，当然，国企改制还要考虑是否造成国有资产流失。

8. 独立性原则

业务、资产、人员、财务与机构五独立。这里强调一下“人员独立”问题。重点注意：要求公司高级管理人员：

（1）不得在持有公司5%以上股权的股东单位及其下属企业担任除董事、监事以外的任何职务；

（2）不得存在自营或为他人经营与公司经营范围相同或相近业务的情形；

（3）建立独立的劳动、人事和工资管理体系。

9. 关联交易与同业竞争

关联交易注意：定价公允、决策程序公正（关联方回避）。

同业竞争的解决思路：

（1）修改竞争企业经营范围；

（2）拟挂牌公司收购竞争企业（资产或股权）；

（3）将有竞争的企业转让给无关联的第三方；

（4）注销竞争企业。

10. 其他8方面注意

控股股东与实际控制人问题、董监高任职资格问题、资金占用问题、出资与股本设置、土地使用权属、股改方案与股权设计、整体变更中的委托或代持股份情况、员工社保公积金等问题。这些问题将在以后的相关章节详细解读。

案例001 企业脱钩改制的注意事项与具体操作（嘉达早教）

广东嘉达早教科技股份有限公司（嘉达早教430518）是一家专业研究、开发、生产早教产品的龙头企业。2001年8月，公司原身有限公司实施了脱钩改制，该改制是否合法有效，是否产权清晰？

解决思路：

（1）证明公司脱钩改制后的产权清晰：获取改制相关的《验资报告》（2014年3月修订的《公司法》对验资已不再要求，实际操作中2015年之前的拟挂牌企业很多都提供了验资报告，以下所涉案例，不再单独强调）、《企业法人营业执照》、市政府出具的批复、省政府出具的批复；

（2）如实披露详情。

方案详解：

2001年8月，公司脱钩改制：根据汕头市人民政府下发的《转发市体改委关于开展清理挂靠企业工作方案的通知》（汕府〔1999〕82号）、《关于加快挂靠企业清理工作有关问题的通知》（汕府〔1999〕160号）及澄海市人民政府《关于印发开展清理挂靠企业工作意见的通知》（澄府〔1999〕31号）的规定，澄海市嘉达电子玩具厂按相关要求完成了清产核资、产权界定等脱钩手续，填写了《澄海市挂靠企业脱钩改制申请表》、《澄海市挂靠企业清产核资表》及《澄海市挂靠企业资产产权界定审批表》，解除了与澄海市凤翔街道外埔工贸管理站的挂靠集体企业关系。2001年8月8日，澄海市丰业会计师事务所出具《验资报告》（澄丰会内验〔2001〕第185号）：截至2001年6月30日，澄海市嘉达电子玩具实业有限公司已收到股东以澄海市体改办〔2001〕0212号文批复中界定的净资产相对应的资产投入1038.00万元，其中陈树佳出资726.60万元，占注册资本70%，吴树依出资311.40万元，占注册资本30%。

2001年8月15日，澄海市工商行政管理局向澄海市嘉达电子玩具实业有限公司核发了注册号为4405831001425的《企业法人营业执照》，公司注册资本为1038.00万元，企业类型为有限责任公司。至此，公司脱钩改制工作完成。

2001年7月30日，澄海市人民政府经济体制改革办公室和澄海市农村集体资产管理办公室出具《关于同意澄海市嘉达电子玩具厂改组为有限责任公司的批复》（澄改办〔2001〕0212号）；2013年1月15日，广东省人民政府办公厅出具了《广东省人民政府关于确认广东嘉达早教科技股份有限公司前身澄海市嘉达电子玩具厂脱钩改制有关问题的复函》（粤办函〔2013〕16号），确认广东嘉达早教科技股份有限公司的前身澄海市嘉达电子玩具厂脱钩改制合法有效，广东嘉达早教科技股份有限公司产权清晰。

案例002 研究院所等特殊主体的改制步骤和关键（现代环境）

上海现代环境工程技术股份有限公司（现代环境430669）主要从事涂料仪器、油墨仪器等实验室仪器类产品和工厂生产类产品的开发、制造和销售。公司最早是研究所，先改制为有限责任公司，再整体变更为股份公司，最后成功挂牌新三板。该案例有限公司改制过程较为重要。问题：研究院所等特殊主体是怎样改制的，其步骤与关键是什么？

解决思路：

（1）特殊性质主体，其改制前先得通过内部审批，再由各投资主体确认持有资产份额；

（2）对注资和资产进度进行评估和验资；

（3）后由负责改制的地方政府部门和地方国有资产管理办公室审批和通知；

（4）完整履行一系列资产验证和确认流程。

方案详解：

公司前身为研究所，系由上海环境工程公司、上海环境工程协会申请设立，企业性质为全民与集体联合经营，隶属于上海环境工程公司，注册资金为3万元，其中职工集资认购2.1万元，上海环境工程公司投资3万元，上海环境工程协会投资0.6万元。1988年7月14日，上海市长宁区工商行政管理局核准研究所设立。1999年7月28日，上海长宁审计事务所出具了审计报告（长审事财〔99〕303号），以1999年6月30日为基准日，研究所经审计的总资产为1695917.87元，总负债为45281110元，净资产为1243105.77元。

1999年8月10日，研究所向上海市工商行政管理局长宁分局申请改制为有限责任公司。

1999年12月4日，研究所投资者依据上海市长宁审计事务所的审计报告（长审事财〔99〕303号），签署了《资产界定协议书》。

1999年12月4日，上海现代环境工程技术有限公司（筹）召开第一次股东会，选举产生了公司董事会成员及公司监事，审议通过了公司章程。同日，全体出资人签署了《出资人协议书》，约定了各自的出资额，编制了股东出资额清单。

1999年12月10日，上海市长宁区经济体制改革办公室出具了《关于上海现代环境工程技术研究所改制为上海现代环境工程技术有限公司的批复》（长经体改〔1999〕第21号），同意研究所改制为有限责任公司。

研究所改制前注册资本为20万元，改制变更后注册资本为125万元（其中原企业资产界定1243万元，姜妙根以货币增资0.7万元，增资价格为1.00元股）。1999年12月24日，上海长宁审计事务所出具了验资报告（长审事专〔99〕057号），验证截至1999年12月24日，有限公司注册资本已全部到位。

2000年4月19日，上海沪中资产评估有限公司出具了以改制为目的的资产评估报告（沪中评报字〔2000〕第19号），以1999年6月30日为基准日，经评估的净资产价值为1243105.77元。

2000年5月8日，上海市长宁区国有资产管理办公室出具了《关于上海现代环境工程技术研究所整体资产评估结果的确认通知》〔长国资评（2000）32号〕，对前述《评估报告》（沪中评报字〔2000〕第19号）之结果予以确认。

2000年5月23日，上海市工商行政管理局长宁分局核准有限公司设立，并核发了注册号3101052002198的企业法人营业执照。

案例003 调减股改基准日净资产与注册资本差额的操作（维珍创意）

北京维珍创意科技股份有限公司（维珍创意430305）主要从事ATM形象创新及安全防护产品的工业设计、IT软硬件研发、市场开拓、系统集成、产品生产、系统安装及售后服务。公司挂牌前股改时，涉及调减改制基准日净资产与注册资本的差额，该差额由现金补足，是怎么操作的？

解决思路及方案详解：

在中介机构对维珍股份补充核查的过程中，根据维珍股份的业务实质，对其2011年度主营业务收入对应的应交税金金额进行了测算，并根据测算结果对维珍股份以前年度财务状况和经营成果进行了调整。追溯调整后，维珍股份截至2011年12月31日的股东权益合计为11956649.83元，比追溯调整前的13066548.23元调减了1109898.40元。为了避免前述审计调整事项对维珍股份的设立及发起人的出资产生影响，维珍股份决定由发起人高丽平、张秀清以现金方式为维珍股份补足所差的注册资本，具体实施过程如下：

（1）2013年7月10日，维珍股份召开2013年第二次临时股东大会，对中勤万信会计师关于公司报告期财务报表的审计调整予以确认，并决议由维珍股份发起人高丽平、张秀清按照当时出资比例对因上述审计调整所导致的改制基准日净资产的减少数额1109898.40元进行补足，高丽平补足出资11098.98元，张秀清补充出资1098799.42元。

（2）中勤万信会计师于2013年7月10日出具了《财务报表对以前报告披露的财务报表数据进行追溯调整的转向说明》（勤信专字〔2013〕第548号），确认了审计调整对2011年12月31日的净资产影响数为调减1109898.40元，并确认了上述变动对其2013年3月28日出具的《验资报告》（〔2012〕中勤验字第03012号）的影响如下：

报表项目	追溯调整后（元）	追溯调整前（元）	影响（元）
股本	11890101.60	13000000.00	-1109898.40
资本公积	66548.23	66548.23	无
资产合计	11956649.83	13066548.23	-1109898.40

上述专项说明同时确认关于上述调减金额，维珍股份发起人已于2013年

7月10日以现金方式补足。

经核查中国民生银行股份有限公司北京西长安街支行的《大额支付往来记账凭证》，维珍股份已于2013年7月10日收到高丽平投入的投资款11098.98元、张秀清投入的投资款1098799.42元。

经律师核查：①维珍股份上述股改基准日2011年12月31日净资产数额调整是由于在审计过程中发现新的调整事项而发生；②相关调整事项以及因该等调整事项所导致的改制基准日净资产的减少数额1109898.40元由维珍股份发起人高丽平、张秀清以现金补足，均已经维珍股份股东大会审议通过；③维珍股份审计机构中勤万信会计师出具了补充说明和确认文件，明确了维珍股份设立时的《验资报告》所载注册资本及资本公积数额不会因上述审计调整发生变化，并确认了因审计调整减少的净资产已由维珍股份发起人以现金方式予以补足；④维珍股份发起人高丽平、张秀清分别已将公司股东大会决议确定的补足出资金额汇入了公司账户。

综上，上述审计调整事项及相应的补充净资产差额的各项安排未对维珍股份设立时的合法性产生不利影响。

案例004 未分配利润为负与股改的合法合规性（酷买网）

酷买网（北京）科技股份有限公司（酷买网430690）是一家专业的电子商务运营商和服务商，自主运营运动类产品网站（cooli. cn），并同时为品牌商和零售商提供电子商务全方位服务。公司未分配利润为负，在此种情况下变更为股份公司是否合法合规？

解决思路：

（1）审计报告、验资报告等整体变更依据和过程；

（2）法律法规方面没有未分配利润为负不能进行股改的禁止性规定；

（3）折股不存在损害公司、股东、债权人利益的情形；

（4）详情如实披露。

方案详解：

依据大华会计所出具的标准无保留意见《审计报告》（大华审字〔2013〕005695号），2013年8月31日：公司的资产合计为5959910.24元；公司负债合计为946492.98元（其中2013年8月31日，控股股东吴辉与公司达成协议，对公司应付控股股东吴辉债务豁免了100万元）；所有者权益合计为5013417.26元，也就是经审计净资产5013417.26元。

依据大华会计所“大华验字〔2012〕000332号”《验资报告》，公司以不高于审计机构审计且不高于评估机构评估的净资产值折股，5000000.00元为注册资本，余额13417.26元进入资本公积金，整体变更为股份有限公司。

经律师核查：本次酷买网有限整体变更为酷买网股份符合《公司法》第九十五条规定的“有限责任公司变更为股份有限公司时，折合的实收股本总额不得高于公司净资产额”。《业务规则》第2.1条第（一）款明确：“有限责任公司按原账面净资产值折股整体变更为股份有限公司的，存续时间可以从有限责任公司成立之日起计算。”法律法规方面没有未分配利润为负的情况下不能进行股改的禁止性规定；同时，本次折股经过了合法程序，不存在损害公司、股东、债权人利益的情形。

综上，该所律师认为，整体变更时有限公司未分配利润为负的情况不影响公司通过经审计净资产账面价值转股本整体变更为股份公司的合法合规性。

案例005 整体变更却未资产评估（普金科技）

广州普金计算机科技股份有限公司（普金科技430486）为财税信息化综合服务提供商，主要为税务机关提供稽查类、征管类税务软件和其他纳税服务类产品及服务，为纳税企业提供税务软件服务、财税远程培训服务及其他财税综合服务。公司整体变更时并没有进行资产评估，该怎么办？

解决思路及方案详解：

由于公司相关工作人员对企业改制的法律法规理解有偏差，公司在整体变更时并没有进行资产评估。为了弥补该瑕疵，公司对改制时的资产情况补充进行了资产评估。广东中广信资产评估有限公司于2013年11月15日出具了《关于广州市普金计算机科技有限公司整体变更为股份有限公司事宜涉及的股东全部权益价值项目追溯性评估》，确认了有限公司股东全部权益于评估基准日2010年12月31日的市场价值为3066.78万元。

公司律师认为，由于《公司法》和《公司登记管理条例》均没有要求有限责任公司整体变更为股份有限公司时应对原有限责任公司的净资产进行评估，且普金计算机整体变更时对全部资产进行了审计，相关工商行政管理部门按照法律规定予以了变更登记备案，因此，普金计算机整体变更为普金股份，虽缺少整体变更时原有限公司净资产的评估报告，但整体变更不存在虚增资本、损害第三人权益的行为及情形，且经过会计师事务所验资及工商行政管理部门的登记备案，因此，普金计算机整体变更为普金股份合法有效，不存在法律上的障碍。

主办券商认为，由于普金公司相关人员对法律法规认识不足，导致公司未按照《公司注册资本登记管理规定》第十七条第二款的规定进行资产评估。但公司整体变更时已由天健会计师事务所有限公司广东分所对其资产负债情况进行了审计并出具了无保留意见《审计报告》（天健穗审字〔2010〕1073号），股份公司折合的股本没有高于有限公司经审计的净资产值，且整体变更经过天健会计师事务所出具《验资报告》（天健穗验字〔2011〕1001号）审验，工商登记机关亦对公司变更进行了审批。广东中广信资产评估有限公司于2013年11月15日出具了《关于广州市普金计算机科技有限公司整体变更为股份有限公司事宜涉及的股东全部权益价值项目追溯性评估》，确认了有限公司股东全部权益于评估基准日2010年12月31日的市场价值为3066.78万元，不低于经审计的净资产价值。公司整体变更不存在虚增资本、损害第三人权益的行为，故主办券商认为公司整体变更合法有效。

案例006 新公司法与股改未验资的合规性（基康仪器）

基康仪器股份有限公司（基康仪器830879）主要从事设计、开发、生产精密传感器、数据采集器、智能传感终端等产品，并基于精密传感器的行业应用向下游客户提供软件与物联网服务。公司股改未履行验资程序，是否合法合规，该如何解决？

解决思路：

（1）据新《公司法》，以发起方式设立股份有限公司申请设立登记时不再需要提交由依法设定的验资机构出具的验资证明；

（2）阐明整个股改的过程、程序及依据；

（3）主办券商核查、发表意见并如实披露详情。

方案详解：

主办券商通过查阅资产评估报告、查阅审计报告、查阅公司治理方面的相关文件、查阅发起人协议以及主管机关的准予变更通知和换发后《营业执照》等，对下列事项进行核查：

（1）2014年2月25日，基康有限召开股东会，决议以2013年12月31日作为整体变更的审计、评估基准日，并聘请天衡会计师、天健兴业为整体变更的审计机构、评估机构；

（2）2014年3月15日，天衡会计师出具了“天衡审字〔2014〕00604号”《审计报告》，根据该报告，基康有限截至2013年12月31日的净资产值的审计值为167060320.39元；

（3）2014年3月15日，天健兴业出具了“天兴评报字〔2014〕第0155号”《基康仪器（北京）有限公司股改项目资产评估报告书》，根据该报告，基康有限截至2013年12月31日净资产的评估值为216221314.82元；

（4）2014年3月27日，基康有限召开股东会，确认审计、评估结果，审议通过整体变更的具体事宜；

（5）2014年3月30日，全体发起人共同签署了《发起人协议书》，一致同意以发起方式设立公司；

（6）2014年4月10日，北京市工商局同意核准公司名称变更为“基康仪器股份有限公司”；

（7）2014年4月11日，公司召开创立大会，同意以发起方式设立公司；

（8）2014年4月15日，北京市工商局房山分局向公司核发了“110000410127860号”《营业执照》。

通过上述核查，主办券商认为公司整体变更设立过程中的资产评估事宜已经履行必要的程序，符合有关法律、法规和规范性文件的规定，公司整体变更为股份有限公司时未由验资机构进行验资不违反法律、法规的规定，公司的发起人已足额缴纳出资、遵守公司章程，并且已经完整履行了公司治理机制及法律法规所要求的相应程序。

案例007 注册新规下公司整体变更与资产评估（万通液压）

山东万通液压股份有限公司（万通液压830839）主要从事液压油缸的

研发、制造和销售。该公司整体变更为股份公司时未履行评估手续，根据2014年3月1日起实施的《公司注册资本登记管理规定》（工商总局令第64号）等规定，解释是否合法合规，是否对挂牌构成影响？

解决思路及方案详解：

经核查，万通液压有限2014年3月在整体变更为股份公司的过程中未履行资产评估手续。根据相关规定，非货币出资设立公司需要评估作价，但万通液压有限系以净资产折股的方式整体变更为股份公司，根据2014年3月1日起实施的《公司注册资本登记管理规定》（工商总局令第64号）等规定，工商部门对有限公司整体变更为股份公司已不再强制要求提交评估报告等类似文件。经核查，在万通液压有限以净资产折股方式整体变更、设立股份公司的过程中，当地工商部门亦未要求公司提供评估报告。

2014年3月26日，日照市工商局核发了注册号为371121228001949的《营业执照》，核准万通液压有限整体变更设立股份公司，至今当地工商部门亦无任何异议。目前，股份公司的经营状态为存续（在营、开业、在册）。根据万通液压有限发起人股东签署的《发起人协议》以及股份公司设立的其他相关文件，股份公司是以万通液压有限经审计的净资产值177331710.07元（以2014年2月28日为基准日）折合成股本60000000股而设立的股份公司。经核查，万通液压有限经审计的净资产值远大于股份公司注册资本，股改前后注册资本保持不变，不存在股份公司上述净资产值低于注册资本的情况，亦不存在出资不实的情况。万通液压有限以净资产折股方式整体变更设立股份公司事项已经公司全体股东一致同意，全体股东亦同意股份公司的注册资本及股权结构，且无任何异议。

综上，公司是由万通液压有限以其经审计的净资产值折股而整体变更设立的股份公司，万通液压有限经评估的净资产值仅是公司在整体变更为股份公司时的一个参考值，而非万通液压有限整体变更为股份公司的折股依据，万通液压有限整体变更设立股份公司前后的注册资本一致；万通液压有限整体变更设立股份公司已经全体股东一致同意，至今无任何异议；当地工商部门已核准万通液压有限整体变更设立为股份公司，未要求公司提供评估报告，至今亦未提出任何异议，目前股份公司经营状态为存续（在营、开业、在册）。因此，万通液压有限没有履行资产评估手续对股份公司的设立和公司本次挂牌均不构成实质性的法律障碍。

案例 008 整体变更时国资未履行评估核准程序（佳先股份）

安徽佳先功能助剂股份有限公司（佳先股份 430489）主要从事化工产品（二苯甲酰甲烷、硬酯酰苯甲酰甲烷、融雪剂）的生产、销售，自营上述产品的出口业务。公司股改整体变更时未履行国有资产评估结果核准程序，该怎么处理？

解决思路及方案详解：

经核查，佳先有限在整体变更为佳先助剂时，虽对全部资产和负债进行了评估，但未履行国有资产评估结果核准程序。具体情况如下：

（1）佳先有限已聘请鑫诚评估所对其在评估基准日 2009 年 11 月 10 日的全部资产和负债进行了评估，并于 2009 年 11 月 24 日出具了资产评估报告。

（2）2009 年 12 月 29 日，前述评估结果已经蚌埠市国资委《关于核准安徽佳先功能助剂股份有限公司向管理层和技术骨干、蚌埠投资集团有限公司定向增发股权整体资产评估项目的批复》（蚌国资委〔2009〕65 号）核准。

（3）蚌埠市国资委于 2013 年 10 月 15 日出具了《关于安徽佳先功能助剂股份有限公司设立及国有股权管理等有关事宜的说明》，认为其已聘请有资质的资产评估机构予以评估，且前述评估结果业经该委《关于核准安徽佳先功能助剂股份有限公司向管理层和技术骨干、蚌埠投资集团有限公司定向增发股权整体资产评估项目的批复》（蚌国资委〔2009〕65 号）核准；佳先有限系按审计账面净资产折股整体变更成股份有限公司，不存在所有者权益损失情形。

（4）佳先有限系按审计的账面净资产折股整体变更为佳先助剂，并经佳先有限股东会、佳先助剂创立大会审议通过，履行了审计、评估及验资程序，取得工商行政管理部门的核准登记。

鉴于以上情况，认为：佳先有限在整体变更时的相关评估报告虽未办理国有资产评估结果核准，在程序上存在一定的瑕疵，但其当时已聘请有资质的资产评估机构做出评估，前述评估结果在整体变更后不久即获得蚌埠市国资委核准，且蚌埠市国资委于 2013 年 10 月对前述评估行为和结果再次予以认可、确认。同时，佳先有限系按审计的账面净资产折股整体变更为佳先助剂，其整体变更行为和程序符合公司法的规定，不存在国有资产流失情形。因此，前述瑕疵不会影响佳先助剂设立的合法有效性，对佳先助剂本次挂牌不会构成实质性法律障碍。

案例009 改制未审计、评估及验资（智信股份）

云南智云信息技术股份有限公司（智信股份830878）2014年7月挂牌，该公司在2013年6月由格物致有限变更为股份公司时，存在如下问题：

问题一：各发起人未依法签署《发起人协议》；

问题二：整体变更时制定的《公司章程》在董事会及监事会设置问题上不符合《公司法》的相关规定；

问题三：未对格物致有限整体变更时的净资产进行审计和评估确认，无法确认整体变更事项是否符合《业务规则》、《公司法》等法律、法规及规范性文件的规定，即未依法进行审计、评估；

问题四：未依法对股份公司设立时的出资情况进行验证，即依法进行验资。

解决思路与方案详解：

公司针对上述列示问题进行了整改，规范方案及实施：

（1）2014年1月25日，有限公司股东王建胜、卢善敏、王倩、冷用斌、龙祥红共计5人作为股份公司的发起人签署了《发起人协议》，对有限公司整体变更发起设立股份公司的情况进行确认，并明确各发起人的权利义务等事项。同时，全体发起人出具《关于整体变更的声明》，声明：“有限公司的所有资产、业务、债权债务及其他一切权益、权利和义务，自有限公司变更登记为股份公司之日起由股份公司承继。发起人之间没有发生有关公司整体变更事项的争议，发起人认可公司整体变更事项的有效性，未来不就公司整体变更相关事项发生争议。”本所律师核查，《发起人协议》的内容和形式符合法律、法规及规范性文件的规定，且全体发起人已就该问题做出声明，因此不会引致公司的设立行为存在潜在纠纷。

（2）针对整体变更时制定的《公司章程》在董事会及监事会设置问题上的瑕疵，股份公司于2013年6月23日召开股东大会，重新选举董事、监事，并修订章程，对董事、监事人数及选举问题进行规范，符合《公司法》的相关规定。2013年7月3日，昆明市工商局核准了本次变更登记。

（3）公司委托北京兴华湖北分所对有限公司截至审计基准日2013年5月31日的账面净资产进行审计。2014年1月24日北京兴华湖北分所出具了“〔2014〕京会兴鄂分审字第12170002号”《审计报告》。经审计，有限公司截至2013年5月31日的净资产值为人民币7013877.30元。

（4）公司委托开元评估对有限公司截至评估基准日2013年5月31日的净资产进行评估。2014年1月25日开元评估出具了“开元评报字〔2013〕192号”《评估报告》。经评估，有限公司截至评估基准日2013年5月31日的净资产评估值为人民币717.45万元。

（5）公司委托北京兴华湖北分所对有限公司整体变更设立为股份公司时的注册资本实收情况进行了验资核查。2014年2月8日北京兴华出具了“〔2014〕京会兴鄂分验字第12170002号”《验资报告》。经审验，截至2013年6月17日，股份公司已收到全体股东股本缴纳的股本合计500.00万元，各股东以有限公司经审计后截至2013年5月31日止的净资产7013877.30元作为出资折合为股本人民币5000000.00元，净资产超过折股部分2013877.30元计入公司资本公积。

（6）2014年2月10日，股份公司召开2014年第一次临时股东大会，通过了《关于确认云南格物致科技发展有限公司整体变更为云南格物致科技发展股份有限公司的议案》等议案，确认公司形式于2013年6月17日由有限公司整体变更为股份有限公司；确认以有限公司2013年5月31日为审计和评估基准日的审计及评估结果；确认以北京兴华湖北分所审计的有限公司2013年5月31日为基准日的净资产7013877.30元折合为股份公司的股本总额500.00万股，余额计入股份公司的资本公积金；确认有限公司全体股东以其持有的有限公司股权所对应的净资产认购股份公司的股份；确认公司第一届董事会和第一届监事会组成人员；确认有限公司的债权债务由变更后的股份公司承继。

（7）2014年2月17日，股份公司向昆明市工商局提交上述材料进行补充备案。同日，昆明市工商局出具《关于云南智云信息技术股份有限公司整体变更情况的说明》，内容摘要为：“你司在有限公司整体变更为股份公司时虽未履行有关法定程序，但现已通过聘请中介机构对有限公司截至基准日2013

年5月31日的净资产进行审计、评估，并据此折合股份公司股本，办理了验资手续，建立健全了公司治理机制，且经公司董事会、股东大会予以确认，符合公司法及工商登记相关法律法规的规定。据此，我局对上述情况予以认可，对整体变更过程中存在的上述问题不予追究，确认你司于2013年6月17日整体变更为股份公司，且注册资本已足额缴纳，实收股本真实有效。目前，在我局的登记状态为正常。”

综上，2013年6月，格物致有限变更为股份公司时存在一系列瑕疵，但公司已采取措施予以规范，符合“依法设立且存续满两年”的挂牌条件，不构成本次挂牌转让的实质性法律障碍。

案例010 股改评估复核与会计师事务所资格（嘉达早教）

广东嘉达早教科技股份有限公司（嘉达早教430518）是一家专业研究、开发、生产早教产品的龙头企业。公司股改资产评估被复核涉及会计师事务所的资格问题，是怎么回事？

解决思路及方案详解：

鉴于广东中乾会计师事务所不具备从事证券期货相关业务的相关资格，正中珠江于2012年12月30日出具了《专项审计报告》（广会所专字〔2012〕第10005990130号），对上述清产核资专项审计情况进行了复核，2013年5月29日出具了《验资复核报告》（广会所专字〔2013〕第10005990120号），对上述出资情况进行了复核。根据上述验资报告及验资复核报告，公司各股东出资已足额缴纳，不存在出资不实的情形。

由于广东中乾会计师事务所不具备从事证券期货相关业务相关资格，2013年5月12日，广东中联羊城资产评估有限公司对嘉达有限于评估基准日列入股份制改造范围的资产、负债进行追溯性评估，出具了《资产评估复核报告书》（中联羊城咨字〔2013〕第OYGPC0083号），根据该复核报告，嘉达有限于2008年6月30日净资产评估值为3720.78万元，比审计复核后的净资产增值890.80万元，增值率为31.48%。

案例011 未完成股改便增资，陷程序质疑与纠纷（光影侠）

北京光影侠数码科技股份有限公司（光影侠831138）2014年9月挂牌，

主要从事数字展陈设计与服务、文旅体验产品设计与服务。2014年4月，李馨等47人对公司增资，并自愿锁定股份，股份限制期为三年。本次增资在有限公司尚未完成股改的情况下进行。

问题一：此次增资的相关程序是否合法？

问题二：此次增资是否存在股权纠纷？

解决思路：

（1）列示增资过程中所履行的股东会、董事会等决议程序以示合法性；

（2）对其中董事会通知程序瑕疵，由发起人股东做出放弃请求法院撤销会议决议的权利；

（3）详情如实披露。

方案详解：

针对问题一：公司系由其前身光影侠有限以截至2014年1月31日经审计的净资产折股采取整体变更的方式发起设立，并于2014年4月8日取得了变更后的《企业法人营业执照》。经核查，在前述整体变更的过程中，公司进行了增资，本次增资履行了以下程序：

（1）2014年3月10日，公司召开了创立大会，选举了公司的董事会成员并组建了公司的董事会。同日，公司召开第一届董事会第一次会议，选举了董事长、总经理、董事会秘书及财务总监。同日，公司召开第一届监事会第一次会议，选举了监事会主席。

（2）2014年3月10日，公司董事会发出召开第一届董事会第二次会议的通知。

（3）2014年3月11日，公司召开第一届董事会第二次会议，审议通过了关于北京光影侠数码科技股份有限公司内部认购股份计划的议案》、《关于提请召开北京光影侠数码科技股份有限公司2014年第一次临时股东大会的议案》，与会董事一致决议通过《认购计划》及《股份认购协议》。同日，董事会发出召开2014年第一次临时股东大会的通知。

（4）2014年3月26日，公司召开2014年第一次临时股东大会，审议通过了《关于北京光影侠数码科技股份有限公司内部认购股份计划的议案》，与会股东全票通过《认购计划》及《股份认购协议》。认购价格以2014年1月31日为基准日经审计的公司每股净资产值×（1+10%）进行定价，即每股

1.12元。

（5）自3月27日起至3月31日止，公司将《认购计划》在绿维设计院及公司的办公场所进行了公示，并由公司总经理办公会对公司拟申请股票进入全国中小企业股份转让系统挂牌及公开转让、此次内部认购等事项向设计院及公司员工进行了充分说明。按照《认购计划》，有意向的员工在公示期间内向公司提出认购意愿，公司进行初步统计，确定认购人员名单及认购的股份数。

（6）2014年4月1日，公司董事会发出召开第一届董事会第三次会议的通知。

（7）2014年4月2日，公司召开第一届董事会第三次会议，审议通过了《关于吸收李馨等共47人成为北京光影侠数码科技股份有限公司股东并增加注册资本43.7万元的议案》、《关于修改<北京光影侠数码科技股份有限公司章程>的议案》、《关于提请召开北京光影侠数码科技股份有限公司2014年第二次临时股东大会的议案》。同日，公司董事会发出召开2014年第二次临时股东大会的通知。

（8）2014年4月17日，认购股份的人员李馨等共47人分别与公司签订了《股份认购协议》并按照协议中指定的公司账户向公司支付了认购款项。认购价格为1.12元/股。

（9）2014年4月19日，公司召开了2014年第二次临时股东大会，审议通过了《关于吸收李馨等共47人成为北京光影侠数码科技股份有限公司股东并增加注册资本43.7万元的议案》、《关于修改<北京光影侠数码科技股份有限公司章程>的议案》，与会股东全票通过《北京光影侠数码科技股份有限公司章程修正案》。

（10）2014年4月28日，公司将此次认购股份涉及的增加注册资本、增加股东、修改公司章程等事项在北京市工商局东城区分局办理完毕工商变更登记手续，并取得换发后的《企业法人营业执照》。

综上，认为：①公司在成立之前其前身光影侠有限一直合法有效存续，具备独立的法人主体资格，公司此次整体变更仅为对光影侠有限公司类型的变更，不影响其法人主体资格，对公司的运营也不构成实质性影响。②公司的第一届董事会、第一届监事会已于2014年3月10日经创立大会依法组建且自2014年3月10日起即开始依法履行职责，因而其在2014年3月11日至公司成立之日的期间内召开的历次董事会、监事会均合法有效。③公司董事会于2014年3月10日、2014年4月1日发出的召开第一届董事会第二次会议、第一届董事会第三会议的会议通知时间虽然存在瑕疵，但该瑕疵已经公司全体董事的一致认可且并未对公司董事的参会造成实质影响；公司发起人股东一致认同该两次董事会会议决议的效力，并做出声明放弃因该两次董事会通知时间上的程序瑕疵而请求人民法院撤销会议决议的权利。因而该等程序瑕疵不会引起《公司法》第二十二条规定的诉讼风险，公司第一届董事会第二次会议、第一届董事会第三会议的决议合法有效。

针对问题二：此次增资是否存在股权纠纷。

本次增资的《认购计划》及《股份认购协议》已由公司第一届董事会第二次会议、2014年第一次临时股东大会审议通过；《认购计划》于2014年3月27日至2014年4月1日在设计院及公司的办公场所进行了公示，并由公司总经理办公会对公司拟申请股票进入全国中小企业股份转让系统挂牌及公开转让、此次内部认购等事项向设计院及公司员工进行了充分说明；本次增资中认购股份的新股东已于2014年4月17日分别与公司签订了《股份认购协议》并在2014年4月17日至2014年4月18日期间内将认购款项汇至《股份认购协议》指定的公司账户。根据公司全体股东出具的《声明》，发起人股东对本次增资的价格、数量、新增股东等事项均不存在异议；李馨等47名新股东均真实持有股份，不存在为他人代持股份的情形，亦不存在抵押、质押、查封等其他可能导致与第三方产生股权纠纷的情形。

综上，本次增资涉及的股份认购计划已经公司董事会、股东大会审议通过并在认购人最易接触到的公共场所进行了公示，公司总经理办公会对公司本次挂牌情况、此次内部认购事宜等向认购人进行了充分说明。鉴于此，认购人在决定认购公司股份之时已充分了解了本次认购的价格、数量、股份锁定期等信息；认购人在与公司签订《股份认购协议》之时做出包括但不限于将股份锁定三年的意思表示真实、有效；自认购人将认购款项汇至《股份认购协议》指定的公司账户之时起，认购人已成为公司股东且不存在代持或其他可能与第三方产生股权纠纷的情形；公司发起人股东对本次增资亦不存在异议。因此，本次增资不存在股权纠纷。

案例 012 整体变更涉及股东缴税及如何折股（普华科技）

上海普华科技发展股份有限公司（普华科技 430238）主要经营计算机工程设计软件和管理软件及配套产品开发、制作及销售，计算机硬件的开发、制作及销售，计算机信息系统集成，项目管理咨询等业务。公司整体变更时，自然人股东缴纳个人所得税，涉及如何折股的事宜，怎么办?

解决思路：

（1）整体变更时以审计净资产扣除自然人股东缴纳所得税后的净资产为基础折股；

（2）披露相关信息。

方案详解：

2012 年 12 月 20 日，普华有限股东包晓春等 34 人作为发起人股东，共同签署《上海普华科技发展股份有限公司发起人协议》，决定以普华有限截至 2012 年 9 月 30 日，经审计的所有者权益（净资产）人民币 41988791. 31 元，扣除个人所得税人民币 4970915. 75 元后的 37017875. 56 元为基准，按照 1∶0. 8104的比例，折成总股本 3000 万股，上海普华科技发展有限公司整体变更设立上海普华科技发展股份有限公司。

有限公司整体变更设立股份公司过程中，自然人股东需要缴纳个人所得税。由于公司所有发起人股东均为自然人，公司系以经审计的净资产扣减由于普华有限整体变更设立股份公司所应缴纳的个人所得税后的净资产为基准折股，因此上述方案中，股本乘以折股系数小于变更前经审计的净资产。

案例 013 整体变更未分配利润转增与未纳税事宜

M 股份公司自然人股东在 2000 年未分配利润转增注册资本过程中没有缴纳个人所得税，该怎样处理和解释?

解决思路及方案详解：

（1）根据当地市政府“科技人员所获得股权收益，用于高新技术成果转化项目投资的，在计征个人所得税时给予税基扣除”的政策规定，公司的全体股东免缴因本次以未分配利润转增股本所应缴纳的个人所得税；

(2) 公司的全体自然人股东承诺:“公司在2000年内以利润转增股本,并进行股份制改造,将原账面净资产按《公司法》要求折为股份,引起本人所持公司股份总额增加,如税务部门认定需缴纳个人所得税,承诺由本人另行以自有资金自行申报缴纳,纳税事项与公司无关。”

案例014 股改后资产未变更到股份公司(永瀚星港)

北京永瀚星港生物技术有限公司(永瀚星港430114)主要从事生产Ⅱ-6840体外诊断试剂,涉医学检验科、临床体液、血液专业、临床微生物学专业、临床生化检验专业、临床免疫、血清学专业等。公司股改后,原有限公司资产未能变更到股份公司该怎么办?

解决思路及方案详解:

公司原身有限公司成立于2006年1月19日,由自然人张利峰和孙金斗共同出资人民币10万元设立。其中:张利峰出资人民币8.5万元,占注册资本的85%;孙金斗出资人民币1.5万元,占注册资本的15%。于同年的1月24日取得北京市工商行政管理局开发区分局核发的《企业法人营业执照》。2007年11月,公司将注册资本由10万元增加至100万元并由范飞舟以货币形式入资90万元。2011年8月,公司又将注册资本由100万元增加至200万元,范飞舟以货币形式入资80万元,范振符以货币形式入资10万元,陈智周以货币形式入资10万元,同时相应修改有限公司章程。2011年10月,公司通过股东大会决议,以全体股东作为公司发起人,以2011年9月30日经审计的账面净资产700万元折股为依据整体变更设立股份公司,同时更名为“北京永瀚星港生物科技股份有限公司”。

有限公司的这700万元的净资产主要包括两大类内容:一是股份公司拥有的实用新型专利一项和正在申请的专利发明一项;二是其他资产包括办公设备、电子设备、医学实验及检车设备和机动车等固定资产。在公司股改后,有限公司一直没有将专利权和车辆等资产变更为股份公司资产,直到申请新三板申请挂牌的前夕。

虽然股份公司在整体变更时享有继承有限公司资产的权利,变更不存在什么法律障碍,但是,为了程序合规,应该在股改时就将所属资产变更到股份公司名下,这也有利于新三板挂牌的申报。

案例 015 股改后无形资产及相关资质并未变更（文达通）

青岛文达通科技股份有限公司（文达通 430516）主要从事生物识别、智能化系统 S－HOME、楼宇对讲系统的研发及销售。公司股改后无形资产及相关资质并未变更完成，该如何解决？

解决思路及方案详解：

做出承诺并如实披露。

2011 年 12 月 20 日，青岛文达通科技股份有限公司取得了青岛市工商行政管理局颁发的注册号为 370211018021280 的《企业法人营业执照》，股份公司正式成立。原有限公司所有的知识产权正在变更，尚未全部变更完毕（两项计算机软件著作权、一项商标权）。公司承诺：原有限公司拥有的全部有形资产、无形资产、相关证书等均由股份公司依法全部继承，公司积极变更程序，将原有限公司所有财产、相关证书等依法变更至股份公司名下，公司承诺所有资产、相关证书不存在纠纷或潜在纠纷。

案例 016 审计变更与改制后的股本不足问题（复展科技）

上海复展智能科技股份有限公司（复展科技 830903）主要从事照明领域和智能燃气表领域的嵌入式产品开发，是一家集电子设计、软件开发于一体的专业产品开发和服务提供商。在公司 2014 年 3 月的审计报告中，较前一份用作改制的审计报告，公司的净资产减少了 145235.33 元，直接导致股本不足，该怎么解决？

解决思路：

（1）阐明因管理费用的发生，调正了改制后的股本数；

（2）根据后一份审计报告的结果调减资本公积－股本溢价，通过召开临时股东大会的形式，对该调整做出确认；

（3）如实披露详情。

方案详解：

2014 年 3 月 31 日公司召开 2014 年第三次临时股东大会，审议通过了关于《因公司财务会计事项变更导致审计报告净资产值变化》的议案。

根据中兴财光华会计师事务所有限责任公司上海分所出具的“中兴财光华（沪）审会字〔2014〕第1011号”《审计报告》，截至2013年12月31日，公司经审计的净资产为35429366.66元，公司全体发起人同意折合股份公司股本3500万股，余额为429366.66元计入资本公积。

后根据中兴财光华会计师事务所（特殊普通合伙）2014年3月6日出具的“中兴财光华审会字〔2014〕第07091号”《审计报告》，截至2013年12月31日，母公司经审计的净资产为35284131.33元，应计入资本公积的金额为284131.33元。

相比于前一份审计报告，公司的净资产减少了145235.33元，原因系按权责发生制原则将原计入预付账款的费用与新三板相关的中介机构费用依据财务进度确认了管理费用。公司拟根据后一份审计报告的结果调减资本公积－股本溢价145235.33元，同时进行会计账务处理。

案例017 整体变更，净资产折股与一般性操作（葫芦堡）

广东葫芦堡文化科技股份有限公司（葫芦堡832588）拟于2015年6月挂牌，公司致力于将动漫元素融入生产的儿童家具中，在家具浪潮中别具一格。问题：公司股份制改造是否构成“整体变更设立”的条件？

解决思路及方案详解：

（1）尽调程序：通过核查公司股改的工商底档、股改审计报告、股改评估报告、股改验资报告、发起人协议、创立大会会议记录等方式核查设立（改制）的资产审验情况。

（2）事实依据：公司股改的工商底档、股改审计报告、股改评估报告、股改验资报告、发起人协议、创立大会会议记录。

（3）分析过程：公司以截至2014年6月30日经审计的账面净资产值人民币23157386.92元为基础，按照1∶0.8939比例折合2070万股，净资产值与股份公司注册资本的差额计入股份公司资本公积。股改时，公司股东以账面净资产折股发起设立股份公司，账面净资产已经会计师事务所审计并由评估师出具评估报告，股份公司股本总额不高于经审计、评估的净资产值，并由会计师事务所出具验资报告，不存在以评估值折股设立股份公司的情形。

综上，公司股改以经审计的账面净资产折股整体变更为股份有限公司，末以评估净资产进行调账，公司股改合法合规，构成“整体变更设立”。

案例018 资产业务及债权债务全部承继与股改操作（鸿盛科技）

张家港鸿盛电子科技股份有限公司（鸿盛科技832481）于2015年5月挂牌，是一家专业的商用电子产品外部设备生产企业。公司整体变更股改时，资产、业务、债权及债务等全部由股份公司继承，是怎么操作的？

解决思路及方案详解：

公司系由宏盛电子整体变更而来，宏盛电子的资产、业务、债权、债务全部由公司承继，各发起人已投入公司的资产产权关系清晰，各发起人将该等资产投入公司不存在法律障碍：上海东洲资产评估有限公司以2014年9月30日为基准日对有限公司的净资产进行了评估，并出具“沪东洲资评字〔2014〕第0972256号”《资产评估报告》，该报告载明，截至2014年9月30日，有限公司经评估后的净资产为46416975.67元。立信会计师事务所出具了“信会师报字〔2014〕第151415号”《审计报告》，该报告载明，截至2014年9月30日，有限公司的净资产为33642813.48元。2014年10月28日，有限公司原股东博和投资、钱忠怡、范伟东、顾世明、陈卫义共5名发起人签订《发起人协议书》，就共同出资以发起方式设立股份公司的有关事宜达成一致。

2014年10月28日，有限公司召开股东会，同意将有限公司整体变更为股份有限公司，并同意依据《发起人协议书》以有限公司原股东所持股权经审定的净资产33642813.48元，按1∶0.2972的比例折合股份总额1000万股，净资产大于股本部分23642813.48元计入资本公积。2014年11月10日，股份公司（筹）召开职工代表大会，选举刘立敏为股份公司第一届监事会职工代表监事。2014年11月13日，股份公司召开创立大会，股份公司5位发起人股东均出席了会议。会议审议通过了以下议案：

①关于股份公司筹办情况及筹办费用开支情况的报告；②关于《张家港鸿盛电子科技股份有限公司章程》的议案；③关于选举股份公司第一届董事会成员的议案选举钱忠怡、范伟东、顾世明、陆亮、高利丰为公司董事，组成股份公司第一届董事会，任期自本次会议审议通过之日起三年；④关于选举股份公司第一届监事会（非职工代表监事）成员的议案选举陈卫义、岳灵

贵为公司股东代表监事，与职工代表监事刘立敏组成股份公司第一届监事会，任期自本次会议审议通过之日起三年；⑤关于《张家港鸿盛电子科技股份有限公司股东大会议事规则》的议案；⑥关于《张家港鸿盛电子科技股份有限公司董事会议事规则》的议案；⑦关于《张家港鸿盛电子科技股份有限公司监事会议事规则》的议案；⑧关于《张家港鸿盛电子科技股份有限公司对外担保决策制度》的议案；⑨关于《张家港鸿盛电子科技股份有限公司关联交易决策制度》的议案；⑩关于《张家港鸿盛电子科技股份有限公司对外投资管理制度》的议案；⑪关于《张家港鸿盛电子科技股份有限公司信息披露管理制度》的议案；⑫关于授权董事会办理股份公司工商变更登记等事宜的议案；⑬关于聘请立信会计师事务所（特殊普通合伙）为股份公司审计机构的议案。

2014 年 11 月 14 日，股份公司进行了企业名称预先核准登记，取得苏州市张家港工商行政管理局核发的“mc05821082 名称变更〔2014〕第 11140002 号”《名称变更核准通知书》，核准股份公司名称为“张家港鸿盛电子科技股份有限公司”。（注：“宏盛”已被昆山宏盛散热器制造有限公司申请认定为“苏州市企业知名字号”，根据《苏州市企业知名字号认定和保护办法》，“企业知名字号从认定公告发布之日起在全市范围内予以保护。未经知名字号所有权人许可，其他企业和个人不得将可能引起公众误认的、与知名字号相同或者相似的文字作为字号”。）2014 年 11 月 17 日，立信会计师事务所（特殊普通合伙）出具了“信会师报字〔2014〕151500 号”《验资报告》，对股份公司 1000 万元注册资本予以审验。2014 年 12 月 4 日，股份公司在江苏省苏州工商行政管理局登记注册，领取注册号为 320582000069221 的《企业法人营业执照》，注册资本为 1000 万元。

经核查认为，股份公司以宏盛电子有限公司的净资产折股整体变更方式设立，不存在以评估值入资设立股份公司的情况。宏盛电子的资产、业务、债权、债务全部由公司承继，各发起人已投入公司的资产产权关系清晰，各发起人将该等资产投入公司不存在法律障碍，公司整体变更合法、合规。

案例 019 按政府精神改制增资与同股不同价的补正（南京旭建）

南京旭建新型建材股份有限公司（南京旭建 430485）主要从事新型建

材蒸压轻质加气混凝土（ALC）制品及NALC钢结构单元房的研发、生产、销售和施工安装服务。公司2002年改制增资时，出现同股不同价问题，是否符合相关法律法规的规定，是否存在潜在法律纠纷及造成企业法人权益损失？

解决思路及方案详解：

旭和科技通过增资取得10%股权的增资价款、增资比例是经2002年南京市政府办公厅第36号《关于南京旭建公司重组改制有关问题的会议纪要》批准同意，并依据增资各方协商后签署的《增资及股权转让合同》确定的。但是，根据南京市国有资产监督管理部门于2013年做出的相关指示精神，上述增资存在同股不同权的情况，旭和科技需依据南京市投资公司的增资价格（840万取得28%的股权，840/28% =30万，即1%的股权价格为30万元），向公司补交增资款及利息总计159.9538万元（10%股权应付增资款300万元，旭和科技已于2002年增资时支付了200万元，现需补交本金100万元、利息59.9538万元），上述款项旭和科技均已补交完毕。

另外，旭和科技通过受让取得10%股权的转让价款为80万元，是经2002年股权转让方国有股东南京建通的上级主管部门批准同意的，南京建通上级主管部门由于考虑受让方旭和科技需承担原应由转让方承担的4850万元人民币的或有债务及公司资产质量不高等因素同意股权转让价格为80万元，且股权转让事宜均履行了内部决策程序，股权转让双方签署了股权转让合同。就旭和科技受让取得的10%股权，现根据南京市国有资产监督管理部门2012年、2013年相关指示精神，上述股权转让存在同股不同价的情况，旭和科技需依据南京市投资公司的增资价格（1%的股权价格为30万元），补交股权转让款及利息总计338.6111万元（受让10%的股权应付股权转让款300万元，旭和科技已于2002年支付80万元，现需补交股权转让价款220万元、利息118.6111万元），上述款项旭和科技均已补交完毕。

针对上述增资及股权转让事宜，主办券商及律师认为：2002年旭建公司是根据南京市政府办公厅第36号《关于南京旭建公司重组改制有关问题的会议纪要》及合资各方协商后签署的《增资及股权转让合同》中的约定，履行增资及股权转让相关义务，上述事项履行了内部决策程序，并获得了有权部门的书面批准。但是由于当时未依据同股同价原则处理增资及股权转让事宜，现根据南京市国有资产监督管理部门于2012年、2013年做出的相关指示精神，按照同股同价的原则，补交了2002年对公司增资的增资款差额及相应利息以及受让南京建通持有公司10%股权的转让款差额及相应利息，未造成企业法人权益损失，公司2002年的增资及股权转让符合相关法律法规的规定，不存在潜在法律纠纷。

CHAPTER2
第二章

发起设立、注册沿革与国有外资、院所工会等特有主体

本章要领 18 大案例及 26 种常规、典型实务问题及其解决思路

◎本章将解决的 26 种实战问题

①有限公司与股份公司的设立方式与程序；②设立出资方式与主管部门批复不一致；③外籍股东设立内资公司；④半数股东登记地在境外；⑤公司设立及发起人资格不合规；⑥外籍出资超时限；⑦设立及增资无验资报告；⑧变更注册资本未验资；⑨变更注册资本却未变更实收资本；⑩设立未向工商部门提供验资报告；⑪公司设立未履行多种程序；⑫设立时注册资本不足；⑬以验资报告为依据设立出资；⑭以清算审计的评估报告为依据出资；⑮发起人未签订发起人协议书；⑯挂靠国企；⑰挂靠集体；⑱公司分离事项与合法合规；⑲国有出资未获国资管理机构批复；⑳国有增资未履行相关程序；㉑国资公司与优先增资权；㉒国有增资未评估与备案；㉓供销社发起设立与合法性；㉔集体企业解除挂靠；㉕为抵消股东债务而减少注册资本；㉖公司人数超 200 等。

◎典型问题及一般性解决思路

1. 沿革的重要性及出资手续瑕疵

由于新三板挂牌的企业至少需要合法存续两年以上，并且自身不存在任何重大历史沿革瑕疵及问题，因此，沿革问题就显得很重要，几乎涉及挂牌条件要求的所有问题。实际案例可以大致归纳两类：一类是企业设立的历史问题，主要体现在企业的出资、设立程序与手续等问题上；另一类是存续的历史问题，主要体现在企业的增资、股权转让、资产交割等行为上。

这些问题将在本套书的各个章节分别体现和论述，这里只谈一点：企业出资登记手续问题，需要企业与工商机关进行沟通和协调，对错误的工商登记予以纠正；未转移出资权属的应当转移至公司名下，并由股东承担与此相关的责任。

2. 发起人问题

现行法律规定：有限公司设立，应当有2人以上200人以下为发起人，其中须半数以上的发起人在中国境内有住所。股份公司的发起人必须符合法定人数，即2人或2人以上；发起人可以是自然人，也可以是法人，包括事业法人、社团法人和国家规定可以投资的机关法人。须注意的是“职工持股会及工会”不能作为申请挂牌企业的发起人。

另外，如果拟挂牌公司原股东超过200人，程序和文件等有所不同，需符合《非上市公众公司监管指引第4号——股东人数超过200人的未上市股份有限公司申请行政许可有关问题的审核指引》。

3. 国有、外商及特殊主体设立出资

国有资产、股份合作制企业、研究院所等特有主体，其设立与股权变更等，约束较多，合法合规性及履行相关程序是重点。

关于国有资产或股权：

（1）国有股权或资产出资、转让要求有四：一是取得出资部门的批准；二是委托资产评估机构对资产进行评估；三是将评估项目上报出资部门批准；四是签订相关出资、转让合同。

（2）为何需要判断出资人是否为国有股东：判断出资人所持股份是否属于国有股权的意义在于，是否需要取得国有资产主管部门的批准、设立出资、股权转让的程序不同以及是否需要进行国有股东标识管理申报。

（3）国有股东标识：①政府机构、部门、事业单位、国有独资企业或出资人全部为国有独资企业的有限责任公司或股份有限公司；②上述单位或企业独家持股比例达到或超过50%的公司制企业，上述单位或企业合计持股比例达到或超过50%且其中之一为第一大股东的公司制企业；③上述（2）中所述企业连续保持绝对控股关系的各级子企业；④以上所有单位或企业的所属单位或全资子企业。

关于外商：实践中，依据我国法规，不论是中外合营、合作企业，还是外商独资企业，一般的组织形式都是有限责任公司。外商投资产业应符合国家有关外商投资企业产业政策的规定，由省级商务主管部门负责审批，但涉及外商投资有专项规定的行业、特定产业政策、宏观调控行业以及外国投资者对上市公司进行战略投资的，仍按现行规定办理或按有关规定报商务部审核。

上述主体设立常规处理方式为：披露关于主体内部审批、投资者份额确定、主管机关批准或确认、资产评估机构的评估报告、登记机关核准等主要文件。

4. 评估与验资

目前法律明确规定需要评估的有两种情况：以非货币资产出资和国有企业改制，除此之外评估并非必要条件。2014 年 3 月 1 日起生效的修订后的《公司法》第八十三条规定：以发起方式设立股份有限公司申请设立登记时不再需要提交由依法设定的验资机构出具的验资证明。

5. 控股股东、实际控制人问题

涉及三方面（本章涉及，但是众多具体的问题及解决方案本书 12、13 章将列举大量实例予以详解）：

（1）如何认定控股股东、实际控制人；

（2）控股股东、实际控制人的变更；

（3）控股股东、实际控制人对公司的义务。

6. 董监高任职资格问题

涉及“六不宜”原则、法人“三资格”及“八不”核准条件等。前述原则、资格及条件参照《公司法》、《证券法》及《公务员法》相关规定等。其相关问题本章涉及，不过，本套书下部将专章列示大量实战案例，予以详解。

案例 020 外籍股东设立内资公司及其资格问题（网动科技）

北京网动网络科技股份有限公司（网动科技 430224）主要从事第二类增值电信业务中的信息服务业务。2009 年 2 月 18 日，该公司前身北京讯网天下科技有限公司（以下简称“讯网天下”）成立时，股东马滨已取得澳大利亚国籍。根据讯网天下设立时的《内资企业设立登记（备案）审核表》

和海淀工商局于2009年2月18日向其颁发的《企业法人营业执照》，讯网天下设立时性质为内资企业。问题：马滨出资设立有限责任公司并持有讯网天下的股权，资格存疑，是否合法合规？

解决思路：

（1）外籍股东转股退出公司；

（2）公司为收到外资待遇；

（3）工商部门出具近两年没有受到查处记录的证明；

（4）如实披露详情。

方案详解：

马滨因长期以中国居民身份在中国境内生活、工作，对国家外商投资制度、外商投资企业优惠政策均缺乏了解，因此在办理讯网天下设立事项时未申请设立外商投资企业，公司注册成立后讯网天下也未要求享受任何外商投资企业的优惠待遇。因此不存在马滨为规避外商投资审批法律制度故意隐瞒自身外籍身份的情形。

马滨为外籍身份而以中国公民身份出资设立内资公司并持有讯网天下股权的问题已因马滨于讯网天下2012年6月减资时退出了该公司而得到消除。经核查，讯网天下及其后续主体股份公司已通过2009、2010、2011、2012四年的工商年检。同时，2012年11月15日，北京市工商行政管理局海淀分局出具《证明》：证明公司近两年没有因违反工商行政管理法律法规受到查处的记录。

据此认为，讯网天下设立时马滨的股东资格存在法律瑕疵不属于应当受到行政处罚的重大违法行为。

案例021 半数股东登记地在境外的发起人资格问题（金鹏源康）

广州金鹏源康精密电路股份有限公司（金鹏源康430606）主要从事单、双面和多层高密度柔性线路板的研发、生产、销售。公司申请挂牌时存在半数股东登记地在境外，或存在不符合《公司法》“股份有限公司发起人须半数以上的发起人在中国境内有住所”的规定情况，该怎样解决？

解决思路：

（1）阐明发起人在境内设有办事机构，且为中国境内唯一的代表机构，满足确定诉讼管辖地、法律文书的送达处以及确定债务履行处所等要求；

（2）出示发起人已办理登记注册手续的证据；

（3）如实披露详情。

方案详解：

《公司法》第七十九条对股份有限公司的发起人做出限制性规定，要求其中须有半数以上的发起人在中国境内有住所。就以上规定，结合金鹏源康的具体情况，分析如下：

首先，依据《中华人民共和国涉外民事关系法律适用法》第十四条规定，法人及其分支机构的民事权利能力、民事行为能力、组织机构、股东权利义务等事项，适用登记地法律；法人主营地与登记地不一致的，可以适用主营地法律。主营地为经常居住地。目前，金鹏源康的两名发起人源康国际和亚信国际的登记地分别为中国香港以及英属维尔京群岛，但其主营地在中国境内，因此依据上述规定，源康国际和亚信国际应适用中国境内法律，继而也就适用《中华人民共和国公司法》的相关规定。而发起人在中国境内有住所，就中国公民而言，是指公民户籍所在地或其经常居住地在中国境内；就外国公民而言，是指其经常居住在中国境内；而就法人而言，按照《公司法》第十条的规定“公司以其主要办事机构所在地为住所”，则对法人境内住所的认识可理解为法人的主要办事机构所在地在中国境内。因此，按照以上理解，该所律师认为只要金鹏源康股份半数以上发起人的主要办事机构所在地在中国境内，就应满足《公司法》第七十九条的相关规定。

另外，由于《公司法》第七十九条对发起人住所的限制表述为“在中国境内有住所”而并非“住所在中国境内”，因此据对法律逻辑的理解，但凡发起人在中国境内有一处住所即可满足《公司法》的上述要求。

其次，公司所有发起人均具有中国相关部门核发或承认的合法有效的身份证明，其中外商部分出资比例超过股份公司股权的25%，符合关于外商投资股份有限公司的相关规定，属于合法设立的外商投资的股份有限公司。公司前身金鹏源康有限则属于中外合资经营的有限责任公司，根据工商行政部门核发的营业执照以及《中外合资经营法》的规定，金鹏源康有限的设立及历次变更均已得到相关部门的核准，符合当时的相关法律、法规的相关规定。现金鹏源康有限已整体变更为股份有限公司，并得到工商行政部门的认可，并且在实质上公司仍然处于连续经营当中，原有限责任公司的四名股东整体变更为现在股份公司的四名发起人，该投资主体上未发生实质性的变更，只是股东作为公司发起人需另行受到《公司法》以及《关于设立外商投资股份有限公司的暂行规定》的约束，因此发起人才需满足《公司法》中关于境内住所的要求。

再次，法律对住所的规定立法原意主要用于据以确定诉讼管辖地、据以确定法律文书的送达处以及据以确定债务履行处所的目的。如前所述，目前金鹏源康股份是由有限公司整体变更设立而成，其投资主体未发生实质性的变更，公司发起人源康国际和亚信国际提交的材料显示，其作为并非于中国大陆境内注册登记的外国企业，已在中国国内设有办公地址，且把该地点作为其主要的办事机构所在地。因此，该办公地址应能满足确定诉讼管辖地、法律文书的送达处以及确定债务履行处所等要求。

综上，目前两名发起人均已在办理国内办事机构登记注册手续，并且该办事机构是其在中国境内唯一的代表机构，满足确定诉讼管辖地、法律文书的送达处以及确定债务履行处所等要求。故认为各发起人已具备法律、法规和规范性文件规定的担任发起人的资格，并符合《公司法》关于须有半数以上发起人在中国境内有住所的要求。

案例022 外资企业首期出资超时限，如何解决（福格森）

福格森（武汉）生物科技股份有限公司（福格森430587）主要从事营养食品和保健食品的研发、生产和销售。公司在申请挂牌的过程中存在一问题：首期出资的时间超过了90天的规定，是否对公司注册资本的真实性和充实性存在影响？

解决思路：

（1）阐明工商行政机关并未因此给予有限公司行政处罚；

（2）工商行政机关换发了营业执照，并通过工商年检；

（3）详情如实披露。

方案详解：

当时有效的《中华人民共和国外资企业法实施细则》（2001年4月1日

修订）第三十条规定："外国投资者缴付出资的期限应当在设立外资企业申请书和外资企业章程中载明。外国投资者可以分期缴付出资，但最后一期出资应当在营业执照签发之日起3年内缴清。其中第一期出资不得少于外国投资者认缴出资额的15%，并应当在外资企业营业执照签发之日起90天内缴清。外国投资者未能在前款规定的期限内缴付第一期出资的，外资企业批准证书即自动失效。外资企业应当向工商行政管理机关办理注销登记手续，缴销营业执照；不办理注销登记手续和缴销营业执照的，由工商行政管理机关吊销其营业执照，并予以公告。"

福格森有限外资企业营业执照签发日期为2002年11月20日，但福格森有限股东欧阳康乐直至2003年5月31日才缴纳首期出资，超过了《中华人民共和国外资企业法实施细则》第三十条90日的期限，存在法律程序上的瑕疵，但是工商行政机关并未给予有限公司行政处罚。2003年12月福格森有限股东缴足了全部首次出资，工商机关也为其换发变更实收资本的营业执照，福格森有限也顺利通过了工商年检。福格森有限股东最终足额缴纳了首次全部出资额。因此股东首次出资超过90日的时限问题对公司注册资本的真实性和充实性没有影响。

案例023 设立出资与主管部门批复方式不一致问题（英极股份）

英极软件（大连）股份有限公司（英极股份430441）主营软件外包服务业务。公司原身有限公司设立出资方式与主管部门批复同意的设立方式不完全一致，该如何处理？

解决思路与方案详解：

根据2000年9月7日大连高新技术产业园区管理委员会出具的《关于设立英极软件开发（大连）有限公司的批复》（大高管外审字〔2000〕51号）和《关于英极软件开发（大连）有限公司的立项批复》（大高管外项字〔2000〕77号），英极有限设立时的出资方式应为相当于25万美元的设备和25万美元现汇出资；大连旅顺兴华会计师事务所有限公司出具的《验资报告》（大旅会外验〔2000〕第21号）验证，英极有限设立时的出资方式均为货币出资。上述出资方式变更未取得主管部门的批复同意。英极有限设立时的出资方式与主管部门批复同意的设立方式不完全一致，存在出资方式的瑕疵。公司实际控制人已出具声明，声明英极有限设立时的注册资本50万美元已实际缴足，英极有限设立至今未因该出资方式瑕疵问题被主管部门或有权机关处以行政处罚；也未与他人就该等出资方式瑕疵发生任何权益或其他纠纷；未给公司、股东、债权人或其他相关第三方造成任何损失；对公司的有效存续及正常经营不会产生影响。就上述出资方式瑕疵问题而引起的任何处罚、争议、损失等承担全部责任，公司利益不会因此而受到影响。

案例024 公司设立时注册资本不足的问题（旌旗电子）

西安旌旗电子股份有限公司（旌旗电子430387）主要从事智能水表、智能电表、智能热量表、智能燃气表及智能计量管理系统和仪表配套设备的研发、生产及销售。公司的原身有限公司成立时的注册资本为16.8万元，低于当时适用的《有限责任公司规范意见》规定的生产经营性公司注册资本最低50万元人民币的限制（2014年修订后的《公司法》已经不再是问题了）。该如何解决才不影响公司挂牌？

解决思路与方案详解：

1994年6月14日，经西安高新技术开发区管理委员会“市管项字〔1994〕181号”《关于成立“西安旌旗电子有限公司”的批复》批准，并经西安市工商行政管理局高新技术产业开发区分局核准登记，西安旌旗电子有限公司正式成立。有限公司成立时由张化冰等8名自然人与西安高新技术产业开发区创业服务中心共同出资，经西安高新技术产业开发区会计师事务所出具的“西高会验字〔1994〕第157号”《验资报告》验证。有限公司成立时取得注册号为29426212的《企业法人营业执照》，登记的法定代表人为张化冰，注册资本为人民币16.80万元，

（1）有限公司成立时的注册资本为16.8万元，低于当时适用的《有限责任公司规范意见》规定的生产经营性公司注册资本最低50万元人民币的限制。但16.8万元注册资本由公司股东根据当时公司生产经营的实际需要确定，且经西安高新技术开发区管理委员会批准，经西安市工商行政管理局高新技术产业开发区分局核准。该事项未给公司的生产经营造成障碍或不利影响，且现行《公司法》及相关的法律、行政法规已将该类公司的最低注册资本降低至3万元人民币。因此，该事项不会影响公司的成立和有效存续，不

会影响公司未来的生产经营。

（2）有限公司成立时股东邹帆以实物设备出资作价 1.4 万元，未进行评估。当时适用的《有限责任公司规范意见》规定：股东出资的实物，应当为公司生产经营所需的建筑物、设备或其他物资，并应当委托具有资格的资产评估机构进行资产评估，数额不大的，可由股东各方按照国家有关规定确定实物的作价。当时出资的 1.4 万元设备系有限公司办公使用的计算机，确为公司生产经营所需，且金额不大，作价根据设备的购置发票并参考当时市场价格由股东协商确定，因此该出资事项符合《有限责任公司规范意见》的有关规定。

案例 025 变更注册资本却未变更实收资本的问题（新华通）

珠海新华通软件股份有限公司（新华通 430559）主要从事建设工程质量、安全监管系列管理软件的研发、生产、销售及服务。公司原身新华通有限于 2013 年 8 月 30 日注册资本由 300 万变更为 1000 万元，但是未变更实收资本，未验资。问题：该事项是否存在未按法律和章程缴纳出资的情形，公司出资是否合法合规、有效存续？

解决思路：

（1）提供相关法律及地方法规依据；

（2）律师出具法律意见证明合法性；

（3）详情披露相关内容。

方案详解：

2013 年 8 月 30 日，有限公司召开股东会，同意将公司注册资本由 300 万元变更为 1000 万元，同时在公司章程中对股东的出资方式、出资额和出资时间约定为：“1. 南策云，以货币出资 800 万元，总认缴出资 800 万元，占公司注册资本 80%，其中：实缴出资 240 万元，未缴出资 560 万元于 2015 年 8 月 30 日前缴足。2. 卢姝伶，以货币出资 200 万元，总认缴出资 200 万元，占公司注册资本 20%，其中：实缴出资 60 万元，未缴出资 140 万元于 2015 年 8 月 30 日前缴足。”

根据《珠海经济特区商事登记条例》，珠海市实行注册资本认缴登记制度，有限责任公司股东的姓名或者名称、认缴和实缴的出资额、出资时间、出资方式、非货币出资的缴付比例等出资事项由股东约定，并记载于公司章程。公司本次变更注册资本首次出资为0，符合《珠海经济特区商事登记条例》的规定，由于未实际缴纳出资，亦无须办理验资手续。2013 年9月2日，珠海市工商行政管理局核准了本次变更登记。

《公司法》第二十六条规定，有限责任公司的注册资本为在公司登记机关登记的全体股东认缴的出资额。公司全体股东的首次出资额不得低于注册资本的20%，也不得低于法定的注册资本最低限额，其余部分由股东自公司成立之日起两年内缴足。第一百七十九条规定，有限责任公司增加注册资本时，股东认新增资本的出资，依照本法设立有限责任公司缴纳出资的有关规定执行。2013 年3月1日起实施的《珠海经济特区商事登记条例》第十九条规定，有限责任公司实行注册资本认缴登记制度，其登记的注册资本为全体股东认缴的出资额。商事登记机关不登记有限责任公司的实收资本，申请人无须提交验资证明文件。第二十条规定，有限责任公司股东的姓名或者名称、认缴和实缴的出资额、出资时间、出资方式、非货币出资的缴付比例等出资事项由股东约定，并记载于公司章程。股东缴纳出资的，公司应当向股东出具出资证明书。公司可以向商事登记机关申请实收资本备案，申请备案的，应当提交验资证明文件。

根据上述《公司法》和《珠海经济特区商事登记条例》的规定，有限公司的注册资本为全体股东认缴的出资额，股东按章程规定缴纳出资后，才需要变更实收资本和办理验资。2013 年 8 月 30 日新华通有限注册资本由 300 万变更为 1000 万元，未变更实收资本，未验资，符合《公司法》和《珠海经济特区商事登记条例》的规定，而且在 2013 年 9 月 10 日新华通有限整体变更，各股东以净资产折股的方式缴足实收资本至 1000 万元，验资后在工商部门办理了变更及备案登记，股东按时出资足额到位。

综上，新华通有限注册资本变更、整体变更、出资等行为，均符合《公司法》和《珠海经济特区商事登记条例》的有关规定，不存在未按法律和章程缴纳出资的情形，公司出资合法、合规，有效存续。

案例 026 以清算审计评估报告为依据出资的问题（风帆电镀）

武汉风帆电镀技术股份有限公司（风帆电镀 430221），主要从事电镀添加剂的研发、生产和销售。公司原身有限公司组建时，股东武汉风帆表面工程有限公司提供的验资报告是以变更登记为目的出具的，而以净资产出资的作价系依据清算审计、评估报告，不是以投资为目的的审计、评估报告，这种情况该怎么办?

解决思路：

（1）现金置换出资并出具验资报告；

（2）阐明详情并如实披露。

方案详解：

武汉风帆电镀技术有限公司由武汉风帆表面工程有限公司、王志军、刘仁志和杨磊共同组建，其中，王志军、刘仁志、杨磊分别以货币方式出资5万元，风帆表面出资105万元，以其在“中外合资企业武汉风帆电镀技术有限公司”清算后净资产享有的权益进行出资。武汉鄂汉会计师事务有限责任公司出具“鄂汉验报字〔2002〕006号”验资报告进行了审验。该验资报告是以变更登记为目的出具的，导致验资报告的审验形式与工商登记方式不符，而且验资报告中所述的净资产出资作价系依据清算审计、评估报告，而不是以投资为目的的审计、评估报告，因此该验资报告对净资产出资的审验程序存在瑕疵。

2012年10月20日，有限公司通过股东会决议，决定股东风帆表面用现金105万元置换原105万元的净资产出资，以弥补原净资产出资审验程序上的瑕疵。

风帆表面于2012年11月9日缴存现金105万元汇入有限公司账户。该105万元置换资金公司计入了资本公积。风帆表面原投入的净资产仍由有限公司所有。国富浩华会计师事务所（特殊普通合伙）湖北分所对风帆表面以现金置换原105万元净资产出资进行了审验，出具了“国浩鄂验字〔2012〕503C26号”验资报告。本次出资方式置换后，公司累计注册资本（实收资本）仍为1050万元。2012年11月21日，公司就本次出资置换办理了工商备案手续。

案例027 发起人未签订发起人协议书问题的解决（易同科技）

上海易同科技股份有限公司（易同科技430258）主要从事计算机软件

开发，计算机领域内技术开发、技术咨询、技术服务、技术转让等业务。公司整体变更设立股份公司时，未签订发起人协议书，该如何解决？

解决思路及方案详解：

股份公司发起人当时未签订发起人协议，2013年3月10日，全体发起人出具了《关于公司整体变更的声明》，声明："有限公司的所有资产、业务、债权、债务及其他一切权益、权利和义务，自有限公司变更登记为股份公司之日起由公司承继。有限公司自2009年1月1日至股份公司完成变更登记之日止的经营损益由各发起人按照其持股比例承担或享有。发起人之间没有发生有关公司整体变更事项的争议，发起人认可公司整体变更的有效性，未来不就公司整体变更相关事项发生争议。"

案例028 子公司历史沿革存在瑕疵，如何解决（中视文化）

海南中视文化传播股份有限公司（中视文化430508）主要从事广告代理、媒体运营、演艺及剧院经营、影院经营。该公司全资子公司中视广告存在历史沿革瑕疵，该如何解决才不影响公司挂牌？

解决思路：

（1）实际控制人出具承担相关兜底责任的承诺；

（2）披露相关沿革历程详情；

（3）做重大事项提示。

方案详解：

中视广告系中视文化全资子公司，成立于1996年7月12日，中视广告成立时的股东为中视（海南）股份有限公司［性质为国有控股股份公司，1997年11月10日更名为"汇视（海南）股份有限公司"，2010年9月19日更名为"联合电视（海南）传播有限公司"，以下简称"联合电视"］和刘文军，分别出资60万元、40万元。1999年11月，汇视（海南）股份有限公司与刘文军、徐发莲签订股权转让协议，解除"挂靠"关系。

公司提供了以下证明：①联合电视1999年度《公司年检报告书》第四项"公司对外投资情况"一栏显示，公司当年无对外投资情况；②2013年11月22日，海南银海国际广告有限公司出具说明，证明中视广告设立时验资款实际为刘文军所有；③时任联合电视副总经理孙川、杨庆禄出具的《证明》；④联合电视与海南中视广告签订的《谅解备忘录》（复印件）；⑤海南中视广告依约支付了5万元品牌使用补偿费的付款凭证；⑥海南省工商行政管理局出具的关于海南中视广告股权无争议的证明。

尽管以上所形成的证据链能够证明联合电视未向海南中视广告出资，同时证明联合电视与海南中视广告之间为使用品牌的“挂靠”关系且海南中视广告已支付了约定的品牌使用费，根据当时施行的《公司法》等相关法律、法规的规定，联合电视在未履行出资义务的情况下不享有股东权利，不产生国有资产或其他合法权益损失的问题，所转让的海南中视广告股权不存在权属争议或潜在纠纷，但仍不能完全排除潜在第三方提出不利证据的可能性。

公司实际控制人之一刘文军已出具承诺，在海南中视广告有限公司设立、本人及配偶1999年受让联合电视持有的中视广告60%的股权过程中，如存在任何瑕疵，由此导致的日后一切不利后果均由本人承担。

案例029 分立事项与“两年存续期”条件限制（华尔康）

南通华尔康医疗用品有限公司（华尔康831168）2014年9月挂牌，是一家专业生产各类手术缝线的高新技术企业，同时，也是一家致力于研发新型医用可吸收材料的创新型企业。该公司在申请挂牌报告期内发生过两次分立。

问题一：公司两次分立的相关事项是否合法合规?

问题二：论证公司的分立事项是否影响公司符合《全国中小企业股份转让系统挂牌条件适用基本标准指引（试行）》“存续满两年”的挂牌条件?

解决思路与方案详解：

对问题一：公司两次分立的相关事项是否合法合规?

通过审查公司工商底档，公司第一次分立履行了下列程序：2012年5月25日，有限公司召开董事会做出决议，同意有限公司以存续分立方式进行分立，分立后新设公司南通迪沃科通信器材有限公司，续存公司为有限公司。同日，有限公司通知了全体债权人，并于2012年5月27日、5月28日、5月29日，在《扬子晚报》上发布了分立公告。2012年7月25日，海门市商务局出具了编号为“海商务资〔2012〕109号”的《关于南通华尔康医疗用品有限公司分立的批复》，同意有限公司以存续分立的方式进行分立。有限公司为存续公司，南通迪沃科通信器材有限公司为新设公司。2012 年 9 月 28 日，江苏省人民政府向有限公司颁发了发证序号为 3200168965 的《中华人民共和国台港澳侨投资企业批准证书》。2012 年 9 月 18 日，南通金利信会计师事务所出具了编号为“金利信验〔2012〕第 096 号”的《验资报告》，截至 2012 年 8 月 31 日，有限公司减少实收资本 369 万元。变更后的注册资本为人民币 191 万元，实收资本为人民币 191 万元。2012 年 10 月 11 日，有限公司在南通市海门工商行政管理局办理完成本次变更登记手续。

公司第二次分立情况如下：2013 年 2 月 1 日，有限公司召开董事会会议，通过决议将有限公司进行存续分立，分立后新设公司南通华尔利亚医用材料有限公司，有限公司续存。有限公司于 10 日内通知了全体债权人，并于 2012 年 2 月 22 日、2 月 24 日、2 月 27 日，在《扬子晚报》上发布了分立公告。2013 年 5 月 7 日，海门市商务局出具了《关于同意南通华尔康医疗用品有限公司分立的批复》（海商务资〔2013〕067 号），同意有限公司以存续分立的方式进行分立。有限公司为存续公司，南通华尔利亚医用材料有限公司为新设公司。2013 年 5 月 8 日，江苏省人民政府向有限公司颁发了发证序号为 3200175858 的《中华人民共和国外商投资企业批准证书》。2013 年 6 月 21 日，南通金利信会计师事务所出具《验资报告》（金利信验〔2013〕第 112 号），验证截至 2013 年 5 月 31 日，有限公司减少实收资本 306 万元。2013 年 6 月 26 日，有限公司在南通市海门工商行政管理局依法完成上述事项的变更登记。

根据《中华人民共和国公司法》第一百七十五条的规定：公司分立，其财产做相应的分割。公司分立，应当编制资产负债表及财产清单。公司应当自做出分立决议之日起十日内通知债权人，并于三十日内在报纸上公告。《中外合资经营企业法实施细则》第二条：依照《中外合资经营企业法》批准在中国境内设立的中外合资经营企业是中国的法人，受中国法律的管辖和保护。

综上，公司已按照《公司法》、《中外合资经营企业法》、《中外合资经营企业法实施细则》等的规定履行了公司分立的必要手续，符合相关法律法规的规定。

对问题二：分立事项不影响公司符合《全国中小企业股份转让系统挂牌

条件适用基本标准指引（试行）》“存续满两年”的挂牌条件。

公司两次分立方式均为存续分立，即有限公司主体继续存续，另一分立主体为新设公司。因此，有限公司作为独立的法人，虽资产、债权债务等被部分划归与新设公司，但有限公司主体资格未发生变更。

综上，分立事项不影响公司符合《全国中小企业股份转让系统挂牌条件适用基本标准指引（试行）》“存续满两年”的挂牌条件。

案例 030 国有出资未履行相关程序的处理（恒宝通）

深圳市恒宝通光电子股份有限公司（恒宝通 832449）于 2015 年 5 月挂牌，公司主要从事光通信模块及组件产品的研发、生产及销售。有限公司在股权沿革过程中，由于公司及其彼时股东对国有资产管理的相关法律法规认识不深，存在部分出资环节未能严格遵守国有资产管理的相关程序性规定的瑕疵。

问题一：1999 年 5 月出资设立恒宝通有限时，恒宝鼎投资系青山纸业的参股公司（持股 37.50%），属国有参股企业。恒宝鼎投资并未就其投资设立恒宝通有限之事宜向相应的国有资产主管部门申请批准（备案）程序。此外，恒宝通有限并未获悉恒宝鼎投资就本次对外投资事项通过其内部决策。

问题二：2000 年 11 月及 2001 年 6 月，在恒宝通有限的第一次及第二次增资过程中，恒宝鼎投资并未就其对恒宝通有限的增资扩股行为向相应的国有资产主管部门办理批准（备案）程序，未履行国有资产评估程序，并且恒宝通有限并未获悉恒宝鼎投资就上述两次追加投资事项通过其内部决策。

问题三：2004 年 8 月，恒宝通有限的第三次增资过程，青山纸业对恒宝通有限的投资虽已就恒宝通有限截至基准日之资产、负债及所有者权益事项进行了评估，但并未按照《国有资产评估管理若干问题的规定》就所涉及的国有资产评估事项履行相应的项目备案程序。

怎样处理才不构成公司挂牌的实质性障碍呢？

解决思路：

（1）公司所属国有资产授权经营企业轻纺控股出具书面声明文件，对公司的历史沿革问题予以追认；

(2) 控股股东青山纸业对公司设立及股权沿革过程中存在的问题做出说明并承诺承担由此产生的一切法律后果;

(3) 做详情披露。

方案详解:

恒宝鼎投资参股恒宝通有限以及公司第一次、第二次增资之时,并无适用性的法律、行政法规就国有参股企业的对外投资应履行的程序做出明确规定;并且恒宝鼎投资已办理工商注销登记,已无法获悉其前述对外投资是否履行其内部决策程序的文件资料。虽然如此,上述事项均由恒宝通有限的股东会审议通过,能够代表全体股东之意志。此外,虽然公司两次增资扩股未履行资产评估程序,但增资额均计入注册资本,壮大了公司的资本实力。公司亦按照法律规定履行了相关的验资、工商登记等手续,其过程并未造成国有资产流失。恒宝通有限第三次增资过程虽未履行国有资产评估项目备案程序,但本次增资扩股行为已履行了青山纸业及恒宝通有限的内部决策程序,系当事方之间的真实意思表示并由有相应资质的评估机构评定了增资标的的价值。青山纸业已及时缴纳了出资,公司亦按照法律规定履行了相关的验资、工商变更登记等手续。本次增资完成后,青山纸业对恒宝通有限的出资分别以注册资本与资本公积的形式注入恒宝通有限,增加了公司的资本实力与净资产总额,其过程未使公司利益和国有资产受到损失。对《恒宝通项目的反馈意见》的回复显示:青山纸业系恒宝通有限设立之时恒宝鼎投资的股东之一,且于2005年1月受让恒宝鼎投资所持恒宝通有限的全部股权并成为恒宝通有限的控股股东。

为降低恒宝通有限历史沿革过程中存在的前述出资程序瑕疵事项所带来的潜在风险,减轻对本次公司挂牌的影响,青山纸业召开总经理办公会议并于2014年11月20日做出《关于对深圳市恒宝通光电子股份有限公司历史沿革有关事项进行确认的情况说明》(以下简称《说明》),对恒宝鼎投资对外投资设立恒宝通有限、恒宝鼎投资以及青山纸业对恒宝通有限的增资扩股、恒宝通有限的历次股权转让行为予以追认。并确认虽然恒宝通有限在历史沿革过程中存在未按照国有资产管理的相关规定履行资产评估、项目备案、挂牌转让等程序,但该等程序性瑕疵本质上并未造成国有资产流失,也未损害国有股东的合法权益。相关交易协议反映了相关各方的真实意思表示,且已履行完毕，并办理了工商变更登记手续，不存在潜在的法律纠纷。青山纸业作为相应股份的承受方愿意承担由此产生的一切法律后果。

为最大限度地降低公司股权沿革过程中的该等程序性瑕疵对其挂牌的影响，2014 年 12 月 24 日，福建省属国有资产授权经营企业、公司间接控股股东轻纺控股出具了“闽轻产〔2014〕40 号”《福建省轻纺（控股）有限责任公司关于对深圳市恒宝通光电子股份有限公司历史沿革有关事项确认的函》，对公司设立、历次增资扩股和股权转让行为均予以追认。

案例 031 国有出资与增资，程序或存潜在风险（瀚远科技）

江苏瀚远科技股份有限公司（瀚远科技 430610）2014 年 1 月挂牌，主要从事计算机软硬件、网络通信设备、多媒体、电子产品、仪器仪表及信息产业相关产品的研究开发、销售和维护等。公司在申请挂牌的过程中存在一问题：2009 年 11 月发起设立股份公司和 2010 年 12 月股份公司第一次增资时，国有股权未履行相应程序，是否存在国有股权设置及结构的潜在风险？

解决思路：

（1）列示与公关协议书，核查过程合法性；

（2）国资增资公司现由省级国有资产管理部门确认；

（3）详情如实披露。

方案详解：

公司设立、历次增资及历次股权转让过程中均履行了必要的内部决议，并经江苏省、苏州工业园区工商行政管理局登记备案或办理相应变更手续。

2005 年 7 月科创公司向有限公司增资时，公司与科创公司签订了《合作协议书》，约定了公司每年向科创公司支付固定回报 15 万元，为期三年。公司已按照合同约定支付了上述三年的固定回报共计 45 万元，该项协议已履行完毕。科创公司已确认《合作协议书》履行完毕，不会向公司主张《合作协议书》相关条款约定的回购权利。

2009 年 11 月发起设立股份公司和 2010 年 12 月股份公司第一次增资时，公司未取得国资管理机构出具的关于国有股权设置及同意科创公司放弃优先增资权的批复；但公司对此事项已经向国资管理机构提交资料申请补充确认。

2013年11月1日，江苏省人民政府国有资产监督管理委员会印发了《江苏省国资委关于江苏瀚远科技股份有限公司国有股权管理事项的批复》（苏国资复〔2013〕133号），原则同意人民政府国有资产监督管理委员会提出的江苏瀚远科技股份有限公司国有股权管理方案。

经核查认为：

（1）《合作协议书》签订后，有限公司分别于2005年11月、2006年12月和2007年7月向科创公司支付了年固定回报15万元，合计45万元。之后，科创公司以其持有的公司股权享受股东权利并承担股东义务。《合作协议书》系双方真实意思的表示，协议的签署及履行过程合法有效。

（2）股份公司设立及公司2010年12月增资行为合法有效，不存在潜在纠纷，并已取得上述关于国资事项的批复。瀚远科技目前的国有股权设置乃至股权结构不存在潜在风险，故不会对公司申请全国中小企业股份转让系统挂牌事项产生不利影响。

案例032 增资未履行国有资产评估备案程序（威门药业）

贵州威门药业股份有限公司（威门药业430369）2014年1月挂牌，主要从事现代中药的研发、生产和销售。公司在2005年增资的过程中，其资产评估未履行国有资产评估备案程序，问题：该事件是否影响公司的合法存续，是否影响公司的挂牌条件？

解决思路：

（1）由市财政局出具未造成国有资产流失，增资行为合法、有效的确认函；

（2）阐明其他程序合法合规，并未引发相关纠纷；

（3）详情如实披露。

方案详解：

本次增资作价所依据的评估报告并没有在主管国资部门履行备案程序，存在法律瑕疵，但鉴于以下事实：

①此次增资已经威门药业临时股东大会审议通过，此次增资作价已取得威门药业全体股东的同意，并未损害其他股东的利益；②为本次增资出具评

估报告的中和正信会计师事务所有限公司贵州分公司具备国有资产评估资质；③贵州省人民政府作为有权的国资部门已对此次增资行为、增资价格及增资完成后股份性质进行了总体批复；④此次增资贵阳风投已按增资协议书约定缴付了出资，经中和正信会计师事务所有限公司贵州分公司验证，并办理了工商变更登记手续；⑤2013 年 10 月 23 日，贵阳市财政局出具《关于贵州威门药业股份有限公司 2005 年及 2007 年增资相关事宜的确认函》，其中记载“我局确认 2005 年增资已经履行了必要的内部决议、外部审批程序，未造成国有资产的任何流失，增资行为合法、有效”；⑥截至本说明书出具之日，公司未因本次增资所依据的评估报告未履行国有资产评估备案程序而引发任何法律纠纷或争议。

综上，本次增资所依据的评估报告未履行国有资产评估备案程序不影响威门药业本次增资的有效性，对威门药业本次挂牌不构成实质性影响。金杜所认为，此次增资未履行国有资产评估备案程序的不规范行为不影响威门药业的合法存续，对威门药业本次挂牌不会产生实质性不利影响。

案例 033 国有法人股东出资未经主管部门审批（斯派克）

湖南斯派克科技股份有限公司（斯派克 430392）主要从事精细化工产品的开发、生产及销售，生物化工新技术、新产品研究开发及技术咨询，自营和代理各类商品和技术的进出口。公司挂牌前存在的问题：国有法人股东的出资未经主管部门审批，是否存在国有资产流失的情况？

解决思路：

（1）主管部门事后确认并不存在国有资产流失情形；

（2）详情如实披露。

方案详解：

2007 年国家农药创制工程技术研究中心出资 79.9 万元。该次国家农药创制工程技术研究中心的出资，由国家农药创制工程技术研究中心会同湖南化工研究院于 2007 年 11 月 5 日召开办公会议审议通过（此时上述两单位实际上采用“整建制”运行，即“两块牌子，一套人马”），对出资额度、出资价格、出资比例等做了详细安排，实际出资与上述安排一致。但此次出资，未见国家农药创制工程技术研究中心的主管单位湖南海利高新技术产业集团有限公司的审批文件。

根据《关于同意设立湖南海利高新技术产业集团有限公司的批复》（湘政函〔2000〕138号）中有关“省人民政府授权集团有限公司（即海利集团）经营原湖南化工研究院、湖南海利化工股份有限公司等控股企业以及参股企业的国有资产，依照《公司法》行使国有资产投资主体职能，享有投资收益、重大决策和选择管理者的权利”及相关法律法规的明确规定，国家农药创制工程技术研究中心对外投资的程序应该是先由其自身依据章程约定履行内部决策程序，报经湖南海利高新技术产业集团有限公司批准后实施。2013年10月17日，湖南海利高新技术产业集团有限公司出具《关于对湖南斯派克科技股份有限公司出资及其改制的有关意见》，并又于2013年11月20日出具《情况说明》，对国家农药创制工程技术研究中心的此次出资进行核实及确认。

综上，国家农药创制工程技术研究中心的此次出资，程序上存在瑕疵，尤其是相关决策事项当时未及时报经主管单位湖南海利高新技术产业集团有限公司批准，存在不当，但本次投资数额较小，实质上已经相关决策人员的审议和通过，湖南海利高新技术产业集团有限公司作为其主管单位对该次出资事项进行了事后的核实及确认，认为本次投资依照办公会议要求进行，事实上也形成了不错的投资效果，不存在国有资产损失的情形。

案例034 社有资产历次出资的程序存合法性质疑（天羚绒业）

新疆天羚绒业科技股份有限公司（天羚绒业832427）于2015年5月挂牌，公司主要从事羊毛、羊绒的购销、加工和加工品的销售。公司挂牌前有一问题：补充核查自治区供销社及公司控股股东供销集团公司自公司设立以来历次出资程序是否合法合规?

解决途径:

（1）补充核查的方式有：核查公司的工商登记资料、公司章程、相关验资报告、股东缴款凭证、批复文件等；

（2）获取事实证据：工商登记资料、公司章程、相关验资报告、股东缴款凭证、批复文件；

（3）做出分析与判断。

解决思路与方案详解：

经核查，自公司设立以来共有两次出资行为，分别是2001年2月有限公司设立出资和2014年有限整体变更成立股份公司的出资。社有资产历次出资程序具体如下：

2001年2月有限公司设立，2000年11月8日新疆维吾尔自治区人民政府办公厅文件《批转自治区供销社关于我区供销合作社制度改革意见的通知》（新政办〔2000〕132号）及2002年9月20日新疆维吾尔自治区人民政府办公厅文件《转发自治区供销社关于进一步深化企业内部改革指导意见的通知》（新政办发〔2002〕132号）规定："根据供销社资产集体所有的性质，特别是对进入拟改制经营单位（含新办公司制企业）的在职正式职工，可从社有净资产中划出一部分，按照职工现金出资额的一定比例转配给职工，配股比例一般为1∶1。不入股者不予配股。职工名下的转配股只享有受益权，没有所有权，但在一定期限内可分期置换其所有权。职工以现金形式认购股份，一次性付清出资款的，可给予20%优惠折扣，折扣部分由供销社未折股净资产抵补，职工对认购的股份拥有完整所有权。

根据上述文件，2001年2月27日公司全体股东即自治区供销社和自然人股东杜安民签署了公司《章程》。章程规定公司注册资本为1000万元，其中自治区供销社以货币出资900万元，占注册资本的90%，杜安民以货币出资100万元（以杜安民为代表代为持有的社有资产出资预留职工股金额），占注册资本的10%。2001年2月28日，公司办理工商登记注册手续。

2014年有限整体变更成立股份公司。2014年9月6日，有限公司37名股东召开临时股东会，决议同意有限公司依法整体变更为股份公司；2014年9月18日，大华会计师事务所（特殊普通合伙）出具了"大华审字〔2014〕006088号"《审计报告》，审计证明截至2014年6月30日，有限公司净资产为36683209.91元；以1∶0.8178的比例折股3000万股，余下未折为股份的6683209.91元计入股份公司的资本公积；股份公司注册资本为人民币3000万元，股份总数为3000万股，均为人民币普通股，每股面值人民币1元；2014年9月20日，上海申威资产评估有限公司出具《评估报告》，验证截至2014年6月30日有限公司净资产评估值为41189546.37元，不存在以评估的净资产价值进行折股的情况；2014年9月24日，自治区供销社下发"新供联发

〔2014〕75号"《关于对新疆天羚畜产有限责任公司公司股份制改造的批复》，同意有限公司以2014年6月30日为股改基准日经审计净资产折股整体改制为股份公司；2014年9月26日，37名发起人共同签署了《发起人协议书》，一致同意以发起设立方式设立股份公司；2014年9月26日，股份公司召开创立大会暨第一次股东大会，同意以发起设立方式设立股份公司，以有限公司经审计的截至2014年6月30日的净资产36683209.91元，按1∶0.8178的比例折股3000万股，净资产余额人民币6683209.91元计入资本公积。股份公司股份均为普通股，每股面值人民币1元，各发起人在股份公司的持股比例按其在有限公司出资比例确定；2014年9月30日，大华会计师事务所出具了"大华验字〔2014〕000399号"《验资报告》，验证股份公司已收到全部股东缴纳的注册资本3000万元，出资方式为净资产折股。

综上，自治区供销社及公司控股股东供销集团公司自公司设立以来历次出资程序均履行了法律程序，符合当时的法律法规。

案例035 集体企业解除挂靠而实物出资却未评估（中试电力）

湖北中试电力科技股份有限公司（中试电力430291）主要从事电力试验设备、电气机械产品及其他电子产品的研发、生产、技术服务、开发产品的销售等业务。公司的原身有限公司设立时，存在实物出资未履行评估手续和公司挂靠等不规范等情形，该如何处理？

解决思路：

（1）阐明挂靠关系及其解除确认；

（2）控股股东、实际控制人出具兜底承诺；

（3）详情如实披露。

方案详解：

1996年12月25日，武汉中试电力试验设备公司变更为武汉中试电力试验设备有限公司（以下简称"有限公司"），原公司的债权债务由有限公司承继，原公司注销，与武汉东湖新技术开发区管理办公室的挂靠关系解除。公司注册资本为100万元。其中操立军出资额60万元，周丽华出资额为20万元，陈桃荣出资额为20万元。

有限公司的设立实质上是以集体企业名义登记注册的私营企业，根据《公司法》、《湖北省个体经营户和私营企业条例》的相关规定，向原登记机关重新办理登记为私营企业。《湖北省个体经营户和私营企业条例》（1996年5月1日起施行）第四十四条规定：“本条例施行前，已以国有企业或者集体企业名义登记注册的个体经营户和私营企业，应当于本条例施行后六个月内向原登记机关重新办理登记。逾期不办理登记的，其企业性质和财产所有权按原登记予以确认。”

1996年9月23日，武汉中试电力试验设备有限公司召开股东会，会议决定了公司经营方针；通过公司章程；选举周丽华为执行董事兼总经理；选举操立军为监事。

有限公司的股东认缴注册资本的来源包括两部分：一部分集体企业原有的资产中归属于股东的投入资本，另一部分为有限公司股东本次新增出资。具体情况为：

序号	出资人	出资额（万元）			出资比例
		原投入资本	新增出资	合计	
1	操立军	31.98 现金	28.02 实物	60.00	60.00
2	周丽华	8.99 现金	11.01 实物	20.00	20.00
3	陈桃荣	8.99 现金	11.01 实物	20.00	20.00
合计		49.96	50.04	100.00	100.00

操立军、周丽华和陈桃荣以购得的生产和办公设备作价出资，操立军、周丽华和陈桃荣对用以出资的设备拥有完整的所有权。出资时，相关实物并未进行评估，操立军等股东购买相关设备的时间为1996年，作价依据为相关生产和办公设备的市场价格，即各股东购买相关设备实际支付的价款。

1996年12月16日，湖北珞珈会计师事务所出具“鄂珞珈验字〔1996〕98号”《验资报告》，对有限公司设立时，原公司投入资本和股东新增出资的缴纳情况予以验证。

1996年12月25日，武汉市工商行政管理局核发《企业法人营业执照》，公司名称为武汉中试电力试验设备有限公司；住所为武昌区珞珈山路特1号；法定代表人周丽华；注册资本100万元；经营范围为电力试验设备及其他电子产品的开发、研制、技术服务，开发产品的销售。

根据东湖新技术开发区管理办公室出具的《关于成立武汉华中电力试验设备公司的批复》，中试公司系个人集资成立，武汉东湖新技术开发区管理办公室未参与出资。集资人与武汉东湖新技术开发区管理办公室签署的《集资协议书》约定中试公司如出现歇业、停业或解散情形时，集资人投入公司资金的51%及增值部分归属于武汉东湖新技术开发区管理办公室所有。《集资协议书》中关于51%的权属及增值部分的权利人由集体变更为东湖新技术开发区管理办公室的前提是公司发生歇业、停业或解散情形，中试公司的正常运营不会触发这一条款的执行。因此，东湖新技术开发区管理办公室未参与出资，仅为中试公司挂靠单位，不享有实际权益。

集资人与武汉东湖新技术开发区管理办公室签署的《集资协议书》实质是为确认中试公司对武汉市东湖新技术开发区管理办公室的挂靠关系。1996年11月，武汉市东湖新技术开发区管理办公室同意解除挂靠关系，《集资协议书》已不具备履行条件，协议各方的权利义务终止。因此，中试公司重新登记为有限公司时，武汉市东湖新技术开发区管理办公室不享有权益，股权清晰，且不存在潜在纠纷。

公司的控股股东、实际控制人操立军于2013年3月1日针对集体所有制企业的设立、出资额的转让、注册资金的变更以及集体所有制企业重新登记为有限公司的合法合规性出具《承诺书》，承诺中试电力如因为集体所有制企业的设立、集体企业阶段出资额的转让、注册资金的变更以及集体所有制企业变更为有限责任公司等事项产生纠纷或者受到处罚，由操立军承担相应连带责任。

1996年，集体所有制企业根据《公司法》、《湖北省个体经营户和私营企业条例》重新登记为有限公司，集体企业注销。集体企业变更为有限公司履行了相应的法律程序，并取得了武汉市工商行政管理局核发的《企业法人营业执照》。

有限公司设立时存在实物出资未履行评估手续的情形，程序上存在瑕疵，但依据有限公司成立时的《验资报告》，全体出资人的出资已到位，目前公司资产真实准确，用于出资的实物已计提折旧完毕，且公司控股股东、实际控制人操立军承诺未来公司如因为本次实物出资未履行评估程序受到主管单位的处罚而使公司蒙受经济损失，相关经济损失由其本人承担。

有限公司设立时实物出资未进行评估存在法律程序上的瑕疵，除此之外，集体企业的设立、注册资金和出资人的变更、集体企业转变为有限公司等事项履行了相关的法律程序，合法合规。

案例036 减少注册资本与抵消股东债务（永天科技）

上海永天科技股份有限公司（永天科技430273）主要从事楼宇通信解决方案、智能建筑系统建设。公司挂牌前存在大额股东欠款，如何处理才不影响公司挂牌？

解决思路及方案详解：

以公司减资的方式，收回股东借款并做详情披露，内容为：2011年，数方信息将400万元资金拆借上海禄均贸易有限公司（下称“禄均贸易”）。为了规范关联交易、减少非必要关联交易的发生，规范公司治理，永天科技决定收购数方信息为全资子公司。考虑到禄均贸易所欠数方信息400万元债务面临着较大的偿还难度，存在较大的坏账发生可能性，2011年11月10日，数方信息股东杨永华和薛梅子、禄均贸易及数方信息三方共同协商签署《代为还款协议》，约定由杨永华和薛梅子共同代禄均贸易向数方信息偿还所欠400万元债务，此后数方信息与禄均贸易不再存在债权债务关系。

2012年9月20日，因永天科技改制已完成，收购数方信息计划急需履行，而此时杨永华和薛梅子仍存在较大的偿债压力，为避免永天科技收购数方信息后承担坏账风险，数方信息召开股东会决议，杨永华和薛梅子作为数方信息合计持股100%股东，同意公司注册资本由500万元减至100万元，减资金额400万元与杨永华及薛梅子对数方信息的等额债务相抵消。经履行减资公告程序，2012年11月14日宏创会计师事务所就上述减资事宜出具了“宏创会验（2012）11－0192号”《减资报告书》。数方信息至此注册资本变更为100万元。

上述关联交易发生在数方信息成为永天科技子公司之前，由于数方信息内控制度及公司治理较为薄弱，对该项借贷未签订合同规定相应的利息，也未履行关联交易决策程序，在永天科技收购数方信息为全资子公司后，已逐步加强对数方信息的规范治理。数方信息承诺在未来的经营过程中，规范公司治理，加强公司内控制度建设。

案例037 子公司股东人数超过200，如何处理（奥凯立）

北京奥凯立科技发展股份有限公司（奥凯立430226）主要从事经营本企业和成员企业自产产品及技术出口业务，本企业和成员企业生产所需的原辅材料、仪器仪表、机械设备、零配件及技术的进口业务，经营进料加工和“三来一补”业务。子公司股东人数超过200人，挂牌前该怎么办?

解决思路：

（1）通过转让股权在挂牌前减少股东人数；

（2）转让方承诺股权转让协议真实有效，若发生纠纷由转让方承担责任；

（3）发行人、控股股东及实际控制人承诺，若历史沿革中涉及股权异议及相关纠纷均由他们承担全部责任；

（4）详情如实披露。

方案详解：

为调动员工的工作积极性和提高员工的经济收益，卫辉化工（发行人的子公司）曾经借鉴国外的管理经验，实行全体员工参股的激励方式，出现了股东人数超过200人的情况，这种做法在当时特定历史背景下曾产生积极的效果，但不符合《公司法》的规定。

为解决上述问题，2008年12月31日，任新民等212名自然人股东将其持有的卫辉化工共计12.84%的股权全部自愿转让给耿强，转让方与受让方经充分协商一致签订了《股权转让协议及委托书》，同时转让方承诺该《股权转让协议及委托书》真实有效，若发生纠纷，由转让方212名自然人承担责任。除此之外，公司控股股东及实际控制人卢甲举亦承诺，如卫辉化工历史沿革中所涉及的股东对卫辉化工股权提出任何异议及由此导致的任何纠纷均由其承担，负全部责任。

CHAPTER3
第三章

无形资产出资评估、确认、置换等问题的解决

本章要领 22 大案例及 30 种常规、典型实务问题及其解决思路

◎本章将解决的 30 种实战问题

①著作权与商标的资产置换出资；②股东以人力资源作价出资及置换；③股东以管理资源出资及置换；④无形资产出资不实；⑤高新技术成果作价出资与注册资本的比例；⑥无形资产的评估与作价；⑦出资无形资产的实际利润低于预测；⑧无形资产出资占比 100%；⑨著作权出资认定为职务发明界限模糊以现金补正；⑩无形资产出资是否与公司主营业务有关；⑪技术出资或存职务成果嫌疑；⑫无形资产与知识产权纠纷；⑬专利出资的归属权质疑；⑭无形资产所有权的取得与核查；⑮无形资产超比例出资的认定；⑯报告期内专利出资做减资处理；⑰软件著作权与按成本法评估；⑱非专利技术出资占比高达 97.68%；⑲实用新型专利出资与按权益法评估；⑳无形资产增资追溯评估与补充出资价差；㉑技术出资超比例且未评估；㉒出资的非专利技术为职务发明；㉓外资转合资情况下的无形资产出资；㉔市场因素与出资不实及反证法排除职务发明；㉕类比计算商誉的方式；㉖商誉与减值依据；㉗非专利技术出资进行减资的操作；㉘职务发明专利转让依据和法律手续；㉙党政领导干部与职务发明；㉚研究院或大学教授的发明权属。

◎典型问题及一般性解决思路

1. 5 大典型问题

新三板的挂牌企业多数都是科技型企业，无形资产出资很普遍，常见问题有五：无形资产超比例出资、无形资产权属不明、无形资产出资不实

与评估、无形资产未产生预期效益、无形资产出资与主营业务不相关等等。

2. 超比例出资问题

有限公司设立时包括非专利技术等无形资产出资比例超过20%，与1999年12月25日修订的《公司法》的相关规定不符合。但是，2014年修订的《公司法》废止了对货币出资金额最低比例的要求。

本类问题的常规解决思路：

（1）说明2014年修订《公司法》对货币出资无限额的要求。

（2）2005年之前施行的公司法中注明“国家对采用高新技术成果有特别规定的除外”，这为突破无形资产出资比例提供了灵活的空间。

（3）考察出资的无形资产是否符合高新技术成果的相关要求，如《关于以高新技术成果出资入股若干问题的规定》等，不符合高新技术成果的公司，可通过补充获得相关科技主管部门的认定来进行弥补。

（4）类比区域政府政策，如《中关村科技园区条例》、《中关村科技园区企业登记注册管理办法》等不受无形资产出资比例限制的政策。

（5）从以下四方面如实披露并进行解释，从而消除无形资产超比例出资部分所存在的实质法律障碍：一是无形资产现时账面价值是否在逐年摊销之后符合出资要求；二是公司是否因当时的出资行为受到相关部门的处罚；三是公司股东是否书面确认不会对本次出资行为产生争议或纠纷；四是无形资产出资行为是否符合现行《公司法》的要求。

3. 无形资产权属不明

由于股东或者发起人必须以自己的名义出资（见《公司注册资本登记管理规定》)，所以无形资产权属不明的问题主要是指无法区分该无形资产属个人发明还是职务发明。

本类问题的常规解决思路：

（1）根据相关法律准则，确认出资人在公司设立后已经依法取得了该无形资产的所有权；

（2）从专利权人背景出发解释其具有独立完成所出资专利的能力；

（3）律师出具“出资人不存在权利嫌疑”的公正意见；

（4）拥有无形资产的股东可做出“承担一切与无形资产权属嫌疑有关的

责任”的承诺；

（5）出资人工作过或有相关关联的单位做出“此无形资产与其无关”的证明或说明，即反向证明法；

（6）如以上方式都无法排除出资人职务成果的嫌疑，则认定职务发明的界限较为模糊，应当从严谨性出发，做减资处理或由原出资人现金补正。

4. 出资不实与评估问题

根据《公司法》等法律规定，国有出资和非货币出资都是要进行评估的，无形资产出资应当评估作价，且不得高估或者低估作价。

本类问题的常规解决思路：

（1）查看是否具有无形资产出资确认书和财产转移协议，且该出资不涉及各方权属疑义和纠纷；

（2）是否已办理工商登记并未由工商部门提出任何异议；

（3）由专业评估机构追溯评估，如出现高估，则原出资股东以货币资金补足评估值与原账面值的价差；

（4）其他股东可出具“不再追究出资不实股东责任”的免责声明；

（5）券商、律师或会计师阐明不存在实质性法律障碍。

5. 无形资产未产生预期效益

本类问题的常规解决思路：

（1）阐明市场因素与出资不实之间没有必然联系的理由；

（2）中介从法律、程序及其他相关方面阐明出资真实、合法合规；

（3）依谨慎性原则，有限公司或可在整体变更为股份公司前做减资处理；

（4）如实披露详情。

案例038 置换商标与著作权出资以保证业务清晰（巨灵信息）

上海巨灵信息技术股份有限公司（巨灵信息430316）主要从事企业管理和产品管理信息化业务相关的软件研发、销售及技术服务等。公司原身巨灵有限与摩诃科技系同一控股股东控制，两兄弟公司在设立之初存在业务不明现象，如何通过软件著作权及商标的置换出资来解决这一问题？

解决思路:

(1)阐明交易情况、置换的原因和作价;

(2)说明置换交易对公司未来发展的影响等;

(3)详情进行如实披露。

方案详解:

(1)交易情况:2012年11月19日,公司与摩诃科技针对部分著作权和商标等无形资产进行了置换。巨灵有限置出软件著作权及商标;摩诃科技置出软件著作权。截至本公开转让说明书出具日,公司已办理完毕软件著作权的权属变更。

(2)置换的原因和作价:由于摩诃科技和巨灵有限均系王新桥控制的公司,在巨灵有限股改之前,该两家公司的业务定位不是非常清晰。为了使该两家公司业务定位更加明确、进一步强化两家公司的独立性和避免同业竞争,将上述两家公司的业务定位明确如下:巨灵信息以无线技术的研发和应用服务为核心,定位为软件系统提供商;而摩诃科技未来将以米鼠网为核心,定位为在线软件工厂的电商平台开发和服务。

两家公司拥有的软件著作权及商标与上述业务定位不是非常匹配。比如,"米鼠即时通信软件(企业版)V1.0"、"米鼠在线客服软件V1.0"、"米鼠即时通信软件V2.0"的软件著作权及米鼠网商标主要应用于摩诃科技电子商务平台米鼠网中,但该等软件著作权在巨灵有限名下,而用于无线技术的"摩诃设备跟踪无线射频管理软件"的软件著作权却在摩诃科技名下。因此,两家公司经过协商,将上述软件著作权进行置换。

根据《企业会计准则第7号——非货币性资产交换》第三条:非货币性资产交换同时满足下列条件的,应当以公允价值和应支付的相关税费作为换入资产的成本,公允价值与换出资产账面价值的差额计入当期损益:①该项交换具有商业实质;②换入资产或换出资产的公允价值能够可靠地计量。涉及置换的软件著作权仍未进行实质性的商业应用,对其公允价值难以进行可靠计量,未能同时满足所列示的条件。

根据《企业会计准则第7号——非货币性资产交换》第六条:未同时满足本准则第三条规定条件的非货币性资产交换,应当以换出资产的账面价值和应支付的相关税费作为换入资产的成本,不确认损益。

在置换之前，前述软件著作权与商标均未产生直接经济收益，而且与公司未来的发展战略不一致，所以双方本着互惠互利原则，在上述软件著作权置换过程中未产生置换差价。

（3）置换交易对公司未来发展的影响：上述置换软件著作权和商标符合公司的发展战略，同时，也符合公司和关联方摩诃科技的业务定位。公司发展初期规模较小，公司治理方面仍不健全，与关联方摩诃科技存在一定的定位模糊，为了规范公司和摩诃科技的资产权属，同时使公司和摩诃科技在主营业务的定位上更加清晰明确，避免同业竞争，在综合考虑各软件著作权和商标权与两公司的主营业务的关联性的基础上，双方针对前述无形资产进行了重新梳理和调整、置换。此次置换交易使两家公司业务定位更加明确，强化了两家公司的独立性，进一步明确摩诃科技未来将以米鼠网为核心，专业定位为在线软件工厂的电商平台开发和服务，巨灵信息则以无线技术的研发和应用服务为核心。

案例039 以人力、管理资源出资与合规存疑（联动设计）

武汉联动设计股份有限公司（联动设计430266）主要从事送电、变电工程，新能源发电、风力发电、火力发电工程，环境工程设计、咨询、成套、承包等业务。公司原身有限公司设立时，股东以人力资源、管理资源出资，是否符合法规规定，是否存在损害其他股东权益问题？

解决思路：

（1）商管理部门书面确认以人力资源和管理资源出资符合地方管理规定；

（2）以现金置换原人力资源、管理资源出资；

（3）列示地方法规；

（4）商管理部门书面确认符合地方管理规定；

（5）如实披露详情。

方案详解：

公司设立时，股东黄万良、朱桂兰、任德才、黄玉娇以人力资源出资340万元。根据2001年2月19日武汉东湖开发区管理委员会颁布的《武汉东湖开发区管委会关于支持武汉光电子信息产业基地（武汉·中国光谷）建设若干政策实施细则的通知》（武新管综〔2001〕10号）第七条之规定，“股东以人力资源入股的，经全体股东约定，可以占注册资本的35%（含35%）以内”，因此公司以人力资源出资事项符合该法规规定。

公司设立时，武汉留创园以管理资源出资10万元。根据2000年4月12日武汉市人民政府《关于加快高新技术创业服务中心建设与发展步伐的通知》（武政办〔2000〕63号）第七条之规定，“鼓励创业中心通过投资、提供优质服务等方式持有在孵企业的一定股权”。武汉创业园为武汉东湖新技术开发区管委会依据《关于成立武汉留学生创业园管理中心的决定》（武新管人〔2002〕16号）设立的创业管理中心，因此其以管理资源出资符合《关于加快高新技术创业服务中心建设与发展步伐的通知》的规定。

为规范公司历史出资中存在的人力资源出资、管理资源出资等事项，公司于2012年10月向武汉市工商行政管理局东湖新技术开发区分局提交了情况说明。2012年10月20日，武汉市工商行政管理局东湖新技术开发区分局出具《关于指定武汉中天奇会计师事务所有限公司对武汉联动设计工程有限公司实收资本进行验资的函》，指定中天奇对有限公司实收资本进行验资。中天奇于2012年10月22日出具《关于武汉联动设计工程有限公司截至2012年10月19日止历次出资验资复核报告》（武奇会专审字〔2012〕第001号），验证：2003年7月8日股东第一次出资中，管理资源出资10万元、人力资源出资340万元，共计350万元，是依照武汉东湖开发区管理委员会文件武新管综〔2001〕10号文件出资；2004年7月5日股东第二次出资中实物出资382万元，由于时间久远，无法获取相关原始资料证明出资实物所有权已转移至公司。为规范上述情况，公司股东以货币出资对人力资源出资、管理资源出资、实物出资进行了置换。

案例040 非专利技术出资超过20%是否符合当时法规（星通联华）

北京星通联华科技发展股份有限公司（星通联华430614）主要从事计算机系统服务，销售计算机、软件及辅助设备、电子产品、机械设备、通信设备等业务。公司原身有限公司设立时非专利技术出资占比超过20%，是否符合当时的法律法规？请做出合理解释。

解决思路及方案详解：

有限公司设立时非专利技术出资占比超过 20%，与当时《公司法》（1999 年 12 月 25 日修订）相关规定不符合——“非专利技术作价出资的金额不得超过有限责任公司注册资本的百分之二十，国家对采用高新技术成果有特别规定的除外”。《国务院办公厅转发科技部等部门关于促进科技成果转化若干规定的通知》（1999 年 3 月颁布）第一条第 1 款规定：“科研机构、高等学校及其科技人员可以采取多种方式转化高新技术成果，创办高新技术企业。以高新技术成果向有限责任公司或非公司制企业出资入股的，高新技术成果的作价金额可达到公司或企业注册资本的 35%，另有约定的除外。”据此，根据当时适用的法律和行政法规，以高新技术成果向有限责任公司出资的比例可突破 20%。在此上位法基础上，北京市人大常委会于 2000 年颁布并于 2001 年 1 月 1 日实施的《中关村科技园区条例》第十一条规定：“以高新技术成果作价出资占企业注册资本的比例，可以由出资各方协商约定，但以国有资产出资的，应当按照国家有关国有资产管理的规定办理。”北京市人民政府于 2001 年 3 月颁布实施的《北京市中关村科技园区企业登记注册管理办法》第十三条进一步明确：“以高新技术成果出资设立公司和股份合作企业的，对其高新技术成果出资所占注册资本（金）和股权的比例不作限制，由出资人在企业章程中约定。企业注册资本（金）中以高新技术成果出资的，对高新技术成果应当经法定评估机构评估。”

通过尽调了解：中国地质大学、水利部规划设计院、国土资源部信息中心三名专家签署《技术鉴定报告》，一致认定“中国公路交通网”技术及“中国公路沥青电子商务平台”技术达到国内先进水平，尤其在高速公路信息化方面的成功应用，开创该行业的先河；武汉大学测绘遥感信息工程国家重点实验室出具《技术鉴定报告》，李德仁院士等三位专家一致认定武汉立得开发的“道路维修数据的自动提取与建库”技术达到国际先进水平，在国内属于独一无二的专有技术，具备极高的技术创新性。

但根据《关于以高新技术成果出资入股若干问题的规定》（1997 年 7 月 4 日起实施，2006 年 5 月 23 日起失效），“出资入股的高新技术成果，应当符合下列条件：①属于国家科委颁布的高新技术范围；②为公司主营产品的核心技术；③技术成果的出资者对该项技术合法享有出资入股的处分权利，保证公司对该项技术的财产权可以对抗任何第三人；④已经通过国家科委或省级科技管理部门的认定”。

因此，星通有限设立时股东作为出资的非专利技术虽经过技术鉴定，但未通过国家科委或省级科技管理部门的认定，不属于高新技术成果，即不符合《公司法》中“国家对采用高新技术成果有特别规定的除外”的相关规定，星通有限设立时各股东非专利技术出资比例不符合当时有效的《公司法》对出资比例的要求。但鉴于以下三个情况，此瑕疵对星通联华申请本次挂牌并公开转让不构成实质性障碍：①该等非专利技术出资比例得到主管部门工商局的认可且该出资已经实际到位；②至2012年，该等非专利技术账面价值已全部摊销完毕，净值为0；③星通有限整体变更设立股份公司时已不存在无形资产出资超法定比例的情形。

案例041 无形资产出资占比100%，怎样替换（般固科技）

般固（北京）科技股份有限公司（般固科技430361）主要从事计算机系统服务，销售计算机、软件及辅助设备、电子产品、机械设备、通信设备等业务。公司在挂牌前其原身有限公司就有无形资产存在。

问题一：设立时无形资产出资超比例是否符合相关法规？

问题二：无形资产是否经过评估？

问题三：无形资产出资是否与公司主营业务有关？

问题四：无形资产出资是否属于职务技术成果，是否存在知识产权纠纷？

解决思路及方案详解：

对问题一：设立时无形资产出资超比例问题的说明。

根据《中华人民共和国公司法》（2004年修订）第24条：“股东可以用货币出资，也可以用实物、工业产权、非专利技术、土地使用权作价出资。以工业产权、非专利技术作价出资的金额不得超过有限责任公司注册资本的百分之二十，国家对采用高新技术成果有特别规定的除外。”

根据《国务院关于<北京市新技术产业开发试验区暂行条例>的批复》（国函〔1988〕第074号）第17条“北京市人民政府可以根据本条例制定实施办法和单行规定”之规定，北京市人大常委会颁布的《北京市中关村科技园区条例》及北京市人民政府颁布的《中关村科技园区企业登记注册管理办法》对中关村科技园区内的高新技术企业的无形资产出资做出了特别规定，允许出资各方协商约定高新技术成果出资占企业注册资本的比例。

根据《中关村科技园区条例》（2000 年颁布，已于 2010 年 12 月 23 日被废止）第 11 条：“以高新技术成果作价出资占企业注册资本的比例，可以由出资各方协商约定。”

根据《中关村科技园区企业登记注册管理办法》(2001 年颁布，已于 2007 年 11 月 23 日被废止）第 13 条：“以高新技术成果出资设立公司和股份合作企业的，对其高新技术成果出资所占注册资本（金）和股权的比例不作限制，由出资人在企业章程中约定。”第 14 条：“出资人以高新技术成果出资，应当出具高新技术成果说明书；该项高新技术成果应当由企业的全体出资人一致确认，并应当在章程中写明。经全体出资人确认的高新技术成果可以作为注册资本（金）登记注册。”

东电有限注册地位于中关村科技园区内，成立时以高新技术成果出资，占当时注册资本的 100%。该比例符合《中关村科技园区条例》及《中关村科技园区企业登记注册管理办法》的规定，并且经工商行政管理部门核准注册。因此，上述无形资产出资超比例问题不会影响有限公司设立的效力。

对问题二：关于无形资产未经评估的说明。

虽然东电有限设立时用做出资的无形资产未经评估，但由全体股东出具了高新技术成果说明书及确认书，签署了财产转移协议，经验资机构和审计机构审验，办理了工商设立登记手续并获准注册，工商行政管理部门对此未提出任何异议。

另根据股份公司提供的 2013 年 7 月 15 日有限公司股东会决议以及 2013 年 7 月 18 日全体股东承诺函，股东李洋已于 2013 年 7 月 18 日向公司投入 50 万元，计入公司资本公积，用于夯实公司注册资本以避免 50 万元无形资产因未经评估等可能存在的问题，该项投入经北京兴华会计师事务所有限责任公司以“〔2013〕京会兴专字第 10010337 号”《专项审计报告》审计，确认有限公司已收到股东李洋投入的 50 万元并且对该笔缴存资金进行了账务处理，调增资本公积（其他资本公积）50 万元。

对问题三：无形资产出资与公司主营业务的关系。

公司主要业务为针对教育、交通、金融、通信等企事业单位客户提供窄带宽视频会议与远程监控系统咨询服务、集成服务以及家庭/soho小企业监控产品，而公司成立时的高新技术成果“移动电子商务系统技术”即为该主营业务服务。“移动电子商务系统技术”为手机支付平台，公司客户在购买及使用公司视频会议系统时，可通过该支付平台进行支付。自2006年至2008年，用户每年通过该平台支付实现收入1万~2万元。由于效益不高，并且中国人民银行即将对支付平台进行规范，故公司自2009年开始逐渐不再使用该技术。

2010年5月19日，中国人民银行颁布《非金融机构支付服务管理办法》，规定：“非金融机构提供支付服务，应当依据本办法规定取得《支付业务许可证》，成为支付机构。支付机构依法接受中国人民银行的监督管理。未经中国人民银行批准，任何非金融机构和个人不得从事或变相从事支付业务。”而东电有限未能取得《支付业务许可证》，此后，该“移动电子商务系统技术”不再为公司产生经济利益。

对问题四：无形资产出资不属于职务技术成果，不存在知识产权纠纷。

李洋在创办东电有限之前，在北京海淀柏安电脑公司任职，北京海淀柏安电脑公司主要从事电脑销售，与“移动电子商务系统技术”无关。2003年，李洋因自主创业，从北京海淀柏安电脑公司辞职，与张铁钢二人共同研发“移动电子商务系统技术”。李洋、张铁钢于2013年9月9日出具承诺：李洋、张铁钢用于出资的高新技术成果“移动电子商务系统技术”，系由两人利用业余时间、自行出资研发的，是李洋与张铁钢的个人成果，不属于其在当时所任职公司的本职工作，也不属于其履行当时所任职公司交付的工作或分配的任务，也未利用当时所任职公司的资金、设备等物质技术条件，不构成职务发明。

李洋、张铁钢对该项高新技术成果具有完全的权利，自2005年公司成立以来，未因此项高新技术成果出资产生任何纠纷。如因此项高新技术成果产生任何纠纷或给公司造成任何损失，李洋、张铁钢将按当时的出资比例承担一切法律责任和损失。

案例042 无形资产出资或存职务成果嫌疑（奥特美克）

北京奥特美克科技股份有限公司（奥特美克430245）主要从事水利信

息化相关软件及硬件的研发、生产和销售以及提供水利信息化综合解决方案业务。公司原身有限公司设立时，一股东以与公司生产经营相关的非专利技术出资，该技术不排除利用了公司的场地和办公设备甚至公司的相关技术成果的因素，无法排除出资人职务成果的嫌疑，该怎样解决呢？

解决思路及方案详解：

2006年4月，有限公司股东吴玉晓和路小梅以非专利技术“水资源远程实时监控网络管理系统技术”出资640万元，二人各自占比均为50%。由于该项非专利技术与公司的生产经营相关，不排除利用了公司的场地和办公设备甚至公司的因素相关技术成果，无法排除出资人职务成果的嫌疑，以此项技术出资存在瑕疵，公司决定以现金对该部分出资予以补正。

2012年8月29日，有限公司召开股东会，决议由股东路小梅和吴玉晓分别以现金320万元对公司2006年4月的非专利技术出资640万元进行补正，并计入资本公积。2012年8月31日，兴华会计师事务所出具“〔2012〕京会兴核字第01012239号”审核报告，对上述补正出资的资金进行了审验，确认截至2012年8月31日止，公司已收到上述股东的补足出资，并已进行了合理的会计处理。补正该出资后，公司的注册资本，实收资本不变。

案例043 出资的无形资产归属权或存质疑（速升装备）

江苏速升自动化装备股份有限公司（速升装备430514）是集研发、设计、制造、安装、维修及技术咨询服务于一体的智能自动化系统集成装备供应商。公司挂牌前，其前身有限公司设立时，有关股东以无形资产出资事项存在。

问题一：王树生、郑卫星取得无形资产的所有权是否合法？

问题二：王树生、郑卫星用出资的无形资产是否属于职务发明？

解决思路：

（1）根据相关法规论述专利人依法取得上述无形资产的所有权；

（2）详述专利权人背景以证明其具备独立完成所出资专利的能力；

（3）详述专利发明过程以证明其研发事实；

（4）专利人出具声明与承诺；

（5）详情如实披露。

方案详解：

根据公司提供的资料并经核查，在有限公司设立时，王树生、郑卫星用以出资的专利如下：

专利号	专利名称	申请日	授权日	专利权人	专利类型
ZL01263582.0	双轨控过渡转换装置	2001年11月5日	2002年7月30日	王树生	实用新型
ZL01263583.9	十字形过渡转换装置	2001年11月5日	2002年10月9日	王树生	实用新型
ZL01272713.X	多功能小车	2001年12月10日	2002年10月9日	郑卫星	实用新型
注：王树生、郑卫星依法取得上述无形资产的所有权。					

对问题一：王树生、郑卫星依法取得上述无形资产的所有权。

根据公司提供的资料并经核查，在上述无形资产作为出资之前王树生、郑卫星已依法取得了用以出资的无形资产的权利证书（专利证书的基本信息见上文），根据《专利权法》第六条“非职务发明创造，申请专利的权利属于发明人或者设计人；申请被批准后，该发明人或者设计人为专利权人”，第十一条“发明和实用新型专利权被授予后，除本法另有规定的以外，任何单位或者个人未经专利权人许可，都不得实施其专利……”及第四十条“……实用新型专利权和外观设计专利权自公告之日起生效”的规定，王树生、郑卫星作为上述实用新型专利的设计人因申请并取得国务院专利行政部门授权公告而依法取得相关实用新型专利的所有权。根据公司的说明并经核查，截至本《反馈意见》出具之日，速升装备未收到国家知识产权局发出的申请专利复审委员会宣告王树生、郑卫星用以出资的实用新型专利无效的书面或口头通知。

综上，在上述实用新型专利的专利权期限内，王树生、郑卫星依法享有上述用以出资的实用新型专利的所有权。

对问题二：王树生、郑卫星用以出资的无形资产不属于职务发明。

上述王树生用于出资的专利申请时间为2001年11月，郑卫星用于出资的专利申请时间为2001年12月，在此期间王树生担任无锡速升执行董事和经理、郑卫星担任无锡速升监事和工程部部长，除此之外王树生、郑卫星在此期间没有在其他公司任职。

1. 王树生、郑卫星具有独立完成所出资专利的能力

王树生先生 1982 年毕业于华东工程学院（现南京理工大学）火箭发射装置专业，取得大学本科学历，在求学期间王树生先生掌握了大量的理论知识。1982 年毕业后，王树生先生即进入国营新苏机械厂，先后参与和主持了无锡电视机厂、中国南大电子实业公司（海南）、苏州电视机厂彩色电视机生产流水线的设计、安装、调试工作。1987 年后转入非标设备的研究和设计工作。1989 年后王树生先生进入江苏南方机电集团公司担任研究所所长，开始全面主持该公司在家电、摩托车、汽车整车及零部件领域生产流水线及重大非标设备的研发设计工作，是其多项专利的发明人，直至 1996 年离开并创办无锡速升。在上述工作期间王树生先生积累了大量的实践经验，提高了理论转化水平，进一步提升了自身的研究开发能力。

郑卫星先生 1992 年毕业于无锡轻工业学院（现江南大学）机械系，取得大学本科学历，毕业分配进入无锡南方悬挂输送机厂开始从事各类输送机械、非标设备和生产流水线的设计工作，后转入车间和项目现场从事生产、施工的技术指导和管理工作，参与了上海日立空调器厂四期至七期等多个项目的设计、安装和调试工作，并担任了上海家用空调器厂年产 30 万台空调生产流水线项目的项目经理，1996 年郑卫星先生离开并参与创办无锡速升。在学习和工作过程中，郑卫星先生掌握了扎实的理论知识，拥有了丰富的工作经验，培养了良好的研究开发能力。

如上所述，王树生先生和郑卫星先生具有较强的理论基础，且长期从事生产流水线、非标设备等领域的研发、设计和管理工作，具有独立完成所出资专利的能力。

2. 所出资专利不是无锡速升的职务发明

无锡速升成立于 1996 年，主要从事普通机械、电器机械的设计、加工业务。成立后业务规模一直较小，只有一间二百多平方米的办公用房、少量的办公设备、十几个员工，业务只是进行项目承接和设计工作，然后由外包单位进行生产制造和安装。没有成立专门的研发机构，没有配备专门的研发人员，也没有具体的研发计划和相应的资金支持，不具备研发能力。

在所出资专利的研发和申请期间，王树生担任无锡速升执行董事、经理，主要从事日常经管管理和项目的承接工作，郑卫星担任无锡速升的监事、工程部部长，主要负责项目的生产、安装和调试工作，王树生和郑卫星没有承担过具体的研发工作或无锡速升交付的研发任务。

上述王树生用于出资的专利是其利用个人业余时间，对早期从事汽车零部件生产线设计时工件转换装置存在的问题进行总结和反思做出的发明创造；郑卫星用以出资的专利是用于火车货车转向架检修的多功能吊挂翻转装置，是其利用个人业余时间对当时普遍使用的苏联台位式检修装置弊端进行研究所做出的发明创造。该等发明创造均是王树生、郑卫星利用个人业余时间独立完成的，不属于在无锡速升本职工作或临时交付的任务中做出的发明创造，其形式主要是技术图纸，也没有利用无锡速升的物质条件，不属于无锡速升的职务发明创造。

无锡速升已于2010年解散并注销，其原股东王树生、郑卫星、王辉、张学东分别出具了《声明与承诺》，确认无锡速升当时未开展与所出资专利有关的研发活动，王树生、郑卫星用于出资的上述专利属于其独立完成的个人研究成果，不属于职务发明创造，王树生、郑卫星对上述专利拥有完全的权利，不存在争议和纠纷的情形，其本人不曾亦不会就上述专利主张任何权利。

综上，上述用以出资的专利系王树生、郑卫星的个人研究成果，不属于无锡速升的职务发明创造，其权属清晰、权能完整，不存在争议或纠纷。

案例044 无形资产超比例出资与补充认定（速升装备）

江苏速升自动化装备股份有限公司（速升装备430514）是集研发、设计、制造、安装、维修及技术咨询服务于一体的智能自动化系统集成装备供应商。公司挂牌前，其前身有限公司设立时，有关股东以无形资产出资或存超比例出资，该怎样处理？

解决思路：

（1）列举相关法规，做出合理解释；

（2）补充获取相关科技主管部门的认定性文件；

(3) 详情如实披露。

方案详解：

公司前身速升物流成立时，王树生和郑卫星用实用新型专利双轨腔过渡转换装置（专利号：ZL01263582.0）、十字形过渡转换装置（专利号：ZL01263583.9）、多功能小车（专利号：ZL01272713.X）作价出资金额合计为300万元［低于江苏华泰资产评估有限公司的《资产评估报告书》（苏华泰资评报字〔2003〕第003号）评定的评估价值357.73万元］，占注册资本的30%，超过了20%，未经省级科技主管部门认定，存在一定瑕疵。

根据速升物流设立当时适用的《公司法》及《关于以高新技术成果出资入股若干问题的规定》（国科发政字1997［326］号）和《科学技术部、国家工商行政管理局关于以高新技术成果作价入股有关问题的通知》（国科发政字〔1999〕351号）的规定，以高新技术成果出资入股，作价总金额超过公司注册资本的20%但未超过35%的，由企业所在省、自治区、直辖市和计划单列市科技管理部门负责审查认定；作价金额在人民币500万元以上，且超过公司或企业注册资本35%的，由科学技术部审查认定。速升物流设立当时的无形资产是否为高新技术成果，未按照该等规定取得江苏省省级科技主管部门的认定。

2003年6月16日，速升物流股东王树生、郑卫星、王辉、张学东、无锡速升共同签署《申请》，就成立“江苏速升物流涂装工程有限公司”事宜（包括经营范围、注册资本及出资比例、出资方式等）向无锡市科技局申请批复。同日，无锡市科学技术局在该《申请》署名处落款“上述技术属于高新技术”并加盖“无锡市科学技术局”公章，据此可以认定王树生、郑卫星用以出资的专利权被无锡市科学技术局认定为高新技术成果，符合《无锡市人民政府办公室关于进一步改进工商行政管理工作、促进地方经济发展的若干意见的通知》（锡政办发〔2002〕149号）中关于“以高新技术成果作价出资的，可占到企业注册资本的35%，比例超过35%且作价金额在100万元以上的，须经省级科技主管部门认定，投资各方约定”的规定。

在得到无锡市科学技术局的批准后，速升物流及其股东依法履行了验资程序并办理了设立登记手续，用以出资的专利权属亦于其后办理了转移手续，速升物流的设立行为真实、有效。速升物流设立之后，依法存续并持续经营至今，截至目前，公司没有因当时的出资行为受到相关部门的处罚或影响公司的主体资格，设立时的股东业已书面确认不会对本次出资行为产生争议或纠纷，也未因此而受到工商或科技主管部门的调查或处分。另经核查，上述用于出资的专利已分别于2011年11月5日、2011年12月10日因有效期届满而终止专利权，所出资金额已于2011年底摊销完毕。

2006年新《公司法》实施后取消了以工业产权、非专利技术作价出资比例不超过20%的规定，修订为“全体股东的货币出资金额不得低于有限责任公司注册资本的百分之三十”，据此，本次出资行为已符合现行有效的《公司法》之要求，当时的出资瑕疵已随着法律环境的变化得到了自行修正，不会对公司本次股票挂牌构成实质障碍。

案例045 报告期内原专利出资的减资处理与操作（联合创业）

北京联合创业环保工程股份有限公司（联合创业430424）主要从事新能源（生物质利用、高效沼气厌氧发酵）和环境保护（污水处理）工程建设。公司原身有限公司设立时，出资的“移动式木醋液加工车”专利技术在2013年4月做出减资处理，该操作是否符合法规，是否对公司经营产生不利影响?

解决思路:

（1）原股东无偿授予公司使用专利;

（2）履行合法合规的减资程序;

（3）详情如实披露。

方案详解:

2009年11月16日，有限公司股东做出股东决定，同意有限公司注册资本由103万元增加至300万元，新增加注册资本197万元部分由北京联合创业建设工程有限公司以一项名为“移动式木醋液加工车”的专利技术（专利号：ZL200620166104.0）出资；同意修改《公司章程》。2010年1月4日，北京中财国誉资产评估有限公司出具了编号为“中财国誉评报字〔2010〕第001号”的《无形资产评估报告书》，对“移动式木醋液加工车”专利技术进行了评估，确认截至2009年11月30日，上述专利技术评估价值为197万元。机械制造工艺、设备及自动化高级工程师梁进昌、李伟于2009年12月29日已就“移动式木醋液加工车”专利技术分别出具《专家鉴定意见表》，对北京中财国誉资产评估有限公司出具的《无形资产评估报告书》的评估结果予以确认。

2010年1月4日，北京数码会计师事务所有限公司出具了编号为“数变验字〔2010〕第001号”《验资报告》，对上述增加注册资本事宜进行验证。2013年，公司为扩大经营规模、增强经营实力，拟引入新股东增加公司注册资本。经过新老股东的多次商讨，一致同意为保证各股东出资的公平、合理，各股东对有限公司的出资均应以现金形式进行；有限公司需先对原有股东的专利技术出资做减资处理后，再由新股东认购有限公司新增资本。

2013年4月25日，有限公司股东做出股东决定，同意减少有限公司注册资本中实缴的知识产权出资197万元，将注册资本由300万元减少至103万元。有限公司在2013年3月13日的《中国工商报》上刊登了减资公告。

2013年5月5日，北京中庭盛会计师事务所（普通合伙）出具了编号为“中庭盛验字〔2013〕第227号”的《验资报告》，确认截至2013年4月30日有限公司注册资本及实收资本减少至103万元，减少以知识产权缴纳的实收资本人民币197万元。公司据此进行工商变更。

“移动式木醋液加工车”专利技术对公司的生物质能业务有积极作用，该技术的开发使用使生物质气化的副产品“木醋液”得以充分快捷的利用。公司减资完成后，由联合创业建设享有上述专利的所有权；2013年8月10日，联合创业建设与公司签署了《关于对北京联合创业环保工程有限公司无偿使用木醋液加工车专利技术的授权》，规定：“联合创业建设授权公司从授权日起无限期地使用木醋液加工车专利技术，使该专利技术继续发挥其作用。”

综上，公司未因减计专利技术出资而对公司经营产生不利影响。

案例046 软件著作权出资与成本法评估及核查（中电方大）

北京中电方大科技股份有限公司（中电方大430411）主要从事以电力安全服务为核心的技术开发、技术服务、软件产品销售。公司原身有限公司在2012年9月增资时，股东邓岳辉已将三项软件著作权投入公司，这三项软件著作权在转让前为邓岳辉个人所有。该三项软件著作权是否存在职务发明，出资是否合规合法，该如何核查？

解决思路：

（1）核查权属情况、非职务开发、验资、评估和评估方法以及工商管理部门的登记情况等内容；

（2）过程及事项做详细披露。

方案详解：

2012年9月20日，中铭国际资产评估（北京）有限责任公司出具“中铭评报字〔2012〕第2032号”《资产评估报告》，对拟增资的三项无形资产进行评估，评估值为4253200.00元。2012年9月22日，有限公司召开2012年第二次临时股东会，同意增加注册资本300万元，增至1200万元，其中邓岳辉认缴出资额300万元；同意此次增加实收资本300万元，增至1200万元，其中邓岳辉以三项软件著作权的无形资产出资300万元作为注册资本。2012年9月23日，北京中天华庆会计师事务所有限责任公司出具“中天华庆验字〔2012〕第594号”《验资报告》，验证此次无形资产实际缴付出资已到位。2012年9月29日，有限公司就上述事项在北京市工商行政管理局海淀分局办理了工商变更登记。

股东邓岳辉于2012年9月将三项软件著作权投入公司，这三项软件著作权在转让前为邓岳辉个人所有，是其在多年的电力安全科研活动中获得的，在公司成立前即已成型并已被实际用于公司的业务中，该三项软件著作权不存在职务发明问题。邓岳辉就该三项软件著作权的权属出具了《非职务软件开发保证书》，承诺三项软件著作权为个人所有，不涉及职务开发。中电方大公司出具了《非职务开发证明》，就邓岳辉个人所有的三项软件著作权未涉及职务开发问题做了证明，并保证公司将不会对该三项软件著作权提出任何权利请求。

股东邓岳辉还出具了《承诺书》，承诺若以注册资本出资投入公司的三项软件著作权涉及出资不实被工商、税务等有关部门予以追缴或者存在税务补缴情况，将以个人自有资金补足，保证不因上述情况致使其他股东和公司遭受损失。

中铭国际资产评估（北京）有限责任公司对股东邓岳辉以个人合法拥有所有权的无形资产（软件著作权）出具《资产评估报告书》，在《公司法》及相应的公司登记管理条例以及公司章程规定的范围内，以资产评估公司确定的评估值对公司进行增资。此次评估采用成本法，出具“中铭评报字〔2012〕第2032号”《北京中电方大科技有限公司拟增资项目资产评估报告书》。详情如下：

序号	名称	登记号	取得日期	法定使用年限	评估价值
1	水电站岗位安全能力培训及评估系统 V1.0	2012SR072985	2012.08.10	50年	2027900.00
2	农业安全技能综合配需管理系统 V1.0	2012SR073097	2012.08.10	50年	822500.00
3	变电运行现场技能三维虚拟演练系统 V1.0	2012SR073091	2012.08.10	50年	1402800.00
合计					4253200.00

案例047 实用新型专利出资与权益法评估及核查（微纳颗粒）

济南微纳颗粒仪器股份有限公司（微纳颗粒430410）主要从事颗粒技术及相关软件、配套设备的研发、生产、销售及货物进出口业务等。2010年2月20日，公司原身有限公司注册资本增加至505.2万元，其中任中京以实用新型专利“颗粒粒度测试样品池”作价增资147万元。

问题一：该专利是否属于职务发明？

问题二：该专利评估的依据是什么？

问题三：该专利对公司业务发展是否有关？

解决思路：

（1）核查研发背景、权属情况、非职务开发、评估方法的合理性、专利对公司发展的作用分析等；

（2）详情如实披露。

方案详解：

2010年2月20日，公司召开股东会，决议同意公司注册资本增加至

505.2万元，其中：任中京以实用新型专利“颗粒粒度测试样品池”作价增资147万元、以货币方式增资155.71万元，高维秀以货币方式增资97.31万元，任飞以货币方式增资49.98万元，陈栋章以货币方式增资2万元，邱立志以货币方式增资2万元，李文涛以货币方式增资0.5万元，于代君以货币方式增资0.5万元，崔大伟以货币方式增资0.2万元。

2009年11月27日，山东中新资产评估有限公司出具中心“评报字〔2009〕第162号”《资产评估报告》载明：以2009年10月31日为评估基准日，实用新型专利“颗粒粒度测试样品池”的评估值为147万元。2010年2月1日，新联谊会计师事务所有限公司出具“新联谊验字〔2010〕第013号”《验资报告》，确认有限公司新增的注册资本455.2万元已全部缴纳，实用新型专利“颗粒粒度测试样品池”的专利权已经变更至公司名下。

对问题一：任中京具备研发专利“颗粒粒度测试样品池”的专业背景。

任中京先生1983年开始从事激光颗粒分析技术研究，曾主持国家75科技攻关项目，山东省85、95科技攻关项目，国家教委科技攻关项目4项；曾获得中国首届科技博览会金奖、山东省科技进步奖，为中国激光粒度分析技术的发展做出了开创性的贡献；参与制定了国家行业标准2项；公开发表论文十余篇，并被美国工程索引收录；主持开发了激光粒度仪、颗粒图像分析仪、纳米粒度仪、喷雾粒度仪、在线粒度仪等7个品种30余款颗粒分析仪器，为中国颗粒测试技术的普及与发展做出了创造性的贡献。

研发该项专利并非执行公司交付的任务，研发过程中也并未利用公司的物质技术条件。微纳颗粒出具书面说明确认，公司并未指派任中京从事关于“颗粒粒度测试样品池”的研发工作。任中京研发该专利过程中，公司未向其提供任何相关人员、资金等公司资源，该专利系任中京自主研发的专利技术。

任中京本人也出具书面确认文件，确认其研发“颗粒粒度测试样品池”专利的行为不属于微纳颗粒交办的工作任务，也未利用微纳颗粒提供的任何物质条件。若因该项技术的权属问题而引发各种纠纷，则由其承担连带责任。

《中华人民共和国合同法》及《中华人民共和国专利权法》规定：“执行本单位的任务或者主要是利用本单位的物质技术条件所完成的发明创造为职务发明创造。职务发明创造申请专利的权利属于该单位；申请被批准后，该单位为专利权人。”依照微纳颗粒及任中京出具的书面说明，可以确认，任中京所研发的“颗粒粒度测试样品池”专利不属于应当由微纳颗粒享有知识产权的职务发明。

对问题二：关于无形资产评估作价问题。

本次评估使用的评估方法为收益法，《资产评估报告》预测该专利投入公司后的未来收益测算为第一年（2011 年）11 万元、第二年（2012 年）17 万元、第三年（2013 年）28 万元，合计为 56 万元。实际运营情况为：该项实用新型专利在 2011 年、2012 年和 2013 年 1—6 月分别为公司创造净利润 3.93 万元、68.38 万元和 23.66 万元，合计为 95.97 万元。虽然该项专利在 2011 年为公司创造的净利润未达到评估报告预测值，但是在 2012 年和 2013 年上半年创造的净利润均达到并远远超过评估报告对该专利未来收益测算标准，2011 年、2012 年、2013 年上半年为公司创造的净利润总额也达到并远远超过评估报告对该专利未来收益测算标准。因此，公司此次无形资产出资作价合理，依据充分。

对问题三：“颗粒粒度测试样品池”专利对公司业务发展的作用。

“颗粒粒度测试样品池”专利投入公司后，公司利用该技术逐步建立了具有较强研发能力的技术团队。通过大力开展自主开发业务，公司已经在颗粒测试仪器及相关分析系统的研发领域占据了领先地位，公司的盈利能力和竞争力也得到了明显的提高。在“颗粒粒度测试样品池”专利基础上，公司技术团队研发出多项新的专利技术。目前已拥有专利技术 12 项，其中发明专利 2 项。“颗粒粒度测试样品池”专利的投入为公司的发展提供了基础性技术支持，为公司的未来发展起到了重要的引导作用。

案例 048 无形资产增资追溯评估与补充出资价差（万泉河）

深圳市万泉河科技股份有限公司（万泉河 430434）主要从事投资管理顾问、信息咨询、经济信息咨询，计算机软硬件及网络系统的技术开发与销售和国内商业、物资供销业等业务。公司原身有限公司在 2007 年 12 月增资时，股东王亮以中国医疗人才网（doctorjob.com.cn）和中国旅游人才网（tourjob.net）两项网络域名资产出资，现在进行追溯评估，存在与出资时作价不同的情况，该怎么办？

解决思路:

(1) 出资股东补足评估值与原账面值的价差;

(2) 出具验资报告;

(3) 如实披露详情。

方案详解:

2011年12月9日,公司股东会做出决议,同意根据深圳市德正信资产评估有限公司出具的"德正信咨评报字〔2011〕第008号"《关于深圳市万泉河科技有限公司2007年12月增资事宜所涉及的中国医疗人才网(doctorjob. com. cn)和中国旅游人才网(tourjob. net)两项网络域名资产追溯性评估报告》,将王亮出资的无形资产(中国旅游人才网、中国医疗人才网)作价450.00万元,较之前630.00万元,其差额180.00万元部分由王亮向公司投入货币资金作为补偿。另外,股东会做出决议同意王亮向恒沃投资转让其所持7.12%公司股权,转让价格356.00万元;同意晏军向恒沃投资转让其所持2.88%公司股权,转让价格人民币144.00万元。

2011年12月21日,利安达出具"利安达验字〔2011〕第H1146号"《验资报告》对此次股东出资形式调整予以验证。

案例049 以非专利技术出资,如何撇清任职内作品嫌疑(东软慧聚)

北京东软慧聚信息技术股份有限公司(东软慧聚430227)主要从事计算机系统服务,基础软件服务,应用软件服务,数据处理,销售自行开发后的产品、计算机、软件及辅助设备等。2009年4月13日,公司原身有限公司设立时,曲延斌以559.5万元知识产权出资,该项非专利技术存在任职内作品的嫌疑,该怎么办?

解决思路:

(1) 专利所有人以前任职的企业出具说明;

(2) 现有公司出具依据;

(3) 如实披露详情。

方案详解:

2009年4月13日,有限公司召开股东会,全体股东一致同意曲延斌以

559.5 万元知识产权出资；知识产权评估后，经全体股东确认，确认价值为 574 万元，其中：559.5 万元计入实收资本，剩余的 14.5 万元计入资本公积。2009 年 4 月 9 日，北京中财资产评估有限公司对曲延斌的非专利技术出资进行评估，并出具“中财评报字〔2009〕第 003 号”资产评估报告，结论为曲延斌的非专利技术资产评估值为 574 万元，其中：贷款逾期自动结息（代扣代缴）管理系统评估值为 64 万元，企业仓储信息动态管理系统评估值为 104 万元，进口核销手册子模块评估值为 167 万元，物料可用性检查与可供货日期计算管理系统评估值为 170 万元，企业文件交互式管理系统评估值为 69 万元。

此次出资经中财会计师事务所有限公司出具“中财验字〔2009〕第 005 号”《验资报告》审验，并经北京市工商行政管理局海淀分局核准。

根据曲延斌所任职的前一家公司和公司出具的说明，曲延斌用以出资的上述非专利技术在有限公司成立之前就已经形成，非职务作品。

案例 050 人力资源作价出资与拟挂牌清理（风格信息）

上海风格信息技术股份有限公司（风格信息 430216）主要从事计算机软硬件、数字电视设备、通信设备及相关产品的研发、销售等业务。2004 年 8 月 6 日，公司原身有限公司设立时，股东惠新标以其自身作为人力资源作价 40.00 万元出资事宜，是否符合相关制度规则，是否存在主动违法违规情形，该怎样解决？

解决思路：

（1）以现金资金置换出资；

（2）列示法律及地方法规，并有地方工商行政管理局出具创新试点的确认函；

（3）详细说明出资、验资过程及履行的合法程序；

（4）详情如实披露。

方案详解：

1. 法律及地方法规依据

公司设立时有效的《公司法》（1999 年修正）第 24 条第 1 款规定：“股

东可以用货币出资，也可以用实物、工业产权、非专利技术、土地使用权作价出资。”国务院《鼓励软件产业和集成电路产业发展若干政策》(国发〔2000〕18号文）和上海市人民政府颁发《关于本市鼓励软件产业和集成电路产业发展的若干政策规定》（沪府发〔2000〕54号文）的精神，上海市工商行政管理局2001年出台的《关于鼓励软件产业和集成电路产业发展促进高新技术成果转化的若干实施意见》（沪工商注〔2001〕第97号）（2006年2月15日失效）第2条规定：“科技型企业、软件和集成电路的生产企业可以高新技术成果和人力资本、智力成果等无形资产作价投资入股。以人力资本和智力成果作价投资入股最高可占注册资本的20%。”

另外，上海市工商行政管理局关于印发《关于张江高科技园区内内资企业设立登记的实施细则》的通知（沪工商注〔2001〕第334号）明确规定：“鼓励推进科技成果转化和允许人力资本、智力成果作为物化资本投资。具有管理才能、技术特长或者有专利成果的个人，可以人力资源、智力成果作价投资入股，最高可达注册资本的20%。”

2. 有限公司人力资源出资情况

2004年8月6日，惠新标以其自身作为人力资源出资，全体股东召开股东会并做出决议，一致同意其人力资源作价40.00万元出资，占注册资本的20.00%。2004年8月6日，惠新标、张聪慧共同签署了《上海风格信息技术有限公司章程》，章程约定了有限公司设立时的出资金额、出资比例及出资方式。2006年6月，公司股东惠新标通过将上述人力资源出资以零元价格转让给杨树和，由杨树和将40.00万元货币资金注入公司验资账户的方式置换人力资源出资。2006年6月19日，上海上审会计师事务所出具了《验资报告》（沪审事业〔2006〕3754号）进行出资验证。

2012年9月27日，上海市工商行政管理局浦东新区分局出具《工商浦东分局关于<关于商请就上海风格信息技术股份有限公司人力资源出资事项进行确认的函>的复函》明确答复浦东新区推进中小企业上市工作联席会议办公室：“上海风格信息技术有限公司于2004年8月设立登记时注册资本中含有40.00万元（占注册资本20.00%）人力资本的出资形式，符合市场准入改革创新试点政策。”

3. 结论

有限公司设立时以人力资源出资系依据上海市工商行政管理局《关于鼓励软件产业和集成电路产业发展促进高新技术成果转化的若干实施意见》（沪工商注〔2001〕第97号）和《关于印发<关于张江高科技园区内内资企业设立登记的实施细则>的通知》（沪工商注〔2001〕第334号）的规定，依法在上海市工商行政管理局浦东分局办理的设立登记手续。由于上海市工商行政管理局为鼓励本市企业发展设置了宽松的企业注册登记政策，引起风格信息存在出资方式与《公司法》之规定不一致的法律瑕疵。

鉴于风格信息及其股东不存在主动违法违规情形，且已于2006年以货币资金置换了人力资源出资，同时取得上海市工商行政管理局浦东新区分局关于有限公司以人力资源出资符合地方政府市场准入改革创新试点政策的确认函，故认为有限公司上述出资行为不存在重大违法违规行为。

案例051 技术出资超比例且未评估该如何解决（风格信息）

上海风格信息技术股份有限公司（风格信息430216）主要从事计算机软硬件、数字电视设备、通信设备及相关产品的研发、销售等业务。2004年8月6日，公司原身有限公司设立时，股东惠新标以其高新技术成果——嵌入式数字电视ASI码流监视设备作价70.00万元出资，问题：该项出资是否真实到位，是否存在虚假出资，是否存在纠纷或潜在纠纷？

解决思路：

（1）寻找法律依据，特别是在旧公司法后出台的地方法规，以解决出资超比例问题；

（2）对未评估的技术出资追溯评估，股东会确认；

（3）列示出资的经过及履行的合法程序；

（4）详情如实披露。

方案详解：

1. 相关法律法规

公司设立时有效的《公司法》（1999年修正）第24条第2款规定：“以工业产权、非专利技术作价出资的金额不得超过有限责任公司注册资本的百分之二十，国家对采用高新技术成果有特别规定的除外。”上海市工商行政管理局2001年出台的《关于鼓励软件产业和集成电路产业发展促进高新技术成果转化的若干实施意见》（沪工商注〔2001〕第97号）第2条规定：“科技型企业、软件和集成电路的生产企业可以高新技术成果和人力资本、智力成果等无形资产作价投资入股。①以高新技术成果作价投资入股可占注册资本的35.00%，全体股东另有约定的，可从其约定；②无形资产可经法定评估机构评估，也可经全体股东协商认可并出具协议书同意承担相应连带责任，或经高新技术成果转化办公室鉴证后由验资机构出具验资报告。”《上海市工商行政管理局关于印发<关于张江高科技园区内内资企业设立登记的实施细则>的通知》（沪工商注〔2001〕第334号）同样就高新技术成果作价出资可占到注册资本的35.00%进行明确规定。

2. 公司以高新技术成果出资情况

2004年8月6日，公司召开股东会并做出决议，同意股东惠新标以高新技术成果——嵌入式数字电视ASI码流监视设备作价70.00万元出资，占注册资本的35.00%。2004年8月11日，上海市张江高科技园区领导小组办公室出具《关于批准嵌入式数字电视ASI码流监测设备项目评估合格的函》（沪张江园区办项评字〔2004〕012号）认定为上海市高科技园区高新技术成果转化项目，所有者为惠新标。2004年8月11日，上海申洲会计师事务所有限公司出具《验资报告》（沪申洲〔2004〕验字第552号）验证，截至2004年8月10日止，有限公司以高新技术成果——嵌入式数字电视ASI码流监视设备出资的70.00万元已完成转移手续。

2005年3月18日，张江高科技园区领导小组办公室评估认定“嵌入式数字电视ASI码流测设备”评估价值为210.00万元。2005年4月20日，上海市高新技术成果转化项目认定办公室颁发证书认定，“嵌入式数字电视ASI码流监测设备为上海市高新技术成果转化项目，权属单位为上海风格信息技术有限公司”，该项目可享受《上海市促进高新技术成果转化的若干规定》有关优惠政策。2012年11月9日，上海众华资产评估有限公司出具《惠新标个人所拥有的部分资产追溯性评估报告》（沪众评报字〔2012〕第357号），确认“嵌入式数字电视ASI码流监视设备于评估基准日2004年8月11日的市场价值为71.6059万元”。

2012 年 11 月 15 日，股份公司召开 2012 年第三次临时股东大会通过《关于上海风格信息技术股份有限公司设立时以高新技术成果、人力资源出资的议案》，确认有限公司设立时股东出资真实到位，不存在虚假出资、出资不实等情况，有限公司或股份公司的出资或股权不存在纠纷或潜在纠纷。

3. 结论

上海市工商行政管理局为鼓励软件企业发展设置了宽松的企业出资和注册登记政策。有限公司设立时以高新技术成果出资的比例和程序虽不符合当时《公司法》的相关规定，但符合国务院关于印发《鼓励软件产业和集成电路产业发展的若干政策》的通知（国发〔2000〕18 号）的精神和上海市工商行政管理局 2001 年出台的《关于鼓励软件产业和集成电路产业发展促进高新技术成果转化的若干实施意见》（沪工商注〔2001〕第 97 号）的规定，同时也符合现行《公司法》关于无形资产出资比例的要求。另外，上述高新技术成果出资经上海众华资产评估有限公司追溯评估，其价值并未被高估，并已全部转移至公司。因此，该部分出资真实到位，不存在虚假出资、出资不实等情况。

案例 052 非专利技术出资为职务发明的问题（新橡科技）

北京北化新橡特种材料科技股份有限公司（新橡科技 430314）主要从事销售机械设备、化工产品以及技术开发、技术咨询、技术转让等服务。公司存在出资的非专利技术为职务发明的问题，申请挂牌该如何处理？

解决思路及方案详解：

1. 用货币资金置换出资（略）

2. 详情做信息披露

内容如下：

2012 年 11 月，北化新橡有限拟改制为股份公司时，发现：2008 年 6 月用于增资的非专利技术与公司的生产经营相关，但发明人在一定程度上是否利用了公司的场地和办公设备、是否应认定为职务发明的界限较为模糊。从严谨角度出发，该项非专利技术应被认定为职务发明，此次出资存在瑕疵。2012 年 11 月 20 日，北化新橡有限临时股东会通过决议，同意公司现有股东将上述非专利技术增资部分用现金补正。鉴于原股东田苗菁、闻玉香、陈琪目前已不再是公司股东，现有股东同意代为支付该等人员的补缴金额。股东已于2012年12月将上述现金转入公司基本户。原用作出资的非专利技术“电磁屏蔽橡胶密封材料生产技术”权属仍属于公司，公司作为未入账的专有技术，可继续用于高导电橡胶产品。

案例053 外资转合资与无形资产出资不规范问题（博易股份）

博易智软（北京）技术股份有限公司（博易股份430310）主要从事生产计算机软、硬件，计算机系统集成，销售自产产品，经济贸易咨询，企业管理咨询，技术进出口、货物进出口、代理进出口等。2005年3月30日，该公司原身有限公司由外商独资公司变更为中外合资公司，以非专利技术《BI－PILOTTM企业智能集成开发环境软件V3.2技术》出资850万元，注册资本增加至人民币1016万元，无形资产占比83.7%。该无形资产出资是否规范，是否合法合规？

解决思路：

（1）列示公司法和地方规定，做出合法合规解释；

（2）取得地方管理委员会的批准证书；

（3）列示履行评估及公司相关合法程序；

（4）如实披露。

方案详解：

2005年3月30日，有限公司召开董事会，会议决议：①增加苏忠慧、刘军、周海荣、李东、彭建峻、陈波为股东，有限公司由外商独资公司变更为中外合资公司。②以非专利技术《BI－PILOTTM企业智能集成开发环境软件V3.2技术》出资850万元，注册资本增加至人民币1016万元。其中：美国商业智能软件公司以价值人民币139万元的非专利技术出资，苏忠慧以价值人民币213.3万元的非专利技术出资，刘军以价值人民币177.75万元的非专利技术出资，周海荣以价值人民币142.2万元的非专利技术出资，李东以价值人民币106.65万元的非专利技术出资，彭建峻以价值人民币35.55万元的非专利技术出资，陈波以价值人民币35.55万元的非专利技术出资。③有限公司法定代表人变更为苏忠彬。

本次增资系由美国商业智能软件公司及苏忠慧、刘军、周海荣、李东、彭建峻、陈波七位股东以共同拥有的“Bi－PilotTM 企业智能集成开发环境软件 V3.2 技术”进行出资。该技术之著作权自该技术开发完成之日就属于美国商业智能软件有限公司、苏忠慧等七位股东，并不属于职务技术成果（该软件著作权首次发表日期为2002年7月15日，而有限公司成立于2002年7月25日），因该技术之全体著作权人均有意向以该技术对有限公司进行投资，故在申请该技术的软件著作权登记时，全体著作权人同意直接把著作权人登记为有限公司。尽管在软件著作权登记程序上存在不规范的情况，但并不影响“Bi－PilotTM 企业智能集成开发环境软件 V3.2”技术之所有权归属于美国商业智能软件有限公司、苏忠慧等。美国商业智能软件有限公司、苏忠慧等此次用于增资的技术之所有权合法、有效。

此次增资的非专利技术经北京市洪州资产评估有限责任公司评估，并出具“洪州评报字〔2005〕第2－034号”《评估报告》，评估值为850万元，全体股东确认值850万元。本次增资经北京中燕通会计师事务所有限公司审验，并于2005年5月12日出具“中燕通验字〔2005〕2－034号”验资报告予以验证。

此次增资后，有限公司无形资产出资占注册资本的83.7%，此次无形资产出资占比适用《公司法》（2004年修订）第二十四条“以工业产权、非专利技术作价出资的金额不得超过有限责任公司注册资本的百分之二十，国家对采用高新技术成果有特别规定的除外”的特别规定。北京市人民政府颁布的《中关村科技园区企业登记注册管理办法》（2001年3月2日实施，2007年11月23日废止）第十三条规定：“以高新技术成果出资设立公司和股份合作企业的，对其高新技术成果出资所占注册资本（金）和股权的比例不作限制，由出资人在企业章程中约定。”第十四条规定：“出资人以高新技术成果出资，应当出具高新技术成果说明书；该项高新技术成果应当由企业的全体出资人一致确认，并应当在章程中写明。经全体出资人确认的高新技术成果可以作为注册资本（金）登记注册。”

该地方政府规章的规定，与当时《公司法》的规定不存在冲突。有限公司此次增资出具了高新技术成果说明书及确认书，虽未在章程中写明，存在瑕疵，但是经全体出资人确认高新技术成果出资，并经中关村科技园区海淀园管理委员会予以批准，对公司申请股票公开转让不构成实质性障碍。

上述事项已经由中关村科技园区海淀园管理委员会予以批准，并出具了《关于外资企业“博易智软（北京）技术有限公司”增资扩股、转为合资企业、变更董事会组成及法定代表人的批复》（海园发〔2005〕776号）。2005年4月，有限公司取得北京市人民政府颁发的“商外贸京字〔2002〕0668号”《中华人民共和国外商投资企业批准证书》。

案例054 非专利技术出资占比高达97.68%的问题（和隆优化）

北京和隆优化科技股份有限公司（和隆优化430290）主要从事销售自行开发后的产品、机械设备、电子产品、计算机、软件及辅助设备，计算机系统服务，应用软件服务，合同能源管理以及节能工程项目技术推广服务等。该公司原身有限公司设立时非专利技术出资占出资总额的比例为97.68%，超过20%的限额，是否合法合规，是否影响公司的设立？

解决思路及方案详解：

《公司法》（1999年至2004年有效）第二十四条规定：“以工业产权、非专利技术作价出资的金额不得超过有限责任公司注册资本的百分之二十，国家对采用高新技术成果有特别规定的除外。”有限公司设立时非专利技术出资占出资总额的比例为97.68%，超过20%的限额。

北京市第十一届人民代表大会常务委员会颁布施行的《中关村科技园区条例》（有效期限为2001年1月1日—2010年12月23日）第十一条规定：“以高新技术成果作价出资占企业注册资本的比例，可以由出资各方协商约定。”北京市人民政府颁布施行的《中关村科技园区企业登记注册管理办法》（有效期限为2001年3月2日—2007年11月23日）第十三条规定：“以高新技术成果出资设立公司和股份合作企业的，对其高新技术成果出资所占注册资本（金）和股权的比例不作限制，由出资人在企业章程中约定。企业注册资本（金）中以高新技术成果出资的，对高新技术成果应当经法定评估机构评估。”第十四条规定：“出资人以高新技术成果出资的，应当出具高新技术成果说明书；该项高新技术成果应当由企业的全体出资人一致确认，并应当在章程中写明。经全体出资人确认的高新技术成果可以作为注册资本（金）

登记注册。”有限公司设立时，全体股东一致确认用于出资的非专利技术为高新技术成果，非专利技术出资的比例占注册资本的97.68%，并已在章程中列明；该高新技术成果已经具有评估资质的评估机构进行了评估，并依法办理了财产转移登记手续。

因此和隆优化有限的设立符合当时主管部门规范性文件的相关规定，合法有效。和隆优化有限设立时的非专利技术出资比例、出资程序符合当时主管部门规范性文件的相关规定，合法有效。

综上，有限公司设立时有效的《公司法》允许属于高新技术成果的无形资产出资比例超过20%。有限公司股东无形资产出资的比例符合《中关村科技园区条例》、《中关村科技园区企业登记注册管理办法》对高新技术成果出资的规定，并依法履行了无形资产出资的所需要的评估、其他股东确认等程序，也取得了工商机关设立核准。因此无形资产出资比例较高的问题不影响有限公司的依法设立。

案例055 无形资产出资涉嫌职务发明且实际利润低于预期（和隆优化）

北京和隆优化科技股份有限公司（和隆优化430290）主要从事销售自行开发后的产品、机械设备、电子产品、计算机、软件及辅助设备，合同能源管理以及节能工程项目技术推广服务等业务。2004年4月26日该公司原身有限公司设立时，于现军以“高炉热风炉全自动化燃烧控制非专利技术”出资。后来，应用显示其实际利润低于预测。问题：该项无形资产出资是否涉嫌职务发明，是否影响之前的评估值准确性以及公司注册资本的真实性和充实性？

解决思路：

（1）阐明市场因素与出资不实之间没有必然联系的理由；

（2）用反证法排除职务发明，即公司与股东均无法证明此技术属于职务发明；

（3）出于谨慎性原则，有限公司已在整体变更为股份公司前做减资处理；

（4）如实披露详情。

方案详解：

（1）2004年4月26日，于现军以“高炉热风炉全自动化燃烧控制非专利技术”出资。北京北方亚事资产评估有限责任公司出具了“北方亚事评报字〔2004〕第046号”《高炉热风炉全自动化燃烧控制非专利技术无形资产评估报告书》，以收益现值法预估2004—2008年公司净利润，从而评估该非专利技术在资产评估基准日2004年3月31日的公允价值为人民币506万元。有限公司设立后2004—2008年实现的净利润比《高炉热风炉全自动化燃烧控制非专利技术无形资产评估报告书》中采用收益现值法所预测的净利润低。

(2) 2008年2月18日，于现军以非专利技术——“锅炉燃烧优化控制技术”出资。对于该项非专利技术，2007年7月25日，北京北方亚事资产评估有限责任公司出具了“北方亚事评报字〔2007〕第097号”《“锅炉燃烧优化控制技术”——非专利技术无形资产评估报告书》，评估该非专利技术在资产评估基准日2007年5月31日的公允价值为人民币898.66万元。股东于现军和公司均无法提供证据证明该项非专利技术不属于职务发明。

律师核实认为：对于股东第一次无形资产出资，实际实现的净利润与评估报告预测净利润有差距，也不意味着于现军出资时存在出资不实的情形。根据最高人民法院关于适用《中华人民共和国公司法》若干问题的规定(三)(法释〔2011〕3号)第十六条的规定：“出资人以符合法定条件的非货币财产出资后，因市场变化或者其他客观因素导致出资财产贬值，公司、其他股东或者公司债权人请求该出资人承担补足出资责任的，人民法院不予支持。但是，当事人另有约定的除外。”

根据前述司法解释的规定，如果公司股东以符合法定条件的非货币财产出资，即使在出资后存在贬值的客观情况，只要该贬值是因为市场变化或其他客观因素导致的，也不应认定股东出资不实，股东不承担补足出资的责任。于现军提供了合理的解释证明其出资的技术未能实现预期价值是由于市场变化等客观原因造成，结合前述司法解释规定的精神，公司律师认为，于现军以非专利技术“高炉热风炉全自动化燃烧控制”出资时不存在出资不实的情形。

对于股东2008年第二次无形资产出资涉及职务发明的问题，由于公司已在2012进行了减资，减去该无形资产出资形成的资本，因此上述出资涉及职务发明的问题不影响公司资本的真实性和充实性。

综上，对于2004年股东第一次无形资产出资，评估机构选用的评估方法和评估报告评估的数值都是合理的。在出具评估报告后，评估报告对上述无形资产能产生的收益预测数值和有限公司实际净利润不符，该预测数值大于有限公司实际净利润。产生这一情况的原因是有限公司设立后，市场发生了变化和技术出现了更新，并不是由于股东出资时存在出资不实。有限公司已在2009年对上述无形资产全部摊销完毕，因此2013年公司整体变更为股份公司时，上述无形资产形成的出资不会虚增公司资产，不会影响公司整体变更为股份公司时净资产的充实性和真实性。对于股东2008年第二次无形资产出资涉及职务发明的问题。出于谨慎性原则，有限公司已在整体变更为股份公司前，于2012年8月10日进行了减资，全部减去该项出资，因此该项无形资产出资涉嫌职务发明的瑕疵以及评估值的准确性不影响公司注册资本的真实性和充实性。

案例056 合并后的商誉或存计算、减值质疑的核查（景弘环保）

武汉景弘环保科技股份有限公司（景弘环保430283）主要从事大气污染治理，是工业粉尘治理一体化解决方案提供商。主营业务为除尘系统工程总承包和袋式除尘器的研发、设计、制造、销售。公司2010年收购武汉泓创环保科技股份有限公司持有的武汉景弘机电设备制造有限公司（以下简称“景弘机电”）90%的股权，该股权购买交易构成“非同一控制下的企业合并”，其收购对价与被购买方可辨认资产、负债公允价值享有份额的差额形成商誉。问题：该商誉具体计算的依据是什么？报告期各期末商誉是否存在减值情况，其依据是什么？

解决思路：

（1）列示商誉形成原因、具体计算过程及依据、报告期各期末商誉是否减值及其依据等，从多角度详细核查分析；

（2）主办券商及会计师事务所发表意见并如实披露详情。

方案详解：

1. 形成原因

景弘环保收购武汉泓创环保科技股份有限公司持有的武汉景弘机电设备制造有限公司（以下简称“景弘机电”）90%的股权，该股权购买交易构成

“非同一控制下的企业合并”，其收购对价与被购买方可辨认资产、负债公允价值享有份额的差额形成上述商誉。

2. 具体计算过程及依据

景弘环保支付股权收购款3145945.98元。依据2010年8月31日，景弘机电净资产经“鄂众联评报字〔2010〕第143号”评估报告书确认的评估值为3495495.53元，由于该项股权购买交易构成企业合并，按照企业会计准则的规定评估增值部分应当确认递延所得税负债633363.45元。截至2010年8月31日，景弘机电可辨认资产、负债公允价值为2862132.08元。2010年12月28日，景弘机电股权过户至景泓环保，企业合并交易完成，截至2010年末景弘机电可辨认资产、负债以2010年8月31日的公允价值为基础持续计算的结果为2862132.08元，其中景弘环保享有的份额为2558199.68元。

综上所述，商誉=3145945.98元-2558199.68元=587746.30元。

3. 报告期各期末商誉的减值情况及依据

报告期2011年、2012年景弘机电并未实质开展经营活动，2011年度、2012年度经审计的净利润分别为：-9.41万元、-9.77万元。景弘机电拥有的主要资产为一宗位于武汉市黄陂区盘龙城经济开发区刘店村的土地使用权，土地使用证编号为“黄陂国用〔2010〕第1402号”，土地面积为16522.43平方米，2010年8月31日评估值为5452402元，单位价值为330元/平方米。

比较周边地块2011年工业用地的成交案例：①黄陂区横店街新春村地块2011年1月的挂牌成交价格为344.39元/平方米；②黄陂区前川街堤防里地块2011年3月的挂牌成交价格为369.37元/平方米。

比较周边地块2012年工业用地的成交案例：①黄陂区武湖农场滨湖分场地块2012年7月的挂牌成交价格为368.98元/平方米；②黄陂区横店街建华村、红寨村地块2012年10月的挂牌成交价格为366.48元/平方米。

综上所述，由于景弘机电持有的主要资产——一宗位于武汉市黄陂区盘龙城经济开发区刘店村的土地使用权在报告期未发生减值，故其可辨认资产、负债的公允价值在报告期未发生减值，公司确认的商誉价值在报告期各期末也不存在减值情况。由此，相关会计师事务所认为：公司收购景弘机电可辨认资产、负债公允价值的认定及商誉的计算符合《企业会计准则》及其相关规定，报告期各期末不存在减值情况。

案例 057 非专利技术出资与减资操作（元工国际）

北京元工国际科技股份有限公司（元工国际 430327）主要从事 MES（制造执行系统）的研发、销售、实施及运维。公司挂牌前曾有一问题：股东丁德宇与种磊以非专利技术“智信平台系统技术”对公司的出资是否合法合规，是否影响公司的挂牌？

解决思路及方案详解：

减资做详情披露。内容：2013 年 2 月 4 日，有限公司召开股东会，全体股东一致同意公司注册资本减少至 370 万元，减少的 630 万元出资为 2012 年 8 月股东丁德宇与种磊以非专利技术“智信平台系统技术”对公司的出资。其中，丁德宇减少实缴知识产权出资 504 万元，种磊减少实缴知识产权出资 126 万元。

2013 年 2 月 6 日有限公司在《北京晨报》公告了减资事项，在《公司法》规定的时间内，有限公司未接到债权人清偿债务或者提供相应担保的要求。2013 年 3 月 25 日，北京兴华会计师事务所有限责任公司出具了“〔2013〕京会验字第 04010068 号”《验资报告书》，验证截至 2013 年 3 月 25 日，公司已减少注册资本 630 万元，变更后的注册资本为 370 万元。2013 年 3 月 25 日，北京市工商行政管理局海淀分局核准了公司本次减资工商变更事宜。

案例 058 董事为研究院和大学教授的发明权属问题（哲达科技）

杭州哲达科技股份有限公司（哲达科技 430470）2014 年 1 月挂牌，主要从事智慧流体节能产品和节能系统的研发、生产与销售，同时经销自动化控制产品。公司在申请挂牌报告期内存在一问题：实际控制人沈新荣兼任浙江大学流体工程研究所研究员，公司股东、董事杨春节兼任浙江大学教授，是否符合国家法律法规、浙江大学的相关规定？是否存在职务发明权属方面的争议纠纷或潜在争议纠纷？

解决思路：

（1）收集并列示当事人不属于学校党政领导干部的依据；

（2）提供职务发明专利转让依据和法律手续；

(3) 职务发明者做出承担相关责任及后果的承诺;

(4) 如实披露。

方案详解:

1. 国家法律、法规的相关规定

(1) 教育部2005年10月22日发布的《关于积极发展、规范管理高校科技产业的指导意见》(教技发〔2005〕2号)规定:各高校要鼓励科研人员和教职工积极参与科技成果转化和产业化工作,要在学校和产业之间建立开放的人员流动机制,实行双向流动。今后高校可根据实际需要向企业委派技术骨干和主要管理人员,这部分人员仍可保留学校事业编制。

(2) 教育部2009年2月18日颁布的《教育部关于做好2009年度直属高校产业工作的意见》(教技发〔2009〕1号)规定:今后,各校校级领导一律不得在资产公司以外的学校企业中兼职,已兼职的须于2009年6月底前撤出。此后,校级领导仍在资产公司以外的学校企业中担任职务的,应主动辞去学校党政领导职务。除作为技术完成人,各校领导干部不得通过奖励性渠道持有学校企业的股份。

沈新荣、杨春节在浙江大学的任职情况:经沈新荣确认,沈新荣自2008年12月起至今,任浙江大学流体工程研究所研究员,不属于该校校级领导或学校党政领导干部,符合国家法律法规及浙江大学的相关规定。经杨春节确认,杨春节自2009年12月起至今,任浙江大学控制科学与控制工程专业教授,不属于该校校级领导或学校党政领导干部,符合国家法律法规及浙江大学的相关规定。

2. 沈新荣、杨春节职务发明相关专利权属情况

(1) 浙江大学转让给哲达科技的专利:2008年5月,浙江大学与浙大人工环境签订《技术转让(专利权)合同》,将上述第1项专利转让给浙大人工环境,转让价格为10万元;2009年7月,浙江大学与浙大人工环境签订《技术转让(专利权)合同》将上述第2—3项专利转让给浙大人工环境,转让价格为55万元。根据沈新荣、杨春节出具的《情况说明》,上述3项专利为其在浙江大学任职期间的职务发明,浙江大学将上述专利转让给浙大人工环境,履行了必要的法律手续,浙大人工环境依照合同约定支付了转让款,成为上

述专利的合法专利权人，不存在职务发明权属方面的争议纠纷。

（2）根据沈新荣、杨春节及哲达科技出具的《情况说明》，除上述由浙江大学转让给浙大人工环境的3项专利之外，沈新荣、杨春节在浙江大学任职期间的其他职务发明，其权利人为浙江大学或浙江大学与沈新荣共同作为专利权人，沈新荣、杨春节及哲达科技均未使用该等专利，且在专利期限到期前，沈新荣、杨春节及哲达科技也不会以任何方式使用该等专利，不存在职务发明权属方面的争议纠纷。沈新荣、杨春节已出具承诺：如因沈新荣、杨春节职务发明产生任何专利权争议纠纷的，由沈新荣、杨春节个人负责处理并承担全部法律责任，保证哲达科技利益不受损失。

综上，哲达科技实际控制人沈新荣兼任浙江大学流体工程研究所研究员，以及公司股东、董事杨春节兼任浙江大学教授符合国家法律法规、浙江大学的相关规定，不存在职务发明权属方面的争议纠纷。根据沈新荣、杨春节出具的承诺，如因沈新荣、杨春节职务发明产生任何专利权争议纠纷的，由沈新荣、杨春节个人负责处理并承担全部法律责任，保证哲达科技利益不受损失。

案例059 著作权出资与职务发明界限认定模糊（成明节能）

陕西成明节能技术股份有限公司（成明节能430380），主要从事采暖供热系统节能服务。公司挂牌前曾有一问题：公司股东李季以一项著作权“采暖供热系统温度调控专家识别系统VCM－5.0”出资，该著作权在认定为职务发明上界限较为模糊，该怎么处理才不影响公司挂牌？

解决思路：

（1）现金全额置换出资，并履行合法程序；

（2）详情如实披露。

方案详解：

2013年1月28日，成明有限在公司会议室召开临时股东会，一致同意：①公司于2011年7月将公司注册资本由200万增加至580万元，股东李季以一项著作权——“采暖供热系统温度调控专家识别系统VCM－5.0”认缴新增注册资本200万元。现全体股东同意股东李季变更出资方式，以现金出资200万元人民币置换前述著作权出资，公司注册资本580万元保持不变，公司各股东出资额及股权比例均保持不变。②李季原用于出资的“采暖供热系统温度调控专家识别系统 VCM－5.0”著作权仍由公司享有著作权且无须向李季支付费用等。

置换原因：股东李季用于出资的著作权与公司生产经营相关，但著作权人是否在一定程度上利用了公司的场所、设备等物质条件，是否认定为职务发明，界限较为模糊。从严谨性出发，2013 年 1 月 28 日临时股东会一致同意，李季将上述著作权出资用现金补正。

2013 年 1 月 29 日，国富浩华会计师事务所（特殊普通合伙）陕西分所出具验资报告（国浩陕验字〔2013〕710C0003 号），确认：股东李季于 2011 年 7 月在公司增资中以一项著作权“采暖供热系统温度调控专家识别系统 VCM－5.0”认缴出资 200 万元，经公司全体股东同意李季变更出资方式，以货币 200 万元进行置换出资，股东李季已向中国工商银行成明有限账户以现金方式汇入 200 万元。2013 年 1 月，成明有限就此次出资置换办理了工商登记。

CHAPTER4
第四章

实物出资与转移、评估、补正等问题的解决

本章要领 14 大案例及 21 种常规、典型实务问题及其解决思路

◎本章将解决的 21 种实务问题

①实物出资和增资时都未履行评估程序；②实物出资未经评估现金补正；③货币补正实物出资与资本公积；④植物资产出资与合规性质疑；⑤处置股东出资的设备资产且低于账面价值；⑥实物出资的重置评估；⑦成本法和市场价值法作价；⑧实物出资未经评估便被销售；⑨实物出资不实与再出资；⑩设备直接以购买价出资；⑪实物出资真实性及未经评估作价；⑫实物资产补足出资未经评估；⑬实物出资不足与相关方利益损害；⑭实物出资时未投入公司；⑮实物出资发票名非股东名字；⑯实物出资的验资报告表述不同；⑰历史沿革中实物出资与履行程序有问题；⑱小型设备出资未办理转移手续；⑲现金置换实物出资与财务处理；⑳实物出资以发票价格作价；㉑实物出资时间间隔短，以何作价。

◎典型问题及一般性解决思路

1. 5 大关键及注意

股东以实物作价出资入股的：①其出资应当是该公司生产经营必需的物品，包括交通工具、办公用房、办公用品、生产经营设备、原材料和产品等；②以经营性资产出资，应同时将与该业务密切关联的商标出资折股；③与该公司无关联关系的实物不能作为出资；④用于出资的实物不得设定担保，设定担保的实物资产属于权利受限的实物，不具备出资的条件。⑤实物资产出资必须进行评估作价，还需到有关机关办理过户手续。

2. 实物等非货币资产出资是否属实及作价

本类问题的常规解决思路:

(1) 提供非货币资产作价公允的证据，如相同或类似资产公开的报价单；资产购置合同、发票、报关单等（以新购资产出资的情况），购置日与出资日相近的证据；股东关于出资作价的确认文件；原出资作价所参考的评估报告，并非以出资为评估目的的，可考虑由具有证券资格的评估所出具价值复核报告。

(2) 出资方为国有企业的，需取得上级单位或国资委对出资的确认文件，避免被认定为国有资产流失。

(3) 以净资产按账面价值出资的，需申报会计师对原净资产的账面价值出具复核报告。

(4) 股东做出承诺。

(5) 中介机构发表明确意见。

3. 实物出资未经评估问题

本类问题的常规解决思路:

(1) 由具备资质的评估机构进行复核并做出复核评估报告，由出资人对实物出资部分以货币资金进行再出资；

(2) 或者由实物出资股东出具“承担一切相关责任和损失”的承诺，并由其他股东出具不追究的承诺；

(3) 最后中介机构可从实物出资来源、公司股东股权并未因此而存在潜在纠纷和风险、公司债权人未因此而遭受损失等方面出具不存在实质性法律障碍的证明。

4. 实物资产出资未办理产权转移

本类问题的常规解决思路:

土地、房地产、股权、车辆等资产出资未办理产权转移手续，首先应该考虑补办产权变更手续，其中，划拨用地出资属于一种出资不足的情形，解决思路适用于出资不足的解决方式。

上述出资另一种解决思路就是：①瑕疵资产转让；②取得批文及证明（有批准权的人民政府、国资委、上级单位的批文）；③股东承诺；④中介机构发表明确意见。

案例 060 实物出资和增资时都未履行评估程序问题（光莆电子）

厦门光莆电子股份有限公司（光莆电子 430568）主要从事 LED 封装及 LED 应用产品、柔性电路板的研发、生产和销售。公司原身有限公司设立和 1995 年 12 月第一次增资时的出资未履行评估程序，是否会对挂牌产生障碍?

解决思路：

（1）评估机构做出复核评估报告；

（2）以货币出资方式对未经评估的实物出资部分进行再出资并计入资本公积；

（3）控股股东和实际控制人出具兜底承诺；

（4）主办券商和律师发表意见并如实披露详情。

方案详解：

实物出资瑕疵补正程序：光莆有限设立及第一次增资时股东所出资实物未履行评估程序，不符合当时有效的《公司法》的相关规定。2012 年 5 月 5 日，厦门市大学资产评估有限公司出具了《厦门市光莆电子有限公司部分机器设备评估报告书》（厦大评估评报字〔2012〕第 023 号），对光莆有限设立时林玉辉、林文坤所出资实物进行了评估，评估基准日为 1994 年 11 月 30 日，评估值为 297800 元。根据该评估结果，相应所出资实物的评估值不低于光莆有限设立时相应实物对应的出资值。同日，厦大评估出具了《厦门市光莆电子有限公司部分机器设备评估报告书》（厦大评估评报字〔2012〕第 024 号），对光莆有限本次增资时林玉辉、林文坤、林瑞梅所出资实物进行了评估，评估基准日为 1995 年 11 月 30 日，评估值为 1618650 元。根据该评估结果，相应所出资实物的评估值不低于光莆有限本次增资时相应实物对应的出资值。2013 年 9 月 13 日，林瑞梅、林文坤、林玉辉出具《关于公司设立及第一次增资情况的说明》，确认了上述光莆有限设立及 1995 年 12 月增资情况，且确认截至该说明出具日，林瑞梅、林文坤、林玉辉之间及与公司之间不存在任何纠纷或潜在纠纷。2013 年 9 月 18 日，公司控股股东及实际控制人林瑞梅、林文坤出具《声明及承诺》："公司设立及历次增资均已实际足额履行相应出资义务，公司各股东所持有公司相应股份（或股权）不存在任何现实或潜在纠纷，若公司设立及历次增资存在任何问题或瑕疵，且因相应问题或瑕疵造成损失，本人将承担一切责任。”2013 年 9 月 17 日，厦门市工商局出具《证明》，光莆有限“1994 年 12 月 7 日在我局依法注册，按期年检”。

为了规范公司股东的出资行为，公司实际控制人林瑞梅及林文坤分别向公司交付 90. 25 万元，合计交付货币资金 180. 50 万元，以货币资金出资的方式对该等未经评估的实物出资部分进行再出资，公司收款后将上述款项计入资本公积，该次出资业经大华会计师“大华核字〔2013〕005363 号”验资复核报告验证确认。

综上，光莆有限出资的实物系生产经营中必需的设备，已入公司的财务账目并用于生产经营，且实物价值经厦大评估复核确认不低于对应的出资值，相关各方亦对设立时的出资无任何现实或潜在纠纷，也得到了相关各方的书面确认，公司不存在出资不实的情形。根据《验资报告》的验证，该部分实物资产已全部交付至公司，公司已就本次出资办理了工商登记；同时公司股东林瑞梅及林文坤亦向公司交付货币资金进行再出资，在客观上起到了使出资方式符合法律规定的效果，有利于公司其他股东特别是中小股东，因此，公司设立时及 1995 年 12 月第一次增资时的出资瑕疵不会对公司本次挂牌产生实质性障碍。

案例 061 以植物资产出资及其合规性质疑（红豆杉）

江苏红豆杉生物科技股份有限公司（红豆杉 430383），主要从事红豆杉种植及其保健、绿化及药用功能产品的研发、生产与销售。公司原身有限公司 2007 年增资时，公司将 14000 亩红豆杉林生物资产折价，其中的 12600 万元作为对有限公司的出资，该种出资方式是否合法合规？

解决思路：

（1）由有资格的会计师事务所验证并出具验资报告；

（2）详情如实披露。

方案详解：

2007 年 5 月 25 日，经有限公司股东会决议，公司注册资本由 1500 万元增至 18000 万元。其中，无锡红豆投资管理有限公司受让原股东褚菊芬出资额15万元，另外又以货币增资3450万元。原股东红豆集团以货币增资450万元，此外将14000亩红豆杉林生物资产，评估价值为165332000元，全体股东确认的价值为16500万元，其中12600万元作为对有限公司的出资，剩余3900万元计入有限公司对红豆集团的负债。本次出资业经江苏公证会计师事务所有限公司“苏公W〔2007〕B068号”验资报告予以验证。

公司本次用于增资的红豆杉林生物资产不包括土地使用权，评估机构江苏中天资产评估事务所有限公司及其评估人员具有相应的资质、资格，上述3900万元负债已于2007年6月偿还。经核查认为：红豆集团对用于出资的红豆杉拥有所有权，已履行了股东会决议、资产评估和验资程序，且已办理资产移交手续，本次红豆集团使用红豆杉林生物资产出资合法、合规。

案例062 股东出资的设备被以低于账面价值处置的问题（易事达）

深圳易事达电子股份有限公司（易事达430628），主要从事LED高清节能全彩显示屏和LED节能照明两大系列产品的研发、设计、生产和销售，是国内领先的LED显示和照明方案专业服务商。公司申请挂牌过程中曾有一问题：以低于账面价值处置股东出资的生产设备，这种问题该怎样处理才不会影响挂牌？

解决思路及方案详解：

根据深圳市鹏信资产评估土地房地产估价有限公司评估基准日为2007年4月4日的《资产评估报告书》（鹏信资估字〔2007〕第041号），段武杰及周继科的实物出资评估情况如下表：

序号	股东名称	实务名称	数量	原购价（万元）	评估值（万元）	入账价值（万元）
1	段武杰	FUJICP－3贴片机	2	194.50	105.15	82.40
		HOTFLOW－9CR回流焊	1			
57200	周继科	YAMAHA YV100贴片机	2	96.00	77.00	
合计				290.50	182.15	140.00

经核查，易事达有限的发起股东为了使得公司设立后能够立即投入经营，在易事达有限设立前，发起股东以个人名义先行在市场购买必要的生产设备，为合法取得。该等出资实物已于易事达有限设立时交付，系易事达有限设立

初期的主要生产设备。2012年6月，公司将段武杰原用以出资的两台FUJI-CPIV-3型号贴片机以200000元的总价（含增值税）转让给深圳艾士姆特科技有限公司，处置资产收回金额为192307.7元（含处置费用并扣除增值税），资产处置时账面价值411950元，其中原值770000元，累计折旧358050元，处理净损失219642.3元。公司以低于账面价值出售该资产，主要因为市场变化及技术更新进步原因导致资产价格下降。除上述情况，其他原出资实物仍正常使用。

主办券商经核查认为，上述评估报告采用了重置成本法和市场价值法进行评估，评估价格显著低于原设备购买价格，合乎LED行业技术更新较快造成设备价值下降的实际情况；上述评估入账价值低于评估价格，符合相关规定；本次实物出资履行程序符合当时法律法规等相关规定，所出资的实物与公司生产经营具有关联性。

申报会计师经核查认为，该次实物评估入账价值合理，用于出资的实物贴片机、回流焊为公司主营业务生产所必需的设备，对公司具有有益性，能够为公司带来实际价值。上述出资设备中，2台FUJICPIV-3贴片机已于2012年6月处置，其他实物资产仍正常使用中，不存在减值迹象。

律师经核查认为，易事达有限股东上述实物出资行为符合《公司法》、《公司登记管理条例》、《公司注册资本登记管理规定》等法律、法规及规范性文件的规定，合法有效。

案例063 实物出资未经评估却被销售的问题（泰信电子）

山东泰信电子股份有限公司（泰信电子430576），主要从事数字电视系统前、终端软、硬件产品的研发、生产、销售及相关技术服务。公司挂牌前曾有一问题：公司原身有限公司设立时，股东实物出资没有经过资产评估，是否影响公司挂牌，该怎样处理？

解决思路：

（1）提供验资报告，确认实物原始收款收据；

（2）出资人对实物出资部分进行再出资；

（3）公司实际控制人及原股东出具承担如因此次事项或将产生相关权益人损失等的全部责任的承诺；

（4）如实披露详情。

方案详解：

根据山东省济南会计事务所历城分所 1995 年 5 月 4 日出具的《验资证明》记载，有限公司申请注册资金 50 万元，个人投入实缴注册资金 50 万元，其中现金为 4.5 万元，CATV 遥控 IC 一万套，价值共计 38 万元，486 计算机 3 台，价值共计 5.4 万元，386 计算机一台，价值 0.8 万元，HP4L 打印机一台，价值 0.7 万元，传真机一台，价值 0.6 万元。上述实物出资没有经过资产评估，不符合 1994 年 7 月 1 日生效实施的《公司法》第 24 条有关实物出资必须经过评估作价的规定，但股份公司设立符合《基本标准指引》第一条的规定，因此，有限公司实物出资未经评估的瑕疵不会对本次挂牌构成实质性的法律障碍，理由如下：

经核查，根据山东济南会计事务所历城分所在《验资申请报告表》中确认，38 万元的 CATV 遥控 IC 的作价依据分别是根据山东省肥城县电子仪器厂开出的收款收据和增城（广东）正果电子公司开具发票进行确认，其中山东省肥城县电子仪器厂开具的收款收据金额为 23 万元，增城（广东）正果电子公司开具发票金额为 1 万元；486 和 386 计算机、打印机和传真机是根据这些资产的购置成本作为作价依据。作为实物出资的一万套 CATV 遥控 IC 已计入公司的财务账册，并且已将该出资的实物销售，收回货款 40.14 万元，这些实物资产虽未评估，但销售款项远高于所出资的金额 38 万元，因此，不存在出资不实的现象。计算机、打印机和传真机和现金 4.5 万元已入公司账册，并根据山东省济南会计事务所历城分所在《验资证明》中记载，4.5 万元为存款，计算机、打印机和传真机能够正常使用，并非报废资产，是真实存在的。

公司实际控制人及原股东陶圣华出具承诺，承诺有限公司设立时的注册资本真实、充足，不存在损害有限公司及其相关利益人的情形；若因有限公司设立时实物出资未评估事项造成泰信电子及其相关权益人损失的，所造成的损失全部由承诺人承担。为了进一步解决该出资瑕疵的问题，公司实际控制人陶圣华于 2013 年 11 月 15 日存入与实物出资等值的 45.5 万元现金，并已进入公司资本公积科目，作为出资溢价。至此，股东陶圣华通过现金补足的方式解决实物出资未经评估的法律瑕疵。

案例064 设备以购买价出资且未经评估（四维传媒）

上海四维文化传媒股份有限公司（四维传媒430318），主要从事数字作品的制作、集成，数字作品的数据库管理，数字出版、数字出版软件等业务。公司原身有限公司设立时曾有一问题：股东罗险峰用于出资的设备系其自上海益智进出口公司购入的1台日本三菱D3000LS－4四色胶印机，当时直接以设备的购买价投入公司，未进行资产评估，这种情况该怎么处理？

解决思路：

（1）复核评估，确认实物出资不存不实情况；

（2）全体股东已做出不会对本次实物出资的真实性及未经评估作价事项提出异议的承诺；

（3）出资股东出具兜底承诺。

方案详解：

本次增资中，罗险峰用于出资的设备系其于出资前自上海益智进出口公司购入的1台日本三菱D3000LS－4四色胶印机，因采购时间与投入时间间隔极短，其间设备价值未发生重大变化，因此罗险峰将上述设备直接以购买价投入公司，未进行资产评估。2005年6月17日，上海东建中永信会计师事务所出具“沪信会〔2005〕第624号”《验资报告》，确认截至2005年6月17日，新增注册资本已缴足。

本次罗险峰以实物出资未经评估作价，不符合其出资时所适用的《中华人民共和国公司法》（2004年修正）第二十四条关于“股东可以用货币出资，也可以用实物、工业产权、非专利技术、土地使用权作价出资。对作为出资的实物、工业产权、非专利技术或者土地使用权，必须进行评估作价，核实资产，不得高估或者低估作价”的规定。但根据出资设备的采购发票、出资设备机身载明的出厂日期（2005年1月）以及罗险峰本人的确认，该出资设备在罗险峰采购当时为全新设备，并在采购后立即用于本次出资，因此当时直接以发票价格作为出资作价依据。上海众华资产评估有限公司于2011年3月10日出具《关于罗险峰因投入上海四维文化传媒有限公司所涉及的日本三菱四色胶印机市场价值复核报告》（沪众评报字〔2011〕243号），确认出资设备在出资时点（即2005年6月8日）的评估价值为611万元，因此本次实物出资不存在出资不实情形。

本公司现有全体股东已做出承诺，确认不会对本次实物出资的真实性及未经评估作价事项提出异议。罗险峰于2012年2月23日做出承诺，若因实物出资作价而产生任何法律纠纷，愿意承担相应的法律责任。

案例065 实物出资补足未经评估与他方权益损害嫌疑（江扬环境）

武汉江扬环境科技股份有限公司（江扬环境430320）主要为煤化工、石油石化、冶金、市政、电力等下游行业大型项目提供一体化系统性水处理产品和技术服务。公司挂牌前曾有一问题：原始股东为补足150万元注册资金中的非货币出资，以实物资产置换，但是这些实物资产未经评估，是否存在损害其他股东相关利益问题，该怎样处理？

解决思路及方案详解：

自1994年7月至1996年9月期间，公司原始股东为补足150万元注册资金中的非货币出资为无形资产和实物资产。1996年9月期间朱跃军投入的WHJ型核桃壳滤液器、HB－X型高效组合式斜板废水沉淀器生产工艺技术和李如玉投入的WQJ型高效快速纤维滤液器生产工艺技术经武汉东湖开发区无形资产评估事务所评估，并出具了“武东无评字〔1996〕第120号、121号”《无形资产评估报告书》，评估值分别为30万元和7万元。公司股东朱跃军分别于1994年12月和1995年5月期间投入的电焊机、彩电、中文机、行吊、车床、钢板等累计价值31万元的实物以及股东李玉婷于1995年12月期间投入的排泥泵、电动阀、搅拌罐等累计价值28万元的实物资产未经评估。该等实物资产作价依据主要以购置价格并经全体原始股东共同确认；还有一台行吊和一台车床参照市场价格直接由全体原始股东共同确认。

结论：上述实物资产未经评估，但作价经过全体原始股东共同确认，属于原始股东的真实意思表示，出资真实，且至今未发生损害利益相关方合法权益的情形。该等实物资产中原材料已对外销售；列入公司固定资产的机器设备，已全额计提折旧，同时该资产的金额占公司目前注册资本的比例很小，不会对公司的持续经营造成影响。因此上述实物未经评估，不会对本次公开转让构成实质性影响。公司原始股东朱跃军、李玉婷、李如玉分别出具了

《承诺函》，承诺如因本次出资事宜造成公司损失的，将共同承担赔偿责任。

案例066 实物出资未投入公司及复核时的现金补足（万洲电气）

万洲电气股份有限公司（万洲电气430436）主要从事电力系统自动化控制与节能相关产品的研发、生产与销售。公司说明书披露，有限公司设立时股东赵世运及许卫东分别有实物出资，但未依法进行评估。公司设立时股东实物构成、作价依据如何？前述出资是否符合当时法规规定？是否符合挂牌条件和要求？

解决思路：

（1）设立时，两股东的实物资产并没有投入有限公司，因此并没有评估，属于出资未完全到位；

（2）2001年1月增资时对出资不到位进行了补足；

（3）出具相关验资符合报告；

（4）如实披露详情。

方案详解：

襄樊万州设立时，按照襄樊华炬会计师事务有限公司出具的《验资报告》的审验结果，股东赵世运、许卫东分别以实物出资，共作价23万元，实物出资占注册资本的比例符合当时《公司法》的相关规定。

经律师核查，襄樊万州设立时，股东赵世运、许卫东出资的实物资产并没有投入襄樊万州，因此并没有评估，襄樊万州设立时出资未完全到位。襄樊万州2001年1月增资时，各股东实际出资比注册资本多23万元，各股东对设立时出资的差额进行了补足。且中瑞岳华于2013年7月31日出具《验资复核报告》（中瑶岳华专审字〔2013〕第3063号）进行了复核确认。

公司于2011年12月以净资产折股的方式整体变更设立股份有限公司，公司存续的时间从有限公司设立时开始计算，因此，公司的设立符合《全国中小企业股份转让系统业务规则（试行〉》中相关挂牌的规定。

公司上述实物出资存在不规范的情形，公司设立时的出资不到位。虽然襄樊万州设立时，在出资上有一些瑕疵，但鉴于出资人已进行了出资补足，且经过会计师事务所的验资确认及复核确认，目前注册资本已缴足，上述不规范情形对公司本次挂牌不构成重大实质性障碍。

案例067 实物出资未评估与现金补正（安华智能）

安华智能股份公司（安华智能430332）主要从事信息系统机房及智能化系统设计、集成、运维及销售等业务。公司原身有限公司设立时股东实物出资未经评估，该如何处理才不影响公司挂牌？

解决思路及方案详解：

安华有限设立时以购买价格直接作价出资不存在高估或低估实物价值的情况，该出资的实物系安华有限生产经营中必需的实物，已入安华有限的财务账目并用于安华有限对外施工的工程，不存在出资不实的情形。按照股东确认并根据《验资报告》的验证，该部分实物资产已全部缴付至安华有限，安华有限已就本次出资办理了工商登记。

同时，由于该等实物出资离现在时间较长，已用于安华有限对外施工的工程，现已无法进行评估，为了规范公司股东的出资行为，安华有限的股东决议以货币资金出资的方式对该等未经评估的实物出资进行再出资，在客观上起到了使出资方式符合法律规定的目的，有利于公司其他股东特别是中小股东，对公司本次申请挂牌不构成实质性的法律障碍。除实物资产出资没有进行评估不符合当时施行《公司法》的规定外，安华有限履行了法律规定的其他程序且符合有关的法律法规的规定。

案例068 实物出资发票名非股东名字的问题（麟龙股份）

沈阳麟龙科技股份有限公司（麟龙股份430515）主要从事辽宁省内经营第二类增值电信业务中的互联网信息服务和计算机软件制作及相关技术咨询和售后服务。公司挂牌曾有两个问题该如何处理才不影响公司挂牌？

问题一：其有限公司设立时，验资报告与实物投资明细表描述的金额不一致。

问题二：出资实物的发票客户名称并非股东名称。

解决思路：

（1）通过记账凭证、入库单、存货盘点表以及发票等资料进行核实；

（2）阐明出资实物的发票客户名称并非股东名称的原因和证据；

(3) 相关股东出具声明及兜底承诺;

(4) 律师对实物出资的瑕疵发表意见;

(5) 如实披露详情。

方案详解:

对问题一:《验资报告》就股东出资金额描述存在不一致。

“辽万验字〔2002〕062号”《验资报告》之《实物投资明细表》列明沈阳鼎诺以156套软件出资为13.7万元,沈阳智龙以250套软件及600套图书出资23.8万元,而《本期注册资本实收情况明细表》及《验资事项说明》中列明沈阳鼎诺出资14.5万元、沈阳智龙出资23万元,《验资报告》就股东出资的金额描述存在不一致之处。

就上述不规范事项,经对记账凭证、入库单、存货盘点表以及发票核对后,查明股东共向公司缴付了406套软件及440本图书,合计总金额37.5021万元。

根据朱荣晖、倪忠威及颜为民共同出具的《关于公司设立时出资事项的说明及承诺》,以及鲁景义出具的《关于公司设立时出资事项的声明及承诺》,确认沈阳鼎诺出资14.5万元人民币、沈阳智龙出资23.0021万元人民币,沈阳智龙与沈阳鼎诺当时对此均无异议。根据公司出具的《关于公司设立时出资事项的说明》,有限公司收到沈阳智龙及沈阳鼎诺缴付的出资实物,并在2002年至2007年之间将上述实物资产进行了销售,沈阳智龙及沈阳鼎诺实物出资行为未损害有限公司的利益。

此外,朱荣晖、倪忠威、颜为民出具了相关承诺,承诺其不存在虚假出资、抽逃出资等情形,也未损害有限公司的利益,切实履行了出资义务。如因实物出资事项而给公司造成任何损失,由朱荣晖、倪忠威、颜为民赔偿公司的全部损失。

公司律师认为,经核查出资时的记账凭证、入库单、存货盘点表以及发票等资料,沈阳智龙、沈阳鼎诺已向有限公司缴付了实物出资,股东之间就各自的出资金额没有任何异议,不存在虚假出资及抽逃出资等情形。

对问题二:出资实物的发票客户名称并非股东名称。

实物出资发票客户名部分为“沈阳麟龙科技有限公司”,而非出资股东沈阳智龙或沈阳鼎诺。就出资实物的发票客户名称并非股东名称事项,朱荣晖、倪忠威及颜为民共同出具了声明,该等发票客户名称未开具为沈阳智龙或沈阳鼎诺系理解差异而致。

由于沈阳智龙、沈阳鼎诺与邱一平拟共同设立沈阳麟龙科技有限公司，因此沈阳智龙、沈阳鼎诺将有关发票的客户名称直接开具为沈阳麟龙科技有限公司。由于有限公司于 2002 年 4 月 9 日收到邱一平缴付的美元出资以及沈阳智龙、沈阳鼎诺缴付的实物出资，而用于出资实物的发票开具时间为 2001 年 9 月至 2002 年 4 月 5 日，因此并不存在使用有限公司的资产代股东沈阳智龙、沈阳鼎诺出资的情况；此外，朱荣晖、倪忠威、颜为民出具了相关承诺，承诺其不存在虚假出资、抽逃出资等情形，也未损害有限公司的利益，切实履行了出资义务。如因实物出资事项而给公司造成任何损失的，由朱荣晖、倪忠威、颜为民赔偿公司的全部损失。

综上，上述瑕疵对本次挂牌不构成实质性的法律障碍。

案例 069 历史沿革中实物出资未评估及程序问题（普滤得）

苏州普滤得净化股份有限公司（普滤得 430430）主要从事水净化处理和空间洁净及空调暖通处理业务。1997 年 3 月，公司股东葛明明实物出资分别为纯水设备 1 套、百级净化区设备与 1400 只 PC 瓶，当时购买价格为 51.60 万元。上述实物出资部分未经过评估，存在出资不规范的情形，该怎么处理？其履行的程序是什么？

解决思路：

（1）股东以现金方式补足；

（2）履行程序，包括召开股东大会、办理工商变更登记、会计师事务所出具设立验资和复核报告；

（3）详情如实披露。

方案详解：

1997 年 3 月，葛明明和朱骏分别出资 73.60 万元和 32.00 万元设立苏州市普滤得净化有限公司，其中葛明明实物出资 51.60 万元。上述实物出资分别为纯水设备 1 套、百级净化区设备与 1400 只 PC 瓶，系葛明明于 1997 年 3 月以现金方式购买而得，并于 1997 年 4 月交付公司使用。根据 1997 年 3 月 26 日开具的《江苏省苏州市企业通用发票》证明，该部分实物出资购买价格共计51.6万元。上述实物出资部分与当时有效的《公司法》（1993年12月29日第八届全国人民代表大会常务委员会第五次会议通过）关于实物出资须经评估的规定不相符。鉴于上述实物出资部分未经过评估，存在出资不规范的情形，公司于2013年11月18日召开了2013年第三次临时股东大会，同意葛明明对于有限公司成立时其所出资的实物部分变更为以现金方式补足，2013年11月19日，公司收到了葛明明上述出资款共计51.6万元。就上述补足出资事项，大华会计师事务所（特殊普通合伙）于2013年11月20日出具了“大华核字〔2013〕005414号”《设立验资复核报告》。

根据对有限公司成立时的工商登记资料、验资报告、补充出资的验资复核报告、2013年普滤得第三次临时股东大会决议以及葛明明用于现金出资的现金缴款单等文件核查后认为，有限公司设立时，葛明明虽然对其实物出资部分未经评估，但其经过后续的改正措施，以现金方式替换了其原先投入的实物资产部分，且在公司存续过程中，未出现因上述实物出资瑕疵而给公司、公司其他股东及公司债权人带来不利影响的情形，葛明明先生实物出资程序的不规范不影响公司设立的合法性。

案例070 小型设备出资与未办理转移手续（希文科技）

武汉希文科技股份有限公司（希文科技430326）主要从事电力自动化系统相关产品的研发、制造、销售和服务。有限公司设立时，公司股东以实物资产出资24万元。问题：股东前述实物出资是否办理转移手续？

解决思路及方案详解：

2003年8月，有限公司设立时，股东张建军、王永宏和南风用实物“台式电钻、HP服务器、PC计算机、IBM笔记本电脑、HP计算机”等作价24万元出资。以上实物资产由武汉信源会计师事务有限责任公司进行评估，并出具了“武信评报字〔2003〕第320812号”《资产评估报告》。根据该评估报告，上述三位股东用于出资的实物资产评估总值为24万元人民币。股东提供了每一项实物资产购买时的原始发票。武汉信源会计师事务有限责任公司并出具了“武信验字〔2003〕第320812号”《验资报告》，说明经审验，截至2003年8月12日，有限公司（筹）已收到全体股东缴纳的注册资本合计人民币30万元，其中以货币出资6万元，以实物资产出资24万元。

2003年8月18日，有限公司取得了武汉市工商局核发的《企业法人营业执照》，有限公司成立。2003年8月25日，三位股东与有限公司共同在《股东实物资产所有权转移清单》上签字盖章，正式办理了实物资产转移手续，将用于出资的实物资产全部移交给有限公司用于生产经营。

综上所述，有限公司成立时，股东以实物资产用于出资，因所出资资产为小型电子设备等，无须办理更名或者过户手续。股东后与有限公司签订了实物资产所有权转移清单，将所出资资产实际交付给公司用于经营。股东在有限公司设立时用于出资的实物资产已经办理了转移手续。

案例071 资产出资未经评估与现金置换的财务处理（帝信通信）

沈阳帝信通信股份有限公司（帝信通信430408）主要从事研发、集成、销售电力调度通信设备，面向电力行业提供专网调度解决方案。1998年7月8日，公司前身有限公司系由自然人刘文祥与其岳母陈德凤共同出资设立，其中刘文祥以实物出资40万元，陈德凤以无形资产出资10万，注册资本为50万元。该两类出资均未评估，该如何解决才不影响公司挂牌？解决后的财务账务该怎样处理？

解决思路：

（1）现金置换；

（2）所置换的现金计入“资本公积－股本溢价”科目；

（3）如实披露详情。

方案详解：

1998年7月8日，公司前身沈阳市帝信通信电子工程有限责任公司经沈阳市和平区工商行政管理局核准依法设立。有限公司系由自然人刘文祥与其岳母陈德凤共同出资设立，其中刘文祥以实物出资40万元，陈德凤以无形资产出资10万，注册资本为50万元。该两类出资均未评估。

经核查，公司设立时存在出资瑕疵，但对本次挂牌转让不构成实质性障碍。根据《中华人民共和国公司法》（1994—1999年）第二十四条、第二十五条规定，刘文祥、陈德凤的非货币资产出资均未经评估，未办理书面产权转移手续，且实际出资方式与《出资协议书》、《验资证明书》表述的“全部出资均为实物出资”不一致，存在出资瑕疵。自公司设立以来未发生第三人向公司股东主张权利的情况，刘文祥与陈德凤亦未发生纠纷，且无形资产与公司当时主营业务相关，公司财务负责人确认有限公司已实际收到刘文祥及陈德凤交付的用于出资的非货币资产，股东交付的实物出资作价未高于发票所记载的购买上述实物所支付的对价，有限公司自成立以来均通过每年的工商年检，亦未收到工商局行政处罚。有限公司整体变更为股份公司时，上述实物资产及无形资产均已折旧或摊销完毕，该瑕疵未影响有限公司整体变更为股份公司时的账面净资产值，未影响到股份公司股本的充实，股份公司的控股股东、实际控制人刘文祥已出具书面承诺，“如因该瑕疵给帝信通信造成损失的，将由本人承担相应责任并以个人资产补偿公司损失”。

此外，根据刘文祥、闫冰与公司签订的《协议书》中该两人做出的承诺，以及《沈阳帝信通信股份有限公司2013年度第二次临时股东大会》决议，刘文祥、闫冰于2013年10月22日分别以现金40万元、10万元存入公司账户，以消除公司设立时与该两人有关的非货币出资50万元（其中实物40万元、无形资产10万元）未经评估的瑕疵。

公司已于2013年10月22日收到上述50万元款项，并按照《沈阳帝信通信股份有限公司2013年度第二次临时股东大会》决议，将该50万元计入资本公积－股本溢价，由公司全体股东共同享有。根据上述情形，公司认为刘文祥、闫冰已履行《协议书》中有关二人承诺以现金50万元补至公司以消除公司设立时与该两人有关的非货币出资50万元（其中实物40万元、无形资产10万元）未经评估的瑕疵。因此，该瑕疵对本次挂牌转让不构成实质性障碍。

案例072 实物出资以发票价格作价问题（和氏股份）

苏州和氏设计营造股份有限公司（和氏股份430456）主要从事信息传播类博物馆展陈系统的策划、设计和布展服务。公司挂牌前曾有一问题：有限公司设立时，股东出资未经评估，该怎么处理，影响公司挂牌吗?

解决思路及方案详解：

卜雪梅缴纳出资32.56万元，其中货币资金出资20万元，实物出资12.56万元；卜春缴纳出资17.44万元，其中货币资金出资5万元，实物出资12.44万元。卜雪梅实物出资资产包括4台电脑、1台刻字机和4台打印机，卜金春实物出资资产包括1台摄像机。鉴于上述实物出资资产均为新购设备且具备有效购置发票，因此出资时未履行评估手续。出资资产已于1998年6月29日前交付公司。

一剪梅广告设立时，卜雪梅和卜金春投入的实物资产共计25万元未进行评估，即作为出资投入公司，该行为存在法律上的瑕疵。由于上述实物资产自购买到投入并交付公司使用的时间间隔很短，作价亦按照实物资产购买时的发票价格，上述实物资产的出资不存在出资不实的情况。本次出资业经苏州审计事务所审验，同时业经工商行政管理局登记备案。

虽然一剪梅广告设立时的股东实物出资未经评估，但是由于不存在出资不实的情况，因此上述股东的出资瑕疵不会对公司的持续经营构成影响，亦不会对公司股份进入全国中小企业股份转让系统挂牌并公开转让构成任何影响。主办券商国信证券认为：根据苏州市审计事务所出具的“苏社审直〔1998〕第130号”《验资报告》，该实物资产已全部交付至公司，工商登记机关已就本次出资办理了工商登记。再者，公司依法定程序整体变更为股份公司时，系按照经审计后的账面净资产折股，因此，前述股东以实物资产出资未经评估的行为，对和氏设计股份进入全国中小企业股份转让系统挂牌并公开转让不构成任何影响。

此外，公司控股股东、实际控制人吴景贤和孙志宇出具了承诺函，承诺前述设立行为不存在损害公司以及相关利益人的情形；若因公司设立时未经评估给公司及相关权益人造成损失的，其损失由实际控制人吴景贤和孙志宇承担。

案例073 实物出资以购买价格等额作价的问题（中科网络）

湖北中科网络科技股份有限公司（中科网络430390）主要从事建筑智能化工程、网络系统集成及增值服务，智慧物流解决方案的研发、物联网物流信息化相关软件支撑平台及辅助产品的研发和产品化。公司设立时，实物出资未经评估、货币出资转入个人账户。

问题一：该行为是否符合当时所适用的公司法的要求？

问题二：该种情况是否符合“依法设立”的挂牌条件？

解决思路及方案详解：

对问题一：中科网络有限设立时实物出资未经评估是否符合当时适用

《公司法》的要求。

中科网络有限设立于1998年5月6日，其股东的出资行为应适用当时的《公司法》(1993年12月29日公布、1994年7月1日起施行)。1993年《公司法》第24条第1款规定:“股东可以用实物作价出资。对作为出资的实物，必须进行评估作价，核实财产，不得高估或者低估作价。”中科网络有限设立时，股东袁建华用于出资的实物资产未经评估，不符合1993年《公司法》的前述规定。

经律师核查，上述用于出资的实物资产系股东袁建华于1998年3月购买，1998年4月以实际购买价格等额作价出资。中科网络有限确已收到该实物资产，该实物出资已通过验资并经湖北省工商行政管理局核准登记。中科网络有限设立时股东袁建华的前述实物出资已到位，符合《业务规则》第1条第1项和《标准指引》第1条“依法设立”的规定。

对问题二：中科网络有限设立时货币出资相关行为是否符合当时适用《公司法》相关规定，是否符合“依法设立”的挂牌条件。

经核查，中科网络有限设立的验资报告及其附件中仅有袁建华和曾凡俐拟用出资的货币资金分别为7.70万元和29.80万元，存于其个人账户的相关文件，并无该货币资金已存入准备设立的中科网络有限在银行开设的临时账户的文件。因年代久远，公司已无法提供前述货币出资已到位的相关资料。为查明前述货币出资过程，拟向验资机构武汉汉江会计师事务所核查，但因该验资机构已注销10余年，无法获得当时验资的相关文件。

因无货币出资已到位的相关证明文件，不能确定前述货币出资符合1993年《公司法》第25条第1款的规定。

为消除因前述货币出资情况不明所致的出资瑕疵风险，中科网络有限于2013年5月30日召开临时股东会做出决议，中科网络有限向全体股东分红37.50万元。全体股东于2013年5月30日签署《股东确认书》，同意将该分红全部投入中科网络有限计入资本公积金。中科网络有限已于2013年6月3日收到全体股东的前述分红投入。

基于中科网络有限已采取前述有效措施，前述货币出资事项不构成本次股转系统挂牌的实质性障碍，符合《业务规则》第2.1条第1项和（标准指引》第1条“依法设立”的规定。

CHAPTER5

第五章

增资、减资的规范与操作等问题的处理

本章要领 23 大案例及 33 种常规、典型实务问题及其解决思路

◎本章将解决的 33 种实战问题

①增资未评估或存价格公允质疑；②增资未评估或存国有资产流失嫌疑；③增资价格的确定依据；④以未来盈利能力作价增资；⑤增资以溢价形式出资；⑥验资报告存质疑应如何复核；⑦股权增资的收购价高于标的权益的账面价值；⑧增资过程存在代收代存出资款及代出资等；⑨增资行为构成股份支付；⑩增资未按照准则进行会计处理；⑪增资方式补偿业绩承诺；⑫增资程序不合法是否损害其他股东利益；⑬增资存在特殊条款安排；⑭增资或存公司控制权变更风险；⑮增资与公司治理、财务风险；⑯以已死亡股东名义提交虚假增资证明文件；⑰股东未参与增资与合法性质疑；⑱以减资增资办法解决出资不实；⑲以先增资后减资方式完成股权转让交割；⑳非专利技术短期内先出资又减资；㉑减资与程序瑕疵；㉒国有资产出资后未获批，作减资处理；㉓无形资产出资瑕疵及如何作减资处理；㉔增资事宜与外资变更一同办理、存程序不规范质疑；㉕出资瑕疵先减资再现金增资；㉖以公司代付款取得的土地的增资；㉗同一次增资出现不同价格；㉘增资真实、合法和有效性质疑；㉙逾期未认缴出资款；㉚短期内非专利技术出资又减资；㉛以公司所有资产出资、存合法性质疑；㉜货币出资未缴纳，以非专利技术置换出资；㉝非国有股东增资前的评估事项未履行合规性核查。

◎典型问题及一般性解决思路

1. 国有资金投资退出的增减问题

实践中拟上新三板的公司多为高新技术企业，一些公司曾有国有企业或者国有创业引导基金前期投资及退出情况，所以要特别关注其投资、退出时是否履行了国有股权投资、退出的法律程序：

（1）投资时，是否经有关部门履行了决策程序，是否对拟投资的公司进行过评估、备案，是否需要国有资产监督管理部门批准；

（2）增资扩股时，是否同比例增资，如未同比例增资，是否履行评估、备案手续；

（3）国有股退出时是否履行了评估、备案，是否在产权交易所进行了交易等。相应都要做增资和减资的处理。

2. 非货币出资如实物、无形资产等的增减问题

按照《公司法》的要求规定，非货币如实物、无形资产等出资或增资需要经过评估，且不能高估与低估作价。这里谈两种减资情况：

（1）难以撇清职务发明的无形资产的减资。实践中很普遍，由于该类发明等已经评估过户至公司，此种情况下，一般的做法是通过减资程序规范，财务上将已经减掉的无形资产做专项处理，并将通过减资置换出来的无形资产无偿赠送给公司使用，但是此种情况下，该等无形资产研发费用不能计提。需要注意的是：实践中大部分工商登记部门因为法律上没有相关规定，拒绝公司通过现金置换无形资产出资的方案，减资是公司法允许的方案，工商登记部门容易接受，但是不能进行专项减资，即专项减掉无形资产，会计师可以在减资的报告中进行专项说明，即公司本次减资的标的是无形资产。

（2）与公司主营业务无关的无形资产的减资。实践中，有些企业为了申报高新技术企业，创始股东与大学合作，购买与公司主营业务无关的无形资产，通过评估出资至公司，或者股东自己拥有的专利技术或者非专利技术虽然评估出资至公司，但由于公司后来主营业务发生变化或者其他原因，公司从来没有使用过该等无形资产，则该等行为涉嫌出资不实，需要通过减资程序予以规范。

3. 增资与减资的解决思路

增资的一般性解决思路：该类问题比较复杂，需要综合考虑：

（1）对于没有进行股东会表决程序的，需要公司股东补充出示有关决议文件。

（2）未进行国有资产评估及报批手续的，需要协调国资委出示有关说明文件，确保其中不存在国有资产低估流失等问题。

（3）同一次增资未按同比例增资或出现不同价格存在真实、合法和有效性质疑的：一要详细阐明造成差异的原因；二要增资方签署书面确认书；三要股东会通过以及相关股东的承诺。

（4）增资高于标的账面价值或存高估质疑的：一是对标的资产进行资产评估，以评估值衡量出资资本的充实性；二是要说明本次收购的作价依据。

（5）增资或有特殊条款安排或存公司控制权、治理财务影响风险的：一要分析特殊条款的履行情况；二是将其他特殊条款予以解除；三是是否对公司股权结构、控股股东控制权、经营财务状况产生影响，做出明确结论等等。这些都需要股东或相关股东对增资事宜做出表态，最后中介发表明确意见。

减资的一般处理思路：

（1）充分披露可能受到的处罚，取得工商登记机关不予处罚的证明；

（2）取得其他批文及证明，主要指的是工商局确认出资且免予处罚的文件；

（3）股东补足出资，审计复核；

（4）股东做出相应承诺，中介机构发表意见。

4. 增减资同时进行的问题

无论是2014年修订前还是修订后的《公司法》，都对减资、注销等进行了严格的程序性规定，在合并、分立过程中发生注册资本变动的，也需履行相应的程序。这是因为企业的注册资本具有对外公示的性质。从现实情况看，企业在减资的同时有新股东增资，易忽略减资程序的履行。解决思路参见上述减资解决思路和办法。

案例074 增资未评估与国有资产流失存质疑（北京希电）

北京锦鸿希电信息技术股份有限公司（北京希电430328）2013年10月挂牌，主营业务为轨道交通运营安全信息传输系统设备的研制、生产、销售和服务。2006年12月14日，公司将注册资本增加到3000万元，但未经评估。

问题一：增资时未进行评估的原因是什么？

问题二：本次增资价格的确定依据是什么，增资价格确定是否公允、合理？

问题三：本次增资是否涉嫌造成国有资产流失？

解决思路及方案详解：

根据北京希电工商登记的资料，北京希电的前身首科希电 2006 年 12 月 14 日将注册资本增资至 3000 万元的过程如下：

2006 年 12 月 14 日，首科希电做出股东会决议，同意将注册资本增加到 3000 万元，首科软件新增出资 1389 万元，电子工程总公司新增出资 511 万元；同意相应修改公司章程。

2007 年 3 月 9 日，北京京审会计师事务所有限公司出具“京审验字〔2007〕第 1005 号”《变更验资报告》，验证截至 2007 年 3 月 9 日止，股东首科软件投入货币资金 13890000.00 元，股东电子工程总公司投入货币资金 5110000.00 元。首科希电变更后的累积注册资本实收金额为人民币 30000000.00 元，新增注册资本金 1900 万元已全部到位。

2007 年 3 月 28 日，首科希电换领了《企业法人营业执照》。

根据《企业国有资产评估管理暂行办法》的规定，非上市公司国有股东股权比例变动的，应当由其产权持有单位委托具有相应资质的资产评估机构进行评估。首科希电该次增资时国有股东电子工程总公司未委托资产评估机构对首科希电进行评估。《企业国有资产评估管理暂行办法》第二十七条规定，若企业应当进行资产评估而未进行评估的，相应的国有资产监督管理机构有权通报批评并责令改正，必要时可依法向人民法院提起诉讼，确认其相应的经济行为无效。

经核查，电子工程总公司的上级主管单位 CEC 已于 2007 年 1 月 26 日出具《关于北京首科中系希电信息技术有限公司增资方案的批复》（中电资〔2007〕30 号），同意首科希电该次增资及电子工程总公司在增资后持有首科希电 35% 股权的增资方案。电子工程总公司对首科希电的该次增资取得了上级单位 CEC 的批复。同时，2009 年电子工程总公司将其所持首科希电的股权全部转让时已履行了资产评估程序，进行了公开挂牌转让。此外，根据北京希电的说明，电子工程总公司的国有资产监督管理机构未对该次增资未予评估事宜做出通报批评及责令改正，亦未向人民法院提起诉讼确认该次增资无效。根据《民法通则》的规定，向人民法院请求保护民事权利的诉讼时效期间为两年。自该次增资至今已超过两年的诉讼时效期间。

综上，首科希电该次增资国有股东未履行资产评估程序不影响首科希电股权的稳定性，对首科希电本次股票公开转让不构成重大实质性障碍。

案例 075 以未来盈利能力作价增资及其处理（吉事达）

武汉吉事达科技股份有限公司（吉事达 430402）主要从事电容触摸屏激光蚀刻设备和生产线的研发、生产、销售。2010 年 12 月，公司原身有限公司增资价格以公司未来盈利能力作定价依据且通过验资程序，该事件是否合规合法，如何解决？

解决思路：

（1）由有证券资格的会计师事务所出具验资复核报告；

（2）阐明当初验资报告仅审验列入注册资本的金额，未表述列入资本公积的金额；

（3）详情如实披露。

方案详解：

2010 年 12 月 3 日，自然人付放、闫炘、陈家甦与陈刚、任清荣签署《关于武汉吉事达激光技术有限公司增资扩股协议》，约定由付放、闫炘、陈家甦出资 500 万元，其中：付放出资 300 万元，列入注册资本 16.92 万元；闫炘出资 150 万元，列入注册资本 8.46 万元；陈家甦出资 50 万元，列入注册资本 2.82 万元。公司注册资本由 100 万元变更为 128.2 万元。本次增资价格以公司未来盈利能力作定价依据。

本次增资由武汉中谷会计师事务所有限公司审验，于 2010 年 12 月 30 日出具“武中谷验字〔2010〕第 193 号”《验资报告》，确认截至 2010 年 12 月 28 日，公司已收到股东付放、闫炘、陈家甦缴纳的新增注册资本合计 28.2 万元。

2010年12月31日，武汉市工商行政管理局东湖分局核发《企业变更通知书》，核准本次注册资本和股东变更登记。

本次增资系溢价形式出资。武汉中谷会计师事务所有限公司出具的验资报告仅审验列入注册资本的金额，未表述列入资本公积的金额。北京兴华会计师事务所有限责任公司进行验资复核，于2013年8月13日出具了“〔2013〕京会兴专字第12170421号”《验资报告专项复核报告》，确认公司收到股东付方、闫炘、陈家甦出资500万元，其中28.2万元列入注册资本，其余471.8万元列入资本公积。

案例076 公司增资出现待存待缴，如何处理（东亚装饰）

青岛东亚装饰股份有限公司（东亚装饰430376）主要从事建筑装饰工程设计施工、建筑幕墙工程设计施工、建筑智能化工程、防腐保温工程、园林古建筑工程。公司原身有限公司增资时存在待存待缴情形，该如何处理？

解决思路：

（1）阐明存在着代收代存出资款及代出资等行为，但并不影响当事人的股东身份；

（2）自然人股东已经偿还各自借款；

（3）与相关单位解除了债权债务关系。

方案详解：

2012年9月12日，东亚有限召开股东会并做出决议：全体股东一致同意将东亚有限注册资本由原1260万元增加至3750万元。增加的2490万元注册资本，由股东杨建强等20人以现金方式出资。根据2012年9月18日青岛汇盛会计师事务所出具的《验资报告》（青汇盛会内验字〔2012〕第1122号），截至2012年9月18日止，东亚有限已收到杨建强等20名自然人股东缴纳的新增注册资本合计人民币2490万元。其中，青岛海晶建筑劳务有限公司代收代存1435.20万元，青岛建安建设集团有限公司代收代存1054.80万元，于2012年9月18日存入中国民生银行青岛麦岛支行“青岛东亚建筑装饰有限公司”账户（账号：2707014210000398）。截至2012年9月18日，东亚有限变更后的累计注册资本为人民币3750万元，实收资本为 3750 万元。

根据公司确认及主办券商和律师核查，东亚有限此次增资过程中存在着代收代存出资款及代出资等行为。此次增资过程中的代收代存出资款及代出资等行为并不影响杨建强等 20 名自然人作为东亚装饰的股东身份，且应认定为系杨建强等 20 名自然人股东的出资。理由如下：

其一，从此次增资的内部决策程序（即股东会）而言，东亚有限已召开股东会，决议同意由杨建强等 20 名自然人以现金方式对东亚装饰进行增资。因此，杨建强等 20 名自然人负有对东亚有限的出资义务。

其二，此次增资已经履行了验资程序，增资款均已全部到位，不存在出资不实的情形。就前述代收代存出资款及代出资的行为，青岛海晶建筑劳务有限公司、青岛建安建设集团有限公司及此次增资所涉的 20 名自然人分别进行了确认并出具了确认函，确认杨建强等 20 名自然人为东亚有限此次增资的实际出资人，青岛海晶建筑劳务有限公司和青岛建安建设集团有限公司分别存入东亚装饰的 1435.2 万元、1054.8 万元的行为仅为代出资行为，其均不因各自的代出资行为而取得股东地位。

其三，从东亚有限的实际运营看，青岛海晶建筑劳务有限公司和青岛建安建设集团有限公司均确认没有参与过东亚装饰的任何经营管理活动，也没有真正行使过股东的任何权利或履行过股东的任何义务。

其四，从本次增资的工商登记来看，青岛海晶建筑劳务有限公司和青岛建安建设集团有限公司均没有被登记为东亚装饰的股东，此次增资的实际出资人杨建强等 20 名自然人已登记为东亚装饰的股东。

截至本公开转让说明书签署之日，杨建强等 20 名自然人股东已经偿还各自借款，分别与建安集团或海晶劳务解除了债权债务关系。主办券商及律师经核查后认为，本次增资过程中 20 名自然人取得公司的新增股份权属明确，不存在潜在争议或潜在纠纷。

案例 077 增资构成股份支付，未进行会计处理（星业科技）

广州星业科技股份有限公司（星业科技 430429）主要从事日化和造纸等专用化学品的研究、生产和销售。2010 年 3 月，公司增资行为构成股份支付，未按照准则进行会计处理，该怎么解决？

解决思路及方案详解:

分析原因并如实披露。内容：2010年3月19日，有限公司召开股东会，全体股东一致同意公司将注册资本增加至736.84万元，本次增加的注册资本由李仲华及新增股东范小华、陈郦明、袁保合、孙向科、叶建忠、陈文育、张雪珍、蒋建军、王振雨、黄育苗共同缴纳，具体情况如下：

序号	股东姓名或名称	认缴注册资本额（万元）	认缴增资额（万元）	新增自然人股东增资时在公司的任职情况
1	李仲华	11.64	79.00	副总经理
2	范小华	11.05	75.00	增资时任销售总监，2013年5月15日离职
3	陈郦明	2.21	15.00	副总经理
4	袁保合	2.21	15.00	财务总监
5	孙向科	2.21	15.00	总经理助理兼厂长
6	陈文育	1.47	10.00	生产部经理
7	叶建忠	1.47	10.00	质量管理部经理
8	张雪珍	1.25	8.50	销售二部副经理
9	蒋建军	1.11	7.50	生产部副经理
10	王振雨	1.11	7.50	时任研发部主管，2013年4月12日离职
11	黄育苗	1.11	7.50	研发部研发工程师
合计		36.84	250.00	

2010年2月，有限公司与李仲华、范小华、陈郦明、袁保合、孙向科、叶建忠、陈文育、张雪珍、蒋建军、王振雨、黄育苗签署《广州市星业科技发展有限公司增资协议》，约定上述增资事宜，每一元出资的增资价为6.79元。2010年3月19日，公司股东签署《章程修正案》。2010年3月30日，正中珠江出具“广会所验字〔2010〕第10000620055号”《验资报告》，验证截至2010年3月30日，公司已收到李仲华及新增股东范小华、陈郦明、袁保合、孙向科、叶建忠、陈文育、张雪珍、蒋建军、王振雨、黄育苗缴纳的增资款250万元，其中36.84万元计入注册资本，其余213.16万元计入资本公积，股东均以货币出资。

本次增加注册资本于2010年4月8日在广州市工商局备案。2010年8月19日，广州市工商局向有限公司核发了变更后的《企业法人营业执照》。

公司2010年2月的增资行为构成股份支付，但公司未按照股份支付准则进行会计处理存在其历史客观条件，且不影响报告期内损益，不存在整体变更时的出资不实情形，也不存在利用股份支付转移成本的现象。

案例 078 增资以补偿业绩承诺，程序是否合法合规，是否构成其他利益损害（艾录股份）

上海艾录包装股份有限公司（艾录股份 830970）2014 年 8 月挂牌，主要从事高端纸包装产品的研发、设计、生产和制造。2013 年 8 月，公司注册资本增加至 5581.9357 万元；其中：由上海鼎丰以资本公积转增增加注册资本 65.0323 万元，上海傲英以资本公积转增增加注册资本 65.0323 万元，上海汇旌以资本公积转增增加注册资本 32.5161 万元。当时，有限公司股东 8 名。

问题一：公司采取前述方式转增注册资本的原因是什么？

问题二：其合法合规性如何，是否存在损害其他股东的利益？

解决思路：

（1）业绩远低于承诺，定向转增注册资本以作为业绩补偿；

（2）阐明转增事项符合其时及现行《公司法》等理由，并经全体股东一致签署同意；

（3）如实披露详情。

方案详解：

对问题一：该次资本公积金定向转增的原因。

根据上海鼎丰、上海傲英、上海汇旌与公司原 5 名自然人股东陈安康、李仁杰、张勤、陈曙、王春权（以下合称“原股东”）及公司签署的《增资协议》及系列补充协议等相关协议，公司原股东及公司共同为公司设定了 2012 年度净利润目标承诺（以下称“业绩承诺”），如果公司 2012 年度净利润低于该业绩承诺值，则须以 2012 年度实际净利润为基础，按照约定市盈率重新调整上海鼎丰、上海傲英、上海汇旌投资的投资估值，投资估值差额部分由公司及其原股东对上海鼎丰、上海傲英、上海汇旌进行补偿（以下称“业绩补偿”）。截至 2012 年 12 月 31 日，艾录有限经审计净利润为人民币 14056572.08 元，远低于业绩承诺值，各方经协商后，一致同意将公司资本公积金中的人民币1625807.00元向上海鼎丰、上海傲英、上海汇旌定向转增注册资本以作为业绩补偿，原股东放弃本次资本公积转增注册资本的相关权利。

对问题二：关于该次资本公积金定向转增的合法合规性及是否损害其他股东利益。

其时有效的《公司法》第一百六十九及现行有效的《公司法》第一百六十八条规定：“公司的公积金用于弥补公司的亏损、扩大公司生产经营或者转为增加公司资本。但是，资本公积金不得用于弥补公司的亏损。法定公积金转为资本时，所留存的该项公积金不得少于转增前公司注册资本的百分之二十五。”《企业财务通则》（财政部令第41号）第十七条规定，“对投资者实际缴付的出资超出注册资本差额的（包括股票溢价），企业应当作为资本公积管理。经投资者审议决定后，资本公积用于转增资本。国家另有规定的，从其规定。”根据上述规定，溢价形成的资本公积金可以转增股本。

《公司法》等法律法规并未对资本公积金转增股本时的比例分配予以明确规定或限制。资本公积金转增股本既为公司新增资本的方式之一，从一定意义上也是公司股东所有者权益的内部分配的方式之一，可参照《公司法》的第三十四条的相关规定，即全体股东约定一致的，可以不按出资比例分取红利、不按出资比例优先认缴出资。

经查，公司2011年5月23日、2011年5月31日增资时资本溢价形成的资本公积金合计人民币3780.645万元，本次资本公积金定向转增资本时用以转增的资本公积金人民币162.5807万元为前述资本溢价形成的资本公积金，本次资本公积金定向转增后，资本公积金余额为人民币3318.0643万元，超过公司注册资本人民币5581.9357万元的25%；2013年8月26日由公司全体股东出席的股东会以100%赞成票通过决议，同意该次资本公积金定向转增股本事项；2013年9月5日，上海东方会计师事务所出具“上东会验字〔2013〕第1068号”《验资报告》，确认截至2013年8月30日止，艾录股份已经将资本公积人民币162.5807万元转增注册资本，注册资本增加后为人民币5581.9357万元；2013年9月29日，金山工商局对上述事项予以核准并换发《企业法人营业执照》。

综上，公司该次资本公积金定向转增事项符合其时及现行有效的法律法规及其他规范性法律文件的规定，且已按照其时有效的《公司法》等规范性法律文件、其时有效的《公司章程》的相关规定履行公司内部决策及工商变更程序，通过公司该次资本公积金定向转增事项的股东会决议合法有效，该决议并经全体股东一致签署同意，不存在损害公司其他股东权益之情形。

案例079 增资或存特殊安排及财务、控制权与治理等问题（艾录股份）

上海艾录包装股份有限公司2014年8月挂牌，主要从事高端纸包装产品的研发、设计、生产和制造。2011年6月，上海傲英股权投资企业等三家机构向公司增资，问题：前述机构与公司及股东是否存在投资价格调整、业绩补偿、一票否决权、反稀释等特殊条款安排及执行情况，对公司股权结构、控制权、公司治理、财务状况等的影响或潜在影响是什么？

解决思路解方案详解：

2011年5月19日，陈安康、李仁杰、张勤、陈曙、王春权（以下合称“原股东”）与上海傲英、安天实业及公司签署《增资协议》及《增资协议之补充协议》；2011年5月29日，陈安康、李仁杰、张勤、陈曙、王春权（以下合称“原股东”）与上海傲英、安天实业、汇旌资产及公司签署《增资协议》及《增资协议之补充协议》；2011年9月15日，汇旌资产与上海汇旌签署《股权转让协议》，汇旌资产将所持股权转让给上海汇旌，安天实业与上海鼎丰签署《股权转让协议》，安天实业将所持股权转让给上海鼎丰。（以上协议合称为“前述协议”）

前述协议的特殊条款及执行情况如下：

1. 投资估值与业绩补偿

根据前述协议，公司原股东及公司共同为公司设定了2012年度净利润目标承诺（以下称“业绩承诺”），如果公司2012年度净利润低于该业绩承诺值，则须以2012年度实际净利润为基础，按照约定市盈率重新调整上海鼎丰、上海傲英、上海汇旌投资的投资估值，投资估值差额部分由公司及其原股东对上海鼎丰、上海傲英、上海汇旌进行补偿（以下称“业绩补偿”）。截至2012年12月31日，艾录有限经审计净利润为人民币14056572.08元，远低于业绩承诺值。2013年9月15日，原股东与上海傲英、上海鼎丰、上海汇旌及公司签署《关于增资协议之补充协议二》，约定将公司资本公积金中的人民币1625807.00元向上海鼎丰、上海傲英、上海汇旌定向转增注册资本以作为业绩补偿，原股东放弃该次资本公积转增注册资本的相关权利。

该次资本公积定向转增完成后，控股股东陈安康持股比例由54.861%降至53.263%，陈曙持股比例由10.037%降至9.744%，张勤持股比例由5.029%降至4.883%，王春权持股比例由4.575%降至4.442%，李仁杰持股比例由2.998%降至2.911%，上海傲英持股比例由9%增至9.903%，上海鼎丰持股比例由9%增至9.903%，上海汇旌持股比例由4.5%增至4.951%。未对公司股权结构产生重大影响，未对控股股东控制权产生影响。本次业绩补偿不涉及公司现金流，未对公司经营及财务状况产生影响。经查，该次业绩补偿履行完毕后，截至本法律意见书出具之日，上海傲英、上海鼎丰、上海汇旌与公司之间目前不存在估值调整及业绩补偿约定。

2. 回购条款

根据前述协议，公司在约定时间内未能向中国证监会申请首次公开发行股票并上市的，上海傲英、上海鼎丰、上海汇旌有权要求公司或原股东回购其所持公司股权。

2014年4月28日，原股东与上海傲英、上海鼎丰、上海汇旌及公司签署《关于增资协议之解除协议》，约定终止股权回购条款。截至本法律意见书出具之日，上海傲英、上海鼎丰、上海汇旌与公司之间目前不存在回购约定。

3. 反稀释条款

根据前述协议，除公司公开发行股票并上市及员工股权激励计划外，不得以低于上海傲英、上海鼎丰、上海汇旌出价或以不利于该三家投资方已接受的条款增资或发行新股，否则，投资出价或条款将进行相应调整。自2011年6月增资后，公司仅于2013年9月发生了一次增资，该次增资系对三家投资方业绩补偿，并未触发反稀释条款。2014年4月28日，原股东与上海傲英、上海鼎丰、上海汇旌及公司签署《关于增资协议之解除协议》，约定终止反稀释条款。截至本法律意见书出具之日，上海傲英、上海鼎丰、上海汇旌与公司之间目前不存在反稀释约定。

4. 其他特殊条款

经查，截至本法律意见书出具之日，上海傲英、上海鼎丰、上海汇旌与公司之间不存在其他对公司控制权、股权结构、公司治理、财务状况产生影响或潜在影响的特殊条款约定。

综上，上海傲英、上海鼎丰、上海汇旌与公司之间曾约定的特殊条款中，仅投资估值与业绩补偿条款被触发并履行完毕，但未对公司股权结构产生重大影响，未对控股股东控制权产生影响，未对公司经营财务状况产生影响。其他特殊条款已予以解除。截至本法律意见书出具之日，上海傲英、上海鼎丰、上海汇旌与公司之间不存在特殊条款约定。

案例080 增资以死亡股东名义提交虚假证明问题（陆海科技）

大连陆海科技股份有限公司（陆海科技430458）主要从事为特种船舶和商业船舶提供专用软件产品开发、船舶计算机信息系统集成、船舶通信导航系统集成和航运综合信息服务。公司挂牌前曾有一问题：增资时提交虚假证明文件，该如何处理？

解决思路及方案详解：

有限公司股东周玉钦于2007年3月3日死亡，2009年2月，公司因业务发展需要增资，在全体股东知悉并同意的情况下，由周晓东、周晓红各出资7.5万元，以二人父亲周玉钦的名义认缴新增的注册资本15万元，见“（二）有限公司第一次增资”。2011年4月13日，大连市工商行政管理局高新技术产业园区分局做出了“大工商园诫字〔2011〕第1号”《行政告诫书》，认定上述行为违反了《中华人民共和国公司登记管理条例》第二条第二款的有关规定，属于提交虚假证明文件或采取其他欺诈手段隐瞒重要事实取得公司登记行为。鉴于该违法情节轻微，决定对有限公司的上述违法行为免予行政处罚，予以行政告诫，要求有限公司纠正违法行为。

为纠正上述瑕疵，2011年4月1日，有限公司股东会做出决议，同意将原股东周玉钦（已死亡）名下有限公司20万元股权变更至实际持有人周晓东、周晓红名下，其中：①周玉钦生前持有的5万元股权，根据大连市公证处于2011年3月25日出具的“〔2011〕大证民字第11744号”《公证书》，周玉钦死亡后，其配偶焦美香放弃对周玉钦所持公司股权的继承权，同时自愿将上述股权中属于自己份额赠予子女周晓东、周晓红，故该部分股权归周晓东、周晓红各2.5万元；②2009年2月以周玉钦名义增资的15万元属于周晓东、周晓红各7.5万元。2011年4月1日，辽宁华夏律师事务所出具了《关于大连陆海科技有限公司临时股东会的法律意见书》（辽华律股见字〔2011〕001号），确认上述股东会决议的合法性。

案例081 股东未参与增资，存合法性质疑（东亚装饰）

青岛东亚装饰股份有限公司（东亚装饰430376）主要从事建筑装饰工程设计施工、建筑幕墙工程设计施工、建筑智能化工程、防腐保温工程、园林古建筑工程。公司挂牌前曾有一问题：原国资背景的股东青岛二建未参与公司的增资，是否涉及国有资产流失，是否合法合规？

解决思路及方案详解：

做详情说明并如实披露。内容：在东亚有限前述增资过程中，青岛二建当时正在进行改制（拟由全民所有制企业改制为内部职工控股的企业）并未参与此次增资。青岛二建的改制情况如下：

2006年4月6日，青岛市人民政府国有资产监督管理委员会出具《关于青岛市第二建筑工程公司国有净资产处置的批复》（青国资产权〔2006〕17号），原则同意青岛第二建筑工程公司虚增资本金3001万元进行账务调整，扣除国拨土地使用权934.05万元，非经营性资产2865.43万元，评估、审计等费用52万元后的国有净资产为－1374.22万元。同意国有净资产以零字处理给内部职工。

2006年6月14日，青岛市人民政府国有资产监督管理委员会出具《关于青岛市第二建筑工程公司改制设立青岛海川建设集团有限公司的批复》（青国资企改〔2006〕7号），同意对青岛市第二建筑工程公司改制设立青岛海川建设集团有限公司，青岛海川建设集团有限公司注册资本5000万元，首次出资2000万元，其中山东海蔚置业有限公司法人出资占15%，自然人出资占85%，原企业的资产、债务由改制后的企业承担，原则同意青岛海川建设集团有限公司章程（草案）。根据改制后签发的《青岛海川建设集团有限公司章程》，该公司改制后的名称为“青岛海川建设集团有限公司”，该公司的注册资本为5000万元，分三次注册，第一次为2000万元，其余注册资本在两年内全部到位，该公司的股东由一名社会法人（即山东海蔚置业有限公司，其出资占15%）和吴鑫等46名自然人（合计出资占85%）组成。

如前所述，在东亚有限前述增资过程中，青岛二建正在进行全民所有制改制并改制为由社会法人和内部职工持股的企业，由于青岛二建在改制过程中已经对其国有净资产进行了处置，根据青岛市人民政府国有资产监督管理委员会出具的《关于青岛市第二建筑工程公司国有净资产处置的批复》（青国资产权〔2006〕17 号），青岛二建改制后的国有净资产属于内部职工所有。因此，青岛二建改制后已不再是国有企业。因此，本次增资过程中，青岛二建没有参与增资，不涉及国有资产流失，且无须按照《企业国有资产评估管理暂行办法》的规定履行相应的评估程序。另外，根据东亚有限本次增资通过的股东会决议，青岛二建作为东亚有限的股东已经同意了此次增资方案，因此，青岛二建作为东亚有限的股东有权放弃本次增资，其放弃本次增资符合相关法律和公司章程的规定。

综上，在本次增资过程中，青岛二建正在进行改制（由全民所有制企业改制为由社会法人和内部职工持股的企业），且已经对青岛二建的国有净资产进行了合法的处置，改制后的青岛二建已不再是国有企业，因此，本次增资过程中，青岛二建没有参与增资，不涉及国有资产流失，无须按照《企业国有资产评估管理暂行办法》规定的履行相应的评估程序。另外，东亚有限此次增资已经履行了必要的内部审批程序，青岛二建作为东亚有限的股东已经同意了东亚有限此次增资方案，青岛二建放弃此次增资符合相关法律和公司章程的规定。

案例 082 减资增资办法及无形资产出资不实处理（金日创）

北京金日创科技股份有限公司（金日创 430247）主要经营应用软件服务，电气自动化控制设备及成套产品的开发、组装、设计、安装、调试，计算机系统服务，销售机械设备、电子产品，技术推广，技术服务。2011 年 11 月，公司股东付宏实、李喜钢、李皎峰以其拥有的知识产权——非专利技术“热电厂水处理控制系统”对公司进行增资，评估价值 500 万元。不过，该技术被认定为职务成果，为公司造成出资不实的问题，该如何处理？

解决思路：

（1）采用先减资后增资的方式，以现金形式对该无形资产出资进行置换补正；

（2）披露相关信息。

方案详解：

2011年11月，公司股东付宏实、李喜钢、李皎峰以其拥有的知识产权——非专利技术“热电厂水处理控制系统”对公司进行增资，并以该非专利技术截至评估基准日2011年11月15日的评估价值500万元作为出资金额。

此次股东用作增资的非专利技术存在可能被认定为职务成果的问题。由于投入该项非专利技术的股东付宏实为公司董事长兼总经理，股东李喜钢为公司董事，李皎峰为公司董事、副总经理，该项技术与公司主营业务具有较大相关性，因此存在该项技术被认定为上述股东在公司任职期间的职务成果、其权属属于公司造成出资不实的风险。因此，为彻底规范公司的历史出资、维护其他股东的利益，上述股东决定以现金形式对该无形资产出资进行置换补正，在法律程序上采用了先减资后增资的形式，具体程序如下：

（1）2012年6月8日，有限公司召开股东会，决议将公司注册资本由900万元减少至400万元，共减资500万元，减资部分均为股东的知识产权出资部分，其中：减少付宏实知识产权出资336.93万元，减少李喜钢知识产权出资128.07万元，减少李皎峰知识产权出资35万元。同时，股东会决议同意前述涉及减资的股东以等额的货币增加注册资本500万元，其中：付宏实以货币增资336.93万元，李喜钢以货币增资128.07万元，李皎峰以货币增资35万元。同意修改后的公司章程。

（2）2012年6月8日，北京百特会计师事务所就前述减资及增资事宜出具了“京百特验字〔2012〕R00418号”《验资报告》，经审验，截至2012年6月8日止，有限公司已收到付宏实、李喜钢、李皎峰缴纳的新增注册资本500万元，其中股东付宏实以货币出资人民币336.93万元，李喜钢以货币出资人民币128.07万元，李皎峰以货币出资人民币35万元。

（3）2012年6月13日，有限公司就此次减资事宜在《北京晨报》上进行了公告。

（4）2012年6月13日，北京市工商行政管理局就有限公司上述变更事宜换发了《企业法人营业执照》。根据该营业执照，有限公司的注册资本为900万元，实收资本为900万元。

根据2013年6月该非专利技术的相关出资人出具的《确认函》，减资完成后，非专利技术的所有权人付宏实、李喜钢和李皎峰均同意将无形资产无偿转让给公司，并由公司享有无形资产的所有权。

案例 083 先增资后减资，完成股权转让与操作（良才股份）

苏州良才物流科技股份有限公司（良才股份 430417）主要从事物流包装相关技术咨询及服务，并从事物流标准化、单元化包装制品的研制、生产和销售。公司挂牌前曾有一问题：公司以先增资后减资的方式完成股权转让款的交割，是否合法合规，是否存在潜在法律风险？

解决思路及方案详解：

对操作合法性进行分析，并如实披露。内容：针对本次股权转让，江苏天平会计师事务所出具编号为“天平会验字〔99〕第 215 号”的《验资报告》。根据此验资报告及工商银行苏州分行出具的《现金缴款单》，有限公司 1999 年 7 月 6 日收到马瑞云投资款 30 万元；根据有限公司《记账凭证》，有限公司 1999 年 7 月 6 日从实收资本科目清出王良才投入款 30 万元，将王良才退股款 30 万记入其他应付款科目。因此，王良才与马瑞云之间的股权转让款交割实际上是按照马瑞云以现金 30 万元增资于有限公司，同时有限公司将王良才所持有的 30 万元股权从公司注册资本中减去，即实际上履行的是增资同时减资的程序。

按照当时公司法的规定，公司减少注册资本应履行公告、编制资产清单以及通知债权人等程序。但是有限公司并没有实际减少其注册资本，仍以 50 万元注册资本对外承担责任。而且此次股权转让距今已时隔 13 年，相关权利人主张权利已超过诉讼时效。

主办券商认为，本次股权转让价款支付存在程序上的瑕疵，但并没有损害公司的利益，也没有实际减少公司的注册资本，转让方已实际获得受让方支付的转让价款，无潜在股权纠纷，不会对公司本次挂牌构成重大障碍。律师认为，有限公司以先增资后减资的方式完成股权转让款的交割并无潜在法律风险，不会对公司本次在全国股份转让系统挂牌并公开转让产生法律上的障碍。

案例084 非专利技术短期内出资又减资问题（恒信启华）

北京恒信启华信息技术股份有限公司（恒信启华430268）主要经营针对电力、能源、通信、制造等资产密集型行业内企业提供企业资产管理系统软件的实施及维护、扩展模块开发、相关软件产品销售等服务。

2012年5月，公司将注册资本由265.28万元增加至1005万元，新增注册资本的缴付，其中之一为原股东王福民、王鸥、夏敬东以共同拥有的非专利技术“企业项目管理与全面预算管控技术”入资185万元。但是，2012年9月，公司又将注册资本由1005万元减少至820万元，减资项目为2012年5月作价185万元出资的“企业项目管理与全面预算管控技术”。这里存在短期内非专利技术出资又减资问题，该怎么处理？

解决思路及方案详解：

2012年5月8日，有限公司股东会决议将有限公司注册资本由265.28万元增加至1005万元，新增注册资本739.72万元分两期缴付；首期以原股东王福民、王鸥、夏敬东共同拥有的非专利技术“企业项目管理与全面预算管控技术”入资185万元，其中：王福民以非专利技术出资74万元，王鸥以非专利技术出资55.5万元，夏敬东以非专利技术出资55.5万元。第二期需缴付出资554.72万元，其中：王福民、王鸥、夏敬东分别以货币资金认缴221.888万元、166.416万元、166.416万元。首期出资的非专利技术“企业项目管理与全面预算管控技术”市场价值已经北京东审资产评估有限责任公司出具（东评字〔2012〕第035号）《知识产权——非专利技术“企业项目管理与全面预算管控技术”资产评估报告》确认，北京东审鼎立国际会计师事务所有限责任公司出具了《知识产权——非专利技术“企业项目管理与全面预算管控技术”转移专项审计报告》（东鼎字〔2012〕05－234号），确认该非专利技术已转移至公司。

2012年9月21日，有限公司股东会做出决议注册资本由1005万元减少至820万元，减资项目为2012年5月作价185万元出资的“企业项目管理与全面预算管控技术”。王福民、王鸥、夏敬东分别减少知识产权出资74万元、55.5万元、55.5万元。北京东审鼎立国际会计师事务所有限责任公司出具“东鼎字〔2012〕第05－465号”《验资报告》对本次减资事项进行了审验。

2013 年 4 月 5 日，王福民、王鸥、夏敬东已与公司签订协议，将该技术以独占许可的方式永久无偿授予公司使用。

案例 085 公司减资的程序存在瑕疵，如何弥补（天羚绒业）

新疆天羚绒业科技股份有限公司（天羚绒业 832427）于 2015 年 5 月挂牌，公司主要从事羊毛、羊绒的购销、加工和加工品的销售。公司挂牌前曾有一问题：公司减资存在程序瑕疵，股权是否明晰，是否存在纠纷或潜在纠纷？

解决途径：

（1）核查公司减资相关的决议、章程修正案、减资工商变更登记、营业执照等情况。

（2）主要事实证据：①天羚畜产有限公司董事会决议、股东会决议、章程修正案；②减资公告、工商变更登记资料（包括资产负债表、财产清单）、营业执照。

（3）结合核查程序和取得的证据做出判断。

方案思路与详解：

《公司法》第一百七十七条规定："公司需要减少注册资本时，必须编制资产负债表及财产清单。公司应当自做出减少注册资本决议之日起十日内通知债权人，并于三十日内在报纸上公告。债权人自接到通知书之日起三十日内、未接到通知书的自公告之日起四十五日内，有权要求公司清偿债务或者圦供相应的担保。"

2007 年 5 月 1 日，天羚畜产公司召开股东会，全体股东一致决定减少公司注册资本 300 万元，由全部股东分别减少 75 万元出资额。减少天羚畜产工会出资 75 万元、减少新疆新合作控股（集团）有限责任公司（后变更名称为"供销集团公司"）出资 75 万元、减少新疆辰星日用杂品再生资源有限责任公司出资 75 万元、减少新疆棉花产业（集团）有限责任公司出资 75 万元。本次减资后的注册资本由 1300 万元减至 1000 万元，实收资本为 1000 万元。2007 年 5 月 29 日，新疆恒信有限责任会计师事务所出具"新恒信验字〔2007〕508 号"《新疆天羚畜产有限责任公司验资报告》验证，截至 2007 年

5月26日，公司已减少注册资本人民币300万元，公司实收资本为1000万元。天羚畜产公司就本次减少注册资本编制了资产负债表及财产清单。2007年3月16日天羚畜产公司就本次减少注册资本事宜在《乌鲁木齐晚报》发布减资公告。2007年6月4日申请了变更登记。

综上，公司本次减资已按照公司法规定编制资产负债表及财产清单，并通过股东会决议，修订了公司章程，发布了公告，工商行政管理部门在审查了上述减资的相关文件后，办理了工商变更登记。减资后，公司股权明晰，不存在纠纷或潜在纠纷。

案例086 国资出资后未获批，做减资操作（西部泰力）

成都西部泰力起重机股份有限公司（西部泰力430560）主要从事新型智能、节能环保起重机等机电一体化产品的开发设计、制造、销售和服务。公司挂牌前曾有一问题：国有资产出资后未获批，该怎样解决？

解决思路及方案详解：

做减资处理并如实披露详情。内容：有限公司第一次股权转让及第二次增资。2004年11月25日，有限公司召开股东会，同意原股东张彪将其持有的有限公司28%的股权全部转让给张睿；同意有限公司注册资本由300万元增加至1000万元，增资部分由成都泰格钢结构网架厂以货币形式出资700万元。上述股权转让各方当事人已于同日分别签署了《股权转让协议》。2004年12月2日，四川宏信会计师事务所有限公司就本次增资事宜出具了编号为“川宏信验字〔2004〕第048号”的《验资报告》。审验截至2004年12月1日，有限公司已收到成都泰格钢结构网架厂缴纳的新增注册资本合计人民币700万元，均为货币资金。

经核查，2004年11月30日，成都泰格钢结构网架厂将700万元货币资金汇入有限公司的验资账户并经会计师验证。由于成都泰格钢结构网架厂在向其主管部门就本次增资事宜办理备案手续时未获得其主管部门的同意，2004年12月3日，有限公司将700万元增资款及银行利息420元全部返还给成都泰格钢结构网架厂。虽然成都泰格钢结构网架厂已经收回了全部投资及利息，但有限公司并未办理工商变更登记手续，从工商登记来看，成都泰格钢结构网架厂仍登记为有限公司的股东。从实际参与经营管理的角度而言，成都泰格钢结构网架厂自收回全部投资后一直未参与过有限公司的任何经营管理活动，也没有作为名义股东真正履行过任何权利和义务。

泰格因为没有履行国有资产出资程序而收回对西部泰力有限的出资及利息，没有实际完成对西部泰力有限的出资，仅作为其名义股东，对其自始不享有权益或权利。为了解决泰格的股东资格问题，泰格自愿将登记在其名下的全部股权无偿转让给西部泰力有限当时的股东。转让完成后，泰格不再持有西部泰力有限的任何股份，与西部泰力有限其他股东之间也不存在股权纠纷及其他潜在纠纷。此次无偿转让仅是为了解决工商登记与实际情况不一致的情形。因泰格已收回全部资金及利息，本次无偿转让股权，不构成国有资产的流失。但公司没有及时减少注册资本的行为导致西部泰力有限此次增资行为存在瑕疵。

为了纠正前述增资瑕疵，2013 年 5 月，西部泰力有限将此次增资的 700 万元从注册资本中减去，相关减资程序已经履行完毕。2013 年 9 月 12 日，成都航利泰格钢结构有限责任公司（该公司系由泰格改制而来）出具《关于成都航利泰格钢结构有限责任公司增资成都西部泰力起重机有限公司有关事宜的确认意见》，对增资、收回投资及利息、未参与西部泰力有限的经营管理活动等事项进行了逐一确认。

综上，虽然历史上泰格公司的增资事项存在瑕疵，但公司已经通过减资程序将相关问题解决并取得了当地工商局出具的无违法违规证明，同时泰格公司出具了相关事项的确认函，公司的股权关系清晰，对公司本次挂牌不构成实质性障碍。

2007 年 5 月，为解决上述问题，成都泰格钢结构网架厂无偿将持有的有限公司的 70% 的股权全部转让给有限公司当时的股东赵全起和张睿为。为了避免出资不实，2013 年 5 月，有限公司决议将此次增资的 700 万元从注册资本中减去。2013 年 9 月 12 日，成都航利泰格钢结构有限责任公司（该公司系由成都泰格钢结构网架厂改制而来）出具《关于成都航利泰格钢结构有限责任公司增资成都西部泰力起重机有限公司有关事宜的确认意见》，对增资、收回投资及利息、未参与西部泰力有限的经营管理活动等事项进行了逐一确认。

案例 087 无形资产出资瑕疵与减资处理（奥尔斯）

北京奥尔斯科技股份有限公司（奥尔斯 430248）主要从事物联网教育

及行业应用领域产品的研发、销售及系统集成服务。公司原身有限公司设立时，股东以非专利技术“智能微电流传感器”出资未评估作价，该怎样处理？

解决思路及方案详解：

做减资处理并如实披露详情。内容：有限公司系由自然人李朱峰、赵振丰共同出资设立的有限责任公司，注册资本50.00万元，成立于2003年12月19日。2003年12月15日，北京驰创会计师事务所有限责任公司出具了“京创会字〔2003〕第2－Y3311号”《验资报告》，经审验，截至2003年12月15日，有限公司注册资本50.00万元已全部到位，其中李朱峰以货币资金出资6.40万元，以非专利技术“智能微电流传感器”出资25.60万元，出资额占公司注册资本64.00%；赵振丰以货币资金出资3.60万元，以非专利技术“智能微电流传感器”出资14.40万元，出资额占公司注册资本36.00%。

根据1999年修订的《公司法》规定：“股东可以用货币出资，也可以用实物、工业产权、非专利技术、土地使用权作价出资。对作为出资的实物、工业产权、非专利技术或者土地使用权，必须进行评估作价，核实财产，不得高估或者低估作价。土地使用权的评估作价，依照法律、行政法规的规定办理。”公司设立时的无形资产非专利技术未进行评估作价，存在出资瑕疵。该部分无形资产出资已经在2012年7月份进行了减资处理，出资瑕疵影响已经消除。

案例088 增资与外资变更一同办理，受程序质疑（麟龙股份）

沈阳麟龙科技股份有限公司（麟龙股份430515）主要从事辽宁省内经营第二类增值电信业务中的互联网信息服务及计算机软件制作及相关技术咨询和售后服务。2007年公司第一次增资时，其增资手续与外资变更为内资及股权转让变更登记手续一同办理，另未召开股东会或签署有关增资协议。问题：此等非规范程序是否合法，是否给公司和其他股东造成损失？

解决思路：

（1）增资股东做出声明；

（2）会计师对新增注册资本出具复核报告，且律师发表明确意见；

（3）增资股东做兜底承诺；

（4）详情如实披露。

方案详解：

2007年公司第一次增资时，有限公司尚未完成外资企业变更为内资企业的工商登记变更程序，其增资手续与外资变更为内资企业及股权转让变更登记手续一同办理。2007年有限公司第一次增资时，未召开股东会或签署有关增资协议，程序上存在不规范之处；此外，本次增资时，辽宁良华会计师事务所出具的“辽良验字〔2007〕第446号”验资报告存在询证回函银行与实际增资款汇存银行不一致、部分股东直接将增资款缴付给公司，以及出资人颜为民的款项由其他出资人贺伟代为汇入银行账户等不规范之处。

就上述事项，本次增资时的股东出具了《关于公司第一次增资的说明及承诺》朱荣晖、倪忠威及颜为民在有限公司由中外合资企业变更为内资企业并且股权转让完成后成为有限公司的实际股东，三人均在2007年增资时同意新股东向有限公司增资，并且所有新、老股东都在修改的新章程上签字确认各自的出资额与出资比例；此外，颜为民与贺伟共同出具了《出资情况说明》，确认颜为民委托贺伟代为汇入公司账户32万增资款，该32万元款项为颜为民所有。为此，利安达会计师事务所有限责任公司出具“利安达专字〔2012〕第A1129号”《复核报告》，并核实截至2007年9月25日，麟龙股份公司已收到股东缴纳的新增注册资本（实收资本）合计人民币1500000元。本次增资时的股东也出具了《关于公司第一次增资的说明及承诺》，承诺若因本次增资事项而给有限公司造成任何损失，由增资的股东赔偿公司的所有损失。

公司律师认为，对于本次增资事项，虽存在上述瑕疵，但鉴于有限公司确已收到增资款项，且利安达会计师事务所有限责任公司“〔2012〕第A1129号”《验资复核报告》对之进行了审验，有限公司完成了登记备案手续并通过了历年年检，因此并不影响本次增资的效力。

案例089 无形资产出资，做先减资再现金增资的操作（金日创）

北京金日创科技股份有限公司（金日创430247）主要从事提供高性能的工业自动化控制系统和配套产品，以及完整的工业自动化解决方案。公司挂牌前曾有一问题：2011年11月，公司股东付宏实、李喜钢、李皎峰以其拥有的知识产权——非专利技术“热电厂水处理控制系统”对公司进行增资，但此技术存在可能被认定为职务成果的问题，该怎样处理？

解决思路及方案详解：

2011年11月，公司股东付宏实、李喜钢、李皎峰以其拥有的知识产权——非专利技术“热电厂水处理控制系统”对公司进行增资，并以该非专利技术截至评估基准日2011年11月15日的评估价值500万元作为出资金额。此次股东用作增资的非专利技术存在可能被认定为职务成果的问题。由于投入该项非专利技术的股东付宏实为公司董事长兼总经理，股东李喜钢为公司董事，李皎峰为公司董事、副总经理，该项技术与公司主营业务具有较大相关性，因此存在该项技术被认定为上述股东在公司任职期间的职务成果、其权属属于公司从而造成出资不实的风险。因此，为彻底规范公司的历史出资、维护其他股东的利益，上述股东决定以现金形式对该无形资产出资进行置换补正，在法律程序上采用了先减资后增资的形式，具体程序如下：

（1）2012年6月8日，有限公司召开股东会，决议将公司注册资本由900万元减少至400万元，共减资500万元，减资部分均为股东的知识产权出资部分，其中：减少付宏实知识产权出资336.93万元，减少李喜钢知识产权出资128.07万元，减少李皎峰知识产权出资35万元。同时，股东会决议同意前述涉及减资的股东以等额的货币增加注册资本500万元，其中：付宏实以货币增资336.93万元，李喜钢以货币增资128.07万元，李皎峰以货币增资35万元。同意修改后的公司章程。

（2）2012年6月8日，北京百特会计师事务所就前述减资及增资事宜出具了“京百特验字〔2012〕R00418号”《验资报告》，经审验，截至2012年6月8日止，有限公司已收到付宏实、李喜钢、李皎峰缴纳的新增注册资本500万元，其中股东付宏实以货币出资人民币336.93万元，李喜钢以货币出资人民币128.07万元，李皎峰以货币出资人民币35万元。

（3）2012年6月13日，有限公司就此次减资事宜在《北京晨报》上进行了公告。

（4）2012年6月13日，北京市工商行政管理局就有限公司上述变更事宜换发了《企业法人营业执照》。根据该营业执照，有限公司的注册资本为900

万元，实收资本为900万元。

根据2013年6月该非专利技术的相关出资人出具的《确认函》，减资完成后，非专利技术的所有权人付宏实、李喜钢和李皎峰均同意将无形资产无偿转让给公司，并由公司享有无形资产的所有权。

案例090 增资前的评估未核查，如何解决（佳先股份）

安徽佳先功能助剂股份有限公司（佳先股份430489）主要从事化工产品（二苯甲酰甲烷、硬酯酰苯甲酰甲烷、融雪剂）的生产、销售，自营上述产品的出口业务。公司整体变更时未履行国有资产评估结果核准程序，该怎么处理？公司非国有股东向公司增资前未进行评估事项的合法合规性核查，该怎么办？

解决思路：

（1）说明本次增资价格的具体依据；

（2）阐明本次增资比例的具体依据；

（3）列示相关地方性法规及主管部门等的批复或依据，并表述增资经过及详情；

（4）如实披露。

方案详解：

1. 2009年公司向管理层、技术骨干增资时的资产评估具体情况

根据蚌埠市国资委于2009年11月批准的《安徽佳先功能助剂股份有限公司向管理层和技术骨干、蚌埠投资集团有限公司定向增发股权的方案》，公司拟以2009年11月10日为资产评估基准日，以经评估后的价格为依据确定增发价格。在本次增资实施过程中，鉴于前述评估基准日与公司整体变更评估基准日相同，佳先助剂采用了鑫诚评估所于2009年11月24日出具的《蚌埠佳先化工有限公司拟变更为股份有限公司资产评估报告》（鑫诚评报字〔2009〕第11号）评估结果作为本次增发的依据（具体评估结果详见本补充法律意见书关于“重点问题2”的答复相关内容），蚌埠市国资委也于2009年12月29日以《关于核准安徽佳先功能助剂股份有限公司向管理层和技术骨干、蚌埠投资集团有限公司定向增发股权整体资产评估项目的批复》（蚌国

资委〔2009〕65号）核准前述评估结果，并同意用于佳先助剂本次增资。

2. 本次增资价格的具体依据

本次增资价格系以鑫诚评估所2009年11月24日《蚌埠佳先化工有限公司拟变更为股份有限公司资产评估报告》（鑫诚评报字〔2009〕第11号）评估结果为依据予以确定。根据前述评估报告，截至2009年11月10日公司净资产为2420.30万元。据此，公司每股净资产为1.898元，故本次增资价格确定为1.9元/股。

3. 本次增资比例的具体依据

经核查，本次增资比例的具体依据如下：

（1）2009年11月27日，蚌埠市国资委下发《关于安徽佳先功能助剂股份有限公司向管理层和技术骨干、蚌埠投资集团有限公司定向增发股权方案的批复》（蚌国资委〔2009〕64号），批准了《安徽佳先功能助剂股份有限公司向管理层和技术骨干、蚌埠投资集团有限公司定向增发股权的方案》。

依据前述批复和方案，公司为引入蚌埠投资集团为保荐人和做市商，激励公司员工，以增发方式引入蚌埠投资集团和公司管理层、技术骨干，公司新增注册资本245万元，由蚌埠投资集团认购45.6万股，公司管理层、技术骨干认购199.4万股。增资完成后，公司股本由1275万股扩股至1520万股（注册资本由1275万元增至1520万元），其中：蚌埠能源集团持有1000万股，占65.79%；中城创投持有275万股，占18.09%；蚌埠投资集团持有45.6万股，占3.00%；公司管理层和技术骨干持有199.4万股，占13.12%。

（2）2009年12月15日，佳先助剂召开2009年度第二次临时股东大会，同意公司本次增资、签订增资扩股协议书及修改公司章程等事宜。同日，蚌埠能源集团、中城创投、蚌埠投资集团及黄先胜等68名公司管理层和技术骨干人员签订了《安徽佳先功能助剂股份有限公司增资扩股协议书》。根据前述股东大会决议及增资扩股协议书，蚌埠投资集团、68名管理层和技术骨干均按1.9元/股的价格认购本次新增股份，其中：蚌埠投资集团认购45.6万股，占增资后公司总股本的3.00%；68名公司管理层和技术骨干人员具体认购股份数量、比例情况……（略）

4. 非国有股东向公司增资前未进行评估事项的合法合规性

基于上述事实，认为，在本次增资时，虽然佳先助剂未另行聘请资产评估机构进行评估，但公司本次增资是采用评估基准日相同并在评估结论使用有效期内的《蚌埠佳先化工有限公司拟变更为股份有限公司资产评估报告》（鑫诚评报字〔2009〕第11号）的评估结果作为确定增资价格的依据，且蚌埠市国资委同意前述评估结果用于本次增资。因此，佳先助剂本次增资行为合法有效。

案例091 大股东以公司代垫款的土地增资的问题（固安信通）

固安信通信号技术股份有限公司（固安信通430621）专业从事铁路信号系统装备的研发、生产、销售、技术咨询与服务。2010年5月20日，公司股东邸志军以货币资金630.00万元、土地使用权820.00万元对公司增资，其中，出资的土地在当初取得时的款项是由公司垫付的。问题：该增资事项是否合法，是否损害公司及其他股东的利益？

解决思路：

（1）土地出资的股东归还公司之前代付土地转让款及相应利息；

（2）全体股东确认对增资无异议；

（3）大股东承诺承担未来或将由该事项引发的全部相关责任；

（4）详情如实披露。

方案详解：

根据2010年5月20日股东会决议，股东赵连凤将其持有的22万元出资以1元/每注册资本的价格转让给邸志军，同时邸志军以货币资金630.00万元、土地使用权820.00万元对公司增资，固安信通有限注册资本增加1450.00万元至2550.00万元。为扩大公司注册资本规模、健全公司资产体系，邸志军作为公司的实际控制人，考虑以公司使用的在其名下的土地使用权对公司增资。该土地使用权取得方式为：2006年9月，邸志军与固安县固安镇工业园区负责土地使用权转让业务的北京奥科泰丰机械设备有限公司固安企业孵化基地签署《转让协议》，将面积为25477.30平方米（合38.22亩）的土地使用权转让给邸志军。

2009年12月15日，邸志军获“发国用〔2009〕第040316号”土地使用权证，土地面积为25477.3平方米（合38.22亩），土地使用权人为邸志军，使用权类型为出让。经协商，该宗土地使用权转让价款374.56万元由固安信通有限代为支付，2006年12月22日固安信通有限支付首笔代付款项（50.00万元），2007年9月24日以后分笔代付余下款项。邸志军占用该笔款项时没有与固安信通有限签署相关协议，没有约定利息。邸志军于2011年12月29日向固安信通有限归还本金，没有支付利息。该事项已经2010年5月20日固安信通有限股东会审议通过，并于2013年9月30日由公司全体39名股东再次予以确认，对该次增资无异议，邸志军与全体股东之间不存在关于该次增资的权属争议和纠纷。邸志军承诺如因上述事项给公司造成损失，其本人将承担全部相关责任，避免公司因此遭受任何经济损失。邸志军承诺，除了2010年土地增资事宜存在占用公司资金的情况之外，不存在其他未了结的非经营性资金占用情形。股份公司成立后，邸志军承诺不以各种形式占用或转移公司的资金、资产及其他资源。

针对邸志军资金占用事宜，公司与邸志军于2013年10月22日签订《关于支付利息的协议》，参考央行同期贷款利率，邸志军应归还公司100.27万元的利息；鉴于公司尚应支付邸志军股权转让款和借款共计859.32万元，双方同意用该笔利息予以冲抵公司应付邸志军的款项。股份制公司成立后，公司将严格执行《公司章程》和《关联交易决策制度》等制度，以保证公司与控股股东的独立性。

案例092 短期内非专利技术出资又减资问题（恒信启华）

北京恒信启华信息技术股份有限公司（恒信启华430268）主要从事提供企业资产管理系统（EAM）软件的实施、维护、软件开发服务以及EAM相关软硬件产品的销售。公司挂牌前曾有一问题：短期内，公司非专利技术出资又减资是否对公司挂牌构成实质性影响？

解决思路及方案详解：

做合理解释并如实披露信息。内容为：2012年5月8日，有限公司股东会决议将有限公司注册资本由265.28万元增加至1005万元，新增注册资本739.72万元分两期缴付。首期以原股东王福民、王鸥、夏敬东共同拥有的非专利技术“企业项目管理与全面预算管控技术”入资 185 万元，其中：王福民以非专利技术出资 74 万元；王鸥以非专利技术出资 55.5 万元；夏敬东以非专利技术出资 55.5 万元。第二期需缴付出资 554.72 万元，其中：王福民、王鸥、夏敬东分别以货币资金认缴 221.888 万元、166.416 万元、166.416 万元。首期出资的非专利技术“企业项目管理与全面预算管控技术”市场价值已经北京东审资产评估有限责任公司出具《知识产权——非专利技术“企业项目管理与全面预算管控技术”资产评估报告》（东评字〔2012〕第 035 号）确认，北京东审鼎立国际会计师事务所有限责任公司出具了《知识产权——非专利技术“企业项目管理与全面预算管控技术”转移专项审计报告》（东鼎字〔2012〕第 05－234 号），确认该非专利技术已转移至公司。

2012 年 9 月 21 日，有限公司股东会做出决议注册资本由 1005 万元减少至 820 万元，减资项目为 2012 年 5 月作价 185 万元出资的“企业项目管理与全面预算管控技术”。王福民、王鸥、夏敬东分别减少知识产权出资 74 万元、55.5 万元、55.5 万元。北京东审鼎立国际会计师事务所有限责任公司出具“东鼎字〔2012〕第 05－465 号”《验资报告》对本次减资事项进行了审验。2013 年 4 月 5 日，王福民、王鸥、夏敬东已与公司签订协议，将该技术以独占许可的方式永久无偿授予公司使用。

案例 093 股东以公司名下的资产出资，如何处理（恒锐科技）

大连恒锐科技股份有限公司（恒锐科技 430453）主要从事公安系统刑侦系列产品的研发、生产、销售及相关技术服务。2005 年 6 月，公司原身有限公司设立时，股东用于出资的实物资产（办公楼）产权系公司所有，不符合《公司法》的规定，是否对公司挂牌构成实质性影响？

解决思路及方案详解：

做减资处理并如实披露信息。内容为：有限公司注册资本及实收资本由 1200 万元减为 400 万元，减资部分 800 万元包括 65 万元的货币出资及 735 万元的实物出资。本次减少的注册资本由大连海事大学减少实物出资 20 万元，毕胜减少实物出资 30 万元，那永杰减少实物出资 282 万元、货币出资 22 万元，王发海减少实物出资 403 万元、货币出资 43 万元。有限公司依法编制了资产负债表及财产清单，并在《半岛晨报》2007 年 7 月 27 日 B14 版就本次减资做出公告。

2007年9月20日，大连三迈联合会计师事务所对2007年8月31日的资产负债表、2007年1月至8月31日的利润表及财务报表附注进行了审计，并出具“三迈审字〔2007〕第113号”《审计报告》。2007年9月15日，有限公司全体股东签署《大连恒锐图像技术有限公司债务清偿情况说明》，承诺此次减资业经所有债权人同意，全体股东并承诺于2008年12月31日前偿清上述债务，并以减资前认缴的出资额为限对公司债务承担责任。2007年9月22日，大连三迈联合会计师事务所出具“三迈验字〔2007〕第040号”《验资报告》，审验了有限公司减少注册资本及实收资本情况。

有限公司修改了章程，并于2007年7月26日办理了工商变更登记手续。鉴于2005年6月，股东用于出资实物资产（办公楼）产权系公司所有，股东以公司资产出资，不符合《公司法》的规定，其出资行为存在瑕疵，经公司全体股东自查，全体股东决议同意减少800万注册资本（包括65万元货币出资及735万实物出资）。同时于2007年7月，刊登了减资公告，做出承诺：此次减资业经所有债权人同意，全体股东并承诺于2008年12月31日前偿清上述债务，以减资前认缴的出资额为限对公司债务承担责任，纠正了前述出资不规范的行为。同时于2007年7月26日，完成减少注册资本的工商变更登记手续。

案例094 货币出资不实转换成非专利技术出资（威控科技）

北京威控科技股份有限公司（威控科技430292）主要从事智能控制器的研发、生产和销售。公司挂牌前曾有一问题：公司将未缴付的160万元货币出资转换成非专利技术出资，是否合法，是否对公司构成挂牌构成实质性影响?

解决思路及方案详解:

做减资处理并如实披露信息。内容为:

有限公司第一次增资第二期出资（2008年9月16日）。2008年8月10日，有限公司召开股东会并决议同意：王涛、李建明、胡宇滢将未缴付的160万元货币出资变更为知识产权——非专利技术“酒店客房弱电节能控制管理系统技术”出资。该技术经北京中诚铭资产评估有限责任公司出具“中诚铭评报字〔2008〕第01－095号”资产评估报告书确定其评估价值为人民币160万元，其中：王涛拥有该知识产权的39%，即人民币62.40万元；李建明拥有该知识产权的32%，即人民币51.20万元；胡字滢拥有该知识产权的29%，即人民币46.40万元。王涛、李建明、胡字滢三人作为技术共有人，签署了《知识产权——非专利技术“酒店客房弱电节能控制管理系统技术”分割协议书》。2008年7月28日，三位出资人分别与公司签订“财产转移协议书”，将共同拥有的知识产权——非专利技术“酒店客房弱电节能控制管理系统技术”转移至有限公司，完成了相应转移手续。本次转移由北京中诚恒平会计师事务所有限公司出具“中诚恒平审字〔2008〕第02－093号”审计报告审验确认。三位出资人以各自在上述非专利技术中所占比例缴纳第二期出资，本次出资由北京中诚恒平会计师事务所有限公司出具“中诚恒平〔2008〕验字第0475号”验资报告审验确认。2008年9月16日，北京工商行政管理局海淀分局核准了上述变更登记事项。本次增资后，公司股权结构如下：

股东名称	增资前		增资后	
	出资金额（万元）	出资比例（%）	出资金额（万元）	出资比例（%）
王涛	54.60	39.00	117.00	39.00
李建明	44.80	32.00	96.00	32.00
胡字滢	40.60	29.00	87.00	29.00
合计	140.00	100.00	300.00	100.00

有限公司第一次减资（2012年4月27日）。2012年3月5日，有限公司召开股东会并决议同意：定向减少王涛、李建明、胡字滢以两项非专利技术“带TCP/IP协议栈的IP－Modem技术”、“酒店客房弱电节能控制管理系统技术”作价的210万元知识产权出资，将注册资本减少至90万元。2012年3月8日，公司在《法制晚报》上刊登了减资公告，并同时向主要债权人送达了减资通知。2012年4月24日，北京兴华会计师事务所有限责任公司出具了“〔2012〕京会兴验字第04010066号”验资报告，验证截至2012年4月24日，公司减少注册资本（实收资本）人民币210万元，注册资本（实收资本）变更为人民币90万元。2012年4月27日，北京工商行政管理局海淀分局核准了上述变更登记事项。

案例095 增资同次不同价及其真实、合法与有效性质疑（新网程）

上海新网程信息技术股份有限公司（新网程430269）主要从事研发、生产、销售与互联网数据采集、分析、控制、管理技术相关的产品，并提供相关技术服务。公司挂牌前曾有一问题：同一次增资出现不同价格，是否真实、有效和合法合规，该如何处理？

解决思路：

（1）详细阐明造成差异的原因；

（2）增资方签署书面确认书；

（3）详情如实披露。

方案详解：

2011年3月16日，有限公司召开股东会，全体股东一致同意有限公司注册资本增加至566.67万元，新增注册资本由新股东徐巧林与原股东李勤以货币形式认缴，增资总额128.335万元，其中56.67万元计入注册资本，71.665万元计入资本公积。本次增资引入的新股东与原股东之间不存在关联关系。本次增资募集的资金主要用于公司日常生产经营。本次增资情况具体如下表：

序号	增资人	增资总额（万元）	认缴出资额（万元）	增资价格（元/出资）	增资方式
1	徐巧林	100.000	28.335	3.52	货币
2	李勤	28.335	28335	1.00	货币
合计		128.335	56.670	—	—

注：①本次增资出现不同价格的主要原因是徐巧林为新加入投资者，而李勤为公司原股东；②本次增资中，徐巧林的价格参考了有限公司2010年12月31日的净资产5481681.80元；③2012年11月，本次增资中的股东徐巧林、李勤签署书面确认书，确认并承诺："经有限公司（以下简称'公司'）详细告知并经本人充分详尽调查，本人确认，本人知晓上述股权转让价格存在差异，并予以接受，不存在任何异议，上述股权转让的程序及结果真实、合法、有效。"

案例096 出资逾期未认缴与出资不实嫌疑（淘礼网）

北京淘礼网科技股份有限公司（淘礼网430298）主要从事销售酒、定型包装食品、零食卷烟、雪茄烟、信息服务业务、销售保健食品等。公司原身有限公司第二期出资应于2008年11月11日前缴纳，但是股东未按时缴纳，该怎么办?

解决思路及方案详解：

做减资处理。主办券商、律师发表意见并如实披露信息，内容为：2007年12月公司第一次增资，约定分期缴纳认缴的注册资金，第二期出资应于2008年11月11日前缴纳。因业务发展规划发生变动，公司股东未于2008年11月11日前认缴余下出资，并随后于2008年12月1日做出股东会决议进行减资。履行相关减资程序后，经北京市工商行政管理局朝阳分局核准，公司的注册资本由1000万元变更为200万元。

律师事务所认为："公司股东高翔、高颖未按时于2008年11月11日前缴纳2007年有限公司第一次增资时认缴的全部出资，存在出资瑕疵情形，但随后公司于2008年12月1日做出股东会决议进行减资，该注册资本的变更获取了北京市工商行政管理局朝阳分局核准。公司未因该出资瑕疵受到工商行政主管部门的处罚，且该出资瑕疵情况已经超过了行政处罚期限，公司不存在因该出资瑕疵而受到行政处罚的风险，也不存在因未按时履行出资义务向其他股东承担违约责任等纠纷。"

主办券商经核查并认为：公司股东未按时认缴余下出资，其出资存在瑕疵，但公司立即采取了措施予以减资，并获取了工商行政主管部门的核准。当时工商行政主管部门未就该出资瑕疵对公司处罚，截至2010年11月12日，该出资瑕疵情况已经超过了行政处罚期限，公司不会再有因该出资瑕疵而受到行政处罚的风险。此外，公司两位股东当时均未认缴余下出资，亦不存在因未按时履行出资义务向其他股东承担违约责任等纠纷。

因此，该出资瑕疵不会导致公司存在被处罚风险，也不会因此导致法律纠纷，该出资瑕疵不构成挂牌障碍。

CHAPTER6
第六章

债券、货币出资与公积金、利润等的转增及其他

本章要领 18 大案例及 22 种常规、典型实务问题及其解决思路

◎本章将解决的 22 种实战问题

①债权转股权未经评估；②债转股不合规现金置换；③可债转股计入资本公积然后再转增股本；④多次以债增资的真实性质疑及法律障碍；⑤债权出资占公司注册资本的比例；⑥债务出资权属或存争议；⑦可转股债权的投资；⑧ 0 元出资或存合法合规性质疑；⑨资本公积转增股本方式出资；⑩盈余公积转增股本；⑪存货与固定资产评估增值形成资本公积，进行增资；⑫净资产存在虚增，以货币补足出资；⑬股东借款予公司后以债权增资；⑭货币出资以银行证明验资；⑮注册资本分三期缴纳或存合法质疑；⑯外币债权转实收资本；⑰未分配利润转增资本；⑱增资未按原始持股比例；⑲股东出资比例与持股比例不一致；⑳出资未足额缴纳；㉑股东拆借给公司资金债权并以此出资，真实性存疑；㉒公司债权转股的合规性质疑，或影响公司实收资本。

◎典型问题及一般性解决思路

1. 债权出资及其有效性认定

《公司法》规定股东可以用货币出资，也可以用实物、知识产权、土地使用权等可以用货币估价并可以依法转让的非货币财产作价出资。也就是说，法律并未对债权出资进行禁止性规定。从实际情况来看，对于一般企业的债权转股权，只要是债权真实、程序合法，无论工商部门还是证券监管部门也都是认可的。债权出资是指投资人以其对公司的债权向公司出资，抵缴股款。

新三板挂牌公司一般规模较小，设立之初往往由实际控制人以自有资金借给公司，用以补充流动性或其他正常经营的用途，这便涉及债权出资的有效性认定问题。

本类问题的常规解决思路：

（1）债权出资是否以公司经营发展为目的，债权出资的资金来源是否合法且自有；

（2）债权出资是否真实，债权转股权的作价金额并未高于债权的账面值，并已取得了相关验资报告；

（3）债权出资股东是否出具承担相关责任、不损害其他股东或第三方利益的承诺；

（4）工商行政管理机关是否已进行了相关变更登记，并未提出异议；

（5）中介机构就以上内容发表明确意见，律师出具证明“债权出资真实性和合法性”的法律意见。

2. 公积金转增股本的确认

本类问题的常规解决思路：

公积包括资本公积和盈余公积。

（1）股东会做出决议；

（2）对增资标的进行评估作价（2014 年 3 月《公司法》修订前还需要《验资报告》验资）；

（3）涉及以债权、存货、固定资产评估增值形成资本公积进行增资的，必须做到或说明资本公积转增注册资本的部分已通过存货销售及固定资产折旧方式实现；

（4）如有未经评估的债转股增资，则要通过现金置换解决；

（5）工商行政管理部门出具增资确认函；

（6）实际控制人出具责任承诺；

（7）中介机构发表明确意见，详细披露事项及过程。

3. 未分配利润转增资本的确认

本类问题的常规解决思路：

（1）股东会做出决议；

（2）评估作价（2014 年 3 月《公司法》修订前需要《验资报告》

验资)；

（3）工商行政管理部门出具增资确认函；

（4）公司就本次变更是否办理了工商变更登记，并取得了变更后的《企业法人营业执照》；

（5）中介机构发表明确意见等。

4. **股权出资确认的问题**

鉴于新三板挂牌企业特征，股权出资的情况比较少。这里略作探讨。公司股东以股权出资，需要注意：

（1）以其持有的股权（在其公司内占控股地位的股权）出资设立公司，但是用以出资的股权应不存在权利瑕疵及潜在纠纷。

（2）出资的股权应当是其能够控制的，而且被出资或设立的公司的业务基本一致；关联的并不适合进行出资。

（3）该出资的股权必须是在工商行政管理部门进行过登记与备案的。

（4）股东以其持有的股权作为出资，需要按照《公司法》的规定办理股权转让手续。

案例097 债权转股权未经评估，如何解决（帝信通信）

沈阳帝信通信股份有限公司（帝信通信430408）主要从事研发、集成、销售电力调度通信设备，面向电力行业提供专网调度解决方案。2002年7月9日，公司原身有限公司名称变更时，股东刘文祥以债转股方式增资250万元。问题：此次债券转股权未经评估，是否对本次公司挂牌新三板转让构成实质性的障碍？

解决思路：

（1）列示相关法规及核查经过情况；

（2）全额现金置换；

（3）控股股东、实际控制人出具“如因该瑕疵给公司造成损失，将承担相应责任并个人补偿”的书面承诺；

（4）如实披露详情。

方案详解：

2002年7月9日，有限公司召开股东会，全体股东一致同意：有限公司名称由“沈阳市帝信通信电子工程有限责任公司”变更为“沈阳帝信通信电子工程有限公司”；股东刘文祥以债转股方式增资 250 万元，增资后公司注册资本变更为 300 万元；刘文祥向其妻闫冰无偿转让 50 万元出资额，陈德凤向其女儿闫冰无偿转让 10 万元出资额。

经核查，本次股东刘文祥以债权增资 250 万元的出资方式存在瑕疵，但对本次挂牌转让不构成实质性障碍。根据《中华人民共和国公司法》（1999—2004 年）第二十四条规定，债权不是当时法律明确规定的出资方式，但股东刘文祥用于转股的债权是因补充有限公司流动资金而形成，借款方式为货币，债权关系明确。刘文祥与有限公司虽未签订借款协议，但是根据该借款资金划转的财务凭证，且经财务负责人确认，债权转为股权通过了股东会审议，债权关系真实、合法、有效，且该次增资办理了验资手续，并在工商部门办理注册资本变更登记。该瑕疵未影响到有限公司存续的合法性、有效性，未影响到公司资本的充实，股东之间亦不存在任何纠纷。

此外，根据最高人民法院《关于审理与企业改制相关的民事纠纷案件若干问题的规定（法释〔2003〕1 号)》规定：“在以下两种情况下认定债权出资有效：债权人与债务人自愿达成债权转股权协议，且不违反法律和行政法规强制性规定的，应当确认债权转股权协议有效。因此，在一般情况下发起人不得单纯以其对第三人的债权出资，即发起人不得以对拟设立公司以外的债权出资。”公司本次债权转股权系债权人刘文祥与债务人帝信有限自愿达成债权转股权协议，且不违反法律和行政法规强制性规定；并且用于转股权的债权系股东刘文祥对帝信有限的债权，并非对第三人的债权，符合上述规定。

另外，根据刘文祥与公司签订的《协议书》中做出的承诺，以及《沈阳帝信通信股份有限公司 2013 年度第二次临时股东大会》决议，刘文祥于 2013 年 10 月 22 日以现金 250 万元存入公司账户，以消除该股东于 2002 年 7 月以债权 250 万元转股权未经评估的瑕疵。

公司已于 2013 年 10 月 22 日收到上述 250 万元款项，根据上述情形，公司认为刘文祥已履行《协议书》中有关其承诺以现金 250 万元补至公司以消除该股东于 2002 年 7 月以债券转股权未经评估的瑕疵。因此，该瑕疵对本次挂牌转让不构成实质性障碍。控股股东、实际控制人刘文祥已出具书面承诺：

“如因该瑕疵给帝信通信造成损失的，将由本人承担相应责任并以个人资产补偿公司损失。”

案例098 4次以债增资及其真实性质疑（海红技术）

兰州海红技术股份有限公司（海红技术430553）主营业务为提供智能通信配电整体解决方案及相关产品的研发、生产、销售及售后技术服务等。公司原身有限公司从2004年1月至2008年2月四次增资，都出现股东曹振海以债权出资的情况。

问题一：债权出资占公司注册资本的比例是否符合法律规定?

问题二：股东以债权出资是否违反法律、法规及规范性文件的强制性规定?

问题三：这些债权出资的真实性如何?

解决思路：

（1）列示每次债权转股出资及履行程序的详细情况，并说明原因；

（2）债权出资股东出具相关说明及承诺；

（3）律师通过法律意见证明债权出资真实性及合法性；

（4）如实披露。

方案详解：

1. 律师补充法律意见

（1）有限公司的第一次增资。2004年1月20日，有限公司召开股东会，全体股东同意将海红通信注册资本由31万元增加至260万元，其中：原股东曹振海以货币出资118万元，以短期借款转增资本50万元，合计出资168万元；新股东曹振军以其他应付款转增资本61万元。2004年3月1日，兰州同仁会计师事务有限责任公司出具“兰同会验〔2004〕第005号”《验资报告》，该报告审验确认：截至2004年2月28日，曹振海缴纳出资168万元，其中：货币资金118万元，已于2004年2月16日、2月26日分两次缴存于中国农业银行兰州市磨沟沿分理处海红通信账户（账户号：015601040002303），债权转增50万元（“短期借款—曹振海户”余额转增）；曹振军缴纳61万元（“其他应付款—曹振军户”余额转增）；变更后的累计注册资本实收金额为 260 万元。

（2）有限公司第二次增资。2006 年 3 月 18 日，股东桂文明、曹振海、曹振军召开股东会，同意：将海红通信注册资本由 260 万元增加至 390 万元，新增 130 万元由曹振海认缴 108 万元、曹振军认缴 22 万元。2006 年 4 月 10 日，兰州同仁会计师事务所有限责任公司出具“兰同会验〔2006〕第 009 号”《验资报告》确认：经审验，截至 2006 年 4 月 9 日止，有限公司已收到曹振海、曹振军缴纳的注册资本 130 万元，其中：曹振海以货币方式出资的 70.50 万元，已于 2006 年 4 月 9 日缴存于中国农业银行兰州市磨沟沿分理处海红通信账户（账号：27－015601040002303），以“其他应付款”转股 37.50 万元；曹振军以“其他应付款”转股 22 万元。

（3）有限公司第三次增资。2007 年 4 月 2 日，有限公司召开股东会，全体股东决议：将“其他应付款—曹振海”余额 410 万元转增为注册资本，转增后海红通信注册资本由原 390 万元变更至 800 万元。2007 年 4 月 8 日，兰州同仁会计师事务所有限责任公司出具“兰同验（2007）第 005 号”《验资报告》确认：截至 2007 年 4 月 2 日止，有限公司已收到股东曹振海认缴的新增注册资本 410 万元，出资方式为债权转增注册资本。

（4）有限公司第四次增资。2008 年 2 月 1 日，海红通信股东会做出决议：将注册资本增加至 1300 万元，新增 500 万元由股东曹振海认缴。2008 年 2 月 22 日，甘肃新同仁会计师事务所出具“甘新同验〔2008〕第 006 号”《验资报告》，报告称：截至 2008 年 2 月 1 日止，公司已以股东曹振海拥有的债权转增注册资本 500 万元。2008 年 6 月 11 日，海红通信做出股东会决议：同意将注册资本由 1300 万元增加至 1800 万元；新增注册资本 500 万元由股东曹振海认缴。2008 年 6 月 18 日，甘肃新同仁会计师事务所出具“甘新同验〔2008〕第 023 号”《验资报告》，该报告《附件 3：验资事项说明》确认：曹振海于 2008 年 1 月至 3 月分 8 次合计将 106 万元缴存海红通信在中国农业银行磨沟沿分理处开立的账户 015601040002303 内、于 2008 年 3 月至 6 月分 28 次合计将 394 万元缴存海红通信在兰州市商业银行开发区支行开立的账户 7028273309912012 内，以上款项入账后全部记录在“其他应付款”中，于 2008 年 6 月 12 日转增实收资本（转账凭证号为转 0059 号）。

2. 股东关于债权出资的说明和承诺

涉及以债权出资的公司股东曹振海、曹振军于2013年10月20日出具《关于债权出资的说明和承诺》，承诺如下：

（1）股东系以支持公司经营发展为目的，自公司设立至公司改制为股份有限公司期间，采取借款、垫付款项等方式向公司提供资金；

（2）股东向公司提供的资金来源合法，为其自有资金，不存在任何权利负担或可得任何第三方所主张权利；

（3）因股东提供资金形成的股东与公司之间的债权债务关系真实、合法，对股东具有法律约束力；

（4）截至公司整体变更为股份有限公司的审计基准日，以及截至本补充法律意见书出具之日，股东与公司之间不存在任何未结之债权债务；

（5）因债权出资问题给公司、公司股东、公司债权人造成损害的，曹振海、曹振军愿就此全部损害自行承担连带责任。

3. 律师的结论意见

对问题一：以债权出资不违反法律、法规及规范性文件的强制性规定。

根据《中华人民共和国公司法》（以下简称"《公司法》"）第二十七条的规定，股东可以用货币出资，也可以用实物、知识产权、土地使用权等可以用货币估价并可以依法转让的非货币财产作价出资；但是，法律、行政法规规定不得作为出资的财产除外。法律、行政法规未对债权出资进行禁止性规定。最高人民法院于2003年1月3日颁布的《关于审理与企业改制相关的民事纠纷案件若干问题的规定》（法释〔2003〕1号）第十四条规定："债权人与债务人自愿达成债权转股权协议，且不违反法律和行政法规强制性规定的，人民法院在审理相关的民事纠纷案件中，应当确认债权转股权协议有效。"2011年11月23日国家工商行政管理总局令第57号公布了《公司债权转股权登记管理办法》（以下简称"管理办法"），明确了债权转股权的具体规则。公司股东曹振海、曹振军历次以债权出资的行为已依法向工商行政管理机关申请办理工商变更法律手续，工商行政管理机关均已依法核准并办理了工商变更登记，未对以债权出资的方式提出异议。律师认为，曹振海、曹振军以债权出资的行为未违反相关法律、法规及规范性文件的强制性规定，对于海红股份本次挂牌不存在实质性不利影响。

对问题二：债权出资占公司注册资本的比例符合法律规定。

2004 年 1 月股东以债权出资后，股东债权出资占海红有限注册资本的比例为 42.69%；2006 年 3 月股东以债权出资后，股东债权出资占海红有限注册资本的比例为 43.71%；2007 年 4 月股东以债权出资后，股东债权出资占海红有限注册资本的比例 72.56%；2008 年 2 月及 6 月股东以债权出资后，股东债权出资占海红有限注册资本的比例为 87.81%；截至海红有限变更为股份公司的审计基准日，股东债权出资占注册资本的比例为 26.32%。

根据《公司法》第二十七条第三款的规定，股东非货币出资不低于公司注册资本的 30%。律师认为，海红有限历次注册资本变动及注册资本构成及其比例的变动已依法办理工商变更法律手续，工商行政管理机关已依法核准，未对以债权出资的方式及比例提出异议。公司股东用以出资的债权主要是股东向海红有限提供现金借款形成的债权，海红有限已获得与债权等额的货币资金。截至本补充本法律意见书出具之日，公司注册资本构成及比例符合公司法和工商登记管理的相关法律法规的规定，对于公司本次挂牌不存在实质性不利影响。

对问题三：股东以债权出资的真实性。

依律师对公司和公司股东所提交文件资料的审查和合理判断，基于具有合法资格的会计师事务所已就公司股东历次债权出资出具的验资报告，公司已依法办理工商变更法律手续，工商行政管理机关已依法核准股东的债权出资。

律师没有发现公司股东以债权出资可能存在虚假出资或出资不实的情形。公司股东曹振海、曹振军已做出说明和承诺，承诺其出资的真实性并承担以债权出资的全部法律后果。综上，律师认为，海红股份的股东以债权出资对于海红股份本次挂牌不构成实质性法律障碍。

案例 099 债转股或存实收资本问题，如何解决（四联智能）

四联智能技术股份有限公司（四联智能 430758）2014 年 5 月挂牌，公司主营业务是利用信息技术、自动化技术、浅层地热应用技术等，对大型楼宇及公共设施提供智能化与节能综合解决方案，达到高效、经济、节能减排效果。公司挂牌报告期内，根据其《公开转让说明书》，公司设立时股东张琪、裘扬、刘珍安、段维宁、邬蜀豫将其对四联亨利拥有的1024.76万元债权转为对股份公司的出资。问题：上述债转股事项是否合法合规及是否对公司实收资本存在影响?

解决思路及方案详解:

（1）债权形成过程。2000年7月18日，四联亨利与张琪、裘扬、刘珍安、段维宁、邬蜀豫签订了《借款合同》，决定向张琪借款4099034.80元，向裘扬借款2049517.40元，向刘珍安借款1844565.66元，向段维宁借款1434662.18元，向邬蜀豫借款819806.96元，合计10247587.00元，用于购买西安高科（集团）电子园实业发展公司位于电子一路西段18号A座工业写字楼，借款利率为银行同期贷款利率6.45%。2000年7月20日，西安高科（集团）电子园实业发展公司（甲方）与四联亨利（乙方）签订了《西安市商品房购销合同》，双方约定乙方向甲方购买建筑面积共588.97平方米的甲方开发的A幢6层650号商品房一套，总金额为2049615元。2000年7月20日，西安高科（集团）电子园实业发展公司（甲方）与四联亨利（乙方）签订了《西安市商品房购销合同》，双方约定乙方向甲方购买建筑面积共2505.39平方米的甲方开发的A幢5层526－532号、535－539号、550、551号商品房14套，房款合计8969296元。根据两份购房合同条款，15套房房款共计人民币1101.8911万元。根据同日双方签订的付款清单，15套房产享受7%的购房优惠后，四联亨利合计支付人民币10247587.00元。

2001年2月12日，四联亨利出具了《代出资证明》，证明2000年7月20日支付给西安高科电子园实业发展公司出售电子园A座工业写字楼5、6层，房款合计10247587.00元，系由张琪出资4099034.80元，裘扬出资2049517.40元，刘珍安出资1844565.66元，段维宁出资1434662.18元，邬蜀豫出资819806.96元，代四联亨利垫付资金。

（2）涉及债权转为股权的股东会决议。2001年3月5日，四联亨利通过了股东会决议，全体9名股东经表决，一致同意张琪、裘扬、刘珍安、段维宁、邬蜀豫以其在2000年7月18日与四联亨利签订的《借款合同》中约定的借款作为投资全部投入设立的西安四联智能技术股份有限公司（以下简称“西安四联股份”）中。2001年5月9日，西安四联股份全体发起人签署了《股东（发起人）对债权转股权认可证明》，西安四联股份全体股东（发起人）对张琪、裘扬、刘珍安、段维宁、郐蜀豫代四联亨利垫资 10247587.00 元用于购买电子一路西段 18 号 A 座写字楼 5、6 层，对此债权按 1∶1 比例转为对股份公司的投资予以认可。2013 年 12 月，原四联亨利和原四联华智全体股东承诺，2001 年四联亨利、四联华智全体股东联合其他发起人共同发起设立西安四联智能技术股份有限公司，如有任何西安四联智能技术股份有限公司成立之前未清偿债务或者潜在的、或有的债务纠纷，将由原四联亨利和原四联华智全体股东全部承担。

（3）工商主管部门证明。2013 年 9 月 11 日，陕西省工商行政管理局高新技术产业开发区分局出具了《证明》，截至 2013 年 9 月 11 日，在工商综合业务管理信息系统未发现四联股份有违反工商行政管理法律、法规的经营行为的记录。

根据《最高人民法院关于审理与企业改制有关的民事纠纷若干问题的规定》（法释〔2003〕1 号）第十四条规定，债权人与债务人自愿达成债权转股权协议，且不违反法律和行政法规强制性规定的，人民法院在审理相关的民事纠纷案件中，应当确认债权转股权协议有效。根据债权出资时适用的《中华人民共和国公司法（99 修正）》，虽未明确列示债权作为股东的出资方式，但亦无禁止债权作为出资形式的强制性规定。

综上，张琪等 5 人的债权出资行为履行了必要的法律程序，得到了四联亨利其他股东以及西安四联股份其他发起人的认可，是当事人真实的意思表示，并不违反当时法律、法规的强制性规定，亦未损害国家、集体或者第三人利益，该债权转股权的行为合法有效，对公司实收资本不存在不利影响。

案例 100 购买资产出资被注销与债务出资争议（长宏科技）

湖南长宏锅炉科技股份有限公司（长宏科技 831148）2014 年 9 月挂牌，主要从事锅炉、压力容器和环保设备的研发、制造、销售、安装及其他工程服务等。2011 年 8 月，公司股东曹希新、吴四娥分别以对公司的 800 万元债权进行出资，其中包括公司向曹希新购买实物资产形成的应付款以及两位股东折借给公司的资金债权。

问题一：请公司补充披露衡阳长宏锅炉注销的原因、注销程序及清算后剩余资产（包括未决债务）的分配，公司购买的曹希新提供的衡阳长宏锅炉的资产内容、权属是否清晰，是否存在争议？

问题二：衡阳长宏锅炉注销对公司股东、法定代表人、董事、高管的适格性是否产生影响？

解决思路及方案详解：

对问题一：衡阳长宏锅炉注销的原因、注销程序及清算后剩余资产（包括未决债务）的分配，公司购买的曹希新提供的衡阳长宏锅炉的资产内容、权属是否清晰，是否存在争议。

经核查，为取得衡阳市白沙洲工业园区管委会（以下简称“管委会”）的优惠政策，曹希新、吴四娥原计划将衡阳长宏的住所迁往白沙洲工业园区，但经与园区管委会沟通，管委会要求应在工业园区新设公司，而非将原有公司迁址。鉴于此，曹希新、吴四娥夫妇出资设立湖南长宏锅炉有限公司。但出资完成进行设立登记时，由于公司建设的厂房尚未完工，不能办理湖南长宏的住所工商登记，经与管委会沟通，同意先将公司住所注册在衡阳市北塘村1号，于厂房完工后将湖南长宏迁往白沙洲工业园区。湖南长宏住所地注册于白沙洲工业园区后，为集中力量发展，享受相关优惠政策，曹希新、吴四娥决定解散衡阳长宏。

2010年9月9日，衡阳长宏召开股东会，一致决定解散公司。

2010年9月11日，衡阳长宏在《衡阳日报》刊登清算公告，公告债权人于45日内联系进行债权清算。

2011年3月24日，湖南金马有限责任会计师事务所出具“湘金马审字〔2011〕第030号”《审计报告》，经对衡阳长宏截至2011年3月20日的资产、负债及所有者权益情况进行审计：衡阳长宏账面总资产26326009.88元，其中：流动资产19153042.47元，长期投资450000.00元，固定资产6972967.41元，无形资产200000.00元；负债总额5052767.54元，其中：流动负债5000383.5元，长期负债52384.00元；所有者权益总额21273242.34元，其中：实收资本12000000.00元，未分配利润9073242.34元。

2011年3月24日，衡阳金马资产评估有限公司出具“衡金马评字〔2011〕第008号”《评估报告》，对曹希新拟转让给湖南长宏资产中的固定资产、存货进行评估，经评估，固定资产评估价值为2082967.41元，存货评估价值为10104686.04元，合计评估价值为12187653.45元。2011年3月25

日，衡阳长宏股东会通过决议，决定注销衡阳长宏；将货币资金中的6419560.08元和固定资产中的土地使用权2445000元，合计8864560.08元净资产分配给吴四娥；将固定资产、无形资产、存货及债权债务等，合计12408682.26元净资产分配给曹希新。2011年3月26日，湖南长宏股东会通过决议，同意曹希新分配所得的部分资产（部分固定资产、全部应收款项、存货、无形资产及负债），合计账面价值7798304.51元，转让给湖南长宏。转让资产中的固定资产、存货的价值已经衡阳金马资产评估有限公司2011年3月24日出具的《评估报告》评估。

2011年4月2日，衡阳市工商行政管理局通过了衡阳长宏锅炉有限公司清算组成员的备案申请，清算组成员为曹希新、吴四娥，清算组负责人为曹希新。

2011年5月17日，全体股东就公司注销的有关事项形成了《衡阳长宏锅炉有限公司注销的股东会决议》，同意公司清算组于2010年9月11日在衡阳日报刊登公司注销公告；确认债权债务已按《公司法》及公司章程清理完结；同意公司清算组所做的清算报告；同意注销公司，并到公司登记机关办理公司注销登记。

2011年7月23日，衡阳长宏正式完成工商注销手续。

综上，衡阳长宏的解散、注销程序履行了法律规定的公司内部决策程序及主管部门的注销手续，进行了债权债务公告，符合法律法规的规定，不存在未结诉讼仲裁或行政处罚。曹希新取得相关资产系作为公司出资人，根据《公司法》取得的对公司清算财产的所有权，符合法律规定，没有权属争议，自衡阳长宏解散注销至今，亦无自然人、法人或其他组织对相关财产提出权利主张，且曹希新愿意承诺对此承担全部责任，所以上述事项不会影响公司本次挂牌。

对问题二：衡阳长宏锅炉注销对公司股东、法定代表人、董事、高管的适格性是否产生影响。《公司法》第一百四十六条规定，“担任破产清算的公司、企业的董事或者厂长、经理，对该公司、企业的破产负有个人责任的，自该公司、企业破产清算完结之日起未逾三年”；“担任因违法被吊销营业执照、责令关闭的公司、企业的法定代表人，并负有个人责任的，自该公司、企业被吊销营业执照之日起未逾三年”，不得担任公司的董事、监事、高级管理人员。

综上，衡阳长宏解散注销是曹希新、吴四娥作为公司出资人，行使《公司法》规定的权利自行决定解散，并非为被主管部门处罚吊销营业执照或经营不善破产清算。因此，衡阳长宏的注销清算不会对曹希新、吴四娥及其他股东、董事、高级管理人员的任职资格产生影响。

案例101 创投以可转债投资且存股权质押问题（吉事达）

武汉吉事达科技股份有限公司（吉事达430402）主要从事电容触摸屏激光蚀刻设备和生产线的研发、生产、销售。公司申请挂牌的过程中曾有的问题：创投可转股债权投资，控股股东股权质押担保，该怎样解决才不影响公司挂牌?

解决思路及方案详解：

如实披露相关事项信息。内容详情：

公司、控股股东陈刚与华工创投于2013年4月27日签署《武汉吉事达激光技术有限公司可转股债权投资协议》，约定华工创投向公司提供1800万元可转股债权，用于业务合同相关原材料采购、产品相关的技术研发投入、债权到期时根据华工创投要求归还华工创投全部或者部分本金与相关费用；当协议约定条件成就时，华工创投可选择将该债权转为股权或收回；转股条件为公司2013年度实现销售收入、扣除非经营性损益后的净利润分别不低于12000万元、2000万元；转股价格为采用市盈率倍数法进行估值，以2013年预计的2000万元净利润为基础，PE为9倍，公司估值1.8亿元，并根据实际用于转股的资金金额确认华工创投的股权比例；借款和转股期限为自资金到位日起满一年为止，华工创投在期满之后30日内决定是否转股。如未选择转换股权，则公司应当偿还该债权及相关费用，并约定资金占用费为年利率12%。

为保障华工创投之可选择债转股的权利，公司发起人股东共同做出如下承诺：

（1）公司与华工创投之间签署协议，属于真实的意思表示，没有损害公司及股东的合法权益；

（2）如华工创投未选择债转股，同意在公司未偿还完可转股债权本金及资金占用费的情况下，不要求公司进行分红；

（3）在实施债转股时，发起人股东将在公司股东大会表决时，投同意票，并自愿放弃优先认购权等权利；

（4）发起人所持股份在本协议约定实施债转股期满前，不对外转让，除非受让方接受本声明与承诺以及协议约定内容；

（5）在实施债转股时，确保该债转股行为符合《非上市公众公司监督管理办法》以及全国中小企业股份转让系统规定的豁免申请核准定向发行的情形；

（6）在华工创投依照本协议实施债转股之前，公司若对其他对象实施定向发行，承诺将前述内容与协议约定作为定向发行的必备条款之一，并且新增股份锁定期在本协议约定实施债转股期满之后；

（7）未来华工创投选择实施债转股时将以定向发行的形式进行，并遵守《非上市公众公司监督管理办法》以及全国中小企业股份转让系统等关于定向发行的规定。

根据公司及全体股东采取的措施，未来华工创投选择债权转股权的行为能够得到保障，不会对本次公开转让构成实质影响。同时华工创投若实施转股，将持有不超过公司10%股权，不会导致公司控制权发生变动。控股股东陈刚以其名下持有公司股权出质作为《武汉吉事达激光技术有限公司可转股债权投资协议》履行的担保。根据协议约定，如果公司达不到转股条件时，则应归还该债权及相关费用。为此公司制定了相应的措施，提高公司偿还债务的能力，以避免华工创投行权的可能性。但如果该等措施未能得到有效的执行，导致华工创投行使质押权，则可能发生公司控股权变动的风险。

案例102 首期0元出资与合法性质疑问题（达美盛）

北京达美盛软件股份有限公司（达美盛430311）主要从事应用软件服务、基础软件服务，销售计算机、软件及辅助设备，技术服务、技术转让，货物进出口、代理进出口、技术进出口。公司披露子公司四川德鹏设立时“第一期出资0万元”，不符合《公司法》第26条的规定，请公司补充披露四川德鹏设立时首次出资0元的原因、合法性及其依据是什么？

解决思路及方案详解:

做合理性解释并披露相关信息。内容:《四川省工商行政管理局关于进一步促进民营企业发展的实施意见》(川工商办〔2007〕94号,下称《实施意见》)第一条“依法放宽市场准入,全面落实民营企业国民待遇”中第六款规定:“允许公司注册资本分期缴付,注册资本500万元以下的公司可零首付注册,3个月内注册资本到位20%,工商部门核发有效期3个月的营业执照,两年内注册资本缴足。”根据该规定,四川德鹏设立时首次出资0元,该“零首付”政策以部门规范性文件为依据进行登记和监管,行政法律效力较低。四川德鹏2011年5月10日首次出资违反了公司法第26条的规定,但第二期出资3000万元已于2011年8月9日前足额缴纳,弥补了首次出资的法律瑕疵,不构成达美盛股票公开转让的法律瑕疵。

案例103 资本公积转增股本出资问题(日望电子)

株洲日望电子科技股份有限公司(日望电子430400)专业从事钽电解电容器的研发、生产与销售。公司在申请挂牌的过程中曾出现过资本公积转增股本出资的方式,如何处理才不影响公司挂牌?

解决思路与方案详解:

如实披露相关信息。详情内容:股东彭军为了支持公司发展,2006年6月至2009年3月分19笔陆续投入公司总计300万元,公司将这300万元计入了应付款,基于该300万元,股东彭军与公司形成的是一种债权债务关系。2009年,彭军与其他股东协商一致,准备将该300万元债权以债转股的形式投入公司形成股权,但株洲市工商局答复“不许可债转股”,在这种情况下,公司将该300万元计入资本公积,后以资本公积转增股本的形式使彭军获得相应股权。

在该次增资的过程中,2009年4月1日,湖南中柱有限责任会计师事务所出具“湘中柱会所〔2009〕专审字第087号”《株洲日望电子科技有限公司专项审计报告》,对公司截至2009年3月31日止股东彭军投资的真实性进行审计,实施了包括核对会计记录和凭证等必要的审计程序,认为彭军于2006年6月28日至2009年3月17日共投资人民币300万元至公司的银行账户中。该报告中，将累计 19 次入款情况以现金交款单/记账凭证/电子记账凭证/银行联网业务入账通知予以详细体现。项目组认为，彭军与公司间债权债务关系的真实性通过上述报告得以完整体现。

有关于该次增资，在召开股东会讨论通过的基础上，公司全体股东向工商管理机关提交《关于公司股本变更的说明》，明确：①彭军的资金投入在投入前已经全体股东同意；②因公司发展对资本的需求有过程，彭军的资金投入是按照公司对资本的需求进行的；③请求工商管理机关对公司的注册资本变更予以支持，其间产生的法律责任由公司全体股东承担。在《公司变更登记审核表》中，工商管理机关批复“同意资本金及股权变更”。2009 年 11 月 11 日，株洲市工商局对上述变更予以备案登记，确认公司注册资本变更为 400 万元，彭军出资额变更为 341 万元（变更前为 41 万元），并重新核发企业法人营业执照。项目组认为，彭军的该次增资行为，出资真实，虽其 300 万元债权计入资本公积的行为不符合会计准则，但未损害公司及其他股东权益，不存在权属纠纷或其他纠纷，不存在潜在法律风险。

案例 104 盈余公积转增股本，如何处理（威林科技）

武汉威林科技股份有限公司（威林科技 430241）主要从事耐火材料、冶金炉料生产、检测、销售，建筑材料、金属材料批发兼零售，高炉送风支管、热风管道的制造、销售等。公司在申请挂牌的过程中曾有一问题：将盈余公积转增股本，该怎样处理才不影响公司挂牌？

解决思路及方案详解：

阐明相关程序合法，并做详情披露。内容：2003 年 6 月 4 日，有限公司股东会通过决议，同意增加注册资本 300 万元，其中，王渝斌增资 91. 605 万元（货币增资 86. 925 万元、公积金转增出资 4. 68 万元），刘忠江增资 59. 605 万元（货币增资 47. 025 万元、公积金转增出资 2. 58 万元），苏伯平增资 59. 605 万元（货币增资 47. 025 万元、公积金转增出资 2. 58 万元），丁岩峰增资 59. 605 万元（货币增资 47. 025 万元、公积金转增出资 2. 58 万元），刘少明增资 59. 605 万元（货币增资 47. 025 万元、公积金转增出资 2. 58 万元），新股东王长清货币出资 9. 975 万元，并通过了公司章程修正案。

2003 年 6 月 23 日，湖北大华有限责任会计师事务所出具了“鄂华会事验字〔2003〕A第121号”《验资报告》，对本次增资进行了审验。转增后，盈余公积为1113776.95元，所留存的该项公积金不少于转增前公司注册资本的25%，符合1993年《公司法》第179条的规定。

有限公司本次以盈余公积转增股本未按照股东持股比例转增，其中王渝斌转增比例高于其持股比例，则其他股东的转增比例低于其持股比例。经主办券商及律师核查，本次决定以盈余公积转增股本的股东会决议经全体股东一致同意表决通过，全体股东均在决议上签名确认。主办券商及律师认为，经有限公司全体股东一致同意，有限公司不按照股东的持股比例以盈余公积转增股本是股东意思自治的体现，本次以盈余公积转增股本过程及结果合法有效，不存在法律纠纷及风险。2003年7月8日，武汉市工商局出具了企业变更通知书，对上述变更予以确认。

案例105 以债权、存货等评估增值后的资本公积增资问题（威门药业）

武汉威林科技股份有限公司（威门药业430369）主要从事现代中药的研发、生产和销售。公司原身威门有限1997年增资时，出资方式为债权转股权及资本公积金转增，其中以债权转股权方式出资金额为2153187.81元，以评估增值部分的资本公积金转增方式出资金额为4346812.19元，问题：此次转股增资是否损害股东或债权人利益，是否存在纠纷及潜在纠纷？

解决思路：

（1）以评估增值后形成的资本公积转增注册资本的部分已通过存货销售及固定资产折旧方式实现；

（2）未经评估的债转股增资通过现金置换解决；

（3）省工商行政管理局出具增资确认函；

（4）实际控制人出具兜底承诺；

（5）详细披露事项及过程。

方案详解：

威门有限本次增资存在瑕疵未损害股东或债权人利益，不存在纠纷及潜在纠纷，对本次挂牌不构成实质性影响。

威门有限本次增资的出资方式为债权转股权及资本公积金转增，其中以债权转股权方式出资金额为2153187.81元，以评估增值部分的资本公积金转增方式出资金额为4346812.19元，本次增资具体事项及存在的问题说明如下：

1. 债权转股权事项

根据威门有限、海口伟男实业有限公司、俞胜签署的1997年7月8日债务转让协议书，1997年威门有限董事会决议，威门药业出具的《关于1997年增资扩股的情况说明》以及梁斌出具的个人情况说明并经核查，该等债权系因威门有限设立后因资金紧张形成的对海口伟男实业有限公司的债务，之后海口伟男实业有限公司在此次增资前将该等债权转让给其实际控制人梁斌所有。此次增资时未对该等债权进行评估，存在法律瑕疵。

2. 资本公积金转增事宜

根据《1997年验资报告》《1997年评估报告》，本次增资的资本公积金系威门有限整体资产评估后的评估增值部分，即威门有限净资产值经评估机构评估后增加了6960029.81元净资产，威门有限将该增加的净资产全部转为资本公积金，此次增资时，威门有限将其中的4346812.19元资本公积金转增为股本。威门有限以资产评估价格调增相关资产价值并将由此增加的净资产计入资本公积后转增股本，不符合企业会计处理的相关规定。因此，此次增资以评估增值后形成的资本公积转增股本存在瑕疵。

3. 关于本次新增股东刘光清和张康宁及其出资事宜

本次增资时新增了股东刘光清和张康宁，其原因及增资之出资如下：威门有限设立时，张康宁向梁斌借款3万元作为出资，并委托梁斌持股，刘光清向梁斌借款15万元，并委托梁斌持股；威门有限以资本公积转增股本时，经上述股东协商并形成股东会决议，决定各股东出资如下：

序号	股东姓名	出资额（万元）	出资构成	股权比例
1	梁斌	440	货币及债权 257187.81，资本公积转增1826812.19	55%
2	何凯南	240	货币60万元，资本公积转增180万元	30%
3	姚强	32	货币10万元，资本公积转增22万元	4%
4	李孟林	16	货币10万元，资本公积转增6万元	2%
5	俞胜	16	货币10万元，资本公积转增6万元	2%

续表

序号	股东姓名	出资额（万元）	出资构成	股权比例
6	刘光清	40	货币10万元，资本公积转增2万元5	5%
7	张康宁	16	货币3万元，资本公积转增13万元	2%
合计		800		100%

鉴于以下事实：

（1）梁斌等自然人的出资已经会计师验证，均已经到位。

（2）梁斌等自然人以债权以及资本公积金转增方式出资已获得主管部门贵州省工商局的认可。

（3）梁斌已于2010年12月6日以货币资金2153187.81元置换了上述增资以债权转股权的出资。

（4）威门有限此次增资时，通过评估增值转为资本公积的资产为存货和固定资产，其中存货评估增值为6858519.81元，固定资产评估增值为101510.00元。上述存货在评估调账后于1997年和1998年已经全部形成产成品并实现对外销售，扣除应计缴的企业所得税147716.70元，余额为6710803.11元，威门有限因存货评估增值导致的净资产虚增部分已有6710803.11元予以补足；根据北京天华会计师事务所于2001年5月31日出具的《审计报告》（天华审字〔2001〕第397号，以下简称《改制审计报告》），截至威门有限整体变更设立股份有限公司的审计基准日2001年4月30日，此次增资固定资产评估增值部分累计计提折旧31549.43元，扣除应计缴的企业所得税2491.46元，余额为29057.97元，威门有限因上述固定资产评估增值导致的净资产虚增部分已有29057.97元予以补足。通过上述存货销售及固定资产折旧，威门有限上述增资因评估增值计入资本公积进而转增股本导致威门有限增加的净资产4346812.19元，已经全部实现。因此，威门有限以2001年4月30日为基准日以净资产出资、折股方式整体变更为股份有限公司后，威门有限此次增资以评估增值计入资本公积进而转增注册资本的4346812.19元已全部予以补足。

根据《专项复核报告》，威门有限历次出资中因评估增值转为资本公积并转增资本、债权转股权、会计差错等导致的出资瑕疵事项，已经全部予以规范解决。

（5）贵州省工商行政管理局已于2013年10月23日出具《贵州威门药业股份有限公司1997年增资及2001年股份公司设立相关事宜的确认函》，其中记载："①威门药业（含威门有限）上述出资瑕疵系因会计差错导致，不属于重大违法违规行为；②上述出资瑕疵已经予以规范解决，且解决的过程合法、合规，该等瑕疵不影响威门药业的依法设立和有效存续，威门药业1997年增资及2001年股份公司设立具有充足的法律依据；③我局不会就上述历史出资问题对威门药业进行行政处罚，亦不会追究其其他的任何法律责任。"

（6）2013年10月30日，威门药业实际控制人梁斌、杨槐夫妇出具承诺，承诺对于因上述问题导致的威门药业的任何损失将承担全部赔偿责任。

综上，威门有限1997年增资时债权转股权未经评估的瑕疵已通过现金置换规范解决；以评估增值后形成的资本公积转增注册资本的部分已通过存货销售及固定资产折旧方式实现；威门有限本次增资存在瑕疵未损害股东或债权人利益，不存在纠纷及潜在纠纷，对本次挂牌不构成实质性影响。律师事务所出具《补充法律意见书》认为：威门有限1997年增资不规范行为解决的过程合法、合规；威门有限1997年增资虽然存在瑕疵，但威门有限1997年以债权及资本公积金转增注册资本行为已获主管部门认可，有充足的法律依据。

案例106 整体变更净资产存在虚增，进行货币补足（威门药业）

武汉威林科技股份有限公司（威门药业430369）主要从事现代中药的研发、生产和销售。威门有限整体变更是根据以《改制审计报告》审计基准日2001年4月30日作为截止日的净资产32008331.73元折合32000000股而设立的，由于上述审计报告在审计基准日时点上未对1997年威门有限增资时评估增值调账等前期会计差错进行处理，导致威门有限整体变更时净资产存在虚增，经审计虚增259154.58元，这种情况该如何解决？

解决思路：

（1）股东补足出资；

（2）有关出资由会计师事务所进行专项复核；

（3）省工商局对公司设立的合法性予以确认；

（4）详情如实披露。

方案详解:

根据立信会计师出具的《专项复核报告》并经核查，威门药业系根据《改制审计报告》，以截至审计基准日2001年4月30日的净资产32008331.73元出资折合成股份32000000股，由威门有限整体变更设立。由于上述《审计报告》在审计基准日时点上未对1997年威门有限增资时评估增值调账等前期会计差错进行处理，导致威门有限整体变更时净资产存在虚增，经审计净资产虚增259154.58元，从而导致股份公司设立时注册资本存在瑕疵，具体情况如下：

①截至2001年4月30日，威门有限1997年增资时固定资产评估增值部分累计计提折旧31549.43元，未计提折旧金额为69960.57元，导致净资产虚增69960.57元。②1997年评估增值的存货在评估后于1997年和1998年已经全部形成产成品并对外销售，由于评估调账，威门有限少计缴企业所得税147716.70元，导致净资产虚增147716.70元。③截至2001年4月30日，由于威门有限1997年增资时评估增值的固定资产多计提折旧，威门有限因此少计缴企业所得税2491.46元，导致净资产虚增2491.46元。④因1997年威门有限对固定资产未计提折旧，导致截至2001年4月30日，威门药业净资产虚增38985.85元。

鉴于：

（1）梁斌等各发起人的出资已经会计师验证，均已经到位。

（2）上述整体变更已分别取得当时主管部门贵州省人民政府、贵州省工商局的认可。

（3）威门药业股东梁斌、姚强、李孟林、俞胜、张康宁分别于2010年11月26日、2010年11月30日、2010年12月6日已将货币资金259154.58元投入威门药业以替代净资产虚增审计虚增259154.58元对应的出资，对上述因净资产虚增导致的出资瑕疵事宜予以补足。

（4）贵州省工商行政管理局已于2013年10月23日出具《贵州威门药业股份有限公司1997年增资及2001年股份公司设立相关事宜的确认函》，其中记载："①威门药业（含威门有限）上述出资瑕疵系因会计差错导致，不属于重大违法违规行为；②上述出资瑕疵已经予以规范解决，且解决的过程合法、合规，该等瑕疵不影响威门药业的依法设立和有效存续，威门药业1997年增资及2001年股份公司设立具有充足的法律依据；③我局不会就上述历史出资问题对威门药业进行行政处罚，亦不会追究其其他的任何法律责任。”

主办券商认为：因威门有限整体变更为股份有限公司时经审计的账面净资产存在虚增的情形，威门药业的设立存在一定的法律瑕疵；股东梁斌、姚强、李孟林、俞胜、张康宁补足出资后，该瑕疵已得以规范消除；威门有限整体变更为股份有限公司时存在的瑕疵不影响其依法设立及合法存续，对威门药业本次挂牌不构成实质性影响。

律师事务所认为：威门药业设立时的股权设置及股本结构合法、有效，产权界定和确认不存在法律风险，出具的《补充法律意见书》认为：尽管威门药业整体变更时未在审计基准日对威门有限1997年增资时评估增值调账而导致的前期会计差错进行处理而使得股份公司设立时注册资本存在瑕疵，但威门药业相关股东事后已对此予以补足，且相关出资已经立信会计师进行专项复核、贵州省工商局已对威门药业设立的合法性予以确认，威门药业有效设立，符合挂牌条件。

案例107 股东借款于公司转以债权增资（天弘激光）

苏州天弘激光股份有限公司（天弘激光430549）主要从事工业激光加工设备的研发、生产和销售。2008年，公司原身有限公司因资金周转需要，向股东借款共计160万元，后将此借款转增股本，此方式是否影响公司挂牌？

解决思路及方案详解：

根据规定，做出合法合规解释并如实披露详情。内容：本次增资涉及债权转股权事宜，具体情况如下：2008年，有限公司因资金周转需要，与股东金朝龙、郭秀火口头约定，分别向金朝龙、郭秀火借款80万元、160万元。金朝龙于2008年8月分次向有限公司汇款20万元、60万元，郭秀火于2008年2月、3月分次向有限公司汇款60万元、100万元。

2008年11月，经有限公司股东会审议通过，金朝龙将其享有有限公司的80万元债权转为股权，郭秀火将其享有有限公司160万元债权中的150万元债权转为股权。鉴于上述债权均为债权人向有限公司提供的货币借款，属于货币债权，债权金额确定，因此未进行评估，但依法经过验资机构审验并办理了工商登记手续。

案例 108 单一货币出资以银行证明替代问题（世安科技）

大连世安科技股份有限公司（世安科技 430520）主要从事大空间智能报警灭火、自动跟踪定位射流灭火装置的研发、生产与销售。公司挂牌前曾出现单一货币出资用银行证明替代验资报告（2014 年 3 月修订的《公司法》已不再要求验资报告了）的情况，该事项是否合法合规?

解决思路与方案详解:

根据地方法规，做出合法合规的解释，同时披露地方法规实情：大连市工商行政管理局于 2003 年 10 月 10 日发布《关于印发 <企业单一货币出资用银行证明替代验资报告的暂行办法> 的通知》（大工商〔2003〕91 号）、于 2009 年 10 月 21 日发布《企业单一货币出资用银行证明替代验资报告的暂行办法和修改意见》（大工商〔2009〕134 号）。根据大连市工商局 2003 年发布的通知，注册资本在 100 万元以下的有限责任公司、非公司企业法人，在设立登记、注册资本增加或出资方式的变更登记中，以单一货币出资的，可用银行出具的证明替代《验资报告》，对于用单一货币出资的企业，登记中可自行选择由银行出具出资证明或具有验资资格机构出具的《验资报告》。

案例 109 注册资本分三期缴纳，存合法性质疑（新吉纳）

济南新吉纳远程测控股份有限公司（新吉纳 430517）主要从事油田无线远程测控系统和无线随钻仪的研发、生产和销售。公司挂品牌前曾有一问题：注册资本分三期缴纳是否符合法律规定，是否影响公司挂牌?

解决思路与方案详解:

根据相关政策文件解释，如实披露地方法规和事项详情：根据章程约定，公司注册资本 50 万元，由卢祥明及余民分三年三期缴纳。2002 年 3 月 14 日，山东中大会计师事务所有限公司出具了“中大会验字〔2002〕424 号”验资报告，对全体股东的首期出资进行了验证。根据 2002 年的《公司法》规定，注册资本必须一次到位，不得分期进行缴纳。但根据 2002 年山东省政府发布的《中共山东省委、山东省人民政府关于进一步加快民营经济发展的决定》

（鲁发〔2002〕3号）的政策文件，“注册资本在50万元以下的私营有限公司，投资人首期认缴的资本金达到注册资本额的10%以上（最低不少于3万元），1年内实缴注册资本追加到50%以上，其余部分可在3年内全部到位”，公司首期实缴出资为18万元，且全部出资在二年内提前缴纳完毕，如实履行了出资义务，且符合当时地方规定，该笔出资是如实到位的。

案例110 外币债权转实收资本与出资问题（丰光精密）

青岛丰光精密机械股份有限公司（丰光精密430510）主要从事研发、生产和销售精密机械加工件。公司挂牌前出现一问题：外币债权转实收资本，存在出资瑕疵，该怎么处理？

解决思路：

（1）由当地商务部出具确认函；

（2）实际控制人做出承诺；

（3）如实披露详情。

方案详解：

2002年9月10日，丰光有限召开临时董事会，同意股东光洋技研将其对公司的443203.01美元应收款，转为光洋技研对公司的出资，出资后，公司实收资本变更为1723340美元。丰光有限据此在账目上做了调整，将“青公所验字〔2002〕第13001号”《验资报告》所确认的丰光有限对光洋技研的443203.01美元其他应付款转为实收资本443203.01美元。(443203.01美元负债系光洋技研对公司的资本投入）2013年10月21日，胶州市商务局出具《确认函》，同意丰光有限上述出资方式变更，认为该行为未违反当时国家法律、法规、规范性文件的规定。2013年10月21日，公司实际控制人李军出具《承诺函》，承诺如因本次债权转股权事宜导致公司或光洋技研存在任何经济责任，其将承担全部责任，保证公司不会因此遭受任何损失。

主办券商经核查认为，丰光有限本次出资方式变更以及实收资本缴付已经丰光有限内部权力机构确认，并经工商行政部门登记备案，且自2002年至今未受过相关处罚，本次出资债权所涉及的机器设备已包含在“青公所验字〔2002〕第13001号”《验资报告》所确认的光洋技研投入款项1723340美元中，胶州市商务局出具的《确认函》对该次出资方式变更事宜已予确认，针对本次缴付出资可能出现的责任，实际控制人已出具《承诺函》表示愿意全额承担，公司该次出资已到位，不会对本次申请挂牌构成实质性障碍。

律师经核查后认为，该等出资瑕疵不会对公司本次挂牌构成重大实质性障碍。

案例111 未分配利润转增股本与原始持股比例问题（成科机电）

天津成科传动机电技术股份有限公司（成科机电430257）主要从事输送机械设备和环保设备的研发、生产和销售。公司挂牌前曾出现一问题：未按原持股比例进行未分配利润转增资本，此次增资行为是否合法有效，是否存在潜在的法律纠纷?

解决思路及方案详解：

2001年9月1日，成科机电有限召开股东会做出决议，决定公司以累积未分配利润增加注册资本250万元，其中张钢转增220万元，张强转增20万元，胡凤兰转增10万元。上述增资情况经“津天地验内字〔2001〕第376号”《验资报告》验证。会议决定变更公司经营范围，增加“成套输送设备制造（以环保部门审核为准）”业务；会议决定变更公司住所至天津新技术产业园区华苑产业区鑫茂科技园D1座五层A单元。公司按照要求修改了公司章程。2001年9月24日，公司就本次变更办理了工商变更登记，并取得了变更后的《企业法人营业执照》。公司律师认为：成科机电有限本次未按照原持股比例进行未分配利润转增的行为不违反法律、法规的强制性规定，且各股东均予认可，因此本次增资行为合法有效，不存在潜在的法律纠纷。

案例112 股东出资比例与持股比例不一致问题（天一众合）

北京天一众合科技股份有限公司（天一众合430089）主要从事计算机系统服务、基础软件服务、应用软件服务、数据处理，销售计算机软件及辅助设备、机械设备、通信设备、电子产品。公司股东出资比例与持股比例不一致，是否存在损害公司及相关方的利益，该怎么处理?

解决思路与方案详解：

2009年9月26日，有限公司第六届第六次股东会通过决议：一致同意如

下股权调整。（略）

此次股权转让分为两部分：一是以出资额等额价格转让出资额，转让价款已由受让方以现金方式支付给转让方；二是以零对价转让出资额的方式对股东出资额和股权比例不一致做出技术性调整，调整前后股东股权比例保持不变，达到股东出资额比例与股权比例相一致。通过此次股权转让调整，使有限公司股东出资与股权比例符合新《公司法》以及《公司登记管理条例》的规定。转让各方意思表达真实，转让事项合法合规。

有限公司于2009年10月13日取得注册号为110108005840043《企业法人营业执照》，公司注册资本为1000万元。

此次变更后，有限公司的股权结构如下。（略）

2004年7月至2009年9月期间，有限公司存在股东出资比例与股权比例不一致的情形，该情形符合当时北京市工商行政管理局的相关规定。北京市工商行政管理局依据《国务院关于建设中关村科技园区有关问题的批复》（国函〔1999〕45号）于2001年3月21日制定颁布了《关于企业登记注册工作若干问题的意见》（京工商发〔2001〕69号），该文件规定："'一区五园'内的高新技术公司和投资公司，经全体股东协商一致，股东在公司内所占股权，可与其实际出资所占注册资本比例不一致。此类出资额比例与股权比例不一致的情况，股东应在公司章程中明确表示。"

为了全面贯彻落实新《公司法》以及《公司登记管理条例》，北京市工商局废止了《关于企业登记注册工作若干问题的意见》。根据最新的文件精神，全体股东于2009年9月26日通过股东会决议，约定以零对价转让出资额的方式对出资额和股权比例不一致做出技术性调整，调整前后股东股权比例保持不变，达到股东出资额比例与股权比例相一致。有限公司修改了公司章程，并办理了相应的工商变更登记。

有限公司自2004年7月至2009年9月期间注册地均在中关村科技园区内，并被认定为高新技术企业。同时，全体股东在股东会决议中对关于出资比例和股权比例的约定均一致同意，并在有限公司章程中明确了各股东出资额和股权比例。因此，有限公司股权结构存在股东出资比例与股权比例不一致的情况，符合当时适用的北京市工商行政管理局的相关规定。

案例113 出资未足额缴纳及其处理（微纳颗粒）

济南微纳颗粒仪器股份有限公司（微纳颗粒430410）主要从事颗粒技术及相关软件、配套设备的研发、生产、销售、货物进出口。2005年10月，公司自然人股东设立公司时，未足额缴纳注册资金，是否影响公司的挂牌？

解决思路及方案详解：

对不合规行为进行纠正，并合理分析，详情如实披露。内容如下：

2005年10月，高维秀、任中京、徐俊杰、江海鹰等4个自然人共同出资设立济南微纳颗粒技术有限责任公司，公司注册资本为人民币50万元，实缴资本10万元，全体股东均以货币出资。2005年11月，山东天元同泰会计师事务所有限公司出具了"鲁天元会验字〔2005〕第3977号"《验资报告》，确认截至2005年10月31日，各股东认缴的第一期注册资本已经缴足。有限公司成立于2005年11月9日，应适用2004年修订后的《公司法》(以下简称为"原《公司法》")。原《公司法》第二十三条规定："有限责任公司的注册资本为在公司登记机关登记的全体股东实缴的出资额。有限责任公司的注册资本不得少于下列最低限额：（一）以生产经营为主的公司人民币五十万元。"有限公司设立时，实际缴纳的出资额与营业执照登记的注册资本不一致，不符合原《公司法》的上述规定。因此，有限公司设立时存在出资瑕疵。

但鉴于以下事实：

（1）有限公司设立时取得的《企业法人营业执照》"注册资本"一栏已载明"注册资本伍拾万圆整（实缴资本拾万元整）"，对公司的真实出资情况予以明确标示。有限公司设立时不存在虚假出资情形，并经济南市工商行政管理局登记确认。2005年11月9日有限公司成立时，现行《公司法》（2005年10月27日公布，2006年1月1日起施行）已经于2005年10月27日予以公布，虽然并未正式施行，但对各地工商行政管理部门的实务工作具有一定的指导性意义。现行《公司法》第二十六条规定："有限责任公司的注册资本为在公司登记机关登记的全体股东认缴的出资额。公司全体股东的首次出资额不得低于注册资本的百分之二十，也不得低于法定的注册资本最低限额，其余部分由股东自公司成立之日起两年内缴足；其中，投资公司可以在五年内缴足。有限责任公司注册资本的最低限额为人民币三万元。法律、行政法规对有限责任公司注册资本的最低限额有较高规定的，从其规定。”有限公司设立时以认缴出资额确定为公司注册资本的情形符合现行《公司法》的有关规定。

（2）上述出资情形符合现行《公司法》的有关规定。2005 年 11 月 9 日有限公司成立时，现行《公司法》（2005 年 10 月 27 日公布，2006 年 1 月 1 日起施行）已经于 2005 年 10 月 27 日予以公布，虽然并未正式施行，但对各地工商行政管理部门的实务工作具有一定的指导性意义。

（3）有限公司设立时的出资瑕疵并未对任何第三方造成实质性影响。

（4）2006 年 10 月有限公司股权变更后，有限公司股东任中京、高维秀按照其各自认缴的出资额足额缴纳了全部出资。2006 年 10 月 26 日工商局核发的《企业法人营业执照》载明：“注册资本伍拾万圆整，实收资本伍拾万圆整。”至此，有限公司设立时的出资瑕疵得以纠正。

综合以上原因，有限公司设立时处于公司法修订期间，其出资情况符合新修订的公司法精神，其出资瑕疵未造成不良法律后果且已得到纠正。因此，上述出资瑕疵对公司在全国股份转让系统挂牌不构成实质影响。

案例 114 股东以债权和购买实物出资的问题（长宏科技）

湖南长宏锅炉科技股份有限公司（长宏科技 831148）2014 年 9 月挂牌，主要从事锅炉、压力容器和环保设备的研发、制造、销售、安装及其他工程服务等。2011 年 8 月，公司股东曹希新、吴四娥分别以对公司的 800 万元债权进行出资，其中包括公司向曹希新购买实物资产形成的应付款以及两位股东拆借给公司的资金债权。

问题一：请补充核查债权的真实性及债权债务发生是否必要并说明核查方法？

问题二：请公司补充披露向曹希新购买实物资产的内容、用途，并说明此交易是否必要。

解决思路及方案详解：

对问题一：关于债权的真实性及债权债务发生的必要性以及相关的核查方法。

2011 年 8 月，公司注册资本由 3000 万元增加至 5000 万元。曹希新、吴四娥分别认缴增资1000万元，其中，曹希新以货币出资200万元，以对公司的债权出资800万元，吴四娥增以货币出资200万元，以对公司的债权出资80万元，并相应修改公司章程。此次增资价格参照每1元注册资本对应的净资产值确定。

1. 关于曹希新对公司的债权

曹希新以对公司债权出资的800万元，系曹希新以衡阳长宏注销清算分配所获的部分资转让给湖南长宏，湖南长宏应支付给曹希新的现金对价形成的债权。该等资产负债为衡阳长部分固定资产、全部应收款项、存货、无形资产及负债。

衡阳长宏系由曹希新、吴四娥夫妇于2004年10月19日设立的有限责任公司，持有衡阳市工商管理局颁发的注册号为4304002002166《企业法人营业执照》，法定代表人为曹希新，注册资本200万元，其中，曹希新出资100万元，吴四娥出资100万元，住所在衡阳市蒸湘区衡祁路27号2楼。衡阳长宏经过多次变更，截至衡阳长宏注销之日——2011年7月23日，衡阳长宏持有衡阳市工商管理局颁发的430400000002212的《企业法人营业执照》，注册资本1200万元，其中曹希新出资700万元、吴四娥出资500万元。

2010年9月9日，衡阳长宏召开股东会，决定解散公司。

2010年9月11日，衡阳长宏在《衡阳日报》刊登清算公告，公告债权人于45日内联系进行债权清算。

2011年3月24日，湖南金马有限责任会计师事务所出具“湘金马审字〔2011〕第030号”《审计报告》，经对衡阳长宏截至2011年3月20日的资产、负债及所有者权益情况进行审计，衡阳长宏账面总资产26326009.88元，其中：流动资产19153042.47元，长期投资450000.00元，固定资产6972967.41元，无形资产200000.00元；负债总额5052767.54元，其中：流动负债5000383.54元，长期负债52384.00元；所有者权益总额21273242.34元，其中：实收资本12000000.00元，未分配利润9073242.34元。

2011年3月25日，衡阳长宏股东会通过决议，决定注销衡阳长宏；将现金和土地使用权合计8864560.08元净资产分配给吴四娥；将固定资产、无形资产、存货及债权债务等合计12408682.26元净资产分配给曹希新。2011年3月24日，衡阳金马资产评估有限公司出具“衡金马评字〔2011〕008号”

《评估报告》，对曹希新拟转让给湖南长宏资产中的固定资产、存货进行评估，经评估，固定资产评估价值为2082967.41元，存货评估价值10104686.04元，合计评估价值为12187653.45元。鉴于衡阳长宏与湖南长宏同属锅炉制造行业，衡阳长宏分配给曹希新的资产有利于湖南长宏的扩大生产规模和持续展，2011年3月26日，湖南长宏股东会通过决议，同意曹希新将分配所得的部分资产（部分固定资产、全部应收款项、存货、无形资产及负债），合计账面价值7798304.51元，转让给湖南长宏。转让资产中的固定资产、存货的价值已经衡阳金马资产评估有限公司2011年3月24日出具的《评估报告》评估。

综上，湖南长宏应支付给曹希新7798304.51元。2011年7月，湖南长宏向曹希新借款270000.00元。2011年8月，曹希新以对湖南长宏的两项债权（应支付给曹希新的7798304.51元的对价和270000.00元借款中的201695.49元），合计800万元债权，对湖南长宏增资。

2. 关于吴四娥对公司的债权

经核查公司的记账凭证、收据及公司的说明，自2010年至2011年7月，吴四娥先后通过直接交付现金、通过银行转账等方式，合计借予湖南长宏8044000.00元，形成对湖南长宏8044000.00元债权。2011年7月，吴四娥以上述对湖南长宏的多项债权中的800万元债权，对湖南长宏增资。

3. 关于债权的核查方法

核查了以下资料：①衡阳长宏的全部工商登记资料；②湖南长宏关于受让曹希新资产的股东会决议；③股份公司的资产台账；④曹希新与公司的借款合同、资金往来凭证；⑤吴四娥与公司的借款合同、收据凭证；⑥衡阳金马资产评估有限公司出具的“衡金马评字〔2011〕第008号”《评估报告》并取得了曹希新和吴四娥就增资及债权债务事项出具的书面承诺。

据此认为，曹希新、吴四娥对公司的债权真实有效，相关债权债务的发生系股东支持公司发展的需要，有利于公司的做大做强，不存在权属纠纷，且该等资产经过审计、评估，价格公允。

对问题二：向曹希新购买实物资产的内容、用途、交易的必要性。

2011年3月26日，湖南长宏股东会通过决议，同意受让曹希新衡阳长宏清算分配所得的部分资产，合计账面价值7798304.51元。经核查，该等资产包括部分固定资产、全部应收款项、存货、无形资产及负债。转让资产中的固定资产、存货的价值已经衡阳金马资产评估有限公司2011年3月24日出具的《评估报告》评估。

由于衡阳长宏也是以生产经营锅炉为主，与湖南长宏相同，衡阳长宏分配所得的固定资产、存货、无形资产均与锅炉生产相关，可直接使用于湖南长宏，有利于湖南长宏扩大规模，因此，上述交易具备必要性。

CHAPTER7
第七章

抽逃、延迟与代替出资及其他违法违规出资问题

本章要领 **14 大案例及 19 种常规、典型实务问题及其解决思路**

◎19 种常规、特有实战情况及问题

①增资后向公司借款存抽逃出资嫌疑；②撇清抽逃出资的最佳阐述；③股东抽逃出资和股东享有债权；④收购的关联方企业在设立时公司股东出资且存抽逃嫌疑；⑤以第三方出资后借款给第三方；⑥第三方代替股东出资；⑦代人出资由公司偿还；⑧出资迟延对公司经营的影响；⑨公司设立 2 年后缴足出资款；⑩逾期出资已超过处罚时效；⑪合资企业延期缴付出资；⑫出资未按公司章程规定实施；⑬非专利技术出资占比高及国有资产流失嫌疑；⑭存在多种出资瑕疵；⑮实际出资比例与工商登记比例存在差异；⑯以已死亡股东名义提交增资的虚假证明；⑰事业单位下属企业出资与法律效力存疑；⑱未履行出资即转让股权；⑲未如期缴纳出资款。

◎典型问题及一般性解决思路

1. 抽逃出资的界定

抽逃出资是指在公司验资注册后、股东将所缴出资通过一定方式暗中撤出，却仍保留股东身份和原有出资数额的一种欺诈性违法行为。实践中主要有如下：

（1）公司验资注册后，将货币出资用于偿还股东个人债务或他人个人债务，这常常表现为发起人或股东用借款或贷款，一旦公司设立后，就将借来的出资抽回，归还原主；

（2）公司验资注册后，非因经营或正常业务开支又没有正当理由地抽走货币出资；

（3）公司验资注册后，将已办产权转移手续的实物、工业产权、专利、非专利技术、土地使用权再无偿或以不合理的低价转让给他人；

（4）把他人的实物“借”来出资，公司一经注册，再将它归还原来的权利人等。

关于股东向公司借款，法律法规以及其他规范性文件均未禁止，根据国家工商行政总局回复江苏省工商行政管理局《关于股东借款是否属于抽逃出资行为问题的答复》，公司借款给股东是公司依法享有其财产所有权的体现，股东与公司之间的这种关系属于借贷关系，合法的借贷关系受法律保护，公司对合法借出的资金依法享有相应的债权，借款的股东依法承担相应的债务。因此，股东向公司借款并不必然构成抽逃出资的行为，这二者之间的关系和区别，需要由中介机构进行清晰界定。

本类问题的常规解决思路：

（1）确定借款已经归还，并承担了相关补救措施，如补缴了资金占用费等；

（2）明确公司提供借款形成的原因、过程，判断是否存在主观、恶意，是否造成了公司、债权人的经济损失或实质损害；

（3）核查公司其他股东是否同意提供借款，是否存在潜在纠纷或争议；

（4）核查工商行政管理部门有无行政处罚的证明；

（5）拆借股东做出“承担相关责任、不再发生类似事件”的承诺等。

依据：《关于适用公司法若干问题的规定（三）》以及中国人民银行《关于印发〈对金融机构违反会计制度规定等问题定性的说明〉的通知》。

2. 迟延出资的认定

迟延出资是指在做出判断的时点出资已经缴纳，但缴纳时间晚于《公司法》、公司章程或出资的股东会决议等决策文件所规定的出资时间。

本类问题的常规解决思路：

（1）对未按期缴纳的出资进行补正；

（2）明确在延期出资期间，是否对公司及债权人等主体的利益造成实质性侵害，是否影响发行人经营正常；

（3）是否正常通过年检；

（4）工商行政管理部门是否就该事件对公司及股东做出行政处罚；

（5）是否超过了《行政处罚法》规定的两年追债时效（2014 年修订的《公司法》取消了对注册资本缴清年限的限制）；

（6）控股股东是否出具“承诺承担全部赔偿责任”的声明，或者其他股东出具声明免除股东延期出资的违约责任；

（7）中介机构发表明确意见。

案例 115 收购关联方企业的设立与抽逃出资（环宇装备）

河南环宇石化装备科技股份有限公司（环宇装备 831130）2014 年 9 月挂牌，主营业务为石油化工、煤化工和化工领域使用的变压、变温吸附装置、换热设备等非标压力容器及配套装备的设计、制造与安装。2013 年公司收购关联方寰宇能源全部股权。问题：寰宇能源设立时公司股东出资行为是否构成对公司的抽逃出资？

解决思路与方案详解：

寰宇能源设立时公司股东出资行为不构成对公司的抽逃出资，理由如下：

（1）公司增资时间和寰宇能源设立时间间隔比较长。2012 年 3 月份公司增资 2000 万元，2012 年 12 月份寰宇能源设立，公司增资时间和寰宇能源设立时公司股东出资时间相距 9 个月以上，时间间隔比较长。

（2）寰宇能源出资设立时的资金来源。①根据河南省昶昊会计师事务所有限公司所出具“豫昶昊验字〔2012〕第 B1212148 号”《验资报告》及股东陈志强、李建民的说明，截至 2012 年 12 月 20 日，陈志强向寰宇能源认缴首次出资 192 万元、李建民向寰宇能源认缴首次出资 48 万元，上述合计 240 万出资是股东陈志强、李建民的自有资金。②根据河南融通联合会计师事务所（普通合伙）出具的“豫融会验字〔2013〕第 C01097 号”《验资报告》及股东陈志强、李建民的说明，截至 2013 年 1 月 28 日，陈志强向寰宇能源认缴的第 2 期出资 960 万元已经缴足，寰宇能源实收资本为 1200 元，该出资 960 万元是股东陈志强向环宇有限的借款。

（3）陈志强向环宇有限借款 960 万元履行了环宇有限内部决策程序。2013 年 1 月 27 日环宇有限通过股东会决议，同意环宇有限向股东陈志强借款

960 万元，2013 年 1 月 28 日环宇有限和陈志强签订借款协议，借款期限 1 年，不收取利息。

（4）根据《中华人民共和国民法通则》、《公司法》及《合同法》的相关规定，股东以出资方式将有关财产投入公司后，该财产的所有权发生转移，成为公司的财产，公司依法对其财产享有支配的权利。公司和自然人股东系平等的民事法律主体，为经营需要相互之间可以进行相应的资金拆借。公司和自然人股东之间临时性的借贷关系并不违反《贷款通则》的相关禁止性规定，是公司依法享有其财产所有权的体现，属于合法的借贷关系，依法受法律保护。公司对合法借出的资金依法享有相应的债权，借款的自然人股东依法承担相应的债务。故自然人股东与公司之间的资金拆借与抽逃出资有本质上的区别。经律师核查，截至本补法律意见书出具之日，股东陈志强已向公司结清了该笔借款，该借款行为未对公司、股东及债权人造成损害。

综上，环宇有限向陈志强出借款项并由此取得对股东陈志强的债权，系陈志强与环宇有限之间合法的借贷关系，并且双方签订有借款合同对借款关系予以确认；环宇有限对该借款行为依法履行了内部决策程序；陈志强目前已经全部偿还借款，该借款行为并未造成公司注册资本减损或使债权人利益受到损害；陈志强对寰宇能源出资与陈志强对环宇石化增资之间间隔时间较长。因此，寰宇能源设立时公司股东出资行为不构成对公司的抽逃出资。

案例 116 增资后向公司借款，存抽逃嫌疑（竹邦能源）

北京世纪竹邦能源技术股份有限公司（竹邦能源 430360）主要从事室内外照明节能服务项目的投资、设计、工程实施及运营管理。2008 年 12 月 1 日，公司原身有限公司由 600 万元增加至 3000 万元，增资的 2400 万元全部由北京天宇宏建筑咨询有限公司认缴后的 12 月 5 日，天宇宏从公司借走 2400 万元。此事项是否构成逃出资现象，该怎样解决？

解决思路：

（1）分别从法律意义上、会计处理上、注册资金的作用上和决策程序上阐明理由、撇清嫌疑；

（2）公司承诺今后不再以多种方式将资金出借给关联方使用；

（3）实际控制人做出兜底承诺；

（4）详情如实披露。

方案详解：

2008年12月1日，公司召开股东会做出决议，同意公司注册资本由600万元增加至3000万元，增资的2400万元全部由北京天宇宏建筑咨询有限公司认缴。2008年12月3日，北京中永焱会计师事务所出具“〔2008〕中永焱验字727号”《验资报告》，对本次出资进行验证，公司新增注册资本2400万元已经全部到位。2008年12月3日，北京市工商行政管理局核准本次变更登记，并核发了编号为110105005258385的《企业法人营业执照》。2008年12月5日，天宇宏从公司借走2400万元。就此事项，券商和律师对股东天宇宏是否存在抽逃出资发表如下意见：

（1）从法律意义上讲，公司一经成立，即和股东形成两个完全独立的法律主体，而两个独立的法律主体之间发生民事借贷关系，并不存在借款人侵占公司合法财产权的行为。发生上述往来款后，天宇宏曾陆续偿还借款。2012年6月11日，天宇宏转让世纪竹邦股份时，竹邦对天宇宏和冯亚林债权债务关系：其他应收款—天宇宏30794506.63元，主要发生情况：2008年1月5日世纪竹邦支付24000000.00元往来款给天宇宏；2010年3月24日世纪竹邦支付3100000.00元往来款给天宇宏。其他应付款—冯亚林4406192.43元，主要为2012年4月12日冯亚林借款4900000.00元给世纪竹邦。

2013年5月31日，世纪竹邦注册资本由30000000.00元减至15000000.00元，该时点竹邦对天宇宏和冯亚林债权债务关系：其他应收款—天宇宏28143033.41元，主要发生系2008及2010年借款形成。其他应付款—冯亚林7240871.16元，主要包括：2012年4月12日冯亚林借款4900000.00元给世纪竹邦；冯亚林通过典当借款2300000.00万元给世纪竹邦；减资时，竹邦应付各股东减资款15000000.00元，其中应付冯亚林12250000.00元。

公司就上述债权债务在2013年5月31日通过三方抹账进行处理，其中：竹邦应付股东减资款15000000.00元由天宇宏代为支付，冲减其他应收款—天宇宏15000000.00元；竹邦其他应付款—冯亚林7230000.00元由天宇宏代为支付，冲减其他应收款—天宇宏7230000.00元。通过上述抹账后，截至2013年5月31日，竹邦对天宇宏债权债务情况为：其他应收款—天宇宏

5913033.41 元。

截至申报基准日 2013 年 6 月 30 日，竹邦对天宇宏债权债务情况为：其他应收款—天宇宏 0 元。(其中 2013 年 6 月 13 日收到天宇宏还款 5000000.00 元，2013 年 6 月 27 日收到天宇宏还款 913033.41 元）截至目前，天宇宏与公司的借款已经全部清偿完毕，不存在恶意抽逃的主观目的。

（2）从会计处理上，该笔款项被股东借走后，公司进行了适当的会计处理，将本笔往来款列入公司应收款上。公司的财产并没有减少，只是财产存在的状态不同，由货币资金变成了应收款项。

（3）从注册资金的作用来看，设立注册资金的根本目的，是由股东以其投入公司的财产对公司的债务承担责任。即公司以其全部财产对其债务承担责任，而股东只以其出资对公司债务承担有限责任。在股东投入资本又被股东借走的情况下，公司和股东对债权人的担保并没有发生变化：第一，公司以其全部财产对其债务承担责任，被股东借走的款项仍然属于公司财产的一部分，公司对其债务的担保程度没有因为股东借款这一事件而降低；第二，借款股东对公司债务的担保责任，借款股东承担着无条件的偿还责任，在公司破产清算时，所有公司的债务人必须归还所借款项作为破产财产的一部分用于对公司债权人的清偿，借款股东作为公司的债务人亦不能例外。因此借款股东对公司债务的担保责任除了对公司的出资外，还包括他借走的款项。因此，他对公司的担保责任并没有因为借款这一行为而降低。所以，公司与天宇宏往来款的行为并不损害公司债权人的利益。

（4）从决策程序上来看，公司的现有股东（包括发生拆借期间的其他股东冯亚林）已经对拆借行为进行了追认，履行了相关的程序，同意了历史上的资金拆借行为，不存在潜在纠纷或争议。没有损害公司其他股东的利益。

（5）公司已经承诺，保证今后不再以借款、代偿债务、代垫款项或者其他任何方式将资金出借给关联方使用。实际控制人冯亚林承诺，对于公司以往发生的资金互借行为，如需承担任何责任，由其个人承担。根据最高人民法院关于适用《中华人民共和国公司法》若干问题规定（三）（法释〔2011〕3 号）第十二条，具体内容如下：公司成立后，公司、股东或者公司债权人以相关股东的行为符合下列情形之一且损害公司权益为由，请求认定该股东抽逃出资的，人民法院应予支持：①将出资款项转入公司账户验资后又转出；

②通过虚构债权债务关系将其出资转出；③制作虚假财务会计报表虚增利润进行分配；④利用关联交易将出资转出；⑤其他未经法定程序将出资抽回的行为。

结合以上四点，公司在完成增资后，因经营需要与其他公司发生往来款并非抽逃注册资本的行为。

案例117 股东抽逃出资且享有公司债权问题（方迪科技）

深圳市方迪科技股份有限公司（方迪科技430464）主要从事IT基础设备集成，自助设备研发、生产、销售及软件开发。2000年7月7日，股东李晨从方迪有限抽出100万元注册资金，另，谭建忠对方迪有限享有100万元债权。问题：上述事项具体详情如何，是否违规违法，该怎样解决？

解决思路及方案详解：

根据方迪股份提供的银行转账凭证及对李进的访谈，李晨从方迪有限抽出100万元注册资金的事实情况如下：

2000年7月7日，李晨将其投入方迪有限的70万元注册资金和李进投入方迪有限的30万元注册资金全部转入李晨个人账户。因方迪有限成立后李晨前往加拿大工作，李进当时对李晨抽出100万元注册资金的事实并不知情，亦不知道李晨抽出100万元注册资金的具体原因。

根据方迪股份提供的银行转账凭证、会计凭证及对谭建忠的访谈，谭建忠对方迪有限享有的100万元债权的形成过程如下：

谭建忠于2004年1月31日向方迪有限借款600万元系因谭建忠个人急用资金，但当时未签署借款协议，未约定借款利息，亦未召开董事会或股东会对该借款事宜进行审批。

2008年10月20日，方迪有限、李进、谭建忠签署《往来借款清偿协议》，鉴于方迪有限于2000年7月设立时方迪有限原股东李晨将其出资的70万元及李进出资的30万元抽出，方迪有限现股东谭建忠同意将借予方迪有限的100万元往来借款用于补足李晨从方迪有限抽出的100万元注册资金，以保证方迪有限的注册资本足额缴纳，同时放弃向方迪有限、李晨及李进的追偿权利。另外，谭建忠与李倩仪为夫妻关系，谭建忠、李倩仪与李晨、李进之间及李晨与李进之间没有任何亲属关系。

律师认为，谭建忠对方迪有限享有的100万元债权真实、合法、有效，谭建忠自愿以其对方迪有限享有的100万元债权（现金）补足原股东李晨抽出的100万元注册资金不违反法律法规的强制性规定，合法、有效；且方迪股份系由方迪有限以截至2012年7月31日经审计的净资产折股整体变更设立，方迪股份的注册资本已足额缴纳；深圳市市场监督管理局已于2013年7月5日出具“深市监信证〔2013〕320号”《复函》，方迪股份在2011年1月1日至2013年6月30日期间没有违反市场监督管理局有关法律法规的记录。因此，方迪股份的注册资本已真实、合法、足额缴纳，不存在违反《公司法》等相关法律法规的情形。

案例118 以第三方借款出资后再向公司借款偿还个人债务，存抽逃嫌疑（沃特能源）

上海沃特奇能源科技股份有限公司（沃特能源430355）通过提供地源热泵系统整体解决方案，为客户提供工程技术规划、设计、实施、运营维护等全程个性化定制服务。公司原身有限公司从设立至2012年5月间，股东以其第三方借款作为出资，后又以向有限公司的借款偿还其个人债务。问题：该现象是否构成增资后抽逃出资？是否对公司、债权人造成经济损失或实质损害？

解决思路及方案详解：

公司股东在有限公司阶段，因自有资金不足，且合规治理意识淡薄，存在非正常占用公司资金的行为。从公司设立至2012年5月间，股东袁谊等人为公司业务发展及壮大，以向第三方借款作为股东向公司的增资，后因偿还能力短时间内暂时有限，增资股东先后向有限公司借款以偿还其个人债务，股东向公司借款的金额累计达1000万元。在有限公司的后续经营过程中，股东通过现金和银行转账的方式陆续归还了公司借款：2007年4月20日之前，袁谊和张鸣合计归还借款8万元；报告期内，2012年及2013年1—4月股东先后归还借款合计992万元。截至2013年4月30日，公司历史上存在的股东借款已经全部偿还完毕。公司报告期内每名股东各自的借款及还款情况详见下表：

序号	股东	借款额（万元）	还款额（万元）
1	袁谊	483.30	483.30
2	王文根	152.09	152.09
3	房旻	130.67	130.67
4	朱宏杰	130.67	130.67
5	张鸣	37.02	37.02
6	唐敬	29.13	29.13
7	董姝	29.12	29.12
		992.00	992.00

公司于2013年8月20日取得了上海市工商行政管理局出具的《证明》："公司自2011年1月1日至开具证明之日，没有发现违反工商行政管理法律法规的违法行为而受到工商机关行政处罚的记录。"由于有限公司没有制订关联交易管理制度，上述股东向有限公司借款均未履行关联交易决策程序，也未签订借款合同、约定利息及资金占用费。为确认上述事实，全体7名股东签署了《关于豁免资金占用费的声明》："一致同意豁免支付历史上股东占用公司资金的资金占用费。"股份公司成立后，为防止股东及其关联方占用或者转移公司资金、资产及其他资源的行为发生，公司在《公司章程》和《关联交易管理办法》中对关联交易的决策程序做出了明确的规定，管理层与股东均承诺将严格执行上述制度。

综上所述，有限公司设立、增资过程中出现股东借款出资后再向公司借款偿还其个人债务的情况，虽存在合规性瑕疵，但是并未对有限公司、股东及债权人造成直接经济损失或实质危害，也未有相关纠纷或诉讼发生。股东借款增资均出于为公司的壮大和发展考虑。股东在后续经营中主动归还公司借款，不存在股东故意、长期非正常占用公司资金的情况。鉴于公司股东已偿还全部公司借款，工商部门亦出具了无行政处罚的证明，且公司顺利通过工商部门的历次年检，上述情况不会对公司未来的生产经营造成重大影响，也不存在重大的法律风险。为了保护公司利益不受损害，袁谊、张鸣、王文根、房旻、朱宏杰已出具《承诺》：如公司因上述股东借款事实在将来被工商部门处罚，袁谊、张鸣、王文根、房旻、朱宏杰将无条件承担公司的一切损失和责任。

律师认为：

“公司在有限公司阶段，股东以其第三方借款作为出资，后又以向有限公司的借款偿还其个人债务，致使股东和有限公司之间形成借贷关系，虽有瑕疵，但该瑕疵已得到弥补，在有限公司经营过程中，股东已归还全部借款。

“股东借款的行为未给有限公司、债权人造成经济损失或实质损害，公司经营正常。因此，有限公司股东出资已足额缴纳，股东向公司的借款行为对本次挂牌不构成实质性障碍，符合《业务规则》第2.1条第（三）款的“合法规范经营”规定。”

案例119 第三方代股东出资并由公司偿还（丰海科技）

广州市丰海科技股份有限公司（丰海科技830862）主要从事公路智能交通系统信息发布设备中的LED可变情报板、交通智能引导标志及其他公路信息设施及相关控制系统的研发、生产及销售。公司原身有限公司设立时，公司两股东的出资是由第三方代替出资并由公司偿还的，该行为是否损害公司及债权人的合法权益，是否对公司挂牌带来实质性的影响?

解决思路及方案详解:

依据公司提供的原始会计凭证、广州瀚祥贸易有限公司出具的确认文件，并经律师核查，丰海有限设立时，严公雷的700万元出资及胡亚平的295万元出资系委托广州瀚祥贸易有限公司代为支付；丰海有限设立后，丰海有限代严公雷、胡亚平向广州瀚祥贸易有限公司指定的第三方偿还完毕代为支付的款项及相应利息，丰海有限对股东形成“其他应收款”1000万元。

依据广州瀚祥贸易有限公司出具的《确认函》并经律师核查，广州瀚祥贸易有限公司确认已收回代严公雷、胡亚平支付的出资款9950000.00元及相关利息，与严公雷、胡亚平的债权债务已全部结清，与丰海有限之间不存在投资关系，对丰海有限不享有股权及其他任何权益。经核查，丰海有限成立后，陆续收到股东以货币支付的相关款项。

2013年12月5日，华寅五洲广东分所出具“华寅五洲穗专审字2013〔105〕号”《关于广州市丰海信息科技有限公司股东出资情况的专项审计报告》，对丰海有限股东支付上述款项的情况予以专项审计。

2013年11月25日，严公雷和胡亚平出具承诺：承诺丰海科技若因丰海有限设立时承诺人的出资行为受到行政部门的处罚或受到其他任何损失，承诺人将全额赔偿公司受到的损失。

综上认为：严公雷、胡亚平在丰海有限设立时，委托第三方代为支付投资款，并在丰海有限成立后，由丰海有限代其偿还第三方款项的行为，不符合我国《公司法》等相关规定。但是，丰海有限成立后，陆续收到严公雷、胡亚平以货币支付的相关款项，未损害公司及债权人的合法权益，同时，严公雷、胡亚平已出具承诺函，承诺承担公司因此可能受到的所有损失，因此上述行为不会对公司本次挂牌造成实质障碍。

案例120 未对公司形成重大影响的迟延出资问题（银橙传媒）

上海银橙文化传媒股份有限公司（银橙传媒830999）2014年8月挂牌，属于国内互联网广告行业综合服务商，业务涵盖：商务品牌、互联网媒体广告、网游推广、电子商务推广、计算机软件等。该公司在挂牌过程中曾出现延迟出资的问题，该怎样解决？

解决思路：

（1）说明延迟出资理由；

（2）阐明迟延出资未对公司的正常经营形成重大不利影响；

（3）控股股东做出承担未来或将受此处罚的承诺，并整改；

（4）详情如实披露。

方案详解：

根据银橙有限的工商登记资料，银橙有限成立于2010年3月9日，注册资本100万元，成立时缴纳第一期出资20万元，第二期出资80万元于2012年5月10日缴足，距公司成立时间已超过两年，违反了当时有效的《公司法》关于注册资本须在成立后两年内缴足的规定。

上海市工商局奉贤分局已于2014年6月3日签发证明，银橙有限在其管辖期间（自2010年3月成立至2010年4月迁往上海市工商局前），未发现有因违反工商行政管理法律法规的违法行为而受到工商行政管理机关行政处罚的记录。根据银橙有限成立时的三名股东王宇、隋恒举、李清龙的书面说明，因资金筹措等方面的原因，在银橙有限成立后两年内未能及时完成第二期出资，在完成资金筹措后，立即进行了第二期出资及其验资和工商变更登记工作。出资迟延未对公司的正常经营形成重大不利影响，且公司未因此受到工商行政管理部门的处罚。三人同时承诺，未来将严格遵守《公司法》等法律、法规、规范性文件关于公司注册资本管理的规定，避免出现相同或者类似的情形，如公司因上述出资延迟问题而受到工商行政管理部门处罚的，由其承担全部经济损失。

因此，尽管银橙有限设立过程存在出资迟延的瑕疵，但该迟延问题已得到及时纠正，银橙有限未因此而受到行政处罚，不影响其成立及存续的合法有效性，银橙传媒仍符合“依法设立并合法存续两年”的挂牌条件。

案例121 公司设立2年后才缴足出资款问题（弘陆股份）

上海弘陆物流设备股份有限公司（弘陆股份430584）主要从事物流设备及配件、机电设备及配件的销售，物流设备租赁及维修，机电设备租赁及相关领域内的技术开发、技术转让、技术咨询、技术服务。2007年7月，公司原身有限公司设立2年后，股东才缴足出资款，构成认缴出资迟延问题，该如何处理?

解决思路:

（1）验资报告验证出资属实；

（2）公司并未就上述逾期出资受到工商行政管理部门处罚记录，并已超过处罚时效（注意：2014年修订的《公司法》取消了对注册资本缴清年限的限制，但该公司挂牌时还未取消），已无行政处罚风险；

（3）未对公司及债权人等主体的利益造成侵害；

（4）如实披露详情。

方案详解:

（1）上海弘陆物流设备有限公司成立：2007年7月1日，潘宗容、陈庆、鲁啸订立了上海弘陆物流设备有限公司章程。弘陆有限设立时注册资本为50万元，分两期出资，首期出资额10万元。2007年7月12日，上海佳安会计师事务所出具的《验资报告》（佳安会验〔2007〕第681号），确认弘陆有限的注册资本的首期出资额10万元全部到位。

（2）弘陆有限第一次变更实收资本：2009年8月5日，弘陆有限股东缴足注册资本。潘宗容以货币出资 13.6 万元；陈庆以货币出资 13.2 万元；鲁啸以货币出资 13.2 万元，合计 40 万元。本次出资后，注册资本缴足。本次出资已经上海佳安会计师事务所 2009 年 8 月 5 日出具的《验资报告》（佳安会验〔2009〕第 3676 号）验证确认。上述变更于 2009 年 8 月 10 日经上海市工商行政管理局嘉定分局核准。弘陆有限于 2007 年 7 月 26 日成立，根据《公司法》相关规定，股东最迟应于成立之日起两年内缴足全部出资。弘陆有限股东 2009 年 8 月 5 日第二期出资到位，出资存在延迟现象。公司通过咨询律师及工商行政管理部门，认为公司自设立以来，均通过了历年的年检，工商行政管理部门未就上述逾期出资对公司及股东做出任何形式的行政处罚，股东延迟出资的违规行为较为轻微，并由会计师事务所对出资进行验证确认，没有对公司及债权人等主体的利益造成侵害。同时上述逾期出资的情形已经于 2009 年 8 月 5 日终了，截至本公开转让说明书出具之日已经超过《行政处罚法》规定的二年追责时效，故公司及股东不存在因上述逾期出资行为而受到行政处罚的法律风险。公司此次注册资本已全部缴足，不存在出资不实情形。

案例 122 合资企业延期缴付出资问题（麟龙股份）

沈阳麟龙科技股份有限公司（麟龙股份 430515）主要从事辽宁省内经营第二类增值电信业务中的互联网信息服务及计算机软件制作及相关技术咨询和售后服务。公司挂牌前，其原身有限公司设立时，股东出现延迟出资的现象，该怎样解决？

解决思路及方案详解：

公司其他股东出具声明免除股东延期出资的违约责任，同时做详情披露。内容：根据合营合同、公司章程及《关于沈台“沈阳麟龙科技有限公司”合同、章程及设立企业的批复》，各股东应营业执照颁发之日起 3 个月内一次性缴付出资。有限公司于 2002 年 1 月 15 日取得了营业执照，但股东邱一平分二期出资且第二期出资（8.33 万元人民币）于 2002 年 7 月 5 日缴付，超出了约定出资的期限。根据《中华人民共和国中外合资经营企业法实施条例》第二十八条及《中外合资经营企业合营各方出资的若干规定》第七条的规定，合营一方未按合营合同的规定如期缴付或者缴清其出资的，即构成违约。守约方可以依法要求违约方赔偿因未缴付或者缴清出资造成的经济损失，同时审批机关有权撤销对该合营企业的批准证书。因此麟龙科技设立时的股东沈阳智龙、沈阳鼎诺有权要求邱一平因延期出资赔偿给其经济损失，审批机关有权撤销合营企业的批准证书。就邱一平延期缴付出资事项，沈阳鼎诺的股东朱荣晖、鲁景义，沈阳智龙的股东倪忠威、颜为民，出具了声明，邱一平分期并且延期出资系经得到沈阳鼎诺、沈阳的同意，并同意免除邱一平延期出资的违约责任，各方对公司设立时的出资不存在任何争议或纠纷。此外，有关审批机关并未因邱一平延期缴付出资而撤销合营企业的批准证书。

公司律师认为邱一平在有限公司设立时未按合营合同和公司章程的约定而分期且逾期缴纳出资的行为，系取得了其他股东的同意，并且其他股东对邱一平逾期交付出资的违约责任予以免除，各方均对其出资不存在争议或纠纷。同时，有关审批机关并未因邱一平分期及延期缴付出资而撤销合营企业的批准证书，不影响有限公司的合法存续。

案例123 出资未按公司章程实施与处理（麟龙股份）

沈阳麟龙科技股份有限公司（麟龙股份430515）主要从事辽宁省内经营第二类增值电信业务中的互联网信息服务及计算机软件制作及相关技术咨询和售后服务。公司挂牌前，其原身有限公司设立时，出资未遵循公司章程的规定，该怎样解决？

解决思路及方案详解：

公司其他股东出具声明追认瑕疵出资的有效性，同时如实披露详情。内容：有限公司设立时，按照合营合同、有限公司章程等规定，沈阳智龙及沈阳鼎诺应以货币出资。但在实际出资时，由于沈阳智龙及沈阳鼎诺持有炒股软件及配套图书，因此股东经协商一致后同意沈阳智龙及沈阳鼎诺以炒股软件及配套图书进行出资。

依据《中华人民共和国中外合资经营企业法》第五条及《中华人民共和国中外合资经营企业法实施条例》第二十二条的规定，公司股东可以用实物进行出资。《中华人民共和国中外合资经营企业法》、《中华人民共和国中外合资经营企业法实施条例》之“第三章：组织形式与注册资本”及“第四章：出资方式”未对出资方式变更事项做出任何限制性的规定。但因合营企业章程和合同中约定的出资方式为货币，当其变更出资方式时，应同时变更合营企业合同及章程，并按照法律的规定经审批机构批准后生效。但公司股东变更出资方式时，并未履行董事会审批手续，也未报审批机构批准，存在不规范之处。就上述不规范之处，有限公司原股东邱一平、沈阳智龙（其已于2009年注销）股东倪忠威、颜为民以及沈阳鼎诺（其已于2008年注销）股东朱荣晖、鲁景义出具了声明，同意沈阳智龙、沈阳鼎诺变更出资方式，并对其出资的软件及图书的数额和价值予以认可，公司股东对出资方式变更等相关事项不存在任何争议和纠纷。在2007年9月变更为内资企业时，公司未因出资方式变更事项而受到过处罚（详见本公开转让说明书“第一节：基本情况”之“四、公司股本形成及变化”及之“（二）有限公司第一次股权转让及有限公司第一次增资”），公司通过了历年工商年检。

公司律师认为，有限公司设立时股东变更出资方式虽未向审批机关办理审批手续，但其变更后的出资方式符合相关法律法规的规定，股东之间就出资方式变更一事不存在任何纠纷，且审批部门和工商行政管理部门其后并未提出异议和进行行政处罚，有限公司变更出资方式的行为不影响有限公司的有效存续。

案例124 非专利技术出资占比78%，存国资流失嫌疑（铜牛信息）

北京铜牛信息科技股份有限公司（铜牛信息430243）主要从事互联网接入服务，互联网信息服务业务，销售通信设备、电子产品、计算机、软件及辅助设备等业务。公司原身有限公司成立时，注册资本中非专利技术占比达到78%。问题：该事件是否符合相关法规的规定，是否存在国有资产流失和潜在纠纷？

解决思路：

（1）阐述并披露地方性法规的要求；

（2）说明取得了市工商局核准登记；

（3）控股股东出具确认函；

（4）详情如实披露。

方案详解：

2004年8月28日修订的《中华人民共和国公司法》第二十四条第二款规

定:“以工业产权、非专利技术作价出资的金额不得超过有限责任公司注册资本的百分之二十，国家对采用高新技术成果有特别规定的除外。”2000 年 12 月 8 日，北京市人大常委会依据国务院《关于建设中关村科技园区有关问题的批复》（国函〔1999〕45 号）颁布了《中关村科技园区条例》（北京市人大常委会公告第 25 号，以下称《条例》，有效期至 2010 年 12 月 23 日），北京市人民政府于 2001 年 3 月 2 日颁布了《中关村科技园区企业登记注册管理办法》（北京市人民政府令第 70 号，以下称《办法》，有效期至 2007 年 11 月 23 日）。

上述法规对中关村科技园区内企业以高新技术成果作价出资做出规定。

《条例》第十一条规定:“以高新技术成果作价出资占企业注册资本的比例，可以由出资各方协商约定。”

《办法》第十三条规定:“以高新技术成果出资设立公司和股份合作企业的，对其高新技术成果出资所占注册资本（金）和股权的比例不作限制，由出资人在企业章程中约定。企业注册资本（金）中以高新技术成果出资的，对高新技术成果应当经法定评估机构评估。”

《办法》第十四条规定:“出资人以高新技术成果出资，应当出具高新技术成果说明书；该项高新技术成果应当由企业的全体出资人一致确认，并应当在章程中写明。经全体出资人确认的高新技术成果可以作为注册资本（金）登记注册。”

《办法》第十五条规定:“工商行政管理机关对以高新技术成果作价出资的，应当在《营业执照》经营范围栏的最后项下注明作为非货币出资的技术成果的价值金额、占注册资本的比例以及是否办理了财产转移手续的情况。”

当时有效的北京市工商行政管理局于 2004 年 2 月 6 日颁布的《关于印发 <改革市场准入制度，优化经济发展环境若干意见 >的通知》对内资企业注册资本（金）缴付方式进行改革，规定:“投资人以高新技术成果出资，应当出具经全体投资人一致确认的高新技术成果说明书。以高新技术成果作价出资占企业注册资本（金）的比例，可以由投资各方协商约定。”

2005 年 9 月 21 日，由铜牛针织集团、高鸿波等 9 方共同签署了《高新技术成果说明书及确认书》，共同确认该非专利技术为高新技术成果，同意以该高新技术成果投入有限公司中。同时，用于出资的此项非专利技术亦由北京新京联成资产评估有限公司进行了评估，并出具评估报告书确认该项非专利技术的评估值为 78 万元。

2005 年 10 月 10 日，公司所有股东签订了《财产转让协议》，将该非专利技术转移给有限公司，且经北京中万华会计师事务所审计，该非专利技术已完成转移手续。有限公司也于 2005 年 10 月 10 日召开股东会，全体股东一致同意以非专利技术出资 78 万元。该股东会决议通过的《公司章程》亦明确载有该项无形资产出资的内容。北京市工商行政管理局核准了公司的设立登记，并在公司营业执照的经营范围栏的最后项下注明了作为非货币出资的技术成果的价值金额。因此有限公司成立时无形资产占注册资本的比例符合当时有效的相关规定，出资形式合法，出资有效到位。

关于非专利技术出资比例的事项，律师事务所在其为本次公司进入全国中小企业股份转让系统出具的《法律意见书》中发表了如下意见：铜牛信息有限设立时，注册资本中非专利技术占比达到 78% 是符合当时相关规定的；并且取得了北京市工商局核准登记，铜牛信息有限的非专利技术出资合法、有效。北京纺织控股有限责任公司作为铜牛集团及铜牛信息的控股股东，于 2013 年 5 月 24 日出具了《关于北京铜牛信息科技股份有限公司历史沿革有关问题的报告》，确认："上述非专利技术出资虽未根据《国有资产评估管理若干问题的规定》进行国有资产评估备案，程序上存有瑕疵，但国有产权明晰，不存在纠纷，并未造成国有资产流失，亦未损害国有权益。"

案例 125 存在多种出资瑕疵，如何处理（中科网络）

湖北中科网络科技股份有限公司（中科网络 430390）主要从事建筑智能化工程、网络系统集成及增值服务等业务。公司原身有限公司设立时，出现多种出资瑕疵，该如何处理才不影响公司挂牌？

解决思路：

（1）实物出资虽未经评估，但因购买时间与出资时间短以实际购买价格作价，并省工商行政管理局核准；

（2）出资时货币资金存入个人账户，补足出资；

（3）全额现金置换无法办证的房屋资产出资；

（4）详情如实披露。

方案详解:

根据公司设立时的工商登记材料，股东袁建华用于出资的实物资产未进行评估。由于公司成立时间较早，成立时股东法律规范意识不足，且当时湖北省工商行政管理局未要求公司提供相应的资产评估报告，故实物资产未经评估，实物出资存在一定瑕疵。对此，公司律师出具法律意见，认为实物出资未经评估存在瑕疵，不符合原《公司法》的规定，但上述作为出资的实物是以实际购买价格作价出资，且袁建华购买该设备时间为1998年3月，出资时间为1998年4月，不存在减值情形，该实收资本已经过验资及湖北省工商行政管理局核准登记，公司确已收到该批设备，股东出资到位。

公司设立时袁建华以货币出资7.70万元，曾凡俐以货币出资29.80万元，工商材料显示袁建华、曾凡俐将拟用于出资的货币资金存入个人账户而非验资户。上述出资已实际到位，但存在程序瑕疵，为规范上述事项，有限公司于2013年5月30日召开临时股东会，决议向股东分红37.50万元，各股东签署《股东确认书》，同意以分红补足公司设立时的货币出资。股东因本次分红应缴纳的个人所得税7.50万元已交予公司，由公司履行代缴义务。根据武汉市相关政策，因进入全国股份转让系统挂牌而产生的各项税费可以暂缓缴纳，故公司暂未将税款缴纳给税务机关。

因原出资房产无法办理房产证书，2013年2月4日，公司召开股东会，全体股东一致同意股东袁建华以货币出资置换2008年4月以公司房产作价300万元的出资。2013年2月6日，湖北长江会计师事务所有限公司出具《资本替换验资报告》(鄂长会验字〔2013〕第0204号)，验证截至2013年2月5日，股东袁建华用于替换出资的300万元货币已全部到位。

案例126 股东实际出资与工商登记比例有差异（万洲电气）

万洲电气股份有限公司（万洲电气430436）主要从事电力系统自动化控制与节能相关产品的研发、生产与销售。公司挂牌前曾有一问题：有限公司股东实际出资比例与工商管理部门登记的比例有差异，该如何处理？

解决思路与方案详解:

以工商登记为准，更正差异并披露详情。内容：实际出资比例与股东约定的在工商管理部门登记的出资比例有差异，因此，2002年5月12日，全体股东签署了《关于股本调整的说明》，按照章程约定赵世运出资比例应为40%，李明辉出资比例应为15%，李峰出资比例应为15%，包群英出资比例应为15%，因此该说明同意本次按上述出资比例将股东多交的部分退回，没有交足的部分补齐（各股东股本之间的调整所涉及的钱款由股东之间自行调整）。此外，本次还将原开具的不符合要求的收据全部收回，重新开具符合要求的收据予以更正。

案例127 事业单位下属企业出资与法律效力存疑（昊福文化）

北京昊福文化传播股份有限公司2014年5月挂牌，公司的主营业务是从事非同步教辅图书的策划、设计、制作与发行。2011年12月22日，广西师范大学出版社出资500万元认购北京昊福文化15.87万股股权，该出资行为仅得到广西师范大学的同意。问题：请补充提供国有资产监督管理机构或国务院、地方政府授权的其他部门、机构关于同意广西师范大学出版社出资北京昊福文化的批复，并讨论其法律依据是否充分。

解决思路及方案详解：

（1）广西师范大学同意广西师范大学出版社对昊福文化的出资行为具有法律依据：昊福文化股东之一——广西师范大学出版社集团有限公司系广西师范大学全资设立的有限责任公司，其《营业执照》上所载企业类型为内资法人独资。广西师范大学是广西壮族自治区区属事业单位，而广西师范大学出版社集团有限公司并非事业单位。

根据《事业单位国有资产管理暂行办法》（财政部令第36号）、《广西壮族自治区行政事业单位国有资产管理办法》（广西壮族自治区人民政府令第68号）、《关于印发自治区本级行政事业单位国有资产使用管理暂行办法的通知》（桂财资〔2012〕9号）的有关规定，广西壮族自治区财政厅是广西师范大学国有资产管理的职能部门，负责对广西师范大学国有资产实施综合管理；广西壮族自治区教育厅是广西师范大学的主管部门，负责对广西师范大学国有资产实施监督管理；广西师范大学作为区属事业单位负责对本单位国有资产实施具体管理。

《事业单位国有资产管理暂行办法》第六条第（三）款规定，“（各级财政部门）按规定权限审批本级事业单位有关资产购置、处置和利用国有资产对外投资、出租、出借和担保等事项”；第七条第（三）款规定，“（各级事业单位的主管部门）审核本部门所属事业单位利用国有资产对外投资、出租、出借和担保等事项，按规定权限审核或者审批有关资产购置、处置事项”。《广西壮族自治区行政事业单位国有资产管理办法》第四条第（二）款规定，“（各级财政部门）负责行政事业单位资产配置、处置、产权变动和利用国有资产对外投资、出租、出借以及担保等事项审批”；第五条第（三）款规定，“（各级事业单位的主管部门）负责权限范围内审核或者审批所属事业单位对外投资、担保”。《自治区本级行政事业单位国有资产使用管理暂行办法》第三条规定，“本办法所称的自治区本级行政事业单位国有资产使用，是指自治区本级行政事业单位自用、出租、出借以及事业单位对外投资和担保等行为”；第五条规定，“自治区本级行政事业单位负责本单位国有资产使用的具体管理”。根据上述规定，广西壮族自治区财政厅和广西壮族自治区教育厅对所属事业单位广西师范大学对外投资的审批要求只具体到广西师范大学自身利用国有资产对外投资这一层面。

《事业单位国有资产管理暂行办法》第八条第（一）款规定，“事业单位负责对本单位占有、使用的国有资产实施具体管理。根据事业单位国有资产管理的有关规定，制定本单位国有资产管理的具体办法并组织实施”；《广西壮族自治区行政事业单位国有资产管理办法》第六条第（一）款规定，“行政事业单位负责制定本单位国有资产管理的具体办法并组织实施”。根据上述规定，应由广西师范大学负责制定本单位国有资产管理的具体办法并负责具体实施。

广西师范大学《关于加强校办企业管理，深化校办企业改革的若干意见》（师政校产〔2005〕2号）第一条第（一）款规定，“校产管理处是代表学校对企业行使出资人权利的职能部门，必须加大对国有资产保值增值的监管力度，维护学校合法利益，同时做好企业日常经营管理的服务工作”。广西师范大学《关于我校校办企业对外投资管理的暂行规定（试行）》（师政校产〔2005〕4号）第三条，规定“校办企业对外投资，（对外投资报告）必须严格按照我校《关于校办企业财务审批权限暂行规定》（师政财经〔2000〕3号）逐级报批”；第五条规定，“学校对校办企业“对外投资报告”的批复，一律以学校正式文件（包括校长办公会会议纪要）为准”。广西师范大学

《关于校办企业财务审批权限暂行规定》（师政校产〔2000〕3 号）第三条规定，“企业因生产发展需要，进行生产性投资或对外投资，均需要提供可行性论证报告，报主管部门（校产管理部门）审查和校领导审批，未经审批，单位财务不得划拨资金”。

综上，广西师范大学出版社作为广西师范大学的校办企业，对于广西师范大学出版社对昊福文化的本次投资，广西师范大学已于 2011 年 11 月 20 日批准并出具了《关于同意广西师范大学出版社有限责任公司投资北京昊福文化传播有限公司的函》，因此，律师认为广西师范大学同意广西师范大学出版社对昊福文化的出资行为具有法律依据。

（2）广西师范大学出版社在昊福文化的出资已经补充取得了相关国有资产管理部门的国有股权设置批复：在昊福文化向全国中小企业股份转让系统提交申请材料的同时，昊福文化已通过广西师范大学出版社、广西师范大学开始补办国有股权设置批复。广西师范大学向广西壮族自治区教育厅呈递《关于补办广西师范大学出版社在北京昊福文化传播股份有限公司国有股权设置的请示》（师政报〔2013〕0281 号）；广西壮族自治区教育厅向广西壮族自治区财政厅呈递《关于补办广西师范大学出版社在北京昊福文化传播股份有限公司国有股权设置的函》（桂教函〔2014〕144 号）。2014 年 3 月 14 日，广西壮族自治区财政厅出具了《关于广西师范大学出版社集团有限公司对外投资国有股权确认的复函》（桂财资函〔2014〕45 号），补充确认了广西师范大学自身利用国有资产对外投资这一层面。《事业单位国有资产管理暂行办法》第八条第（一）款规定：“事业单位负责对本单位占有、使用的国有资产实施具体管理。根据事业单位国有资产管理的广西师范大学出版社对昊福文化的国有股权投资，并对广西师范大学出版社在昊福文化的国有股权设置进行了批复。根据该批复，“截至目前，广西师范大学出版社集团有限公司持有北京昊福文化传播有限公司 250 万股份，持股比例 9.75%，股权性质为国有法人权。”

综上，广西师范大学出版社对昊福文化的出资已经取得广西壮族自治区财政厅的补充确认，且广西师范大学出版社在昊福文化的国有股权设置已经取得广西壮族自治区财政厅的批复。

案例 128 股东出资未如期缴纳出资款的处理（中航讯）

北京中航讯科技股份有限公司（中航讯 430109）主营业务是为城市运

营管理行业客户提供移动视频信息采集、传输、处理的整体解决方案。公司主要产品为3G移动信息综合管理系统、3G。公司设立时股东未如期缴纳出资款，该如何处理？

解决思路：

（1）说明认缴出资后期已缴纳到位，所有股东都存在同时违约情况致使责任相互抵消，对股东利益没有损害；

（2）表明公司正常通过年检，对公司经营影响较小；

（3）说明变更出资方式符合法律法规和公司章程；

（4）如实披露相关信息。

方案详解：

2007年12月，倪军、李昂、北京联泰信达投资咨询有限公司（以下简称：联泰信达）共同设立北京中航讯科技有限公司，实收资本200万元，注册资本1000万元。其中联泰信达人教800万元（实缴190万元），倪军、李昂认缴各100万元（各实缴5万元）。2008年6月10日，有限公司召开临时股东会，全体股东一致同意北京联泰信达投资咨询有限公司把在有限公司的认缴而未缴的610万元货币出资中的260万元转让给倪军，50万元转让给李昂，同时修改公司章程。

直到2010年7月14日，有限公司召开临时股东会，全体股东一致同意补充出资800万元并变更出资方式，同意倪军将认缴而未缴的355万元货币出资方式变更为知识产权出资方式，同意李昂将认缴而未缴的145万元货币出资方式变更为知识产权出资方式，同意北京联泰信达投资咨询有限公司将认缴而未缴的200万元货币出资转让给李昂，由李昂以知识产权出资方式缴付，该次股权转让为无偿转让。至此800万认缴而未交的出资款得解决。

中航讯变更出资方式，符合法律法规及公司章程规定，合法有效；出资额中70%为经过相关机构的评估作价的知识产权，符合《公司法》的规定，合法有效；公司股东虽未按照法律及公司章程的规定如期缴纳800万出资款，但是，三方已经于2007年7月不足了款项，三方之间的违约责任相互抵消，对公司影响较小，对挂牌不构成实质影响。

第二部分

股东与股权

CHAPTER8

第八章

股权代持、清理及其股东资格的确认

本章要领 15 大案例及 21 种常规、典型实务问题及其解决思路

◎将解决的 21 种实务问题

①工会代持股份的合法性质疑；②代持折扣抵补及其潜在纠纷；③工会代持股份或存非法集资嫌疑；④关联方代缴出资或存代持关系；⑤委托持股关系；⑥股权代持的形成、变动及解除；⑦因实际出资人长期不在公司形成的股权代持；⑧因股东分散而形成的股权代持；⑨在有限公司阶段存在代持；⑩大学学生和老师为股东或存股权代持嫌疑；⑪防止商标被抢注所形成的股权代持；⑫委托持股及其清理与操作；⑬因已有公司故而由亲戚代持股份；⑭股份代持解除该怎样披露；⑮代持奖励股与非自有资金出资；⑯避免注册信息泄露而形成股权代持；⑰历史沿革中的多次代持或存潜在纠纷；⑱复杂股权代持的厘清；⑲与香港企业的债务关系或存股权代持质疑；⑳股权代持合法性的陈述；㉑增资过程中的股权代持。

◎典型问题及一般性解决思路

1. 股权代持及其形成原因

股东资格问题主要集中为股权代持问题。股权代持是指实际出资人对外隐瞒其作为出资人的事实，以他人名义代其履行股东权利义务的一种股权或股份处置方式，又称委托持股、隐名投资。在此种情况下，实际出资人与名义出资人之间往往通过股权代持协议确定存在代为持有股权或股份的事实。这里的“股权代持协议”就是股东将自己的股份以其他股东名义在工商管理部门登记，同时与名义股东签订协议确认股份的实际持有人为未登记的股东。

股权代持形成的原因：

（1）真实的出资人不愿意公开身份；

（2）为了规避经营中的关联交易；

（3）为了规避国家法律对某些行业持股上限的限制；

（4）有些公司对股东身份有特别的要求，不符合要求的人也想成为股东，私下出资请别人代持股份。

2. 代持清理与明晰要求

虽然《最高人民法院关于适用〈中华人民共和国公司法〉若干问题的规定（三)》专门就股权代持问题进行了规定，肯定了股权代持的合法性，但是作为公众公司，股权必须明晰。所以，证监会在《首次公开发行股票并上市管理办法》中明确要求：发行人的股权清晰，控股股东和受控股股东、实际控制人支配的股东持有的发行人股份不存在重大权属纠纷。这样要求的动机在于股份代持可能导致股权不清、引发股权纠纷及公司的不稳定，进而隐藏违法犯罪的可能性。

由于《全国中小企业股份转让系统业务规则》对股权转让的要求仅为“股票发行和转让行为合法合规”，并未明确禁止股权代持，但是也要求挂牌公司股权明晰，因此，股权代持情况无论是在企业上市还是新三板挂牌中均需要清理。可参照《首次公开发行股票并上市管理办法》和《首次公开发行股票并在创业板上市管理办法》的有关规定。

3. 股权代持的核查

股权代持的核查首先要从公司股东入手，向股东说明相关法律法规的规定，明确股权代持对公司上新三板挂牌转让的法律障碍，说明信息披露的重要性，阐述虚假信息披露被处罚的风险，说明诚信在资本市场的重要性。如果股东能够自己向中介机构说明原因，一般情况下，中介机构可以根据股东的说明进一步核查，提出股权还原的解决方案。核查中需要落实是否签署了股权代持协议、代持股权时的资金来源、是否有银行流水、代持的原因，还原代持时应当由双方出具股权代持的原因、出资情况，并说明还原后不存在任何其他股权纠纷、利益纠葛。

如果股东未向中介机构说明，中介机构自行核查难度较高，但还是可以通过专业的判断搜索到一些蛛丝马迹，如该股东是否在公司任职、是否参加股东会、是否参与分红股东、是否有资金缴纳出资、是否是以自有资产出资，与公司高级管理人员访谈，了解股东参与公司管理的基本情况等。

4. 股权代持的解决

股权代持的常规解决思路：

（1）核查清楚股份代持原因及形成过程；

（2）通过股权转让的方式解除股份代持关系，还原真实持股情况；

（3）在解除终止委托代持关系的时候，要特别关注实际控制人是否发生变化；

（4）涉及股权代持的各方签署《承诺函》，承诺在股权代持关系形成、存续、演变和解除的过程中，各方之间不存在现实或潜在的争议、纠纷及其他隐患等；

（5）在公开转让说明书中对股权代持情况进行充分披露。

案例 129 工会代持、折扣抵补或存潜在纠纷（天羚绒业）

新疆天羚绒业科技股份有限公司（天羚绒业 832427）于 2015 年 5 月挂牌，公司主要从事羊毛、羊绒的购销、加工和加工品的销售。2004 年天羚畜产工会从自治区供销社、杜安民处取得有限公司 400 万股股权，系代持职工出资。2014 年还原为职工直接持股，原配股部分对应的股份转让给供销集团。该公司在申请挂牌的报告期内存在以下四个问题：

问题一：工会代持职工股的解除是否取得了被代持职工的确认，工会代持职工股解除的有效性？

问题二：职工通过折扣取得的股份的具体来源，是否符合（新政发办〔2002〕132 号）文件“折扣部分由供销社未折股净资产抵补”的规定？

问题三：说明历次股权转让时的定价依据、股权转让款支付情况，转让价格是否公允？工会作为受让方时的资金来源，是否合法合规？

问题四：说明职工入股款由公司收取后长期未支付的原因，仅有应付供销社款项，而无应付杜安民款项的原因，是否存在争议或潜在纠纷？

解决思路：

（1）代持解除取得职工认同，同时履行股东会决议等程序；

(2) 职工折扣取得股票的理由、抵补的途径，股改、审验等履行合法程序；

(3) 列举历次股权转让经过与过程并标明其合规合法性；

(4) 由职工出具“不存在争议或潜在纠纷”的说明，并提供事项经过的相关程序性文案和证据；

(5) 上述详情如实披露。

解决途径：

(1) 核查工会会议文件、职工缴纳股款凭证、文件、批复、股东会决议、工商登记资料等。

(2) 主要事实证据：历次工会委员会会议决议、职工入股款确认登记表；文件、批复。

(3) 结合核查程序和取得的证据做出判断并解决相关问题。

方案详解：

对问题一：工会代持职工股解除的有效性。

2014 年 9 月 1 日，天羚公司工会委员会会议决议同意工会将代持出资职工的全部股权共计 1462187.50 元（占比 14.62%）分别转由出资职工按出资额比例直接持有。工会代持职工股的解除取得被代持职工的确认，同日，有限公司召开股东会，决议解除工会代持工股，由各出资职工按出资额比例直接持有。本次工会代持职工股的解除程序合法合规，具备有效性。

对问题二：职工通过折扣取得的股份的具体来源。

根据“新政办发〔2002〕132 号”，自治区供销社下发了“新供联办〔2002〕30 号”，决定将职工个人股由原来的 100 万元增至 400 万元；对出资入股的职工按照“新政办〔2000〕132 号”文件规定享受按现金出资额给予 1:1 配股、一次性出资到位给予 20% 的优惠政策。折扣部分由供销社未折股净资产抵补。公司经过核查并经出资职工确认，截至 2004 年职工共计缴纳现金出资为 1169750.00 元，加上按照上述批复规定享受的 20% 优惠（即折扣股份），36 名职工享有所有权的实际出资金额为 1462187.5 元。(列表略)

2014 年 9 月，有限公司 37 名股东召开临时股东会，决议同意有限公司依法整体变更为股份公司。2014 年 9 月 18 日，大华会计师事务所（特殊普通合伙）出具了“大华审字〔2014〕006088 号”《审计报告》，审验截至 2014 年

6月30日，有限公司净资产为36683209.91元；以1∶0.8178的比例折为30000000.00股，由各股东按原出资额比例持有，余下未折为股份的6683209.91元计入股份公司的资本公积。

对问题三：历次股权转让的合法合规。

公司历次股权转让，工会作为转让方或受让方的共计3次：

（1）2004年7月第一次股权转让，由天羚畜产工会受让自然人杜安民的出资100万元和自治区供销社的出资300万元，受让后天羚畜产工会共持有出资额400万元，占总股本的30.77%。本次转让工会持股系供销社因体制改革预留职工股份总额，并非确定的职工最终的认购结果。职工按照实际缴纳股款金额同时依据“新政发办〔2002〕132号”文件的规定享有相应股东权利。经公司核查，职工实际共计缴纳现金1169750元，故享受1462187.5元股权所有权，并享受1∶1配股部分收益权。本次股权转让经沙区工商局变更登记。（本次股权转让引起的股权结构变化情况略）

（2）2007年5月第三次股权转让时，股东上海大洋恒美国际贸易有限公司将持有的公司出资额300万元分别转让给天羚畜产工会、新疆兴合资产经营有限责任公司、新疆辰星日用杂品再生资源有限责任公司、新疆棉花产业（集团）有限责任公司各75万元，并签订有股权转让协议，转让价款以出资原价计算，价款的给付仍然在“新政发办〔2002〕132号”规定的职工缴款范围内。本次转让合法合规。本次股权转让经沙区工商局变更登记。（本次股权转让引起的股权结构变化情况略）

（3）2014年9月第五次股权转让时，天羚畜产工会将持有的400万元出资额中的2537812.50元股权（占注册资本的25.38%）转让给供销集团公司持有，1462187.50元（占注册资本的14.62%）分别转由36名出资职工直接持有，天羚畜产工会分别与36名自然人签订了股权转让协议。本次转让实为工会代持的还原，无股价给付事项。2014年9月29日，高新区工商分局核发“（高新）登记内变字〔2014〕第609160号”《准予变更登记通知书》，对本次变更事项予以核准。（本次股权转让引起的股权结构变化情况略）

对问题四：职工入股款由公司收取后长期未支付的原因，仅有应付供销社款项而无应付杜安民款项的原因，是否存在争议或潜在纠纷。

根据公司的陈述及供销社文件《新疆天羚畜产有限责任公司调整优化股

权结构方案的批复》（新供联办〔2002〕30号）的相关规定，“为了支持天羚畜产今后的经营发展，区社同意将股权结构调整后，余留的社有净资产60万元和区社借给天羚公司原自然人出资入股的100万元，均作为社有不折股资产，暂留天羚公司有偿使用，区社参照同期银行贷款利率收取占用费”。职工入股款由公司收取后计入其他应付款。公司对自治区供销社的债务，长期未偿付，系供销社出于对天羚绒业经营的支持，同意留在公司使用。杜安民名下的100万元系自治区供销社借给以杜安民为代表的职工用于出资，是自治区供销社在对企业改制及调整股本结构时为设置职工个人股预留的股权，在职工认股股份时转换为工会代持的职工所有，故不存在对杜安民的应付款项。杜安民已出具说明对此不存在争议或潜在纠纷。

综上，工会代持职工股的股份取得、转让、股价支付及工会代持的解除均合法合规，不存在争议及潜在纠纷。

案例130 工会代持与挂牌障碍（欧丽信大）

郑州欧丽信大电子信息股份有限公司（欧丽信大430528）主要从事无线网络系统工程、信息技术开发与技术服务、电子产品、软件产品的开发、生产及销售，人民防空机动指挥通信系统装车与销售等。公司原身有限公司成立时，欧丽集团工会出资额为365万元，占注册资本的比例为2.77%，是欧丽集团工会委员会代持的职工股。

问题一：请说明欧丽集团工会持股的适格性。

问题二：欧丽集团工会代持股份是否构成非法集资？

问题三：公司、股东与工会持股之间股权关系是否清晰，是否存在关联关系？

解决思路及方案详解：

做出合规合法的解释并如实披露，内容：

关于欧丽集团工会持股情况的说明：公司参股股东欧丽集团的股东为中国华融资产管理有限公司、郑州市国有资产监督管理委员会和欧丽集团工会。其中欧丽集团工会出资额为365万元（占注册资本13188万的比例为2.77%）是欧丽集团工会委员会代持的职工股。其形成过程如下：郑州市经济体制改革委员会1994年6月18日下发了《关于设立郑州欧丽电子（集团）股份有限公司的批复（郑体改字〔1994〕第81号）》，批准了设立欧丽集团，并批准公司内部职工持股340万股。据此，欧丽集团设立时于1994年8月向1223名职工募股，职工入股金额为349万元。2001年欧丽集团进行债转股，债转股前资产评估增值，增值率4.64%，增值后工会代个人股持股金额变为365万元。债转股后欧丽集团实收资本总额为13188万元，其中：中国华融资产管理公司持股比例为86.65%；郑州市国资委持股比例为10.58%；欧丽集团工会持股比例为2.77%。

对问题一：欧丽集团工会持股适格性。

欧丽集团是郑州市属企业，欧丽集团工会作为隶属于郑州市总工会的基层工会，经郑州市总工会核准取得工会法人资格，并独立享有民事权利，承担民事义务，符合法律、法规及规范性文件的规定。相关法律法规及中国证监会发布的法律意见中，仅要求拟上市公司的股东和实际控制人不属于职工持股会及工会持股，未要求拟上市公司实际控制人之外的股东不存在工会持股或工会持股。欧丽集团仅为公司的参股股东，并非控股股东或实际控制人，欧丽集团工会持股不属于证监会禁止的情形。

对问题二：欧丽集团工会代持股份不构成非法集资。

欧丽集团工会代持职工股份符合当时法律法规的规定，获得当时主管机关的批准，并不购成非法集资，目前也没有法律法规要求清理。欧丽集团工会不是公司的股东，欧丽集团也不是公司的实际控制人，欧丽集团工会持股不构成公司挂牌的障碍。

欧丽集团工会持有欧丽集团2.77%的股份，间接持有公司0.92%的股份，难以直接或间接对公司造成任何影响。在1994年7月欧丽集团募集股份在其内部发布的《郑州欧丽电子（集团）股份有限公司募股方案》明确；“二、募股原则：1. 根据国家的法律、法规，实行入股自愿、入股不退、过期不候的原则。”“入股自愿、入股不退”保证了工会代持的股份的稳定性。

对问题三：公司股东与工会持股之间股权清晰，不存在关联关系。

公司股东何丽君、王晓敏、蒋旭平、汤清龙、付强、张建峰、沈红印、葛益平、王全新、赵俊杰、乔志勇等11名人员1994年在欧丽集团任职时，按照《（欧丽集团）招股细则》的规定，持有了由工会代持的欧丽集团股份。公司2009年进行股份制改制时，何丽君等11名自然人股东已将其由欧丽集团工会代持的欧丽集团股份转让给原欧丽集团董事长蒋宏扣。公司实际控制人的十位自然人股东，目前未通过欧丽集团工会持有欧丽集团股份，实际控制人未通过欧丽集团工会控制公司，公司与工会持股之间股权清晰，不存在关联关系。

综上所述，欧丽集团工会持股不构成欧丽信大在全国股份转让系统挂牌的障碍。

案例131 关联方代缴出资与代持关系的厘清（乐升股份）

北京乐升科技股份有限公司（乐升股份430213）主要从事技术开发、咨询、服务，计算机技术培训及技术进出口。公司原身有限公司成立时由关联方代缴出资，该如何清理并解决?

解决思路:

（1）双方签署委托支付投资款的委托协议，并出具非代持的证明及声明书;

（2）披露详情。

方案详解:

2006年9月27日，XPEC ENTERTAINMENT HOLDINGS（CAYMAN）LTD. 代香港启升向有限公司汇入投资款12.5423万美元，作为香港启升投入有限公司的新增注册资本。2006年11月10日、11月17日及11月29日香港启升分别向有限公司汇出投资款12.8005万美元、10万美元及14.6587万美元，以上四笔款项共计50.0015万美元，均存入有限公司在中国工商银行北京分行海淀支行营业部开立的账户，该营业部出具了《外汇款收账通知》。2006年12月18日，北京数码会计师事务所有限公司出具“开验字〔2006〕第1591号”《验资报告》，确认截至2006年11月29日，香港启升对有限公司新增加的50万美元出资已全部缴纳完成。2006年12月31日，北京市工商行政管理局出具“京工商注册企许字〔2006〕0035812号”《准予设立（变更、注销、撤销变更）登记（备案）通知书》，核准了50万美元出资已全部缴纳的变更登记事项。

公司律师认为：根据香港启升与XPECENTERTAINMENT HOLDINGS

（CAYMAN）LTD. 在2006年9月27日签署的关于委托支付投资款12.5423万美元的《委托协议》、双方出具的证明书及声明书，XPEC ENTERTAINMENT HOLDINGS（CAYMAN）LTD. 与香港启升之间是借款12.5423万美元的债权债务关系，不存在股权代持关系，且香港启升已经将该借款全部归还，双方不存在任何争议和法律纠纷。

案例132 成立时的委托持股如何解决（新吉纳）

济南新吉纳远程测控股份有限公司（新吉纳430517）主要从事油田无线远程测控系统和无线随钻仪的研发、生产和销售。2002年3月公司成立之初，注册资本50万元，工商登记显示为2人，但是实际公司股东应为6人，是否存在股权代持关系，如何解决？

解决思路：

（1）股份代持各方签订《解除委托持股协议书》，确认各方权利；

（2）如实披露详情。

方案详解：

2002年3月公司成立之初，注册资本50万元，工商登记显示股东为卢祥明及余民二人，但是实际公司股东应为6人。

委托持股股东魏岭、孙国春、黄程云及陈志雄的股权由卢祥明及余民代为持有。2009年5月，委托持股股东魏岭、孙国春、黄程云及陈志雄考虑到卢祥明及余民对于公司经营的贡献，自愿终止了委托持股关系，由卢祥明、余民按注册资本每一单位股本退还1元进行出资退回，至此委托持股关系终止。为了明确公司股权，避免股权纠纷，上述代持各方于2013年4月22日，自愿签订了《解除委托持股协议书》，对上述代持关系的形成及终止情况进行了确认，并确认委托持股股东魏岭、孙国春、黄程云及陈志雄已收到上述退回的出资，未来将不会就上述代持事宜向卢祥明及余民主张任何股东权利。

案例133 代持的形成、变动及解除问题（安尔发）

东莞安尔发智能科技股份有限公司（安尔发430569）主要从事安防产

品的核心电子设备及成品的设计开发、销售与技术服务。公司在挂牌前，存在股权代持、变动及解除现象，其程序是否合法合规?

解决思路:

(1) 阐明股权代持的形成、变动及解除情况;

(2) 证明股权代持行为的合法性;

(3) 如实详情披露。

方案详解:

1. 股权代持的形成、变动及解除情况

(1) 股权代持的形成：2006年12月23日，有限公司召开股东会，全体股东一致同意股东世维电子将其31万元出资转让给邓金花，2007年1月16日，东莞市工商行政管理局核准了上述变更登记事项。2007年9月5日，有限公司召开股东会，全体股东一致同意股东邓新文将其41万元出资转让给邓金花，2007年9月20日，东莞市工商行政管理局核准了上述变更登记事项。2008年5月20日，有限公司召开股东会，全体股东一致同意股东吴建辉、王庚平、谭治兵、荆辉、张建平、李芳和龚成亮将其出资全部转让给邓金花，2008年6月13日，东莞市工商行政管理局核准了上述变更登记事项。上述邓金花持有的出资额系代邓新文持有，邓新文与邓金花为兄妹关系。

(2) 股权代持的解除：2011年3月26日，邓金花与邓新文通过签署股权转让协议的方式将其持有安尔发全部出资额转让给邓新文，并在工商局办理了变更登记手续，从而解除了代持关系。邓新文成为在工商登记注册的实际出资人，股权代持关系清理完毕。

2. 股权代持的合法性

根据《最高人民法院关于适用《中华人民共和国公司法》若干问题的规定（三)》第25条，“有限责任公司的实际出资人与名义出资人订立合同，约定由实际出资人出资并享有投资权益，以名义出资人为名义股东，实际出资人与名义股东对该合同效力发生争议的，如无合同法第五十二条规定的情形，人民法院应当认定该合同有效”，邓新文与邓金花就双方代持关系出具了《股权代持情况说明》，书面确认：出资款由邓新文实际支付，邓金花仅为在工商登记注册的名义股东，在邓新文的授权下行使各项股东权利。双方之间的股权代持关系已于2011年3月解除，并完成了工商变更登记，双方不存在股权纠纷。邓新文与邓金花之间代持关系的形成、变动以及最终的解除，均系双方真实的意思表示，且该行为不存在合同法第五十二条规定的欺诈、胁迫及损害国家、社会公共利益或者第三人利益等情形，也不存在任何非法目的，故双方之间的代持行为应当是合法有效的。

案例134 出资人长期不在公司且股东分散与多次代持（易所试）

上海易所试网络信息技术股份有限公司（易所试430309）主要从事计算机专业领域内的技术开发、技术转让、技术咨询、技术服务，投资管理及咨询，企业形象策划，市场营销策划，日用品批发及零售等。公司由于实际出资人长期不在有限公司任职，也不实际参与有限公司日常经营管理，且各股东分布在全国各地、参加股东会不便所出现的多次代持，挂牌前该如何处理？

解决思路及方案详解：

根据《确认函》，有限公司股权转让过程中存在以下股权代持情况：

（1）吴少波受让张潘嗣所持有的有限公司人民币1万元的出资并未发生真实的股权转让，该等出资系吴少波接受张潘嗣委托代为持有。

（2）就章源受让盛佳所持有的有限公司人民币7.5万元的出资，其中人民币4万元的出资并未发生真实的股权转让，系章源接受盛佳委托代为持有；剩余人民币3.5万元的出资为真实转让。

（3）就章源受让姚呈武所持有的有限公司人民币2.5万元的出资，其中人民币2万元出资并未发生真实的股权转让，系章源接受姚呈武委托代为持有；剩余人民币0.5万元的出资为真实转让。

（4）章源受让林彧所持有的有限公司人民币0.5万元的出资并未发生真实的股权转让，该等出资系章源接受林彧委托代为持有。

（5）章源受让勾大成所持有的有限公司人民币0.5万元的出资并未发生真实的股权转让，该等出资系章源接受勾大成委托代为持有。

（6）章源受让张承光所持有的有限公司人民币0.5万元的出资并未发生真实的股权转让，该等出资系章源接受张承光委托代为持有。

就上述股权代持，代持人与被代持人已分别签署了相应的《委托持股协议》。就该等实为股权代持的名义转让而言，受让方未向转让方实际支付相应的股权转让价款和其他形式的转股对价；转让方也未将拟转让股权真实地转让予受让方，而是将该等股权委托受让方代为持有。产生上述股权代持的原因是因为被代持人长期不在有限公司任职，也不实际参与有限公司日常经营管理，且各股东分布在全国各地，参加股东会不方便，因此，为了简化有限公司内部决策流程，考虑将股权集中委托特定的个人代为持有并行使相应的股东权利。

除上述股权代持外，本次股权转让中的其他股权转让均为真实转让。就该等真实转让而言，受让方已就该等股权转让向转让方实际支付了相应的股权转让价款，资金来源合法；转让方也已实际收到受让方支付的股权转让价款，该等股权转让作价公允、合理。

根据《确认函》以及相关当事方之间签署的《委托持股协议》：就胡佩丽受让吴少波所持有的有限公司人民币13.5万元的出资，其中人民币1.5万元的出资系代姜申英受让，该等出资系由姜申英从吴少波处实际受让并委托胡佩丽代为持有，该等出资对应的股权转让价款人民币1.5万元由姜申英实际支付予吴少波；其中人民币3万元的出资系代章源受让，该等出资系由章源从吴少波处实际受让并委托胡佩丽代为持有，该等出资对应的股权转让价款人民币3元由章源实际支付予吴少波；其中人民币1.5万元的出资并未发生真实的股权转让，系胡佩丽分别接受吴少波和张潘嗣委托和转委托代为持有，胡佩丽未就受让该等人民币1.5元出资向吴少波和张潘嗣实际支付股权转让价款；剩余人民币7.5万元的出资为真实转让，胡佩丽已就受让该等人民币7.5万元的出资向吴少波实际支付股权转让价款人民币7.5万元，资金来源合法，吴少波也已实际收到胡佩丽支付的股权转让价款，该等股权转让作价公允、合理。

至此，吴少波与张潘嗣之间的股权代持关系已经解除，该等代持关系转由胡佩丽继受，吴少波与张潘嗣已签署了相应的《解除代持协议》，胡佩丽与张潘嗣也已签署了相应的《委托持股协议》。产生上述股权代持的原因是吴少波减持了大部分有限公司股权，工商登仅涉及一名股东的变化，即将股东由吴少波变更为胡佩丽，其他登记股东及持股比例均无变化。为简化上述股权转让的工商变更登记办理手续，吴少波、原被代持人张潘嗣以及相关股权转让的实际受让人统一委托本次股权转让之最大受让方胡佩丽代为持有相关股权并行使相应的股东权利。

根据《确认函》，就章源本次对有限公司新增的人民币 217.5 万元的出资，其中人民币 6.8 万元系由盛佳实际出资；人民币 3.4 万元系由姚呈武实际出资；人民币 1.7 万元系由张潘嗣实际出资；人民币 1 万元系由林彧实际出资；人民币 1 万元系由勾大成实际出资；人民币 1 万元系由张承光实际出资；人民币 1 万元系由吴少波实际出资；人民币 20.1 万元系由姜申英实际出资；人民币 1.5 万元系由钱捷实际出资；人民币 6 万元系由马犁实际出资；人民币 6 万元系由朱旭实际出资；人民币 6 万元系由胡佩丽实际出资；剩余人民币 162 万元系由章源真实出资。除此之外，胡佩丽本次对有限公司新增出资人民币 9 万元；白龙桥本次对易所试有限新增出资人民币 16 万元；毛锐本次对易所试有限新增出资人民币 7.5 万元均为其真实出资。

本次增资后，胡佩丽对有限公司的实际出资额与其在工商登记机关登记的出资额保持一致，为此，胡佩丽之前受托代为持有的有限公司合计人民币 6 万元的出资（其中包括代章源持有的易所试有限人民币 3 万元的出资）统一转由章源持有和代为持有。至此，胡佩丽分别与吴少波、张潘嗣、姜申英和章源之间的股权代持关系已经解除。胡佩丽与前述各被代持人已分别签署了相应的《解除代持协议》，章源与该等被代持人也已分别签署了相应的《委托持股协议》。就上述股权代持和转代持，代持人与被代持人已分别签署了相应的《委托持股协议》。各实际出资人已就其认购的易所试有限上述新增出资支付了相应的增资价款，资金来源合法；有限公司也已收到实际出资人支付的增资价款，该等增资作价公允、合理。产生上述股权代持的原因是由于实际出资人长期不在有限公司任职，也不实际参与有限公司日常经营管理，且各股东分布在全国各地，参加股东会不便，因此为了简化有限公司内部决策流程和办理工商变更登时便于股东签字，在认购有限公司本次新增出资时，统一委托章源代为持有所致。

案例 135 有限公司阶段存在代持，如何处理（平安力合）

北京平安力合科技发展股份有限公司（平安力合 430296）主要从事电子自助服务设备、LED 电子显示屏、计算机软硬件技术开发，信息系统集成服务，销售电子设备，维修电子设备及租赁电子设备等。公司在有限责任阶段公司存在代持行为，挂牌前该如何处理?

解决思路及方案详解:

历次变更中，公司于2004年12月至2009年12月期间，存在过一段时期的代持。由于有限公司设立初期，公司各方面制度尚不完善，而且对工商变更登记的重视程度不够，致使这一阶段内公司实际股东为何影、佟金明、王忠伟、侯广人及鲁大巍五人，但工商登记中并未真实体现：2004年12月至2005年12月间，股东名册上纪录的股东为何影和鲁大巍；2005年12月至2008年6月间，股东名册上纪录的股东为佟金明和鲁大巍；2008年6月至2010年12月间，股东名册上纪录的股东为佟金明和王忠伟。前述各期显名股东所持股份实际为上述五名实际股东共同所有。2005年12月和2008年6月两次股东变更是因股东办理居住证明和北京市户籍等事项，系隐名股东和显名股东身份的转换，并未发生实际支付。

2010年11月，公司股东及管理层认识到上述代持情形存在潜在的法律风险，且出于公司进一步发展与规范经营的考虑，上述股东五人决定按照真实的股东持股情况进行工商变更登记，以明确各人持股比例。2010年11月9日，有限公司当时的显名股东佟金明、王忠伟与隐名股东何影、侯广人、鲁大巍签订《股权转让协议》，经转让后将各股东所持股份按照实际情况明确为何影持股1590万元、佟金明持股390万元、王忠伟持股510万元、侯广人持股360万元、鲁大巍持股150万元。2010年12月21日，北京市工商行政管理局朝阳分局核准了有限公司此次变更。因本次股权变更系将隐名股东变更为显名股东，股权没有发生实际转让，所以不涉及股权转让款支付。

2010年12月21日之后，有限公司在工商登记机关的股权登记与实际情况相符，股东的股权真实、明确。何影、佟金明、王忠伟、侯广人及鲁大巍五名股东对上述情况的真实性出具了书面承诺函。

案例136 学生和老师为股东，存代持嫌疑（仙宜岱）

仙宜岱股份有限公司（仙宜岱430445）是一家集研发设计、生产制造、销售服务为一体的高品质内衣供应商。公司第三大股东马嘉霖系在校大学生，第六大股东黄芝茵系中学教师。问题：请公司说明公司是否存在股权代持情况，是否存在任何纠纷或潜在纠纷，公司是否符合“股权明晰”的挂牌条件？

解决思路及方案详解：

公司股东马嘉霖和黄芝茵的身份证明文件、简历以及其填写的尽职调查问卷，取得了马嘉霖和黄芝茵的确认函。经核查，马嘉霖为上市公司康美药业股份有限公司实际控制人马兴田的女儿，根据马嘉霖出具的确认函，其投资仙宜岱的资金来源于其家庭资助，其对仙宜岱的出资出自其真实的投资意愿，出资款项均来自其个人银行账户，不存在通过他人账户代为存入公司账户的情况，不存在代持的情形，也不存在任何纠纷或潜在纠纷。

黄芝茵已出具确认函确认，其投资仙宜岱的资金来源于其家庭资助，其对仙宜岱的出资出自其真实的投资意愿，出资款项均来自其个人银行账户，不存在通过他人账户代为存入公司账户的情况，不存在代持的情形，也不存在任何纠纷或潜在纠纷。

据此认为，公司股权明晰，不存在股权纠纷或潜在纠纷，符合挂牌条件。

案例137 为防止商标被抢注所发生的股份代持（达美盛）

北京达美盛软件股份有限公司（达美盛430311）主要从事应用软件服务、基础软件服务，销售计算机、软件及辅助设备，技术服务、技术转让，货物进出口、代理进出口、技术进出口。公司原身有限公司历史上存在的股权代持，挂牌前该如何解除？

解决思路及方案详解：

1. 股权代持及解除情况

2009年3月，达美盛有限设立时首次出资14万元，系卢爱伦、曹震、李嵘、陈海燕、陈劲松代李艳松持有。2010年1月，卢爱伦、曹震、李嵘、陈海燕、陈劲松分别将其代持的李艳松股份转让给王洪松、吴忠波和李嵘代持，本次股权代持转让仅为代持人的变化，未支付转让对价。2010年7月，李嵘将其待缴的10万元出资转让给王洪松代持。2011年3月，有限公司第二期货币出资到位，其中王洪松以货币出资25万元，吴忠波以货币出资11万元，均是在李艳松的授意下以王洪松、吴忠波的名义完成，实际出资人为李艳松。

2012年1月，有限公司通过签署股权转让协议的方式对股权代持进行解除，鉴于曹震、陈劲松、王洪松、兰斌、吴忠波、李嵘、赵家熙、吴美燕、曹蕊、王莉莉、牛晓燕都是公司核心人员，并为公司做出了重大贡献，从公司的长远战略和经营考虑，李艳松决定将其委托吴忠波、王洪松代持的股份奖励分配给所有股东，无股权转让对价。代持各方对以上股权代持形成及其变化的事实进行了公证，表明各方的股权代持行为及解除代持行为系出于各方自愿，且意思表示真实。

至此，有限公司股权代持解除完毕，根据公司所有股东的承诺声明及解除股权代持的公证书，全体股东自愿认可所有股权代持行为及解除代持行为，同意解除代持行为并接受股权奖励分配给所有股东，不支付股权转让对价，同时，该项股权对应的出资已经全部到位，没有损害公司其他股东的合法权益。

2. 股权代持原因

李艳松因中意“达美盛”这个名字，而当时在BENTLEY的服务期临近，其本人想在服务期终止后创业，为免“达美盛”名称被人抢先注册，故委托他人代持，公司2009年未发生业务；2009年3月至2011年3月期间的股权代持变化主要是由于代持人因工作原因离开北京，为了便于法律文件的签署而进行委托代持的变更。

案例138 委托持股被清理，如何操作（河源富马）

河源富马硬质合金股份有限公司（河源富马430482）主要从事中高档、超小超薄及特异非标硬质合金制品的研究、开发、生产和销售。公司原身有限公司自2003年8月20日成立起至2011年7月29日前的股权存在委托持股情形，具体情况是怎样的，挂牌前该怎样处理？

解决思路及方案详解：

1. 委托代持的背景

河源富马2003年设立时工商登记的股东为郭建生、王忠平、叶茂良等25位自然人，其中叶茂良所持828万股的实际出资人为台湾籍商人戴清和。基于对公司发展前景的信心与对叶茂良的信任，同时为了便于工商登记手续的办理，戴清和委托境内自然人叶茂良代为持有公司股份。戴清和作为财务投资者，在委托持股期间，未实际参与公司的生产经营管理，在所涉及公司生产经营管理的股东表决事项中，投票由受托持股人叶茂良代为行使决定。

2. 委托持股的过程

2003年8月20日河源富马成立时，戴清和以现金出资828万元，实际持有公司股份828万股，并委托叶茂良代为持有该部分股份。2006年4月，叶茂良受戴清和委托与郭建生签订股权转让协议，以每股1元价格受让郭建生684万股。2008年6月，叶茂良受戴清和委托与王忠平签订股权转让协议，将其受托持有的1008万股以每股1元的价格转让给王忠平。后经历次增资及股份转让，戴清和所持股份均由叶茂良代为持有。截至2011年7月29日，叶茂良代戴清和持有发行人554.4万股股份。

3. 委托持股的规范与清理情况

为了规范公司股权中存在的委托持股情形，2011年7月29日，经被代持股东戴清和与代持股东叶茂良协商，自愿解除委托代持关系并签署《协议书》。戴清和同意叶茂良以年利率3.5%返还代持股份的本金及利息，由此双方终止委托持股行为，确认叶茂良作为河源富马真实股东。2012年3月28日，戴清和与叶茂良分别出具《承诺确认书》，确认2011年7月所达成的协议，承诺已彻底清理委托持股的安排，相关款项已经结清，双方无争议。叶茂良作为河源富马的股东真实、合法、合规。戴清和对叶茂良所持股权不主张任何权利。2013年9月6日，公司取得河源市对外贸易经济合作局、河源市工商行政管理局出具的《证明》，河源富马自成立至今没有因违反外商管理法律法规受到外经贸主管部门行政处罚的记录；公司自设立至今，未因违反工商行政管理法律法规而受到工商行政管理部门行政处罚。2013年9月10日，公司全体股东出具承诺，保证其持有的公司股份目前不存在权属纠纷，不存在质押、司法查封、冻结或其他权利受到限制的情况，不存在委托他人持有或受他人委托持有的情况，也不存在尚未了结的或可预见的重大诉讼、仲裁及行政处罚案件。

案例139 因已有公司故由亲属代持股份的问题（巨灵信息）

上海巨灵信息技术股份有限公司（巨灵信息430316）主要从事企业管

理和产品管理信息化业务相关的软件研发、销售及技术服务等。实际控制人已有公司，故而本公司由亲姐夫妇代持股份，如何处理？

解决思路及方案详解：

王建兰与奚振芳均为代王新桥持有巨灵有限的股权①，其原因主要是在巨灵有限成立之前，公司实际控制人王新桥业已设立上海巨能贸易有限公司（以下简称“巨能公司”，该公司业已于2008年6月16日完成注销），主要从事销售计算机硬件产品。王新桥在经营业务过程中发现客户在购买硬件产品的同时往往有着相应的软件购买需求，出于对市场的敏感和对软件业务的看好，王新桥决定单独成立一个软件公司——巨灵有限，专门负责发展这块业务。考虑到软件产品销售客户系主要来自巨能公司的硬件产品客户，为了方便业务开展同时避嫌，因此公司设立之初采取了代持方式设立。

由于王建兰与奚振芳所持巨灵有限股权系属于代持行为，为规范和解决该代持行为，还原真实股权关系，2012年8月27日，经有限公司股东会决议，一致同意股东王建兰将其所持本公司70%的股权转让给王新桥；同意股东奚振芳将其所持本公司25%的股权转让给王新桥；同意股东奚振芳将其所持本公司5%的股权转让给张莉。

张莉代王新桥持有巨灵有限5%的股权，于2012年12月21日，将该受让自奚振芳的5%的股权转让给王新桥。

案例140 代持被解除如何披露（必可测）

北京必可测科技股份有限公司（必可测430215）主要从事仪器仪表、测控技术开发、咨询、服务。公司挂牌前解除了股权代持关系，是怎样操作的？

解决思路：

（1）双方出具《股权代持情况说明》，书面确认代持关系；

（2）挂牌前通过解除代持关系转让股份；

（3）如实披露。

---

① 王建兰与公司实际控制人王新桥属姐弟关系，奚振芳原系王新桥的姐夫。

方案详解：

2012年5月23日，北京必可测科技有限公司召开股东会，同意成锡璐将货币出资额5万元转让给周继明，同意何忧将货币出资额287万元转让给何立荣，同意苗承刚将货币出资额5万元转让给苗雨，并修改公司章程。2012年5月23日，上述各方签署了相关的股权转让协议。何忧将其股权转让给何立荣的目的是解除双方的代持关系。成锡璐将其股权转让给周继明的转股价格为1元每股。苗承刚将其持有公司的股权无偿赠送给苗雨，苗雨为苗承刚的女儿。

何立荣与何忧就双方代持关系出具了《股权代持情况说明》，书面确认：出资款由何立荣实际支付，何忧仅仅为在工商登记注册的名义股东，在何立荣的授权下行使各项股东权利。双方之间的股权代持关系已于2012年5月解除，并完成了工商变更登记，双方不存在股权纠纷。何立荣与何忧之间代持关系的形成、变动以及最终的解除，均系双方真实的意思表示，且该行为不存在合同法第五十二条规定的欺诈、胁迫及损害国家、社会公共利益或者第三人利益等情形，也不存在任何非法目的，故双方之间的代持行为应当是合法有效的。

案例141 奖励股、非自有资金出资与代持等问题（箭鹿股份）

江苏箭鹿毛纺股份有限公司（箭鹿股份430623）主要从事生产、销售精纺面料、半精纺面料、仿毛面料、成衣制品，同时产销部分毛条、纱线及家纺用品等。公司在挂牌前，原身有限公司存在以下三个问题：

问题一：股份代持是否存在纠纷或潜在纠纷？

问题二：奖励员工股份是否规范，是否合法合规？

问题三：2010年增资时，非自有资金出资是否规范，是否损害相关利益方的权益？

解决思路：

（1）对代持股份予以解除；

（2）对于奖励的股份，按评估值现金补缴资本金；

（3）对于非自有资金出资，按额度现金补足；

（4）完成工商备案并如实披露详情。

方案详解:

箭鹿股份股权设置及演变过程中存在以下情形:

(1)箭鹿股份自设立时起存在自然人股东委托持股情形;箭鹿股份设立后发生的自然人股份转让未签署相关转让协议;

(2)箭鹿股份设立时,宿城区人民政府根据自然人的出资情况同时配送和奖励部分股份,其中接受奖励的股东对奖励股份仅享有分红权;

(3)2010年12月增资时,自然人股东刘庆年、周娟出资的1187.51万元,系来源于向箭鹿股份子公司借款并以两人的名义进行的增资。上述情形的具体情况及采取的相关规范措施如下:

对问题一:规范股份转让和解除代持。

箭鹿股份2001年7月设立时注册资本为6072.59万元,发起人股东包括4名法人股东和12名自然人股东,除刘庆年外,另外11名自然人股东除自身持有公司股份外,存在代他人持股,总计代122人持股。自2002年8月后,上述部分股东因离职、退休等原因,将所持股份转让,但未签署相关转让协议。为避免因股权转让和股份代持出现法律纠纷,同时部分股东拟进行股份转让,2012年6—7月份,上述相关股东签署了《股份代持解除协议》、《股权转让协议》、《确认函》,分别对存在的股份代持关系和股权转让予以确认,并解除股份代持关系;同时,签署书面文件确认了相关股权转让和股份代持及解除行为均真实、自愿,不存在纠纷或潜在纠纷。

对问题二:奖励股规范。

根据宿城区人民政府《关于同意宿迁市第一毛纺织厂用应付工资和应付福利费实施量化配股方案的批复》(宿区政复〔2000〕12号)、《关于同意宿迁市第一毛纺织厂将结余的应付工资、应付福利费及应付利润转入刘庆年等同志名下的批复》(宿区政复〔2001〕8号)等文件,公司在2001年设立时,股本总额为6072.59万股,其中自然人股东持股共计1323万股(包括自然人个人出资545万股,宿城区人民政府配股574.2万股,宿城区人民政府奖励股203.8万股)。根据宿迁市人民政府做出的《市政府关于进一步推进全市国有企业改革的若干意见》(宿政发〔1999〕108号)的精神,当时宿城区人民政府奖励予自然人股东持有的203.8万元奖励股,接受奖励的股东仅有分红权,不享有继承权和处置权。

为实现上述奖励股股份权属清晰、完整，根据宿迁市人民政府及宿城区人民政府做出的相关批复，并经宿迁市人民政府国有资产监督管理委员会同意评估的批示，银信资产评估有限公司以 2012 年 12 月 31 日为基准日对公司股东全部权益价值进行了评估，并出具《江苏箭鹿股份有限公司妥善处置奖励股股权股东全部权益价值评估报告》（银信评报字〔2013〕沪第 484 号），公司于评估基准日的股东全部权益市场价值为 37794.81 万元，以评估价值计算，公司奖励股市场价值为 700.2347 万元，公司奖励股持股股东以上述评估价值为标准向宿城区人民政府足额缴纳了上述款项，取得了奖励股股份的完整权利，并由宿城区人民政府指定收款部门宿迁市宿城区非税收入管理局出具证明收款的结算票据。

对问题三：2010 年增资股份规范。

2010 年 12 月 18 日，公司的注册资本由 6072.59 万元增加至 11000 万元，其中宿迁市国有资产投资有限公司以应付股利转做出资 3739.90 万元（增资后持股比例不变，仍占总股本 75.90%），工商登记显示，刘庆年以货币出资 700 万元，周娟以货币出资 487.51 万元。公司其他股东放弃了本次增资的权利。上述两名自然人股东增资合计 1187.51 万股。当时系为满足承揽招标项目对注册资本额的要求而进行的紧急增资，上述 1187.51 万股增资款来源于自然人股东向子公司的借款，当时确定后续解决方案为：待增资完成后通过向公司其他自然人股东分配（或转让）该等增资股份的形式筹集款项用来归还子公司借款。为规范 2010 年 12 月以刘庆年、周娟的名义增资形成的股份，并尽早偿还向子公司的借款，根据宿迁市人民政府做出的相关批复，经公司职工代表大会、股东大会等内部决策，宿城区人民政府做出《关于江苏箭鹿股份有限公司 2010 年增资规范事项的批复》，同意以刘庆年、周娟的名义出资认购的 1187.51 万股股份进行分配，由分配到增资股份的相关人员根据分配数量以 1 元/股的标准缴纳款项，用于归还公司子公司箭鹿制衣提供的借款。后该部分股权总计分配予 100 名自然人股东（其中公司设立时股东 71 人），且上述自然人股东均为公司业务骨干或副科以上职位。接受上述增资股份的人员已按上述标准缴纳款项并向公司子公司箭鹿制衣足额偿还了借款，并按同期银行贷款利率支付了借款利息。经核查，公司此次增资已经宿迁市公兴会计师事务所有限公司验证（宿会验〔2010〕605 号），自然人股东向箭鹿制衣的借款本息已足额缴付，不会对公司注册资本充实性产生影响。因此认为，公司的资本真实、充实。

上述股权关系规范完成后，公司召开股东大会就公司股东规范持股情况修订了公司章程中的股东名单及持股情况，并于办理了工商备案登记。

案例 142 为避免泄露注册信息而代持股权的问题（神州云动）

北京神州云动科技股份有限公司（神州云动 430262）主要从事互联网信息服务业务，企业管理咨询，经济贸易咨询，销售计算机、软件及辅助设备等。公司亲属之间存在股权代持现象，挂牌前该如何解决？

解决思路：

（1）转让股权以解除代持；

（2）代持双方及现有其他股东出具确认函；

（3）如实披露详情。

方案详解：

1. 股权代持及解除情况

2008 年 9 月 4 日有限公司设立时名义股东杨清利的全部 4 万元出资及 2010 年 1 月 20 日公司增加注册资本时杨清利认缴的 90 万元新增注册资本均为受孙满弟委托而出资。杨清利系孙满弟岳父。2012 年 2 月 8 日，名义股东杨清利将其所持有限公司所有股权转让给孙满弟，恢复了孙满弟真实股东身份，股权代持关系解除。解除股权代持时未支付股权转让价款，孙满弟和杨清利确认代持行为和为恢复孙满弟真实股东身份而发生的出资转让行为系二人真实意思表示，二人不存在任何争议和纠纷。2012 年 2 月杨清利将其所持股权转让给孙满弟的相关股东会决议和记录由当时公司股东杨清利、张长文签署，张长文同意杨清利将股权转让给孙满弟，放弃优先受让权。股东张长文签署《关于杨清利与孙满弟解除股权代持关系行为的确认》，确认代持行为解除未对其利益造成损害。因此可以确认上述代持关系的解除未对公司股东利益造成损害。

2. 股权代持原因

孙满弟、杨清利出具《关于代持行为的追认》，确认股权代持原因是为保护公司信息，避免公司注册信息泄露对公司及实际出资人孙满弟造成被广告推销等困扰，实际出资人孙满弟委托其岳父杨清利代持其出资。实际出资人孙满弟承诺其不存在因违反《中华人民共和国公司法》、《中华人民共和国劳动合同法》、《中华人民共和国民法通则》、《中华人民共和国公务员法》等相关法律、法规而不能担任有限公司股东的情形。

案例 143 多次股权代持及其潜在纠纷的解决（深圳行健）

深圳市行健自动化股份有限公司（深圳行健 430467）主要从事工业自动化应用整体解决方案的研发、系统集成、工程及技术服务。公司挂牌前存在两个问题。

问题一：公司历史上存在多次股权代持的原因是什么，这些股权代持是否已经取得全部代持人和被代持人的书面确认？

问题二：公司历史上存在多次股权代持，是否合法合规以及是否存在潜在纠纷？

解决思路及方案详解：

对问题一：公司历史上存在股权代持情况及确认。

（1）经核查，公司历史上存在的股权代持情况如下：①王庆云代马国强在 2006 年 9 月 25 日至 2006 年 11 月 2 日期间持有公司 120 万元注册资本股权。②马国强代郝富强在 2006 年 9 月 25 日至 2008 年 3 月 6 日期间持有公司股权。③耿青学代郝富强在 2008 年 3 月 6 日至 2011 年 10 月 10 日期间持有公司股权。

（2）公司历史上存在股权代持的原因及消除代持：公司由马国强、李克和邵贤根于 2004 年 7 月 7 日共同出资 400 万元设立，设立时的股权结构如下表所示：

股东姓名	马国强	李克	邵贤根	合计
出资额（万元）	136	120	144	400
出资比例（%）	34	30	36	100

除公司外，马国强、邵贤根和李克三人共同还出资设立了深圳市达英和自动化工程有限公司（以下简称“达英和”）和贵阳兆瑞自动化系统有限公

司（以下简称“贵阳兆瑞”）。马国强、邵贤根和李克于2006年3月5日签订了《决算协议书》，约定公司归马国强所有和经营，达英和归邵贤根所有和经营，贵阳兆瑞归李克所有和经营。因此，根据《决算协议书》，马国强将持有公司全部股权，且不再持有达英和和贵阳兆瑞的股权。根据马国强和郝富强出具的书面说明，在执行《决算协议书》时，马国强已决定引进王庆云和郝富强作为公司股东；为此，2006年3月18日，马国强、郝富强和王庆云签订书面协议，约定马国强应持有公司49%股权，王庆云应持有公司32%股权，郝富强应持有公司19%的股权。

经郝富强和马国强共同确认，因当时公司的核心技术人员中，仅郝富强持有公司股权，为避免影响其他核心技术人员的稳定性，暂时不宜由郝富强直接持有公司股权，因此郝富强同意将其所持公司19%的股权委托由马国强代为持有。经马国强确认，为避免公司变更为一人有限责任公司，在本次股权转让过程中，李克系按照马国强的指示将所持公司120万元的注册资本（对应转让时的公司股权比例为30%）股权转让给王庆云，由王庆云代马国强持有该部分股权。2006年9月25日，在王庆云实际向公司缴付出资192万元（占公司当时注册资本的比例为32%）后，其将原代马国强持有的公司股权转让给马国强，消除了代持关系。

后因郝富强提出将马国强代其持有的公司股权转由其亲属耿青学代为持有，2008年3月6日马国强将其代郝富强持有的公司股权全部转让给耿青学，消除了马国强与郝富强之间的代持关系。

2011年10月10日，耿青学将其代郝富强持有的公司全部股权转让给郝富强，消除了耿青学与郝富强之间的代持关系。

对问题二：公司历史上的股权代持是否合法合规及存在潜在纠纷。

经马国强、郝富强、耿青学和李克确认，并经律师走访深圳市各级法院和仲裁机构核查，认为，公司历史上的股权代持不存在违反法律、法规禁止性规定或损害他人利益的情况，也不存在潜在纠纷。

CHAPTER9
第九章

股东适格以及股权清晰、激励和锁定

本章要领 17 大案例及 25 种常规、典型实务问题及其解决思路

◎将解决的 25 种实务问题

①股权质押被查封与股权清晰质疑；②债权人与质押股权所有权的变更；③股权质押或存利益纠纷；④未成年人股东适格性；⑤监护人代理未成年人履行股东权利及义务；⑥股东去世后的继承与公司股权明晰；⑦股份继承方式、情况或存潜在纠纷；⑧内资企业中有外籍股东；⑨股东是证券从业人员；⑩公司存在法人优先股；⑪法人优先股股利和资金占用费支付的处理；⑫夫妻合并持有公司全部股份；⑬外籍股东以中国身份证注册设立公司；⑭将股份赠予股东父母与权属清晰性、明确性；⑮工商登记股权结构不清晰；⑯职工持股会与股权明晰、合法性；⑰职工持股会的设立、出资形成及其持股形式和行权方式；⑱职工持股会这种特殊主体的设立与演变；⑲对特殊股东的核查；⑳股东对所持股份自愿锁定；㉑员工增资持股与转让加以限制；㉒股权激励与操作；㉓股权激励与限制条款；㉔股权结构及核心经营人员的稳定与股份锁定；㉕控股比例过高与控制不当。

◎典型问题及一般性解决思路

1. 股权明晰与不明晰

股权明晰，是指公司的股权结构清晰，权属分明，真实确定，合法合规，股东特别是控股股东、实际控制人及其关联股东或实际支配的股东持有公司的股份不存在权属争议或潜在纠纷。

（1）公司的股东不存在国家法律、法规、规章及规范性文件规定不适宜

担任股东的情形。

(2) 申请挂牌前存在国有股权转让的情形，应遵守国资管理规定。

(3) 申请挂牌前外商投资企业的股权转让应遵守商务部门的规定。股票发行和转让合法合规，是指公司的股票发行和转让依法履行必要内部决议、外部审批（如有）程序，股票转让须符合限售的规定。

鉴于新三板《业务规则》对“股权明晰”未做出细化的规定，相关注意和要求可参考《首次公开发行股票并上市管理办法》和《首次公开发行股票并在创业板上市转让办法》的有关规定以及《中国证券监督管理委员会法律部关于职工持股会及工会持股有关问题的法律意见》相关规定的精神，从严把控。

股权不明晰比较常见的有股权代持、历史上存在职工持股会、集体企业改制程序缺失、历次股权转让中可能存在的诉讼等。

2. 股权明晰的解决思路

实践中，常见和主要的特殊股权包括国家股和职工股。这类问题的常规解决思路：

(1) 对于国家股，重点关注的是股权来源、验证以及主管部门的审批意见，所以需要搜集并披露的是其来源、资产验证和改制验资、转让变更的审批确认文件；

(2) 对于职工股，重点关注的是股权归属的确认，所以如代持、委托持股等需要清理，存在股权出资、转让、变更的纠纷和违法违规等情形的则需要给予梳理并予以厘清。

3. 股东适格

即要求公司的股东不存在相关法律法规规定不得或限制成为企业股东的情形，如公务员、国有企业领导人员、证券公司从业人员、职工持股会和工会、事业单位如大学和研究所、县以上妇联/共青团/文联以及各种协会、基金会、会计师事务所、审计事务所、资产评估机构、律师事务所、外商投资性公司或者个人。

4. 未成年人与股东适格

《公司法》对未成年人能否成为公司股东没有做出限制性规定，同时根据

《国家工商行政管理总局关于未成年人能否成为公司股东问题的答复》（工商企字〔2007〕131 号）之规定，未成年人可以成为公司股东，其股东权利可以由法定代理人代为行使。

5. **职工持股会的清理及难点**

此类问题的常规清理思路：

（1）职工持股会召开理事会，做出关于同意会员转让出资（清理或解散职工持股会）的决议；

（2）职工持股会召开会员代表大会，做出关于同意会员转让出资（清理或解散职工持股会）的决议；

（3）转让出资的职工与受让出资的职工或投资人签署《出资转让协议》；

（4）受让出资的职工或其他投资人支付款项。

此类问题的常规清理难点：

（1）职工持股会人数众多，一一清理，逐一签署确认函或者进行公证，难度较大；

（2）部分职工思想和认识不统一，不愿意转让出资；

（3）部分职工对出资转让价格期望值较高；

（4）拟挂牌公司在历史上未按照公司章程发放红利，职工对公司的做法有意见，不愿意配合；

（5）职工持股会人员因工作调动、辞退、死亡等原因变动较大，难以取得其对有关事项的确认或承诺；

（6）部分职工与拟挂牌公司存在法律纠纷，不愿意配合职工持股会的清理。

案例 144 股权质押被查封与股权明晰质疑（先临三维）

杭州先临三维科技股份有限公司（先临三维 830978）专注于三维数字化及 3D 打印技术，将两项技术进行融合创新，提供装备及服务一体化综合解决方案，应用于工业制造、生物医疗、文化创意三大领域。公司股东持有公司的股权质押后被查封，是否构成“股权清晰”的挂牌障碍？

解决思路：

（1）通过法院民事裁定解除股份查封；

(2) 虽然存在因相关债权人主张债权而导致标的股权所有权人变更的可能，但标的股权在未被最终拍卖、变卖或强制执行之前，合法所有人的股权是清晰的；

(3) 详述质押与查封和解除查封的过程，同时，阐明股权在此事件之前都是明晰的；

(4) 律师发表明确意见并如实披露信息。

方案详解：

(1) 周劲持有公司股权的质押情况。2012 年 4 月 26 日，周劲与梁志光签订《股权质押合同》，周劲将其持有的 250 万股先临三维股份及派生权益质押给梁志光，并于 2012 年 4 月 27 日在杭州市工商行政管理局办理了股权质押登记手续。2014 年 1 月 6 日，公司收到梁志光委托的上海中沃律师事务所向周劲发出的《律师函》(上海中沃律函字第 36 号) 传真件，该律师函的主要内容为要求周劲尽快还清借款，并可能采取包括但不限于查封周劲个人名下的全部资产，查封、拍卖质押的股权，采取限制出境等措施。目前上述股权仍处于质押状态。

(2) 通联创投持有公司股权的质押、查封情况。2013 年 1 月 21 日，通联创投与万向财务有限公司签署了编号为“2013 年质押字第 011 号”的《最高额质押担保合同》，通联创投将其持有的 300 万股先临三维股份质押给万向财务有限公司，并于 2013 年 1 月 24 日在杭州市工商行政管理局办理了股权质押登记手续。2013 年 10 月 28 日，浙江省杭州市中级人民法院做出《民事裁定书》(2013 浙杭商初字第 56 - 1 号)，在中国民生银行股份有限公司杭州分行诉通联创投等 5 家公司借款合同纠纷一案中，冻结被告通联创投等 5 家公司银行存款或查封、扣押其他相应价值财产 58581022. 94 元。2013 年 11 月 15 日，浙江省杭州市中级人民法院出具《保全通知》(〔2013〕浙杭商初字第 56 号)，裁定查封通联创投持有的 300 万股先临三维股份。2014 年 7 月 8 日，浙江省杭州市中级人民法院做出“〔2013〕浙杭商初字第 56 - 3 号”《民事裁定书》，裁定解除对通联创投的上述财产保全措施，据此，通联创投持有的 300 万股先临三维股份解除查封。目前上述股权仍处于质押状态。

先临三维设立及历次增资均已经相关会计师事务所验资确认，周劲、通联创投已依法履行出资义务并取得工商主管部门的核准登记，历次股权转让亦履行了完备的法律程序，不存在国家法律、法规、规章及规范性文件规定不适宜担任股东的情形。律师经核查后认为，根据《中华人民共和国公司法》、《中华人民共和国物权法》、《中华人民共和国担保法》等法律、法规的规定，周劲、通联创投目前持有的公司股权（以下简称“标的股权”）存在因相关债权人主张债权而导致标的股权所有权人变更的可能；但标的股权在未被最终拍卖、变卖或强制执行之前，通联创投、周劲仍为标的股权的合法所有权人。因此，先临三维符合“股权清晰”的挂牌条件。

案例 145 股权质押或存股权明晰质疑及利益纠纷问题（盈光科技）

广州盈光科技股份有限公司（盈光科技 430594）主要从事电子工程设计、制造、照相机及配套器材、光电子器件、专用机械、模具、终端设备、光学仪器、计算机零部件。公司挂牌前曾有一问题：股东徐雄将持有有限公司的股权质押给谭健民，该事项是否存在股权纠纷，该如何解决？

解决思路及方案详解：

解除质押，详情如实披露。内容如下：

公司股东徐雄持有的有限公司股权曾于 2012 年 6 月 12 日—2012 年 12 月 3 日期间内质押给谭健民，截至本公开转让说明书出具日，该股权质押已经注销，具体情形如下：

2012 年 6 月 1 日，徐雄与谭健民签订《股权出质合同》，约定就徐雄与谭健民之间所存在的债权债务，由徐雄将其持有的有限公司 100% 股权质押给谭健民；2012 年 6 月 1 日，有限公司的股东徐雄做出股东决议，同意将其持有的有限公司 100% 股权质押给谭健民；2012 年 6 月 12 日，广州市工商行政管理局萝岗分局出具“（穗工商）股质登记设字〔2012〕第 08201206110077 号”《股权出质设立登记通知书》，就徐雄将持有的有限公司 100% 股权质押给谭健民的事项办理了股权出质登记手续，质权自登记之日设立，质权登记编号为 0820120611007701；2012 年 12 月 3 日，徐雄与谭健民之间的《股权出质合同》因主债权消灭，已经履行完毕，且在广州市工商行政管理局萝岗分局办理了股转质押注销登记，广州市工商行政管理局萝岗分局于 2012 年 12 月 3 日，出具“（穗工商）股质登记设字〔2012〕第 08201211290042 号”《股权出质注销登记通知书》。谭健民出具了《承诺函》，承诺如下：谭健民与徐雄因债权债务，徐雄将其持有的广州盈光机电科技有限公司的股权于2012年6月12日质押给其本人，2012年12月3日双方解除了股权质押，同时特此声明，其与徐雄之间无债权债务纠纷，其与徐雄同时作为公司的股东，两人之间目前不存在任何股权争议，也不存在潜在的纠纷，其与公司其他股东之间也不存在任何股权争议。另外，其所持有公司股份不存在冻结、质押的情形。

2013年10月，有限公司整体变更为股份公司，有限公司的股东成为股份公司的发起人，各发起人以其于基准日拥有的有限公司的股权所对应的公司经审计账面净资产值折合成股份公司的股份，原属有限公司所有的全部资产，包括主要生产经营设备、相关的全部生产技术及配套设施被完整地投入股份公司，同时原属有限公司的债权债务全部由股份公司继承。2013年9月2日，瑞华会计师事务所出具了“瑞华验字〔2013〕第810A0001号”《验资报告》，验证截至2013年6月30日，公司已收到各股东以净资产折合的股本人民币5660000.00元。公司发起人投入公司的资产产权关系清晰，没有权属纠纷，发起人将上述资产投入公司不存在法律障碍，公司各股东合法持有其股份。公司实际控制人徐雄及其他所有股东均出具《承诺函》，承诺其所持广州盈光科技股份有限公司的股份不存在被质押、查封、冻结、保全、其他第三方权益等权利受到限制以及重大权属纠纷的情形。

综上：股东徐雄2012年6月12日—2012年12月3日期间内质押给谭健民的股权质押已经解除，并在工商行政管理部门办理了股权出质注销登记，谭健民为此专门出具了《承诺函》，承诺与徐雄同时作为公司的股东，两人之间目前不存在任何股权争议，也不存在潜在的纠纷；公司实际控制人徐雄及其他所有股东均出具《承诺函》，承诺其所持广州盈光科技股份有限公司的股份不存在被质押、查封、冻结、保全、其他第三方权益等权利受到限制以及重大权属纠纷的情形；有限公司整体变更时，各发起人以其于基准日拥有的有限公司的股权所对应的公司经审计账面净资产值折合成股份公司的股份，原属有限公司所有的全部资产，包括主要生产经营设备、相关的全部生产技术及配套设施被完整地投入股份公司，同时原属有限公司的债权债务全部由股份公司继承。因此，公司各股东均合法持有股份公司股份，公司股权清晰，不存在争议或潜在纠纷。

案例 146 持股会是否合规及该如何厘清股权关系（捷虹股份）

上海捷虹颜料化工集团股份有限公司（捷虹股份 430295）主要从事化工颜料、染料，化工原料及化工产品，化工机械，设备加工，化工技术领域内的技术开发、技术服务、技术咨询、技术转让，涂料及油墨等业务。公司在有限公司时，存在职工持股会的情况。

问题一：该职工持股会形成、演变及退出的过程是怎样的？

问题二：该过程是否合法合规，是否符合股权明晰的挂牌条件？

解决思路及方案详解：

对问题一：关于职工持股会的形成、演变及退出的过程。

（1）持股会的形成。1999 年 2 月 8 日，河北省捷虹颜料化工有限公司（以下简称“河北捷虹”）由于新入股职工较多，入股职工经协商决定成立职工持股会，持股会由 46 名职工股东组成，共计代表 351000 元人民币股本。由持股会代表 46 名职工股东行使股东职能，持股会通过了章程，一致同意推选唐金林为持股会会长，由会长代为签署持股会相关文件。持股会的设立经国营中捷友谊农场民政局批准。

（2）持股会的股本演变。1999 年 8 月 1 日，经河北捷虹股东会审议，一致同意李广升将其 351000 元出资额转让给职工持股会。同日，双方签订了股权转让协议。本次股权转让后，公司职工持股会持有公司的股权比例为 2.93%。2000 年 5 月 1 日，河北捷虹召开股东会做出决议，同意将公司盈余公积存余按现有股东人员的股金比例配送新股，增加注册资本金，由原来的 1200 万元增加至 3000 万元，其中职工持股会出资额增至 689100 元。同日，职工持股会分别与刘金章、高希来、常洪亮、尤殿明、周延来、李长锋、张振国、宋立泽、唐金林、李志昌、司文亮签订股权转让协议，将其享有的河北捷虹 52500 元、36700 元、36100 元、36100 元、57300 元、71100 元、36700 元、48400 元、147300 元、75600 元、36700 元等额转让给上述受让人。根据黄骅欣诚会计师事务所有限责任公司出具的《验资报告》（黄欣变更验字〔2000〕第 3 - 5 号）审验证明河北捷虹职工持股会出资金额为 54600 元。本次股权转让后，公司职工持股会持有公司的股权比例由 2.30% 调整为 0.18%。

（3）持股会的退出。2002年1月1日，职工持股会与张合义签订股权转让协议，将其持有的37300元出资额转让给张合义。2002年1月3日，职工持股会分别与熊志民、黄绍忠签订股权转让协议，将其持有的10000元出资额和7300元出资额分别转让给熊志民和黄绍忠。至此，职工持股会对河北捷虹的全部出资均已全部转出。2002年1月5日，河北省捷虹颜料化工有限公司职工持股会召开第二次会议，经持股会全体会员一致同意，决定解散职工持股会。

对问题二：上述持股会的形成、演变和退出过程。

在持股会设立时，取得了全体会员的表决同意，股本演变按照约定的章程进行，股本全部转出后，经全体会员一致决定解散，并且在2013年2月27日，当时的全体会员一致签署声明，确认当时持股会的行为有效，不存在纠纷或潜在纠纷。

综上，持股会是特定历史过程的产物，符合当时的法律法规及相关政策规定，其演变及退出过程合法有效。公司符合《全国中小企业股份转让系统业务规则（试行）》第二章第2.1条第（四）款“股权明晰、股份发行转让合法合规”的挂牌条件。

案例147 持股会设立、演变及清理的合规质疑（陆道设计）

上海陆道工程设计管理股份有限公司（陆道设计430475）主要从事建筑工程设计、城市规划设计、市政工程设计、景观设计及其他相关业务。关于公司挂牌前的职工持股会有四个问题。

问题一：请公司补充提供职工持股会章程或协议，补充说明员工通过持股会持有有限公司股权的形式以及对公司股权行使方式是什么。

问题二：补充说明职工持股会的设立及出资形成是什么。

问题三：请公司补充说明职工持股会出资形成、演变以及最终清算的过程是怎样的。

问题四：核查职工持股会从设立到解散过程中每一次变更程序是否合法合规。

解决思路及方案详解：

职工持股会2005年解散时以2003年《浦东新区企业职工持股会调整股

本结构备案单》为依据的合法合规性，职工持股会清理是否彻底、有无争议或潜在纠纷；请主办券商及律师针对上述事项发表专业意见，明确公司是否符合“股权明晰、股份发行转让合法合规”的挂牌条件。上述意见应分别在推荐报告、补充法律意见书中做专项披露。

对问题一：职工持股会的持股形式及行权方式。

根据陆家嘴设计所职工持股会成员于1996年11月25日签署的《上海陆家嘴规划建筑设计有限公司职工持股会章程》的规定，公司内部职工以自己出资的方式或以其他方式拥有的股份是公司的特定股份，由持股会统一管理，并行使股东权利，持股会成员以其出资额（或所持股份）为限对持股会承担责任并行使会员权利，持股会以其投入公司的出资额为限对公司承担责任并行使股东权利；会员大会由全体会员组成，是职工持股会的最高权力机构，依照章程行使职权；理事会由持股会选举产生，为职工持股会的办事机构，对会员大会负责。

对问题二：职工持股会的设立及出资形式。

经核查，陆道设计职工持股会设立的程序及出资形式如下：

1996年4月9日，上海陆家嘴金融贸易区开发公司下发《关于同意设计所改制的批复》（沪陆开发〔1996〕108号），同意陆家嘴设计所改制为有限责任公司，并同意设立职工持股会。1996年8月6日，陆家嘴设计所工会委员会形成了《关于发行陆家嘴规划建筑设计有限公司内部职工股的决议》（沪陆设工〔1996〕第002号），决定以每股1元的价格发行总额为20.4万元的职工股，占拟设立公司注册资本30%。1996年8月12日，陆家嘴设计所形成了沪陆设计〔1996〕第030号《上海陆家嘴规划建筑设计事务所改制为有限责任公司、设立内部职工持股会的试点方案》，决定改制为有限责任公司，上海陆家嘴金融贸易区开发公司与新设职工持股会分别持有70%、30%股权。1996年9月10日，上海市浦东新区经济贸易局下发了《关于上海陆家嘴规划设计所改制为上海陆家嘴规划建筑设计有限责任公司并成立职工持股会的批复》（浦经贸工字〔1996〕第93号），同意陆家嘴设计所改制为有限责任公司并设立职工持股会。1996年11月25日，陆家嘴设计所职工持股会成员签署了《上海陆家嘴规划建筑设计有限公司职工持股会章程》，约定公司内部职工以自己出资的方式或以其他方式拥有的股份是公司的特定股份，由持股会统一管理，并行使股东权利，持股会成员以其出资额（或所持股份）为限对持股会承担责任，持股会以其投入公司的出资额为限对公司承担责任；会员大会由全体会员组成，是职工持股会的最高权力机构，依照章程行使职权；理事会由持股会选举产生，为职工持股会的办事机构，对会员大会负责。1996年12月13日，上海市浦东新区国有资产管理办公室下发了《关于同意上海陆家嘴规划建筑设计所职工持股会置换部分国有资产的批复》（浦国资办发〔1996〕45号），同意陆家嘴设计所改制为有限责任公司并设立职工持股会，同时将国有资产总额68万元中的30%（20.4万元）置换给该职工持股会。

经核查，陆家嘴设计所共有25名正式职工出资20.4万元认购职工持股会股份。职工持股会设立已履行资产评估，签署《上海陆家嘴规划建筑设计有限公司职工持股会章程》，并在章程中约定了持股形式以及股权行使方式，且获得工会委员会的同意、相关管理部门的批复，符合当时相关法律、法规、规定，程序合法、合规。

对问题三：职工持股会持股及演变。

（1）1998年4月，减资。1998年9月25日，陆家嘴设计召开股东会，决议因建筑市场不景气，公司一直处于亏损状态，公司注册资本减少至47.6万元，各股东按股权结构同比例减资。1998年12月25日，上海工商局浦东新区分局核发了《企业法人营业执照》，核准公司本次股本变动。经核查，2001年11月28日，陆家嘴设计职工持股会形成了《上海陆家嘴规划建筑设计有限公司职工持股会职工持股情况汇总表》，确认本次减资完成后职工持股会的出资金额由20.4万元减少至14.28万元，持股会内部会员均按股权结构同比例进行了减资。经核查，职工持股会未就本次减资履行内部决策，不符合《上海陆家嘴规划建筑设计有限公司职工持股会章程》的规定，在程序上存在法律瑕疵，但《上海陆家嘴规划建筑设计有限公司职工持股会职工持股情况汇总表》确认职工持股会的出资金额由20.4万元减少至14.28万元，对本次减资进行了确认。因此，上述职工持股会内部程序瑕疵不会对陆道设计本次挂牌构成实质性的法律障碍。

（2）2000年9月，股权转让。陆家嘴设计召开股东会，决议上海陆家嘴投资发展有限公司、职工持股会、吕通森、姚鸣芳、蒋孔浩、周荣、徐剑尘、齐嘉生、姜达贤分别将所持有公司5%、19.37%、10.45%、6.64%、10.29%、6.64%、4.75%、3.43%、3.42%的股权转让给上海建通工程建设有限公司，并相应修订公司章程。2001年4月30日，上海工商局浦东新区分局核发了《企业法人营业执照》，核准公司本次股本变动。经核查，2001年2月23日，陆家嘴设计职工持股会会员大会对本次股权转让做出决议，同意职工持股会将所持有公司19.37%的股权转让给上海建通工程建设有限公司，转让后职工持股会出资金额为7.157545万元，占公司股份10.63%。2001年4月28日，上海市浦东新区发展计划局下发了"浦计体〔2001〕0420号"《关于同意职工持股会调整股本结构的批复》，对陆家嘴设计职工持股会于1998年及2000年进行的两次减资做出批复，同意职工持股会将其持有的出资额由20.4万元减至7.16万元，占公司总股本的10.63%。2001年6月25日，陆家嘴设计职工持股会做出决议，同意部分成员因离职退出职工持股会，其原持有的股份由职工持会收购，并形成《关于部分已调离陆家嘴规划建筑设计有限公司的职工退股意见》。经核查，职工持股会相关成员已签署《关于部分已调离陆家嘴规划建筑设计有限公司的职工退股意见》及《有关股权转让现金签收明细》，确认同意退股并已收到相应退款。经核查，职工持股会在本次股权转让完成后召开会员大会不符合《上海陆家嘴规划建筑设计有限公司职工持股会章程》第十八条规定第四款"会员大会审议批准理事会关于股东代表参与公司决策的议案"的规定，在程序上存在瑕疵，但会员大会全体成员均在决议文件上签字确认，承认本次股权转让，并未对本次股权转让提出异议。本所经办律师认为，职工持股会上述股权转让内部程序瑕疵不会对陆道设计本次挂牌构成实质性的法律障碍。

（3）2003年12月，增资及股权转让。2003年11月28日，陆家嘴设计召开股东会，决议公司增加注册资本32.67万元，全部由职工持股会认缴；同意徐剑尘、齐嘉生、吕通森分别将其直接持有公司2.60%、1.87%、5.73%的股权转让给职工持股会，其他股东均放弃优先购买权，并同意相应修订公司章程。2003年12月15日，上海工商局浦东新区分局核发了《企业法人营业执照》，核准公司本次股本变动。经核查，2003年11月28日，陆家嘴设计职工持股会会员大会对本次增资及股权转让做出决议，同意增加职工持股会出资额，由原来的7.157545万元增加至46.69万元，增资扩股后职工持股会出资金额占公司股份的46.46%。2003年12月12日，上海市浦东新区人民政府经济体制改革办公室下发“浦体改备〔2003〕25号”《浦东新区企业职工持股会调整股本结构备案单》，对本次增资及股权转让进行了确认。根据《上海陆家嘴规划建筑设计有限公司职工持股会章程》第二十七条第二款规定，“会员中凡是辞职已离开公司者，其股份由公司持股会接受”，陆家嘴设计出具《退款说明》，说明吕通森、齐嘉生因离职退出职工持股会，持股会其他人员未有变动。2003年11月27日，陆家嘴设计职工持股会理事会做出决议，同意吕通森、齐嘉生退出职工持股会，原所持有的股份由职工持股会其他成员接受。经核查，吕通森、齐嘉生已签收有关股权转让现金签收明细。经核查，职工持股会就本次股权转让及增资已履行了内部决策、相关管理部门的批复，符合《上海陆家嘴规划建筑设计有限公司职工持股会章程》的规定，符合当时相关法律、法规规定，程序合法、合规。

对问题四：职工持股会持有公司股权清理情况。

经核查，职工持股会持有公司股权清理时履行了如下程序：

2005年3月25日，陆家嘴设计召开股东会，决议职工持股会将其所持有公司8.08%、30.29%、8.32%的股权分别转让给史卫泉、黄金枝、黄玉芳，其他股东放弃优先购买权，并相应修订公司章程。职工持股会与黄金枝、史卫泉、黄玉芳就上述股权转让事宜签署了《股权转让协议》。2005年10月26日，上海工商局就本次股权转让事宜核发了《准予变更登记通知书》。上海市浦东新区人民政府经济体制改革办公室下发的“浦体改备〔2003〕25号”《浦东新区企业职工持股会调整股本结构备案单》中批复：“由于该公司职工持股会会员目前仅为4人，不宜设立持股会，基于该公司申请新行业资质的时间需要，持股会申办调整股本结构的资料我办已受理备案，待公司申领新的工商执照和行业资质后，即办理持股会撤销及股权转让。”该文件明确职工持股会持有公司股权清理的原因及时间安排。鉴于陆家嘴设计在申请办理行业资质时间较长，职工持股会持有公司股权清理直至2005年10月26日完成，经核查，职工持股会未就本次股权转让履行内部决策，不符合《上海陆家嘴规划建筑设计有限公司职工持股会章程》的规定，在程序上存在法律瑕疵，但是职工持股会与黄金枝、史卫泉、黄玉芳就上述股权转让事宜已经签署了《股权转让协议》，该等程序瑕疵不会对职工持股会转让上述股权造成法律上的障碍。

综上，除了本补充法律意见披露的程序瑕疵外，陆道设计职工持股会从设立到持有公司股权清理的过程合法、合规，职工持股会2005年清理其所持有公司股权时以2003年《浦东新区企业职工持股会调整股本结构备案单》中批复意见为依据，合法、合规。律师就陆道设计职工持股会持有公司股权清理时的4名人员发函询证，但是由于历史久远以及职工持股会4名人员年龄较大，分散居住在各地，联系方式缺失，仅联系到刘光胜1人并回函称其2005年退出职工持股会时已经收到投资款，不存在任何异议及纠纷，律师无法就职工持股会清理过程及结果是否存在纠纷对其他3人进行函证。截至本法律意见出具之日，陆道设计、陆道设计实际控制人不存在尚未了结的与职工持股会持股及其后期清理有关的诉讼案件。经核查，陆道设计的控股股东上海衡盈资产管理有限公司已做出承诺，承诺陆道设计若因职工持股会股权转让、清算等事宜存在任何潜在问题或风险隐患，上海衡盈资产管理有限公司愿承担相关责任。于本补充法律意见出具之日，陆道设计股权清晰，权属分明，真实确定，不存在纠纷或潜在纠纷，符合《业务规则》及《基本标准指引》第四条第（一）项的规定。陆道设计历史上存在职工持股会及其持有公司股权清理过程的瑕疵，不会对本次挂牌转让造成实质性法律障碍。

案例148 未成年人继承股东身份的适格性（平原非标）

河南平原非标准装备股份有限公司（平原非标830849）2014年8月挂牌，属于自动化涂装系统研发、设计、制造、安装、调试的整体供应商。公司在申请挂牌过程中存在一问题：公司股东姚若辰出生于2001年，属于未成年人，请公司披露姚若辰行使股东权利的具体情况，回答其是否符合股东适格性要求。

解决思路：

（1）父亲去世，子女继承财产法规列示并履行相关程序；

（2）其母做出“作为其监护人及法定代理人代理其行使公司股东权利及承担股东义务”的承诺书；

（3）详情如实披露。

方案详解:

经核查，孙振文先生于2012年1月16日因病在河南省郑州市去世。根据河南省郑州市黄河公证处于2012年3月16日出具的“〔2012〕郑黄证民字第2737号、第2738号”《公证书》：孙振文生前持有的公司7001400股的股份属于其遗留的个人财产，其配偶姚征表示自愿放弃对该遗产的继承权。因此，孙振文持有的公司股份由其子女孙罡、孙睿、姚若辰共同继承。根据孙罡、孙睿、姚若辰（姚征代）于2012年3月16日签署的《析产协议》和河南省郑州市黄河公证处出具的“〔2012〕郑黄证民字第2739号”《公证书》，孙罡、孙睿、姚若辰（姚征代）经协商一致签订了《析产协议》，约定由姚若辰继承平原非标3361400股股份，孙睿继承平原非标2000000股股份，孙罡继承平原非标1640000股股份；河南省郑州市黄河公证处确认：当事人在订立协议时具有法律规定的民事权利能力和民事行为能力，签订的《析产协议》意思表示真实，协议内容符合《中华人民共和国民法通则》的规定。

2012年3月，公司及平原集团分别召开股东大会，根据上述股份继承结果修改了其各自的《公司章程》，并办理了工商备案手续。

截至本《补充法律意见书》出具之日，公司股东姚若辰已满10周岁但未满18周岁，为限制民事能力人。由其母姚征作为其监护人及法定代理人代理其行使公司股东权利及承担股东义务。

2014年6月6日，姚征出具《承诺书》：“姚若辰尚未成年，本人为姚若辰之母，根据《中华人民共和国民法通则》的相关规定为其监护人及法定代理人。本人代表姚若辰行使其作为河南平原非标准装备股份有限公司股东的权利不存在任何障碍，对河南平原非标准装备股份有限公司历次股东大会所做决议之程序及效力均无任何异议，亦不存在任何法律纠纷。本人将继续严格依照《中华人民共和国公司法》及《河南平原非标准装备股份有限公司章程》的规定代表姚若辰行使其作为河南平原非标准装备股份有限公司股东的权利并承担相应的股东义务。”

综上，在孙振文先生去世后，根据《中华人民共和国继承法》的有关规定，其法定继承人姚若辰依法享有继承公司股份中属于其应当继承股份的权利，不存在法律、法规规定的不得为公司股东的情形。姚若辰作为限制民事能力人，由其母作为其法定代理人代理其行使公司股东权利承担股东义务符合《中华人民共和国民法通则》的有关规定。姚征作为姚若辰法定代理人行使其股东权利的具体行为合法合规。

案例 149 股东去世后的股权继承与股权明晰问题（华精新材）

无锡华精新材股份有限公司（华精新材 830829）2014 年 7 月挂牌，主要从事热浸铝锌硅合金板带、高磁感取向硅钢的制造、加工、销售；汽车零部件的制造、销售；锂电池铝塑复合膜的研发、制造、销售等业务。公司股东陈海星已于 2013 年去世，所持股份正在办理继承手续。

问题一：公司该部分股份的继承方式、继承人情况如何？有无纠纷或潜在纠纷？会否产生代持？

问题二：核查该次继承会否导致公司股权存在不确定性？是否符合“股权明晰”的挂牌条件？

解决思路：

（1）股权继承事宜出具《公证书》；

（2）进行工商变更；

（3）如实披露相关详情。

方案详解：

经核查，股东陈海星持有公司股份 56912 股，占公司股份总额的 0.09%，还持有华精咨询 0.52% 的股权。根据无锡市公安局钱桥派出所 2014 年 3 月 14 日出具的户籍信息证明，该股东已经于 2013 年 5 月去世，户口已经注销。该股东所持股份及股权由其继承人继承。陈海星配偶王美珠已向公司提供由江苏省无锡市梁溪公证处于 2014 年 4 月 14 日出具的“〔2014〕锡梁证民内字第 3034 号”《公证书》，公证事项为继承。

《公证书》中已查明如下事实：①被继承人陈海星于 2013 年 5 月 18 日死亡；②陈海星的父亲是陈锡芳（于 2012 年 1 月 11 日死亡）；陈海星的母亲是蒋南娣；妻子是王美珠；子女是陈涛。③王美珠申请继承陈海星下列财产：陈海星生前是华精咨询的股东，持有该公司 0.52% 的股份；陈海星生前是华精新材股东，持有该公司股份 56912 股。上述两公司的股份中属于陈海星的份额已成其遗产。④根据陈海星的上述法定继承人称，陈海星生前就上述财产无遗嘱（遗赠），亦未与他人签订遗赠扶养协议。对此，截至公证书出具之日亦未有人提出异议。⑤王美珠表示要求继承被继承人陈海星的上述遗产，蒋南娣、陈涛均表示自愿放弃继承被继承人陈海星的上述遗产。根据陈海星死亡及继承事实，并依据《中华人民共和国继承法》（以下简称《继承法》）第三条、第五条、第十条、第二十五条、第二十六条的规定，被继承人陈海星的遗产应由其父亲陈锡芳、母亲蒋南娣、妻子王美珠、儿子陈涛共同继承。陈海星父亲陈锡芳先于其死亡，陈海星母亲蒋南娣、儿子陈涛均表示放弃继承被继承人陈海星的遗产，因此，被继承人陈海星的上述遗产应由其妻子王美珠一人继承。

根据《中华人民共和国公证法》（以下简称《公证法》）第三十六条规定，经公证的民事法律行为、有法律意义的事实和文书，应当作为认定事实的根据，但有相反证据足以推翻该项公证的除外。

综上，基于陈海星的死亡事实，以及《继承法》、《公证法》等相关法律、法规规定，陈海星持有的公司56912股份及华精咨询0.52%的股权属于陈海星的遗产，应由其妻子王美珠继承，相关工商变更正在进行过程中。该部分股份及股权的继承法律事实明确，股份及股权的继承人已经确定，无纠纷或潜在纠纷，不会产生代持，该次继承不会导致公司股权（股份）存在不确定性，符合“股权明晰”的挂牌条件。

案例150 内资企业有外籍股东，存违法质疑（网动科技）

北京网动网络科技股份有限公司（网动科技430224）主要从事第二类增值电信业务中的信息服务业务。公司在申请挂牌过程中存在一问题：公司股东为外籍，有违法质疑，该如何处理？

解决思路：

（1）外籍股东通过股权转让退出公司；

（2）工商管理部门出具证明；

（3）现有股东承诺承担连带责任；

（4）详情如实披露。

方案详解：

2009年2月，公司股东马滨与股东李明及北京网动科技有限公司共同设立有限公司，公司设立时马滨已具有澳大利亚国籍，但因其对外商投资法律制度缺乏了解，因此投资事项未申请设立外商投资企业。依据讯网天下设立时的《内资企业设立登记（备案）审核表》及北京市工商局海淀分局颁发的营业执照，公司的性质为内资企业。2012 年 6 月，马滨于讯网天下减资时退出了该公司，马滨以外籍身份出资设立有限责任公司并持有讯网天下股权的法律瑕疵因此得到消除。

讯网天下已于 2012 年 9 月由有限责任公司整体变更为股份有限公司，该整体变更行为和股份公司设立后的股权结构合法、合规、真实、有效。股份公司不存在终止经营或被吊销营业执照的情形。股份公司现有股东已出具承诺函，承诺：本公司前身北京讯网天下科技有限公司成立时，其股东马滨已取得澳大利亚国籍，马滨以外籍身份出资设立有限责任公司并持有讯网天下股权，其股东资格存在法律瑕疵。该问题已因马滨于讯网天下 2012 年 6 月减资时退出了该公司而得到消除。如政府主管机关因马滨以外籍身份设立有限责任公司并持有有限公司股份的股东资格法律瑕疵对本公司进行处罚，将由公司现有股东最终按现有持股比例承担公司因此受到的全部经济损失，该等责任为连带责任，无须公司承担任何费用。

马滨在有限公司设立时的股东资格法律瑕疵已因马滨于讯网天下 2012 年 6 月减资时退出了该公司而得到消除。2012 年 11 月 15 日，北京市工商行政管理局海滨分局出具《证明》：证明公司近两年没有因违反工商行政管理法律法规受到查处的记录。马滨在有限公司设立时的股东资格法律瑕疵不会对公司的持续经营、申请挂牌的主体资格产生实质性影响。

案例 151 股东是证券从业人员的问题（伊禾农品）

上海伊禾农产品科技发展股份有限公司（伊禾农品 430225）主要从事农产品的种苗培育、种植基地管理、冷链保鲜和流通销售。公司的股东有证券从业人员，该怎么办?

解决思路及方案详解：

承诺挂牌后尽快转让并如实披露。

公司股东刘玉华现任职于太平洋证券股份有限公司，属于证券从业人员，2012 年 12 月刘玉华出具了书面承诺，称将按照相关法律法规的规定，在伊禾农品于全国中小企业股份转让系统挂牌后，尽快将其所持有的伊禾农品265.5244万股股份（占公司总股本的2.53%）进行转让，待股份转让后，将不再持有伊禾农品任何股份，不再担任伊禾农品股东。

案例152 公司法人优先股如何解决（捷虹股份）

上海捷虹颜料化工集团股份有限公司（捷虹股份430295）主要从事化工颜料、染料，化工原料及化工产品，化工机械，设备加工，化工技术领域内的技术开发、技术服务、技术咨询、技术转让等。公司存在法人优先股，挂牌前该如何解决？

解决思路及方案详解：

国营中捷友谊农场（以下简称“中捷农场”）为公司法人优先股权利人；权利存续期间为1998年4月至2004年2月。参照国家经济体制改革委员会《关于发展城市股份合作制企业的指导意见》（1997年8月6日）和《中共河北省委、河北省人民政府关于加快发展城市股份合作制企业的若干意见》（“冀发〔1997〕21号”）的精神，“股份合作制企业的股权设置，应该因企制宜，根据企业投资主体的不同情况设置。按照企业的投资主体可以分为国家股、社区股、职工个人股、职工集体股、法人股。在股份合作制企业，本企业职工个人股和职工集体股应占总股本的51%以上。其他股份可根据情况设置。国有股和社区股经出资人同意可以设置为优先股。”

1998年4月1日，中捷农场出具《关于捷虹染料化工总公司改制方案的批复》（中捷场通字〔1998〕第23号），同意根据党的十五大关于“采取改组、联合、兼并、租赁、承包经营和股份合作制、出售等形式，加快放开搞活国有小型企业的步伐”的改革方针和河北省委、省政府《关于加快发展城市股份合作制企业的若干意见》，批准河北省捷虹染料化工总公司改制为股份合作制企业。确认企业净资产评估结果为人民币1880万元整，其中国有净资产界定为1680万元，原企业组建时发起人张合义拥有净资产界定为200万元。同意改制后企业总股本（注册资本金）设定为1200万元。其中农场法人股金额540万元，占45%，为累积且剩余财产分配优先股，年股利20%；出售给企业职工持股金额660万元，占55%。同意将国有净资产中的1140万元资金留在企业，按企业借款有偿使用，年资金占有费率暂定为10%。

1998年6月23日，公司前身河北省捷虹颜料化工有限公司取得黄骅市工商行政管理局核发的《企业法人营业执照》，注册号为10974881－3；法定代表人为张合义；注册资本为1200万元；企业类型为有限责任公司（国内合资）；经营范围：化工颜料、染料、中间体、盐酸、液氯及无机化工产品、进口本企业生产、科研所需的原辅材料、机械设备、仪表仪器、零配件、化工机械、设备加工、化工技术开发研究；经营期限为1998年6月22日至2008年6月21日。

1999年8月1日，公司修改公司章程，第十四条新增加内容为："农场法人股为优先股，累积且剩余分配，优先股和普通股在权利和义务方面的区别明确如下：①优先股按约定股利的年率20%支付股利，不随年终企业经营业绩的优劣而浮动。②在股利分配时，优先支付。③在股东会上无表决权。④不享受公司公积金、公益金的权益。"2004年2月，中捷农场向张合义转让其持有的公司5400000.00元出资额后，中捷农场退出公司，不再为公司优先股股东。

中捷农场作为公司法人优先股期间，公司已按照《关于捷虹染料化工总公司改制方案的批复》及公司章程的约定按期向法人优先股中捷农场支付股利。2011年10月30日，中捷农场出具《国营中捷友谊农场关于上海捷虹颜料化工集团股份有限公司支付国有股股利和资金占用费等相关事项的确认函》（中捷场字〔2011〕5号）对公司法人优先股权利具体行使状态及结果进行确认。确认公司及其子公司、关联公司向中捷农场缴纳资金占用费、优先股股利、公共和公益事业等费用计57739210.83元，并已清偿借款、支付股权转让款。2013年3月25日，河北省沧州市人民政府国有资产监督管理委员会（以下简称"沧州市国资委"）出具《沧州市人民政府国资委关于上海捷虹颜料化工集团股份有限公司国有股权设置及退出相关事宜的批复》（沧国资产〔2013〕20号）对上述公司法人优先股股利和资金占用费支付事宜进行了确认。

案例153 夫妻共持公司全部股份或存不当控制质疑（高曼重工）

湖北高曼重工股份有限公司（高曼重工430270）主要从事机械设备、机电产品、日用化学品的加工、生产、销售等业务。公司夫妻两人合并持有公司全部股份，挂牌前该怎样处理?

解决思路及方案详解:

做重大事项提示以披露相关风险。

夫妻两人合并持有公司全部股份的风险：公司控股股东为夏曙光，持有公司99.20%的股份，任公司的董事长及总经理。股东陈蓉持有公司0.80%的股份，任公司的副总经理。夏曙光与陈蓉为夫妻关系，两人合计持有公司100%的股份。若夏曙光与陈蓉利用其对公司的实际控制权对公司的经营决策、人事、财务等进行不当控制，可能损害公司利益。

案例154 外籍股东以中国身份注册公司的问题（维珍创意）

北京维珍创意科技股份有限公司（维珍创意430305）主要从事ATM形象创新及安全防护产品的工业设计、IT软硬件研发、市场开拓、系统集成、产品生产、系统安装及售后服务。公司由股东（外籍）以中国身份证明文件注册设立，该怎样解决?

解决思路:

（1）将股份赠予股东母亲；

（2）为保障股权清晰、无争议，其他亲属承诺放弃对该股份的一切权益声明；

（3）原股东仍被认定为公司实际控制人；

（4）如实披露。

方案详解:

维珍有限系由两名自然人高利军、高丽平出资设立，其中高丽平为中国自然人，高利军在取得了外籍身份之后由于对《国籍法》等相关法律、法规不了解，没有及时办理中国户籍及身份证件注销手续，并以中国身份证明文件申请登记注册了维珍有限，存在程序瑕疵。

为纠正该程序瑕疵，高利军与张秀清于2011年11月20日签订了《股权代持协议》，其主要内容为："张秀清为维珍有限的名义股东，代高利军持有维珍有限99%的股权，高利军实际享有该股权投资的全部投资收益和股东权利，承担投资风险；张秀清不实际享有任何股东权利，除按高利军指示办理相关事务外，张秀清不得擅自对该股权进行任何处置，包括但不限于：自行行使股东权利、转让、质押、委托管理等；高利军有权随时解除代持。”

高利军与张秀清之间的股份代持协议系股东高利军为纠正历史设立程序瑕疵而将股权转让给张秀清，双方签订的《股权代持协议》真实、合法、有效，无《合同法》第五十二条规定的情形，《股权代持协议》明确确定了股份的权属是高利军，根据《最高人民法院关于适用〈中华人民共和国公司法〉若干问题的规定（三）》（法释〔2011〕3 号），高利军实际享有该股权投资的全部投资收益和股东权利，高利军父亲高云、高利军大姐高丽平、高利军二姐高丽婷、高利军三姐高丽虹确认不对张秀清代高利军股份主张任何利益、权益和要求。所以，股份权属清晰、明确且不存在潜在权属争议或纠纷。

2011 年 11 月 30 日，维珍有限召开股东会，全体股东一致同意高利军将其持有的维珍有限全部股权转让给张秀清，双方签订了《出资转让协议书》，高利军与高丽平、陈存福及其他股东之间不存在股份代持情形。2013 年 7 月 10 日，为彻底解决历史设立程序瑕疵，高利军、张秀清签订了《关于出资转让及代持事项的补充协议》，其主要内容如下：

“甲（高利军）、乙（张秀清）双方在合法自愿的基础上，经协商一致，针对双方 2011 年签订的《股权代持协议》和《出资转让协议书》，达成如下补充协议：第一条，甲方将其双方于 2011 年签订的《股权代持协议》中约定的由乙方代其持有维珍有限 99% 的股权（目前实际持有的维珍股份 89. 70% 的股份）全部无偿赠予乙方，自本补充协议生效之日起，乙方成为维珍股份的实际股东，实际拥有维珍股份 89. 70% 的股份，计 1366 万股。第二条，甲、乙双方确认第一条所述赠予行为已于 2011 年 12 月 26 日履行完毕。第三条，甲、乙双方一致同意其二人于 2011 年 11 月 20 日签订的《股权代持协议》自本补充协议生效之日起终止履行。”

高利军与张秀清之间的股份赠予意思表示真实，该赠予行为不违反《公司法》等相关法律法规的规定，协议内容清晰、明确，赠予行为真实、合法、有效。

维珍有限设立至今的经营业务不属于限制类或禁止类外商投资项目，而是属于《外商投资产业指导目录》规定的鼓励类外商投资项目，因此维珍有限设立时的不规范之处不构成对我国外商投资相关法律法规的实质违反，且已得到及时纠正，在工商局办理了工商变更登记，并且高利军做出承诺，“公司及股东因上述设立程序瑕疵而造成的损害承担相应责任”，因此，公司自其有限公司设立以来一直合法、有效存续。至此，维珍有限设立时的法律瑕疵得到彻底消除。

上述股份赠予完成后，张秀清成为维珍股份的实际股东，对于张秀清所持有维珍公司的股份，高利军的父亲和三位姐姐均承诺放弃继承权，并不会对上述股份、相关权益、收益主张任何利益、权益和要求。因此，上述股份赠予行为不会对公司股份权属的清晰性、明确性产生不利影响，未产生潜在的权属争议或纠纷。所以，张秀清所持有维珍公司的股份其权属清晰、明确，不存在潜在权属争议或纠纷。

案例155 以非专利技术出资的股权激励操作（铜牛信息）

北京铜牛信息科技股份有限公司（铜牛信息430243）主要从事互联网接入服务，互联网信息服务业务，技术推广服务，计算机系统服务，基础软件服务，应用软件服务，销售通信设备、电子产品、计算机、软件及辅助设备等。公司以非专利技术出资形式进行股权激励是怎么操作的?

解决思路及方案详解:

铜牛针织集团及高鸿波等9方用于出资的无形资产为出资各方共同拥有的非专利技术“易纺制衣ERP系统技术”，受出资人委托，北京新京联成资产评估有限公司对该项无形资产进行评估，并出具了“新京评报字〔2005〕第B0096号”评估报告书，确认该项非专利技术的评估值为78万元。

根据《科学技术进步法》、《促进科技成果转化法》、《国务院办公厅转发科技部等部门关于促进科技成果转化的若干规定》及《北京科委关于促进科技成果转化若干规定的实施办法》等法律法规，并经铜牛集团公司第三届第七次董事会批准，铜牛集团董事会于2005年9月通过了《北京铜牛针织集团有限责任公司关于易纺制衣ERP系统非专利技术激励方案》，铜牛集团为了“依靠公司现有人才的同时吸纳其他软件开发人员，将易纺制衣ERP系统形成的非专利技术模块化、市场化、产业化，并通过市场化运作服务于其他服装生产型企业”，决定将易纺制衣ERP系统形成的非专利技术进行市场评估，按照各参与人员的贡献大小给予分割，并一同出资成立北京铜牛信息科技有限公司。

北京新京联成评估有限公司对易纺制衣 ERP 系统形成的非专利技术进行评估后认为，其价值为人民币 78 万元整，铜牛集团将评估值的 16.67%（即 13 万元）以股权形式激励给付军，10.90%（即 8.5 万元）以股权形式激励给高鸿波，8.96%（即 7 万元）以股权形式激励给王泉，6.41%（即 5 万元）以股权形式激励给刘毅，6.41%（即 5 万元）以股权形式激励给黄飞，3.85%（即 3 万元）以股权形式激励给皮纪梅，3.85%（即 3 万元）以股权形式激励给李舜尧，1.92%（即 1.5 万元）以股权形式激励给张永刚。2005 年 9 月 14 日铜牛集团、高鸿波等签署了“非专利技术分割协议书”，明确了各出资方对该非专利技术拥有的权益比例。

依据该分割协议书，全体出资人于 2005 年 9 月 21 日签署了“高新技术成果说明书及确认书”，一致同意将该高新技术成果作价 78 万元投入有限公司中。其中，铜牛针织集团以该高新技术成果出资 32 万元，占注册资本的 32%；付军以该高新技术成果出资 13 万元，占注册资本的 13%；高鸿波以该高新技术成果出资 8.5 万元，占注册资本的 8.5%；王泉以该高新技术成果出资 7 万元，占注册资本的 7%；刘毅以该高新技术成果出资 5 万元，占注册资本的 5%；黄飞以该高新技术成果出资 5 万元，占注册资本的 5%；皮纪梅以该高新技术成果出资 3 万元，占注册资本的 3%；李舜尧以该高新技术成果出资 3 万元，占注册资本的 3%；张永刚以该高新技术成果出资 1.5 万元，占注册资本的 1.5%。

案例 156 股东对所持股份自愿锁定，如何承诺（意普万）

东莞市意普万尼龙科技股份有限公司（意普万 430389）主要从事改性尼龙塑料产品的研发、服务、生产及销售。公司股东对所持股份自愿锁定，其承诺是怎样的？

解决思路及方案详解：

公司股东对所持股份自愿锁定的承诺：公司控股股东北京意普万及实际控制人高原、崔鹤鸣承诺：自公司股票挂牌之日起 36 个月内，不转让或委托他人管理本公司/本人直接或间接持有的公司挂牌前已发行的股份，也不由公司回购该部分股份。公司其他董事、监事、高级管理人员曹铁波、梁效礼、凌永胜、卢柱华、杨冬、牟素梅承诺：自公司股票挂牌之日起36个月内，不转让或委托他人管理本人直接或间接持有的公司挂牌前已发行的股份，也不由公司回购该部分股份。公司股东崔晓光承诺：自公司股票挂牌之日起36个月内，不转让或委托他人管理本人直接或间接持有的公司挂牌前已发行的股份，也不由公司回购该部分股份。

截至本公开转让说明书签署之日，股份公司成立已满一年，因此公司发起人的股份具备公开转让的条件。除上述承诺不转让的股份外，公司其他股东持有的合计31.44万股股份依法可以公开转让。

案例157 员工增资持股的转让被限制的问题（星原丰泰）

北京星原丰泰电子技术股份有限公司（星原丰泰430233）主要从事生产高频模块电源，技术开发，研发、销售高频模块电源，货物进出口、技术进出口、代理进出口。公司对员工持股的转让加以限制，是怎么操作的？

解决思路及方案详解：

本次增资的同时，公司与参与增资的员工签署了《持股协议》，员工同意在2015年12月31日之前不离职，也不将所持公司股份进行质押或参与社会融资活动等行为，如发生离职，员工应将所持股份转回，具体转让方案由股东大会授权董事会制定。

另外公司与员工约定：①自2014年1月1日至2014年12月31日期间内，认购人可以将所持股份的15%予以转让，如果转让数量超过15%，则超出该比例部分转股价款的60%归公司享有，剩余40%归认购人。②自2015年1月1日至2015年12月31日期间内，认购人可以将所持股份（以本协议中认股数量为基数）的10%予以转让，如果转让数量超过10%，则超出该比例部分转股价款的40%归公司享有，剩余60%归认购人。③自2016年1月1日起，认购人所持有的公司股份可以依法转让，所得收益归认购人享有。

公司与员工之间协议的相关条款本质上并不是限制员工股权转让，而是通过确定双方认可的股份转让收益分配比例在一定程度上维持公司股权的相对稳定，提升公司的内部凝聚力，维持公司业务团队的稳定性，同时也兼顾员工股东的利益。上述条款的约定并不影响公司在全国股份转让系统挂牌并公开转让。

案例158 股权激励与转让被限制的问题（昆拓热控）

苏州昆拓热控系统股份有限公司（昆拓热控30444）主要从事机柜空调器、空调热交换一体机、通信机柜空调器、热管热交换器等精密工业温控及通信热管理设备的研发、制造与销售。公司实施的股权激励，股份转让受到一定的限制，是怎样操作的？

解决思路及方案详解：

公司股权激励的股份转让限制：

（1）参与员工持股计划所获股份为限制性股份，即自获得之日起至公司创业板或中小板IPO后三年内，为股份限售期。如公司长期未在创业板或中小板上市，则规定限售期最长为股份获得之日起10年。

（2）限售期内，员工股东在职期间，未经公司书面同意，不得将股份转让给其他股东或其他任何外部第三方，不得以任何方式将所获公司股份用于设定抵押、质押、担保、交换、还债、委托他人持有等。

（3）限售期内员工股东离职的（包括但不限于考核不合格、触犯法律、违反职业道德、泄露公司机密、失职或渎职等行为严重损害公司利益或声誉而导致被辞退，或因另谋职业、疾病、工伤等各种因素主动或被动与甲方终止或解除劳动关系的，本协议统称离职），经公司董事会批准，取消其参加员工持股计划的资格，员工股东须出让所持股份。限售期内员工股东身故的，不须出让所持股份。

（4）在新三板、中小板或创业板等公开市场挂牌交易之前，员工股东离职的，员工股东应将所持股份转让给公司或公司指定对象。

（5）员工股东在新三板、中小板或创业板等公开市场挂牌交易之后离职的，公司应在国家规定的禁售期满后一个月内卖出所持股份。

（6）前述各类转让中，如转让价格高于转让前一月公司未经审计的每股净资产价值，则超出部分应交还公司，相应税收由公司承担；净资产增值部分（公司未经审计的每股净资产价值与员工股东取得股份的价格之差）归员工股东所有，相应税收由员工股东本人缴纳。

案例159 稳定股权结构及核心员工与股份锁定（东亚装饰）

青岛东亚装饰股份有限公司（东亚装饰430376）主要从事建筑装饰工程设计施工、建筑幕墙工程设计施工、建筑智能化工程、防腐保温工程及园林古建筑工程。公司为了保证股权结构及核心经营人员的稳定所实施的股份锁定是怎么回事?

解决思路及方案详解:

股份锁定安排：为了充分保障公司股权结构、核心经营管理人员的稳定性，公司控股股东建东投资自愿承诺：在东亚装饰股票挂牌交易前，以及自东亚装饰股票挂牌交易之日起五年内，不转让、抵押、质押或在该股份上设定任何其他形式的限制或他项权利，不委托他人管理本公司本次发行前已持有的东亚装饰股份，也不由东亚装饰回购该部分股份。截至本公开转让说明书签署日，建东投资持有公司75%的股份。以上股份锁定安排会对公司挂牌后进入全国股份转让系统进行转让的流通股数量有一定影响。

案例160 股东对所持股份自愿锁定三年的具体操作（能为科技）

北京能为科技股份有限公司（能为科技430281）主要从事工程勘察设计；销售机械设备、电子产品、化工产品、仪器仪表；货物进出口、技术进出口、代理进出口，施工总承包、专业承包、劳务分包；机械设备维修。公司股东对所持股份自愿锁定三年，是怎么操作的?

解决思路及方案详解:

股东对所持股份自愿锁定的承诺：

股东夏阳持有公司50%的股份，为公司第一大股东和实际控制人。夏阳先生为公司创始人之一，长期致力于为电力行业提供促进节能减排、保证安全高效运行事业，并继续看好该行业的发展前景，目前公司是其主要精力所在。夏阳先生自愿承诺：公司股票自在全国中小企业股份转让系统挂牌之日起三年内不转让所持公司股权。

第十章

非国有股权的变更、转让及价格问题

本章要领 17 大案例及 24 种常规、典型实务问题及其解决思路

◎将解决的 24 种实务问题

①0 元收购股权或存利益安排嫌疑；②零价转让子公司股权及其会计处理；③股权转让在批复之前行使；④股权转让或存价格与金额质疑；⑤股份出资未足额缴纳且董事离职半年内进行转让；⑥不同价格转让股权或存代持股嫌疑；⑦控股股东和一致行动人共持子公司股权与清理转让；⑧向控股股东及其一致行动人收购股权的操作；⑨股东缺席股东会依然股权转让；⑩无偿或转让股权；⑪以出资额转让股权或存代持纠纷；⑫区域性股权交易中心曾托管股票与转新三板发行、转让和质押；⑬股权转让未办理工商变更；⑭原股东未履行出资义务即转让股权；⑮将工会股奖励给员工与股权激励；⑯股份回购程序与利益纠纷；⑰股份回购未使用税后利润支付；⑱股权转让比例超过法定标准；⑲股权转让与损害公司利益；⑳同股不同价的股权转让；㉑股权转让的差异化与真实性、有效性和合法性质疑；㉒挂靠集体企业的股权与转让；㉓公司代垫股东股权转让款；㉔增资低于增资价格与是否追溯调整。

◎典型问题及一般性解决思路

1. 股权变更最集中的问题与或有嫌疑

实践中，股权转让变更最集中的问题就是价格问题，也就是股权转让的价格偏低或多数属于低价转股，这也是新三板挂牌调查和审核的重点。

股权转让价格明显偏低，存在的或有嫌疑即掩饰的法律问题包括两点：

一是公司的利益被输送给受让方；二是受让方得以避税。

2. **股权变更价格偏低的两种情形**

明显偏低的情形：

（1）申报的股权转让价格低于初始投资成本或低于取得该股权所支付的价款及相关税费的；

（2）申报的股权转让价格低于对应的净资产份额的；

（3）申报的股权转让价格低于相同或类似条件下同一企业、同一股东或其他股东股权转让价格的；

（4）申报的股权转让价格低于相同或类似条件下同类行业的企业股权转让价格的；

（5）经主管税务机关认定的其他情形。

明显偏低但有合理理由的情形：

（1）所投资企业连续三年以上（含三年）亏损；

（2）因国家政策调整的原因而低价转让股权；

（3）将股权转让给配偶、父母、子女、祖父母、外祖父母、孙子女、外孙子女、兄弟姐妹以及对转让人承担直接抚养或者赡养义务的抚养人或者赡养人；

（4）经主管税务机关认定的其他合理情形。

另外，还有如母子公司之间内部股权划转、在特殊交易所购买的股权再次转让等。

依据：《关于股权转让所得个人所得税计税依据核定问题的公告》。

3. **股权转让的解决思路**

出于各种客观原因，实践中股权转让并非按公允价格实现。该类问题一般的解决思路：

（1）控股股东、实际控制人出具“承担因低价转股行为导致公司遭受”的承诺；

（2）税务部门开具无违法违规证明或其他确认文件；

（3）中介机构就此情形发表“公司是否构成挂牌的实质障碍”的意见。

案例161 0元收购股权或存利益安排问题（格林绿化）

重庆格林绿化设计建设股份有限公司（格林绿化430741）2014年4月挂牌。公司2012年以合计0元受让刘永敏、卢有鹏、田华、葛勤、杨平持有的重庆彩苑农业开发有限公司100%股权。

问题一：请公司说明转让作价的依据，彩苑农业原股东是否与公司及其他股东存在关联关系？

问题二：上述0元转让股权是否双方真实意愿的体现，是否存在潜在争议或利益安排？

解决思路：

（1）核查并说明彩苑农业困境，证明其未实质性经营，0元作价的依据及合法性；

（2）实情详细披露。

方案详解：

重庆彩苑农业开发有限公司成立于2011年5月，注册资金100万元，是一家从事中药材种植、加工及销售，名优经济林木、果树种植及销售，景观植物栽培、销售，农业观光旅游开发的新型农业企业。彩苑农业成立后取得了重庆市潼南县柏梓镇梨咀村四社、五社、六社共计253.151亩农村土地30年的承包经营权，但由于自身管理团队的限制，经营两年多后未实现预期目标，至2012年12月基本停止实际经营。由于该公司自成立初期即签订了30年的农村集体土地承包经营合同，如继续经营将面临亏损扩大的不利局面，如不再继续经营，将所有苗木处置，将已租的土地复耕退给农民，复耕费用大约还需要20多万元。

此时，格林绿化为实现规模化扩张、加快产业布局、降低采购成本、提高竞争力，拟加大力度投入原材料等苗木基地建设。鉴于彩苑农业当时未实际经营，但存有相当价值的农村土地承包经营权等因素，经充分协商，公司对彩苑农业的股权收购采取按零成本收购，即每股收购价为0元。

经核查，彩苑农业原股东与格林绿化及其股东无关联关系，双方签订《股权转让协议》动因合理，均为当事人意思真实表示，其内容不违反国家法律、法规的禁止性规定，因此股权转让行为真实、合法、有效。2012 年 12 月 27 日，上述变更事项经重庆市潼南县工商行政管理局变更登记。至此，彩苑农业成为公司持股 100% 的控股子公司。

综上，公司受让重庆彩苑农业开发有限公司股权的投资行为符合法律、法规和规范性文件的规定，已履行了必要的法律手续，该次收购合法有效，不存在潜在纠纷或争议。

案例 162 零价转让子公司股权的问题（普华科技）

上海普华科技发展股份有限公司（普华科技 30238）主要经营计算机工程设计软件和管理软件及配套产品开发、制作及销售，计算机硬件的开发、制作及销售，计算机信息系统集成，项目管理咨询、商务咨询等业务。报告期内，公司将普华有限持有的北京谊普华和项目管理顾问有限公司 10% 的股权转让给胡新渝。上述股权转让以零价格转让，是否合法合规，是否存在利益输送或损害相关方的利益?

解决思路：

（1）阐明受让标的公司最近几年都无经营状况；

（2）对长期股权投资全额计提减值准备；

（3）如实披露详情。

方案详解：

2012 年 12 月 5 日，上海普华科技发展股份有限公司同胡新渝签订股权转让协议，约定将普华有限持有的北京谊普华和项目管理顾问有限公司 10% 的股权转让给胡新渝。由于受让方亦为北京谊普华和项目管理顾问有限公司的原股东，根据《公司法》及公司章程的规定，该等股权转让无须经其他股东同意。北京谊普华和项目管理顾问有限公司已经注销了普华有限的出资证明书，向胡新渝重新签发了出资证明书，并相应股东名册中有关股东及其出资额的记载。截至 2013 年 5 月 15 日，北京谊普华和项目管理顾问有限公司正在办理工商变更登记。

由于北京谊普华和最近几年都无经营，上述股权转让也是零价格转让，此笔股权投资已无法收回，因此，会计师在 2012 年年报中做了调整，全额计提了长期股权投资减值准备。

案例 163 批复之前转让股权且存金额质疑问题（麟龙股份）

沈阳麟龙科技股份有限公司（麟龙股份 430515）主要从事辽宁省内经营第二类增值电信业务中的互联网信息服务及计算机软件制作及相关技术咨询和售后服务。2007 年 8 月，公司原身将即将获得的未经批复的股票转让给当事人，且金额在《股东会决议》所列为 29%，而《股权转让协议》所列为 54%，出资不一致，是否存在纠纷，是否影响相关股东会决议的法律效力？

解决思路：

（1）阐明在取得区管理委员会批复、公司变更为内资后，方变更股权转让、增资的工商登记手续；

（2）当时未批准股票股东出具《关于同意股权转让的声明》；

（3）律师发表明确意见，详情如实披露。

方案详解：

关于有限公司第一次出资转让的说明。2007 年 8 月 7 日，沈阳鼎诺及沈阳智龙召开股东会，同意沈阳鼎诺将其持有有限公司 29% 出资转让给朱荣晖，沈阳智龙将其持有的有限公司 23% 出资转让给倪忠威、23% 出资转让给颜为民。就本次出资转让事项，由于沈阳高新技术产业开发区管理委员尚未批准邱一平将其所持有限公司 25% 出资转让给沈阳智龙，邱一平尚为公司的股东，有限公司尚未变更为内资公司，因此出资转让程序存在瑕疵。此外，就沈阳鼎诺向朱荣晖转让出资的数额，《股东会决议》所列的 29% 出资与《股权转让协议》所列 54% 出资不一致，出资转让数额存在差异。

就上述不规范之处，公司出具了《关于 2007 年股权转让及增资事项的说明》，在 2007 年 8 月 7 日有限公司召开董事会并同意邱一平将所持有限公司 25% 全部转让给沈阳智龙后，股东沈阳鼎诺、沈阳智龙原计划在公司取得沈阳高新技术产业开发区管理委员的批复、公司变更为内资公司后再向朱荣晖等人转让股权。但当时公司即将变更为内资企业，同时公司亦即将办理增资事项，因此沈阳鼎诺、沈阳智龙、朱荣晖等人在 2007 年 8 月 7 日一并签署了股权转让相关文件，朱荣晖等人在同一日签署了公司增资相关文件；《股权转让协议》所列的转让出资数额29%与《股权转让协议》所转让出资数额54%存在差异，系由于《股东会决议》的转让数额未将邱一平向沈阳鼎诺转让的25%出资计算在内，沈阳鼎诺向朱荣晖转让出资的实际数额为54%。

就上述不规范之处，公司在取得沈阳高新技术产业开发区管理委员会的批复、公司性质变更为内资企业后，才办理第一次股权转让、公司增资的工商登记手续，工商局也核准了上述变更，因此并不影响本次出资转让及增资的效力。此外，邱一平出具《关于同意股权转让的声明》，其知晓并同意沈阳鼎诺、沈阳智龙向朱荣晖等人转让股权，对上述事项不存在任何争议和纠纷。公司律师认为，上述瑕疵并不影响第一次股权转让的效力。

案例164 董事离职半年内转让未足额缴款的股份问题（柳爱科技）

柳州爱格富食品科技股份有限公司（柳爱科技430535）主要从事食品添加剂生产和销售，精细化学品的销售，技术开发、技术转让、技术咨询，货物进出口、技术进出口。公司挂牌前曾有两个问题：

问题一：股份出资未足额缴纳即进行转让是否合法合规？

问题二：董事离职半年内转让所持股份，是否符合法合规，是否对公司挂牌构成实质性影响？

解决思路及方案详解：

进行合理解释、说明并实披露详情：

对问题一：公司本次股本变更，包含：发起人将未缴股份转让给北京爱格富，由北京爱格富以货币形式直接缴纳；发起人将其部分实缴股份转让给北京爱格富；公司向北京爱格富发行100万股新股份。公司由发起人发起设立，注资资本600万元，本次第3期出资未在公司成立之日起两年内缴足，且本次变更股本，是在将发起人未缴股份转让给北京爱格富直接缴纳的同时又将部分实缴股份转让给北京爱格富，并向北京爱格富发行了新股，存在法律瑕疵。但鉴于公司上述股份已实际缴足，由柳州开诚联合会计师事务所出具《验资报告》（开诚验字〔2009〕第0590号）验证资金已实际到位，进行了工商登记。本次股本变更的法律瑕疵对本次公司股票到全国股份转让系统挂牌并公开转让不构成实质性障碍。

对问题二：2009 年 12 月 24 日，公司召开股东大会，决议撤销孔俊淞董事职务，选举王素贤为董事。2009 年 12 月 29 日，孔俊淞将所持股份转让给刘果。本次股份转让行为在孔俊淞作为公司董事离职半年之内发生，违反《公司法》关于股份公司董监高股份限售的规定，但鉴于双方已签订的《股权转让协议》，转让价款已依约支付，公司亦配合办理了相应的工商变更登记手续，因此，本次股份转让系双方当事人真实意思表示，且已经实际履行完毕。公司其他股东对上述股份转让出具了书面声明，均表示上述股份转让行为未对公司利益造成损害，并对上述股份转让予以认可。本次股份转让的法律瑕疵对本次公司股票到全国股份转让系统挂牌并公开转让不构成实质性障碍。

案例 165 不同价格转让股权或存代持嫌疑（杰盛通信）

上海杰盛通信工程股份有限公司（杰盛通信 831113）2014 年 8 月挂牌，主要业务为移动信息数据网络的咨询评估、规划设计、调测、部署集成、运营支撑和优化调整的一站式综合服务。2012 年 2 月公司第二次股权转让，朱小定、陶启瑞分别将其所持本公司 88%、12% 的股权（对应出资额 440 万元、60 万元）转让给叶青、方洁人，叶青、方洁人分别支付股权转让价款 540 万元、60 万元。问题：请公司补充披露此次转让中叶青、方洁人取得股份价格不同的原因、定价依据是什么、是否存在股权代持的情况。

解决思路及方案详解：

2012 年 2 月 21 日，有限公司召开股东会一致同意如下决议：①同意股东陶启瑞将其所持本公司 12% 的股权（原出资额为 60 万元）转让给方洁人。其他股东放弃优先购买权。②同意股东朱小定将其所持本公司 88% 的股权（原出资额为 440 万元）转让给叶青。其他股东放弃优先购买权。同日，出让方陶启瑞、朱小定与受让方方洁人、叶青签订《股权转让协议》。根据各方协商，叶青实际支付股权转让款 540 万元（含支付有限公司遗留债务 100 万元），方洁人实际支付股权转让款 60 万元。2012 年 3 月 5 日，上海市工商行政管理局宝山分局核准了上述变更登记。

双方股东自愿股权转让，且对公司资产、负债情况进行了综合考虑，确定转让基准价格，再由双方在此基础上协商确定了转让价格，该价格未损害国家和第三人的合法权益，应为合法有效。出于对方洁人和叶青支付能力的考量，叶青愿意个人多支付100万元，本次股权转让涉及的转让方与受让方对此情况充分了解，且无异议。公司股东叶青和方洁人均出具承诺，确认其所持股份为本人真实持有，不存在股份代持行为。

案例166 公司、控股股东和一致行动人共持子公司股权问题（金硕集团）

天津金硕信息科技集团股份有限公司（金硕信息30297）主要从事教育信息化产品的研发、生产、销售及系统集成服务、建筑智能化工程和学校运动场地建设工程。公司与控股股东及其一致行动人共同持有子公司股权，挂牌前该怎么解决？

解决思路：

（1）向控股股东及其一致行动人收购子公司股权；

（2）详情如实披露。

方案详解：

报告期内，公司控股了四家子公司，分别为：持有天津市景鸿体育设施技术有限公司（以下简称景鸿体育）364万股，该子公司注册资本为520万元，其余156万股为闫金玲持有；持有天津市金硕环境系统技术有限公司（以下简称金硕环境）180万股，该子公司注册资本为300万元，其余120万股为闫革文持有；持有天津市金硕网络系统技术有限公司（以下简称金硕网络）120万股，该子公司注册资本为180万元，其余60万股为闫革文持有；持有天津市金硕视讯技术有限公司（以下简称金硕视讯）91万段，该子公司注册资本为130万元，其余39万股为闫金玲持有。

2012年12月有限公司股东会决议由公司收购上述关联方闫金玲、闫革文在上述四家子公司的股权，公司于2013年1月至3月之间分别与闫金玲、闫革文签署了股权转让协议，将2名自然人所持有的上述四家关联企业股权转让给公司。具体转让情况如下：将闫金玲所持有的景鸿体育设156万股权转让给公司，转让价款共计156万元；将闫革文所持有的金硕环境120万股权转让给公司，转让价款共计120万元；将闫革文所持有的金硕网络60万股权转让给公司，转让价款共计60万元；将闫金玲所持有的金硕视讯39万股权转让给公司，转让价款共计39万元。上述四家公司的2012年末每股净资产及对应转让股份的净资产总额及实际支付的股权款见下表：

子公司名称	每股净资产（元）	转让股数（万股）	股份对应的净资产（万元）	实际支付价款（万元）
景鸿体育	1.95	156	304.20	156
金硕环境	0.94	120	112.80	120
金硕网络	0.48	60	28.80	60
金硕视讯	0.75	39	29.25	39
合计			475.05	375

由于闫金玲、闫革文为亲姐妹关系，且闫金玲与公司实际控制人张跃为夫妻关系，为了便于计算，上述两人在转让上述四家子公司股权时统一按照每股1元的转让价格，转让总价款375万元，低于该转让股份所对应的净资产金额475.05万元，折价100.05万元。公司在此次收购子公司股权中利益未受到损害，并且本次收购对公司长远发展更加有利，同时闫金玲、闫革文对折价股份转让无异议。因此，本次股权转让价格合理、公允。

案例167 股东缺席股东会股权依然被转让问题（奥尔斯）

北京奥尔斯科技股份有限公司（奥尔斯430248）主要从事物联网教育及行业应用领域产品的研发、销售及系统集成服务。公司股权转让，股东缺席股东会是否对挂牌形成实质性影响？

解决思路及方案详解：

缺席股东出具声明，认可此次股权转让同时做详情披露，内容为：2010年7月9日，有限公司召开股东会，全体股东一致同意李朱峰将其持有的有限公司2%的股权4.00万元货币出资转让给华志强；同意修改后的章程（章程修正案）。2010年7月12日，李朱峰与华志强签订《出资转让协议》，李朱峰将其持有的有限公司2.00%的股权4.00万元出资额转让给华志强。2010年7月28日，有限公司就上述事项在北京市工商行政管理局海淀分局办理了变更登记手续并取得新的营业执照。

本次股权转让过程中，原股东侯少丹、刘巧玲、赵振丰未在股东会决议中签字，根据上述三人出具的《声明及承诺》，其因个人原因未参加股东会，上述三人均认可此次股权转让。主办券商认为：本次股权转让程序瑕疵已经原股东签字确认，且上述原股东持有本公司股权均已全部转让，故不构成本次申请挂牌的实质性障碍。

案例 168 股权无偿转让或存代持及纠纷嫌疑（盛世光明）

北京盛世光明软件股份有限公司（盛世光明 430267）主要从事应用软件服务，基础软件服务，销售计算机、软件及辅助设备、电子产品、机械设备、安全技术防范产品、通信设备、文化用品，货物进出口、技术进出口、代理进出口。公司挂牌前出现无偿或以出资额转让股权的问题，该如何解决?

解决思路及方案详解：

如实披露；阐明原因并如实披露。内容为：本次转让对象有三类人。第一类，邦盛投资。转让给邦盛投资是因为其作为基金，具有较强的资本市场运作经验且拥有大量的客户资源，公司希望邦盛投资能带来资本市场管理经验及潜在客户，另外，邦盛投资同意先行垫付公司全国股份转让系统挂牌的有关费用。鉴于上述原因，本次转让系无偿转让。第二类，转让给部分公司高管及公司核心骨干。转让给部分公司高管及公司核心骨干的目的是激励，转让依据出资额定价，转让价款等同于出资额。第三类，转让给李红新、孙良浩、朱相祯等。这几个人当时系公司关联公司微山公司的骨干，目的也是激励他们，因此转让依据出资额定价，转让价款等同于出资额。本次转让都是在平等自愿的基础上进行的，其中受让方李红新系孙伟力妻弟。

本次转让不存在代持行为，不存在纠纷或潜在纠纷。

案例 169 区域性股权市场托管后转新三板的问题（安运科技）

重庆安运科技股份有限公司（安运科技 430562）主要从事驾校计时培训系统、智能公交系统和行驶记录仪系统的研发、生产和销售。公司曾在重庆股份转让中心托管并挂牌转让，转移到新三板挂牌转让，需处理那些问题?

解决思路：

（1）列示托管期间股票发行、转让、质押等情况；

（2）律师出具法律意见证明合法合规性；

（3）详情如实披露。

方案详解：

2012 年 3 月 17 日，有限公司召开股东会，决议同意有限公司变更为股份公司后，将股份公司的股份在重庆股份转让中心托管并挂牌转让。重庆股份转让中心于 2012 年 4 月 24 日出具《重庆安运科技股份有限公司挂牌备案确认函》（渝股转备函〔2012〕02 号），确认公司具备股份报价转让企业资格。重庆股份转让中心于 2012 年 4 月 26 日出具《重庆股份转让中心股份登记托管确认书》（渝股登：2012027），确认公司完成在重庆股份转让中心的股份登记托管。

经核查，2012 年 12 月，重庆股份转让中心顺利通过了国务院清理整顿各类交易场所部际联席会议的检查验收，并取得了部际联席会议下发的检查验收合格的复函。安运科技在重庆股份转让中心挂牌期间，符合国务院《关于清理整顿各类交易所切实防范金融风险的决定》（2011 年 38 号文）的有关要求，不存在将任何权益拆分为均等份额公开发行，不存在采取集中竞价、做市商等集中交易方式进行交易；不存在将权益按照标准化交易单位持续挂牌交易，任何投资者买入后卖出或卖出后买入同一交易品种的时间间隔不存在少于 5 个交易日；权益持有人累计不存在超过 200 人的情况。截至本说明书出具之日，公司取得了重庆股份转让中心出具的关于安运科技股份托管期间的股票发行、转让行为合法、合规的相关证明。主办券商和律师查阅了重庆股份转让中心有限责任公司出具的成交凭证、股东持股清册等材料，一致认为安运科技公司股份托管期间的股票发行、转让行为合法、合规。安运科技目前不存在正在质押的股份，也不存在股份冻结的事项，且不存在股权纠纷或者潜在纠纷的情况。

2013 年 10 月 22 日，公司已经正式向重庆股份转让中心有限责任公司申请停牌，2013 年 10 月 22 日，重庆股份转让中心有限责任公司批准安运科技停牌。

根据重庆股份转让中心的相关规定，在安运科技取得《全国股份转让系统公司出具的同意挂牌函》之后，就可以完成重庆股份转让中心的摘牌工作。律师认为，公司股份托管期间的股票发行、历次转让、质押等均履行了法律、行政法规、规范性文件及《公司章程》规定的必要程序，前述行为均合法合规。

案例170 原股东未出资即转让股权问题（三灵科技）

武汉三灵科技产业股份有限公司（三灵科技430446）主要从事研磨材料制造及金相制样设备制造。2000、2007年公司两次股权转让涉及股权之原股东未履行其出资义务，其出资未缴足。

问题一：原股东未缴足出资款是什么原因，该如何处理？

问题二：该股权转让是否违反当时有关法律、法规的禁止性规定，是否影响股权转让的法律效力？

解决思路及方案详解：

对问题一：2000、2007年公司两次股权转让涉及股权之原股东严敏、张小玲和陈建国未履行其出资义务，其出资未缴足。

为规范上述三灵有限设立时存在的原股东出资瑕疵问题，2012年12月24日，三灵有限召开股东会并形成决议，同意股东陈建明、陈永康以货币资金重新入资以规范出资瑕疵：①股东陈建明以货币资金58万元注入三灵有限注册资本，股东陈永康以货币资金12万元注入三灵有限注册资本；②股东陈建明、陈永康用货币资金注足注册资本后，三灵有限注册资本仍为70万元；③上述注足注册资本的行为不改变三灵有限现有注册资本结构即不改变三灵有限现有股权结构，三灵有限现有股东在三灵有限中的股权比例不变，三灵有限现有股东对此予以明确确认并不持任何异议，三灵有限现有股权结构为：股东陈建明出资58万元，出资比例为82.86%，股东陈永康出资12万元，出资比例为17.14%；④三灵有限现有股东对上述原股东出资瑕疵予以明确确认，并放弃向三灵有限原股东追偿的权利；⑤三灵有限现有股东对上述原股东出资瑕疵等问题受到处罚时，由三灵有限现有股东按照出资比例承担相应责任；⑥三灵有限注册资本规范后应依法进行验资复核，办理备案登记等手续；⑦三灵有限全体股东同意章程修正案。

2012年12月28日，国富浩华出具了“国浩鄂核字〔2012〕501C80001号”《审核报告》。根据《审核报告》，截至2012年12月27日，三灵有限已收到股东陈建明、陈永康缴付的用于置换原出资的货币资金出资70万元，其中陈建明货币出资 58 万元，陈永康货币出资 12 万元；置换后，截至 2012 年 12 月 27 日，三灵有限注册资本（实收资本）仍为 70 万元。

综上，经适当核查认为，上述三灵有限设立时存在的原股东陈建明、张小玲、陈建国、严敏出资瑕疵问题已由公司现有股东陈建明、陈永康以货币资金注足注册资本的方式予以了规范，其中包括：上述 2000、2007 年公司两次股权转让涉及股权之原股东严敏、张小玲和陈建国出资未缴足之情况已予以了规范。

对问题二：公司设立时原股东出资缴付不足是否影响上述 2000、2007 年公司两次股权转让的效力。

（1）如本部分前述，三灵有限设立时原股东陈建明、张小玲、陈建国、严敏应出资的 70 万元存在实际未到位即实际未缴足之瑕疵，也就是说三灵有限设立时原股东陈建明、张小玲、陈建国、严敏未履行其出资义务。

（2）根据公司工商登记资料，在 2000 年公司第一次股权转让时，严敏为登记于公司登记机关之股东，其持有三灵有限 4.29% 的股权。2000 年公司第一次股权转让详见本部分前述相关内容。

（3）根据公司工商登记资料，在 2007 年公司第二次股权转让时，张小玲、陈建国为登记于公司登记机关之股东，其分别持有三灵有限 10%、7.14% 的股权。2007 年公司第二次股权转让详见本部分前述相关内容。

（4）根据《公司法》第七十二条之规定，有限责任公司的股东可以向有限责任公司其他股东、有限责任公司股东以外的人转让股权。《公司法》等法律、法规未禁止未履行或者未全面履行出资义务的有限责任公司的股东转让股权。

（5）根据《最高人民法院关于适用〈中华人民共和国公司法〉若干问题的规定（三）》（以下简称《<公司法>司法解释（三）》）第十九条之规定，未履行或者未全面履行出资义务的有限责任公司的股东可以转让股权。

综上，经适当核查认为，虽然公司设立时原股东陈建明、张小玲、陈建国、严敏出资缴付不足，但是，根据《公司法》第七十二条、《<公司法>司法解释（三）》第十九条等规定，公司原股东严敏、张小玲和陈建国可以依法转让其持有的公司股权；而且，上述 2000、2007 年公司两次股权转让均符合当时有关法律、法规之规定，均未违反当时有关法律、法规的禁止性规定，并已履行了相应的法律手续；因此，公司设立时原股东出资缴付不足不影响上述2000、2007年公司两次股权转让的效力。

案例171 股份回购未使用税后利润支付问题（腾旋科技）

江苏腾旋科技股份有限公司（腾旋科技430602）主要从事冷热交换设备旋转接头的研发、制造、加工、销售，机械密封件、金属软管、精密机械的研发、销售等业务。2013年4月，公司同意沈元坤将其持有的公司26.62万股转让给公司作为库存股。本次股份回购的支付未使用税后利润支付，是否影响股权明晰，是否存在利益纠纷?

解决思路：

（1）阐述未使用税后利润支付的原因；

（2）律师确认股份回购的程序合法；

（3）详情如实披露。

方案详解：

2013年4月22日，公司召开股东大会，同意沈元坤将其持有的公司26.62万股转让给公司作为库存股，转让总价为36万元人民币。公司将在一年内将回购股份转让给其他员工。2013年4月23日，公司与沈元坤签订了《股权回购协议》，约定沈元坤将持有的公司26.62万股以36万元人民币的价格转让给公司。原股东沈元坤由于离职而出让公司股份，因此发生了此次股份回购。公司于2013年4月25日通过银行转账方式向沈元坤支付了股份转让款。本次回购行为已在无锡市股权登记托管中心完成必要手续，回购行为真实有效。公司此次股份回购目的在于激励员工，符合《公司法》第一百四十三条第三项“将股份奖励给本公司职工”的规定情形。根据股东大会关于此次回购的决议，公司回购的股份数为26.62万股，占总股本的0.817%，公司计划在一年内将回购股份转让给其他员工，符合《公司法》关于回购比例和回购股份转出时间的要求。但公司支付此次股份转让款的当期未分配利润为负，公司并未通过税后利润来履行支付义务。自股权回购行为发生至本公开转让说明书出具之日，没有出现因此回购行为而产生的纠纷，也未对公司、公司股东或公司员工造成任何实际损失，股东权益未受侵害，公司经营未受影响。

综上，本次股份回购的支付因未使用税后利润支付而存在一定的瑕疵，但本次股份回购之用途明确，比例符合《公司法》的要求，并通过了相应的股东大会决议，符合《公司法》的程序要求；本次股份回购比例较少，其支付金额占公司净资产的比例较低；回购事项不影响公司股东大会有效决议的做出，且未产生任何纠纷，不影响公司股权的明晰，也不会对公司本次挂牌事宜构成实质性障碍。

案例 172 股权转让比例超过法定标准问题（均信担保）

哈尔滨均信投资担保股份有限公司（均信担保 430558）主要从事融资性担保业务，担保产品包括个人贷款担保，企业流动资金贷款、固定资产贷款及项目投资贷款担保等。公司挂牌前曾有一问题：股权转让比例超过法定标准，该如何解决？

解决思路：

（1）由工商局出具不存在违法行为的证明；

（2）相关股东出具已更正的确认函；

（3）如实披露详情。

方案详解：

均信股份第一次股份转让过程中，公司董事长李明中原持有公司股 1265.41 万股，本次转让予狄滨 600 万股、刘诚跃 344.66 万股后持有公司股份 320.75 万股，转让股份超出其所持股份的 25%；但在 2008 年 4 月第二次股份转让中，李明中通过受让狄滨 600 万股、刘诚跃 150 万股、张柏林 780 万股的股份，所持公司股份增至 1650.75 万股。李明中、狄滨、刘诚跃已于 2010 年 10 月 8 日对前述相关事宜进行了确认。经核查，公司董事长李明中第一次股权转让超出其所持股份的 25%，但该等违规行为在 1 个月内通过原受让股东转回股权而得到更正，相关违规行为发生在报告期外且违规状态解除已超过 5 年，且哈尔滨市工商行政管理局于 2013 年 7 月 9 日出具证明，公司自 2011 年 1 月至今不存在重大违法违规行为。

综上，李明中 2008 年股权转让超过其当时持有股份的 25% 事宜，不构成本次挂牌的实质性障碍。

案例173 同股不同价转让与真实、合法及有效性问题（新网程）

上海新网程信息技术股份有限公司（新网程430269）主要从事研发、生产、销售与互联网数据采集、分析、控制、管理技术相关的产品，并提供相关技术服务。2010年4月对同一次股权转让出现不同单价。问题：上述股权转让的程序及结果是否真实、合法、有效，是否存在异议和纠纷？

解决思路：

（1）详细列示造成差异的原因；

（2）股权转让双方签署书面确认书；

（3）如实披露详情。

方案详解：

2010年4月11日，有限公司召开股东会，全体股东一致同意：股东李云明将其持有的有限公司15.26%、4.34%、2.90%、5.36%的股权分别转让给自然人施煜敏、李勤、石勇、俞红啸；股东胡健将其持有的有限公司6.60%、0.44%的股权分别转让给自然人施煜敏、俞红啸。

2010年4月11日，股权转让方与受让方分别签署了《股权转让协议》；本次股权转让的价格均由转让方与受让方协商后确定。除李云明与李勤系夫妻关系外，本次参与股权转让、增资的新股东与原股东之间不存在关联关系，本次股权转让的新增股东之前均未在公司任职。截至本公开转让说明书签署日，除李勤担任股份公司副总经理外，本次新增的其他股东均不在公司任职。

本次股权转让情况具体如下表：

序号	转让方	受让方	转出金额	总价款（万元）	转让价格（元）
1	李云明	施煜敏	30.52	28.62	0.94
2		李勤	8.68	46.55	5.36
3		石勇	5.80	41.01	7.07
4		俞红啸	10.72	76.25	7.11
5	胡明	施煜敏	13.20	13.40	1.01
6		俞红啸	0.88	5.77	6.56
合计			69.80	211.80	

注：1. 本次股权转让出现不同价格的主要原因为：①施煜敏在有限公司成立初期，在

业务、资金等各方面给予了公司较大帮助，因此公司股东李云明和胡健为表示对施煜敏的感谢愿意以低价向其转让公司股份。本次股权转让涉及的其他受让方对此情况充分了解，且无异议。②此次股权转让的转让方与除施煜敏以外的其他受让方参考2009年12月31日的净资产值450594.41元，经过协商确认了转让价格。由于李勤与李云明系夫妻关系，因此转让价格相对于俞红啸和石勇略低。本次股权转让涉及的转让方与受让方对此情况充分了解，且无异议。③俞红啸希望从股东李云明处以82.02万元的总价受让11.60万元的出资额，而李云明仅愿意出让10.72万元的出资额，两者差额为0.88万元出资额。经过李云明、俞红啸与股东胡健的三方协商，最终确定由胡健转让0.88万元出资额给俞红啸，总价5.77万元，李云明出让10.72万元出资额，总价76.25万元，最终李云明转让给俞红啸的转让价格略高于胡健转让给俞红啸的价格。2.2012年11月11日，涉及本次股权转让的全体转让方与受让方签署了书面确认书，确认并承诺："经有限公司（以下简称'公司'）详细告知并经本人充分详尽调查，本人确认，本人知晓上述股权转让价格存在差异，并予以接受，不存在任何异议，上述股权转让的程序及结果真实、合法、有效。"

案例174 挂靠集体股权转让的合法性问题（天松医疗）

浙江天松医疗器械股份有限公司（天松医疗430588）主要从事内窥镜微创医疗器械研发、生产、销售和服务。公司在挂牌前存在一问题：挂靠集体企业股权转让是否合法合规，挂靠期间是否存在占有、使用集体或国有资产，是否造成集体或国有资产的流失？

解决思路及方案详解：

解除挂靠关系，由政府相关部门确认并详细披露实情，内容：

因桐庐尖端（天松医疗前身）原系挂靠集体企业，桐庐镇工办所持桐庐尖端股权实质为徐天松所有，因此本次股权转让实质为徐天松将其所持桐庐尖端部分股权转让给德国费格并解除桐庐尖端与桐庐镇工办之间的挂靠关系。德国费格已履行完毕前述股权转让价款支付义务，该等款项已由徐天松收取，本次股权转让完成后，桐庐尖端已解除其与桐庐镇工办之间的挂靠关系。2012年8月19日，桐庐县人民政府办公室向桐庐尖端出具"桐政办〔2012〕125号"《关于确认杭州桐庐尖端内窥镜有限公司历次挂靠及解除挂靠集体企业等事项的通知》，确认2000年6月18日至2001年12月25日期间，桐庐尖端为挂靠集体企业，挂靠在桐庐镇工办名下，名义上属于集体企业，实际上仍为民营企业，企业股东为徐天松和徐塘珠；桐庐尖端在挂靠及解除挂靠集体企业期间，未占有、使用任何集体或国有资产，未造成集体或国有资产流失；桐庐尖端历年经营过程中未因历次挂靠及解除挂靠集体企业事项遭受过主管部门的行政处罚，亦不因前述事项存在未来将遭受相关行政处罚的潜在风险。

2012年10月25日，杭州市人民政府国有资产监督管理委员会出具《关于杭州桐庐尖端内窥镜有限公司历次挂靠及解除挂靠集体企业事项的反馈意见》，确认2000年6月18日至2001年12月25日，桐庐尖端在挂靠桐庐镇工办期间，桐庐镇工办未对桐庐尖端进行任何形式的投入，也未参与过桐庐尖端生产经营活动，未收取过桐庐尖端利润分配和其他任何利益。桐庐尖端在挂靠及解除挂靠集体企业期间，未占有、使用集体或国有资产，未造成集体或国有资产的流失。

案例175 公司代垫股东股权转让款与他方利益问题（卓繁信息）

上海卓繁信息技术股份有限公司（卓繁信息430256）主要从事电子计算机及配件、网络产品、电线电缆、电教设备、仪器仪表、通信设备、普通机械、五金交电、文教用品批发、零售等。公司挂牌前存在公司代垫股东股权转让款的问题，该如何解决？

解决思路及方案详解：

股东在挂牌前归还，公司制定规范制度并如实披露详情。内容为：2005年6月，卓繁信息的一股东杰美环境（企业）由于经营所需，与卓繁信息股东协商通过股权转让收回400万元投资款。经与公司卓繁信息实际控制人左骏沟通，并经其他股东一致同意，杰美环境将其所持400万公司投资额作价400万元转让给左骏，由于时间较为仓促，双方达成口头股权转让协议后，卓繁信息即先行垫付了400万元股权转让款。之后，为办理正式的工商变更登记手续双方签订了书面的《股权转让协议》，由于杰美环境已收到全部股权转让价款，因此双方拟定股权转让协议时将股权转让价格误作为零元，对此，杰美环境出具书面说明，确认已收到上述转让价款。卓繁信息垫付上述股权转让款后，左骏已陆续将该笔款项归还公司，其中：①2008年至2011年先后十次向公司银行账户缴存现金共计1978400.00元；②2011年先后四次直接以现金方式归还公司共计380388.52元；③2008年至2009年通过协议约定，以公司对逸炜科技的欠款抵偿左骏对公司的欠款，共计1641211.48元。

股份公司成立后，为进一步规范公司与控股股东及关联方的交易行为，公司完善了资金管理制度，制定了《关联交易决策制度》，建立防止控股股东及其他关联方占用发行人资金、侵害发行人利益的长效机制，该制度已经公司2013年2月27日董事会审议通过。

案例176 股东会未明确讨论即增资和股权转让的问题（斯派克）

湖南斯派克科技股份有限公司（斯派克430392）主要从事精细化工产品的开发、生产及销售，生物化工新技术、新产品研究开发及技术咨询，自营和代理各类商品和技术的进出口等。2009年12月，公司原身有限公司增资和股东股权转让，股东会决议未明确即行使，存程序瑕疵，该如何解决？

解决思路：

（1）全体股东对股东会程序瑕疵及股权转让进行事后补救，追认该次增资及股权转让的有效性；

（2）详情如实披露。

方案详解：

2009年12月12日，有限公司召开股东会，决定将有限公司的注册资本由798.6万元增加至998.6万元，2009年12月28日，陶贤鉴与张文杰签订《股份转让协议》，陶贤鉴将所持有的4万元出资以4万元的总价转让予张文杰；黄明智与段湘生签订《股份转让协议》，黄明智将所持有的全部63万元出资以63万元的总价转让予段湘生；陈九星与段湘生签订《股份转让协议》，陈九星将所持有的28万元出资以28万元的总价转让予段湘生；陈九星与张文杰签订《股份转让协议》，陈九星将所持有的3万元出资以3万元的总价转让予张文杰；杨慧与张文杰签订《股份转让协议》，杨慧将所持有的2万元出资以2万元的总价转让予张文杰；杨慧与段湘生签订《股份转让协议》，杨慧将所持有的33万元出资以33万元的总价转让予段湘生；杨慧与新股东陶思明签订《股份转让协议》，杨慧将所持有的20万元出资以20万元的总价转让予陶思明。

针对该次增资，股东会决议未讨论明确，在程序上存在瑕疵，有限公司全体股东于2012年9月28日出具了《关于放弃按原实缴出资比例优先认缴增资的确认函》，以对程序瑕疵进行事后补救，追认该次增资的有效性。该次增资未实际损害公司及其他股东的合法权益。

杨慧向股东以外的第三人陶思明转让股权未经过股东会决议，在程序上存在瑕疵，有限公司全体股东于2012年9月28日出具了《放弃优先受让权的确认函》，以对程序缺失进行事后补救，追认该次股权转让的有效性。杨慧向陶思明的股权转让未实际损害公司及其他股东的合法权益。

案例177 股权转让未办工商变更，存纠纷质疑（易同科技）

上海易同科技股份有限公司（易同科技430258）主要从事计算机软件开发、技术咨询、技术服务、技术转让，计算机网络工程施工，计算机及配件，机电设备生产，电脑、打印机维修，弱电工程施工，公共安全防范工程设计施工等。2010年公司股权转让未办理工商变更，是否存在潜在纠纷，该如何补正?

解决思路及方案详解：

三方出具承诺声明并如实披露详情，内容为：2010年12月16日股份公司召开临时股东大会，会议决议“同意股东上海泓泽世纪投资发展有限公司将其所持本公司25%股权（250.00万股）以250.00万元人民币的价格转让给上海乐源网络科技有限公司。”2010年12月16日泓泽世纪与乐源网络签订《股权转让协议》，约定“泓泽世纪将所持标的公司25%股权作价250.00万元人民币转让给乙方（乐源网络）。附属于股权的其他权利随股权的转让而转让”。股份转让时，泓泽世纪与乐源网络实际控制人均为杨军。

该次股份转让后，公司即向工商登记机关申请备案，由于经办人员提供申报资料时没有提交董事的授权书，未办理成功。由于转让双方实际控制人相同，公司重视程度不够，后续也未再及时申报工商备案。2013年3月5日，公司将该变更事项申请工商变更登记。2013年3月7日，上海工商行政管理局登记了该变更事项。

2010年12月16日至2013年3月7日期间，工商档案中上述250.00万股股份登记在泓泽世纪名下，公司召开的历次股东大会的表决也由泓泽世纪做出。对此，公司、泓泽世纪、乐源网络三方于2013年3月1日出具了《关于泓泽世纪2010年12月16日将其所持易同科技250万股股份转让给乐源网络及其相关事项的三方声明与承诺》，“泓泽世纪、乐源网络确认上述250万股易同科技股份属于乐源网络所有。易同科技认可上述250万股本公司股份属于乐源网络所有。乐源网络认可自2010年12月16日之后至本声明与承诺签署日期间内泓泽世纪在易同科技历次股东大会上所做的表决。泓泽世纪与乐源网络承诺对该股份不发生权属上的争议，并积极配合易同科技补办上述股权转让事项的工商变更登记”。该声明与承诺已经泓泽世纪于2013年3月1日召开的股东会会议上其全体股东一致同意签署。2013年3月3日，公司全体股东出具了《全体股东关于泓泽世纪转让公司股份相关事项的声明》，声明对上述情况无异议，并认可2010年12月16日至2013年3月3日期间内泓泽世纪在易同科技历次股东大会上所做的表决。

因此，上述250.00万股股份属于乐源网络所有，不存在争议情况，也不存潜在纠纷的可能性。

CHAPTER11
第十一章

国有产权、股权的变更转让以及对赌问题的解决

本章要领 13 大案例及 23 种常规、典型实务问题及其解决思路

◎将解决的 23 种实务问题

①国有股权变更的程序瑕疵；②国有股权增资未履行资产评估；③国有股权转让与流失质疑；④增资未按国资规定对股东权益评估作价并备案；⑤国资重组股权转让与控股股东的变更；⑥国有股权变更及增资等出现一系列的不规范；⑦园区创投转让国有股权未公开进行；⑧股权解除挂靠与国资流失质疑；⑨增资导致国有股权比例下降；⑩国有股转让存在一系列问题依然能挂牌；⑪国资减资与评估；⑫增资低于增资价格与是否追溯调整；⑬股东会未讨论明确即行使增资和股权转让；⑭国有股权转让未履行立项、审计和评估等程序；⑮增资包含对赌条款；⑯对赌与公司利益及持续经营；⑰对赌与其他股东权益；⑱PE 与公司主要股东的对赌；⑲对赌如何核查；⑳对赌回购可能性与潜在纠纷性；㉑回购执行与公司、股东所采取措施是否全面、有效；㉒对赌条款与对外披露；㉓与控股股东对赌回购事宜。

◎典型问题及一般性解决思路

1. 国有股权、产权的鉴定与转让

企业国有资产，是指国家对企业各种形式的出资所形成的权益。国家出资企业，是指国家出资的国有独资企业、国有独资公司，以及国有资本控股公司、国有资本参股公司。

国家出资企业合并、分立、改制、上市，增加或者减少注册资本，发行

债券，进行重大投资，为他人提供大额担保，转让重大财产，进行大额捐赠，分配利润，以及解散、申请破产等重大事项，应当遵守法律、行政法规以及企业章程的规定，不得损害出资人和债权人的权益。国有资本控股公司、国有资本参股公司，依照法律、行政法规以及公司章程的规定，由公司股东会、股东大会或者董事会决定。国有资产监督管理机构可以对所出资企业中具备条件的国有独资企业、国有独资公司进行国有资产授权经营。被授权的国有独资企业、国有独资公司对其全资、控股、参股企业中国家投资形成的国有资产依法进行经营、管理和监督。

国有资产转让由履行出资人职责的机构决定，转让全部或控股份额的国有资产，应当报请本级人民政府批准。企业国有产权转让可以采取拍卖、招投标、协议转让以及国家法律、行政法规规定的其他方式进行。除按照国家规定可以直接协议转让的以外，国有资产转让应当在依法设立的产权交易场所公开进行。转让方应当如实披露有关信息，征集受让方；征集产生的受让方为两个以上的，转让应当采用公开竞价的交易方式。具体交易要求根据相应产权交易机构的交易规则规定进行。

国有企业、国有控股企业及其各级子企业涉及的资产评估，非国有控股企业涉及企业国有股权变动的资产评估，应进行评估核准或备案。应当评估而未评估的由国有资产监督管理机构通报批评并责令改正，必要时可依法向人民法院提起诉讼，确认其相应的经济行为无效。转让方、转让标的企业不履行相应的内部决策程序、批准程序或者超越权限、擅自转让企业国有产权的，以及未在产权交易机构中进行交易的，国有资产监督管理机构或者企业国有产权转让相关批准机构应当要求转让方终止产权转让活动，必要时应当依法向人民法院提起诉讼，确认转让行为无效。

法律依据：《企业国有资产法》、《企业国有产权转让管理暂行办法》、《企业国有资产评估管理暂行办法》、《事业单位国有资产管理暂行办法》、《教育部直属高等学校、直属单位国有资产管理工作规程（暂行）》、《公司法》。

2. 国有资产（股权）转让给个体的注意所在

涉及国有资产转让给个体，应当注意：

（1）国有资产转让价格是否公允、合理。根据《企业国有资产监督管理暂行条例》、《国有资产评估管理办法》、《企业国有资产评估管理暂行办法》

等做好国有资产评估确认手续，保证国有资产转让价格公允、合理。

（2）国有资产转让行为是否按照国有资产管理权限履行有权部门批准程序。

（3）收购国有资产价款的来源是否合理、合规，其转让款项是否按合同约定及时、足额履行支付手续。

（4）企业国有产权转让给个人时，可以采用拍卖、招投标、协议转让以及国家法律、行政法规规定的其他方式，但应当在依法设立的产权交易机构中公开进行。同时，企业国有产权向管理层转让时，还应严格执行《企业国有产权向管理层转让暂行规定（国资发产权〔2005〕78 号)》的要求，履行相应的审计、资产清核、公开挂牌交易等程序。

3. 国资变更转让常见问题及解决思路

问题主要集中在未履行国有资产转让的立项、审计、评估、在产权交易所公开挂牌转让等程序，而直接以协议方式实施转让。

本类问题的常规解决思路：

（1）可以通过补充相关国有股权转让程序，并获取相关级别的国资监管部门的批复来解决；

（2）未能取得省国资监管部门追认的，应如实披露并由公司大股东承诺承担责任；

（3）中介机构应结合国有股权转让的历史沿革、动机等，就国有股权结构变动与国有资产流失的潜在风险出具公正意见。

4. 对赌的法律依据、风险及挂牌要求

在法律性质上讲，对赌协议是附生效条件的合同，当约定的条件成就时，合同即发生法律效力。我国《合同法》第 45 条规定："当事人对合同的效力可以约定附条件。附生效条件的合同，自条件成就时生效。附解除条件的合同，自条件成就时失效。当事人为自己的利益不正当地阻止条件成就的，视为条件已成就；不正当地促成条件成就的，视为条件不成就。"因此，在符合合同生效条件的情况下，对赌协议是受我国法律保护的。

对赌协议是投资方与融资方在达成协议时，双方对于未来不确定情况的一种约定。如果约定的条件出现，投资方可以行使一种估值调整协议权利；

如果约定的条件不出现，融资方则行使一种权利。通过条款的设计，对赌协议可以有效保护投资人利益、激励被投资企业管理层提升公司业绩。但由于内外部多方面因素，投融资方在对赌过程中面临较多风险。对投资方而言，有可能通过虚增盈利来美化业绩，这样无形中就形成了业绩泡沫。不切实的业绩目标将进一步放大企业错误的发展战略和本身不成熟的商业模式，从而把企业推向困境。而一旦业绩不达标触及对赌协议条款时，融资方往往不愿意放弃企业控制权，较易产生对赌纠纷。

根据新三板新的"业务规则"规定，股份有限公司申请在新三板挂牌的条件之一为"股权明晰，股票发行和转让行为合法合规"；但是对赌协议可能违反《公司法》等规定，同时也可能会对拟挂牌企业的经营稳定性造成影响，所以存在不符合该业务规则要求的情况。所以，之前证监会要求企业在新三板挂牌前清理对赌协议的。但是2013 年开始，证监会态度松动，新三板放松限制，拟挂牌企业可以有对赌协议存在，但是绝不能与挂牌公司对赌，而可以与挂牌公司实际控制人或者大股东对赌。

5. 对赌解除或解决思路

本类问题的常规解决思路：

（1）投资机构与公司的对赌，涉及股东权益，建议解除对赌协议；或者是增资方、公司与大股东签订补偿协议，协定自公司申报股转系统之日起豁免公司的责任和义务。

（2）最好情况是对赌协议签署方为控股股东与投资方，不涉及挂牌主体。

（3）大股东出具承诺函，承担出资方提出的一切责任和义务；增资方出具承诺函，放弃受让股权的权利。

（4）主办券商详细核查大股东履行承诺的能力，即使触发对赌协议，对公司的控制权也不产生影响，进而说明不影响公司的持续经营。

（5）主办券商、律师发表明确意见。

案例 178 国有股权转让未评估，存流失嫌疑（欧丽信大）

郑州欧丽信大电子信息股份有限公司（欧丽信大 430528）主要从事无线网络系统工程，信息技术开发与技术服务，电子产品、软件产品的开发、生产及销售，人民防空机动指挥通信系统装车与销售。2004年9月29日，欧丽集团转让国有股权未经过资产评估，而是以审计结果作为股权转让的价格依据，未履行在产权交易所公开交易程序而以协议转让的方式进行。问题：是否存在国有资产流失，是否影响公司挂牌条件？

解决思路：

（1）阐明国有股权转让未导致国有资产流失；

（2）其后补足相关国有股权转让的程序，并获取省国资委的确认批复；

（3）详情如实披露。

方案详解：

2004年9月29日，欧丽集团分别与付强先生、沈红印先生、汤清龙先生、葛益平先生、张建峰先生订立《出资转让协议》和《收付款项证明》，进行了股权转让。欧丽集团持有欧丽信大的股份为国有法人股。本次欧丽集团转让国有股权未经过资产评估，而是以审计结果作为股权转让的价格依据，未履行在产权交易所公开交易程序而以协议转让的方式进行。

该次转让发生时，欧丽集团的股权结构是：中国华融资产管理公司11428.00万元，占注册资本的86.65%；郑州市国有资产管理局1395.00万元，占注册资本的10.58%；工会股365.00万元，占注册资本的2.77%。该次股权转让时审计报告显示：有限公司2003年、2004年经营持续亏损，欧丽集团将50万出资额等价转让给受让方作为实际出资额登记为注册资本，未使公司利益和国有资产受到损失。目前公司净资产已由欧丽集团转让50万元股权时的224万元，增长至2013年6月30日经审计的7351万元，欧丽集团在公司所持有的净资产也由原来的74万元增长至2450万元，实现国有资产保值增值。

2005年9月1日，郑州市国有资产监督管理委员会为欧丽集团持有的20万国有法人股办理《企业国有资产产权登记证》，注册号：4101011110259。2010年3月30日进行了企业国有资产产权变动登记，欧丽集团持有的公司股份变更为668万股，注册号：410000100052835。2010年1月27日，华融资产管理公司郑州办事处出具了《关于郑州欧丽信大电子信息股份有限公司国有股权管理有关问题的函》，确认郑州欧丽集团持有公司33.33%的国有股权。《中国华融资产管理公司对债转股企业重大事项的内部决策程序》（编号：00

-02004-30 版号 B）规定："5. 重大事项管理权限"之"5.1.2 公司所持股权 2 亿元以下（不含 2 亿元）的债转股企业提交股东会、董事会、监事会审议的以下事项：……4）对外投资、部分重组、合资等事项，涉及企业账面总资产 20% 以上（含 20%）金额的；除 5.1 所规定的由总部审批的债转股企业重大事项之外按照属地化管理的原则，由办事处负责审批。"

因此，由华融资产管理公司郑州办事处出具《关于郑州欧丽信大电子信息份有限公司国有股权管理有关问题的函》，确认欧丽集团持有欧丽信大电子信息股份有限公司 33.33% 的国有股权的行为，在郑州办事处权限范围之内，合法有效。

2013 年 2 月 6 日，河南省国有资产监督管理委员会出具了"豫国资产权〔2013〕9 号"《关于郑州欧丽信大电子信息股份有限公司国有股权确认的批复》，确认郑州欧丽电子（集团）股份有限公司持有欧丽信大电子信息股份有限公司 33.33% 的国有股权。

案例 179 国有股权转让未立项、审计、评估的问题（格纳斯）

四川格纳斯光电科技股份有限公司（格纳斯 430619）主要从事光学元件研发、生产、销售。格纳斯在有限公司时期存有两个国有法人股东，其中嘉阳集团原为四川省乐山市国资委下属国有独资公司，嘉阳集团在参股川格有限期间两次转让所持有的川格有限股权，未履行国有资产转让的立项、审计、评估、挂牌转让等程序，问题：上述国有股权转让存在的程序瑕疵是否构成公司挂牌的实质性障碍？

解决思路：

（1）未能取得省国资监管部门追认，公司大股东承诺承担责任；

（2）访谈原国有股东，并取得确认声明；

（3）详情如实披露。

方案详解：

格纳斯在有限公司时期存有两个国有法人股东，其中嘉阳集团原为四川省乐山市国资委下属国有独资公司，2005 年 11 月，四川省乐山市国资委将嘉阳集团股权无偿划转至四川省投资集团有限责任公司（国有独资）；成都创投原为成都市科技风险开发事业中心（成都市科技局下属事业单位）主导设立的国有控股公司。

嘉阳集团2003年1月召开董事会，出资参股四川省格纳斯光电科技有限公司，出资额为200万元，根据四川嘉阳集团有限责任公司《公司章程》第二十七条（二）规定，嘉阳集团董事会有权决定集团公司的经营计划和投资方案。嘉阳集团在参股川格有限期间，2004年5、6月两次转让所持的川格有限股权。嘉阳集团未通过董事会做出决议，但均与股权受让方成都创投、博创风投均分别签署了股权转让协议并办理了工商变更登记。嘉阳集团于2004年11月召开董事会做出《关于转让格纳斯光电科技有限公司股份的决议》，嘉阳集团与股权受让方王斌签署了股权转让协议并依法办理了工商变更登记。由于上述股权转让发生时，《企业国有资产监督管理暂行条例》、《企业国有产权转让管理暂行办法》等制度刚开始实施，相关转让、受让方对这些制度还不够了解，故所转让的川格有限股权均未履行国有资产转让的立项、审计、评估、挂牌转让等程序，而直接以协议方式转让，存在程序瑕疵。经走访嘉阳集团，与当时经办股权转让人员确认了相关股权转让事项，并且嘉阳集团就国有股权转让程序出具了《声明》，认可其参股及股权转让行为的真实性，声明按照当时的公司章程，嘉阳集团出资200万元参股格纳斯已履行相关的内部决议程序，嘉阳集团退出时的股权转让协议是其真实意思表示。

根据四川华信出具的《关于四川省格纳斯光电科技有限公司整体变更股份有限公司前注册资本实收情况的专项复核报告》（川华信专〔2013〕272号）和2005年1月31日嘉阳集团与王斌签订的《股权转让协议书》，嘉阳集团2004年5月和2004年6月转让股权的价款均支付至有限公司账户，用于弥补有限公司设立时未到位的实物出资；嘉阳集团2005年2月全部退出有限公司时，由王斌参照有限公司2004年12月31日经审计确认的200万元人民币出资对应的公司净资产值协商后确定支付股权转让价款180万元人民币，其中用货币资金转给有限公司后支付给嘉阳集团人民币140万元，王斌用私车（川A. BP412本田CRV车一辆）抵股权转让款人民币40万元。

2004年5月，成都创投决定出资参股四川省格纳斯光电科技有限公司，出资额为100万元；2004年6月成都创投转让所持的川格有限股权与股权受让方博创风投已签署了股权转让协议并依法办理了工商变更登记。成都创投于2006年2月召开第一届董事会第六次会议，退出四川省格纳斯光电科技有限公司，成都创投与股权受让方王斌签署了股权转让协议并依法办理了工商变更登记。由于上述股权转让发生时，《企业国有资产监督管理暂行条例》、《企业国有产权转让管理暂行办法》等制度刚开始实施，相关转让、受让方对这些制度还不够了解，故所转让的川格有限股权均未履行国有资产转让的立项、审计、评估、挂牌转让等程序，而直接以协议方式转让，存在程序瑕疵。经核查成都创投的工商登记资料，2006年11月成都创投国有股东成都市科技风险开发事业中心通过公开挂牌转让了其持有成都创投35%的股权，成都创投由国有控股公司变更为国有参股企业；2008年1月成都创投国有股东蚌埠市建设投资有限公司通过公开挂牌转让了其持有成都创投35%的股权，成都创投由国有参股企业变更为有限责任公司（法人独资）；成都创投于2011年变更为自然人投资的有限责任公司。故成都创投现已不再受国有资产监督管理部门的监督管理。

根据四川华信出具的《关于四川省格纳斯光电科技有限公司整体变更股份有限公司前注册资本实收情况的专项复核报告》（川华信专〔2013〕272号），成都创投2004年6月转让股权的价款支付至有限公司账户，用于弥补有限公司设立时未到位的实物出资；成都创投2006年7月全部退出有限公司时，股权转让双方参照有限公司2005年12月31日经审计确认的100万元人民币出资对应的公司净资产值协商后作价。该股权转让价款由王斌将货币资金转给有限公司，再通过有限公司账户支付给成都创投。

基于嘉阳集团和成都创投转让所持有的川格有限股权存在未履行《企业国有资产监督管理暂行条例》、《企业国有产权转让管理暂行办法》、《企业国有资产评估管理办法》规定的国有资产转让的立项、审计、评估、挂牌转让等程序方面的瑕疵，现股份公司控股股东、实际控制人王斌与律所律师走访了四川省国有资产监督管理委员会，希望国资监管部门就嘉阳集团、成都创投转让川格有限股权事项出具追认文件，但相关工作人员答复按照国务院国有资产监督管理委员会的会议精神原则上不再对既往国有资产转让相关事宜进行追认。为最大限度降低嘉阳集团和成都创投转让所持川格有限股权的程序瑕疵所带来的潜在风险，减轻对本次公司新三板挂牌的影响，当时的股权受让方暨股份公司现控股股东、实际控制人王斌于2013年11月12日做出

《承诺书》明确承担其相应的责任，具体内容如下："本人作为四川格纳斯光电科技股份有限公司的控股股东、实际控制人，承诺：2003 年 2 月至 2005 年 2 月之间涉及四川嘉阳集团有限责任公司、2004 年 5 月至 2006 年 7 月之间涉及成都创业投资有限公司的国有法人股权转让，由此产生的一切法律后果，均由本人承担，与公司无关。"

综上认为，嘉阳集团投资参股川格有限并无法律、行政法规就国有资产对外投资应履行的程序进行明确规定，嘉阳集团严格按照其公司章程的规定召开了董事会通过相关投资决议，嘉阳集团在参股川格有限期间两次转让所持有的川格有限股权虽未通过董事会做出决议，但均与股权受让方签署了股权转让协议并已完成工商变更登记手续。虽未收集到成都创投在参股川格有限时及参股期间转让所持川格有限股权的相关内部决议文件，但成都创投该次投资入股已支付股权转让价款并完成了工商变更登记手续，在参股川格有限期间转让所持有的川格有限股权均与股权受让方签署了股权转让协议并已完成工商变更登记手续。并且嘉阳集团和成都创投退出川格有限的股权转让作价均参照了经审计确认的有限公司上年末净资产值且已结算支付，嘉阳集团出具的书面声明文件和现股份公司控股股东、实际控制人王斌出具的书面承诺书均是其真实意思表示，内容合法有效。故而公司涉及的国有股权转让不规范事项不构成本次公司新三板挂牌的实质性障碍。

案例 180 国有股转让几乎未履行一切程序的问题（重钢机械）

天津重钢机械装备股份有限公司（重钢机械 430274）主要从事非标准机械装备和高端钢制品的研发、生产、销售与相关技术服务。公司原身有限公司从 2010 年 4 月到 2011 年 10 月，存在国有股权转让、比例变动、减资未评估、未依据评估值计价或未报主管部门备案等一系列问题，是否造成国资流失，是否损害公司及相关方利益，是否对挂牌构成实质性影响？

解决思路：

（1）因问题很多，详述经过缘由、解决途径等；

（2）对历史沿革问题进行整改，原国有股东出具确认函；

（3）股东承诺承担一切损失；

（4）详情如实披露并做重大事项提示。

方案详解：

公司股本形成及变化过程中存在国有股权持股比例发生变动、国有股权的转让以及减资退出未进行评估、未依据评估值计价或未报中船重工备案等问题，具体如下：

（1）有限公司第二次增资：有限公司2006年4月的增资后，中舟公司、津翔公司、亚星租赁3家公司合计持有公司股权由100%下降为39.71%，张荣霞等35名自然人合计持有公司60.29%股权。根据《企业国有资产评估管理暂行办法》，此次增资导致国有股权比例较大变动，须取得其国有资产管理部门的批准，进行资产评估并向中船重工备案，有限公司未履行相应程序。

（2）有限公司第二次股权转让及第三次增资：2006年6月10日，有限公司的国有法人股东津翔公司、中舟船舶将80万元和50万元股权分别转让给自然人。本次股权转让虽得到了批准，进行了审计，但存在转让价格以经审计账面净资产为作价依据，未进行评估及向天津船舶备案的问题。2006年6月10日，有限公司注册资本由1209万元增加至1510万元，新增的301万元由17名自然人出资。本次增资涉及国有股权持股比例发生变动，由8.95%下降为23.18%，须取得天津船舶的批准，进行审计、评估并向中船重工备案，有限公司本次增资经中舟公司、津翔公司、亚星租赁和其他35名自然人股东召开股东会表决同意，办理了验资及工商变更登记，未向国有资产管理部门申请批准和办理评估及备案程序。

（3）有限公司第一次减资：2007年9月6日，有限公司的国有法人股东中舟公司和亚星租赁依照中船重工下发的《关于加快推进成员单位子公司（企业）清理工作的通知》（船重资〔2007〕496号）的要求，分别减资300万元和50万元，完全退出重钢机械。本次减资虽得到了批准，并进行了审计和评估，但存在减资退出价格未依评估值计价、未将评估报告上报至中船重工备案的问题。2011年3月14日，天津船舶向中船重工递交了《关于对国有股权转让、退出整改情况的报告》（津船财〔2011〕01号），同时已就本次减资的“中企华评报字〔2007〕第82号”的《资产评估报告书》一并进行了备案，截至本公开转让说明书签署日，中船重工未就上述报备的《资产评估报告》提出异议。

对上述问题的整改情况：

(1) 2010年10月，因天津船舶总经理刘振海离任，中船重工对其进行离任审计，包括其在任期内对重钢机械的清理工作进行了审计。审计发现：刘振海根据中船重工文件（船重资〔2006〕836号、船重资〔2007〕496号和船重资〔2008〕312号）明确的缩短投资链条、对子公司进行清理、降低投资风险以提高集团公司整体竞争力等精神，对中船重工下属四级公司——有限公司进行的清理中存在国有股权转让、退出未按评估值计价、评估报告未做备案的瑕疵。经审计，2010年10月11日，中船重工向天津船舶下发了《关于批转<关于天津船舶工业公司总经理刘振海同志离任经济责任审计报告>的通知》（船重审〔2010〕1138号），要求天津船舶按《关于天津船舶工业公司总经理刘振海同志离任经济责任审计报告》的要求执行。该审计报告明确要求对下属四级公司天津重钢机械装备有限公司的国资历史问题进行清理。

(2) 应上级公司要求，2010年12月6日，天津船舶向中舟公司下发了《关于对清理子公司过程中股权退出事宜整改的通知》（津船财〔2010〕04号），要求中舟公司根据国家规定及中船重工的相关规定，对公司存在的历史遗留问题一并进行整改并将整改结果报天津船舶。此外，鉴于亚星租赁和津翔公司皆为天津船舶的下属二级公司，亦曾对公司投资，存在同样问题需整改，特委托中舟公司代表亚星租赁和津翔公司一并进行整改。

(3) 2010年12月8日，中舟公司根据天津船舶工业公司的文（津船财〔2010〕04号），向重钢机械下发了《关于请求对股权退出事宜进行整改的函》（〔2010〕津舟综管008号），要求重钢机械对国有股权相关问题进行整改。

(4) 2011年1月12日，重钢机械向中舟公司递交了《关于请求对股权退出事宜进行整改的回函》（TZME重机〔2011〕发办字第01号），函中对公司历史沿革中涉及国有股权的全部问题进行梳理并提出了整改方案，其中，针对有限公司第二次增资过程中价格每股一元，未进行评估和报备的问题，请示因截至2006年3月31日已审计的《审计报告》（中鼎审字〔2006〕-036号），有限公司净资产为4622159.83元，低于当时的注册资本480万元，每一元注册资本对应净资产约为0.96元，而增资按每股一元，增资后每一元注册资本对应净资产约为0.99元，是否可不再追溯调整。对2006年6月中舟公司和津翔公司股权向自然人转让作价问题及2007年9月国有股减资都提出整改方案，详见下文重钢机械股权退出事宜整改事项专题会议决议。

（5）2011 年 1 月 26 日，天津船舶工业公司清理子公司领导小组，就重钢机械股权退出事宜整改事项召开专题会，对有关问题整改形成了如下决议：

第一，2006 年 4 月重钢机械自然人增资存在的问题，因当时每股审计净资产值为 0.96 元，低于增资价格，故不再追溯调整。

第二，2006 年 6 月中舟公司和津翔公司股权向自然人转让存在的问题，受让方按照（津中企华评报字〔2007〕第 81 号）资产评估报告所提示的重钢机械 2006 年 7 月 31 日净资产评估价值予以补偿。据此，中舟公司应获补偿 51695.62 元，津翔中心应获补偿 82712.99 元。

第三，对 2007 年 9 月国有股减资退出存在的问题，同意公司根据（中企华评报字〔2007〕第 82 号）的资产评估报告书所提示的公司 2007 年 9 月 30 日净资产评估增值予以补偿，中舟公司应获补偿 514867.55 元，亚星租赁应获补偿 85811.26 元。同时由天津船舶就上述整改方案向中船重工补做评估报告备案手续。

（6）受让股权的自然人于 2011 年 1 月根据天津中企华会计师事务所出具《资产评估报告》（津中企华评报字〔2007〕第 81 号）的净资产评估值，在扣除已支付的股权转让价款后，补付中舟公司股权作价款 51695.62 元，补付津翔公司股权作价款 82712.99 元。

2011 年 3 月 9 日，公司根据（中企华评报字〔2007〕第 82 号）的资产评估报告书所提示的公司 2007 年 9 月 30 日净资产评估增值，向亚星租赁支付补偿款 85811.26 元，于 2011 年 3 月 10 日向中舟公司支付补偿款 514867.55 元。

（7）2011 年 3 月 14 日，天津船舶出具主送本次离任审计问题整改的主导部门——中船重工审计部的《关于对国有股权转让、退出整改情况的报告》（津船财〔2011〕01 号）并抄报了中船重工资产部、财务部和公司领导，报告将重钢机械递交的《关于请求对股权退出事宜进行整改的回函》（TZME 重机〔2011〕发办字第 01 号）、2011 年 1 月 26 日《原天津重钢股权退出事宜进行整改专题会》的《会议纪要》、中鼎审字〔2006〕-036 号文的《审计报告》、（津中企华评报字〔2007〕第 81 号）的《资产评估报告书》和（中企华评报字〔2007〕第 82 号）的《资产评估报告书》等作为附件一并上报至中船重工备案。上述报告确认重钢机械通过此次整改、自查，纠正了历史上因为对有关政策、文件学习理解不够而造成的遗留问题，使国有资产得到了保值、增值，理顺了资产关系，促进了公司持续、稳步、健康发展。中船重工审计部针对天津船舶向其提交整改报告，于2013年1月30日出具了《关于天津重钢机械装备股份有限公司对国有股权转让、退出整改情况的说明》作为回复，确认收到了天津船舶的报告，认为“通过此次整改纠正了重钢机械历史遗留问题，符合集团公司《关于加快推进成员单位子公司（企业）清理工作的通知》的文件精神，使国有资产得到了保值、增值”。至此，公司在上级公司的组织领导下，对国有股权转让或退出时未能按资产评估值计价、评估报告未备案等遗留问题进行了整改，2006年4月和6月的增资，增资资金已足额缴纳，增资行为进行了验资，取得了工商登记机关的核准，且上级公司对公司予以审计后至今未提出异议；2006年6月的股权转让和2007年9月的减资，都已按照经评估净资产值补足差价，评估报告已向中船重工上报备案；整改结果得到天津船舶的认可，出具《关于对国有股权转让、退出整改情况的报告》（津船财〔2011〕01号），并由其将整改结果报送至负责刘振海离任计的主导部门——中船重工审计部，同时抄报中船重工资产部、财务部和公司领导，截至本公开转让说明书签署日，上述部门及领导均未有异议。中船重工审计部于2013年1月30日出具的《关于天津重钢机械装备股份有限公司对国有股权转让、退出整改情况的说明》对天津船舶的上述报告做了回复。

综上，公司对股本变化及形成过程中涉及国有股权变动、转让及退出存在的问题进行了整改，相关审计报告和评估报告已由天津船舶递交整改报告时，一并上报至中船重工备案。整改的结果亦得到此次整改主导部门中船重工审计部的认可，并抄报中船重工资产部、财务部和中船重工公司领导，上述部门及领导对整改至今未有异议。2013年6月17日，公司又取得了天津船舶出具的《关于曾持有的天津重钢机械装备股份有限公司股权的相关说明》，对整改过程及整改结果的确认，并确认截至前述说明出具日天津船舶下属成员单位历史上所持的重钢机械股权转让、退出已得到了规范，天津船舶及下属成员单位已不享有重钢机械的任何权益。同时，公司控股股东晖若投资承诺承担因上述涉及国资股权不规范行为给公司造成的全部损失。公司历史上不规范之情形已按国有资产监管部门相关要求进行了整改，公司通过整改，涉及国有股权不规范问题已得到清理，公司历次股权变更未对国有资产造成重大损失。

关于公司历史沿革存在股权转让程序瑕疵的情况：公司在有限公司阶段因管理层自身管理经验欠缺及对相关法律法规认识不够全面，曾存在出资转让程序上不够完备，出资增加和减少的程序存有瑕疵等不规范情况。为规范上述情形，公司在2010年天津船舶总经理刘振海的离任审计整改中对重钢机械历史问题进行整改，整改的结果亦得到天津船舶的确认并上报中船重工审计部，同时抄报中船重工资产部、财务部和公司领导。2013年1月30日，取得中船重工审计部对整改及整改结果的认可，但未取得中船重工国有资产主管部门的批复。2013年6月17日，公司取得了天津船舶出具的《关于曾持有的天津重钢机械装备股份有限公司股权的相关说明》，对整改过程及整改结果的确认，并确认截至前述说明出具日不享有重钢机械的任何权益。针对整改的报批程序不完整存在的风险，公司控股股东晖若投资承诺承担公司历史沿革中因国有股权不规范行为给公司造成的全部损失。

案例181 因增资致国有股比例下降问题（行悦股份）

上海行悦信息科技股份有限公司（行悦股份430357）为主要从事酒店客房数字多媒体系统产品的研发、销售和连锁酒店集团数字多媒体信息平台运营的高新技术企业。公司挂牌前曾有一问题：增资未按国有资产管理相关规定对公司股东全部权益价值进行评估并在相应的国有资产监督管理机构备案，是否合法合规，是否对公司挂牌形成实质性影响？

解决思路及方案详解：

本次增资，因交大科技园放弃同比例增资的权利，其持有公司的股权比例相应减少。本次增资完成后，交大科技园持有公司的股权比例由18.25%变更为16.67%，上海慧谷持有公司的股权比例由7.30%变更为6.67%。公司2009年年检报告书显示：截至2009年12月31日，公司账面资产总额为29706813.16元，负债总额为376522.50元，净资产为29330290.66元。按本次增资前27390000元的实收资本计算，其每元出资额对应的净资产为1.07元（未审计）。本次增资完成后，交大科技园所持公司的股权比例由18.25%降至16.67%，上海慧谷持有公司的股权比例由7.30%降至6.67%。系因其他股东同时以1元/每元出资额的价格（约等于每元出资额对应的净资产值）用对公司增资2610000元所致。

公司增资履行了股东会审议批准、验资及工商核准变更登记程序，符合《公司法》关于有限公司增资的规定。2010年11月15日，教育部科技发展中心下发《关于同意上海交大科技园有限公司和上海慧谷创业投资管理有限公司转让所持上海慧浦神望电子科技有限公司股权的批复》（教技发中心函〔2010〕197号），亦未对本次增资导致国有股权比例减少提出异议。因此，虽然公司本次增资未按国有资产管理相关规定对公司股东全部权益价值进行评估并在相应的国有资产监督管理机构备案，存在程序上瑕疵，但考虑到国有股东交大科技园在股东会表决时同意本次增资的价格，本次增资未履行评估并备案程序不会对本次挂牌造成实质障碍。

案例182 创投非公开转让国有股的处理（苏大明世）

苏州苏大明世光学股份有限公司（苏大明世430388）主要从事研究、开发、设计、生产、销售眼视光产品，提供相关技术服务。2004年6月，苏州工业园区创业投资有限公司转让公司原身明世有限33.33%的国有股权未在产权交易机构公开进行，是否存在损害公司利益问题？

解决思路：

（1）股权转让事后由国资委主管部门批复确认；

（2）阐明虽未在产权交易机构公开进行，但经评估且价格合理，且公司履行股东会等其他合法程序；

（3）如实披露。

方案详解：

2004年6月8日，苏州工业园区创业投资有限公司（以下简称“园区创投”）与李俊签订股权转让协议，园区创投将其合法持有的明世有限33.33%的股权转让给李俊，转让价格为294万元。2004年6月2日，园区创投委托江苏华星会计师事务所有限公司以2004年2月29日为评估基准日对上述转让股份的价值进行评估，根据“华星会评报字〔2004〕第015号”资产评估报告，上述对应明世有限33.33%股份的净资产价值为294万元。同月，有限公司召开股东会并做出决议，全体股东一致同意园区创投将其合法持有的明世有限33.33%的股权作价人民币294万元全部转让给李俊。李俊成为持有明世有限33.33%的股权的合法股东。其他股东放弃优先购买权。2006年4月8日，有限公司再次召开股东会做出确认，全体股东一致同意，园区创投将其合法持有的有限公司33.33%的股权作价294万全部转让给李俊，上述股权转让直至2006年才完成工商变更登记的主要原因：据苏州工业园区管委会国有资产管理的要求，正在办理解散清算公司注销等事宜，所以园区创投将其持有的明世有限的股份转让给李俊后，园区创投当时没有相关人员负责配合完成股权转让工商变更。至2006年苏州工业园区工商局对该次股权转让进行登记备案，上述股权转让行为真实、合法。

园区创投为国有控股的企业，本次股权转让没有在产权交易机构公开进行，在程序上存在一定的瑕疵。但是本次转让履行了评估程序，转让价格合理，受让方李俊也已经按约定支付全额股权转让价款。就上述情况，2013年11月5日，苏州工业园区国有资产监督管理办公室出具《关于苏州苏大明世光学股份有限公司历史沿革中苏州工业园区创业投资有限公司投资及退出问题的批复》，该批复对2002年园区创投投资设立明世有限及2004年以评估价协议转让方式退出明世有限的结果予以确认，同时确认相关股权不存在争议。

案例183 国有股不规范变更及增资的处理（雅达股份）

广东雅达电子股份有限公司（雅达股份430556）主要从事开发、生产与销售电力测控装置、传感器、电能表、互感器、低压开关、系统软件以及其他电力电子设备等产品。公司前身改制至2004年的相关股权及增资事宜均没有办理工商登记手续，同时仍然沿用当时合资经营的营业执照，被公司吸收合并的雅达电气历史上股权及注册资本亦存在一些不规范的情形。问题：如上存在的一系列不规范事项是否构成公司挂牌的实质性影响？

解决思路：

（1）由省市政府、国资委、工商局等主管部门出具确认函；

（2）详情如实披露。

方案详解:

公司前身成立于1994年，历史沿革较长，其间经历了改制、多次股权转让和增资，由于当时公司规模较小、管理较为粗放，改制至2004年的相关股权及增资事宜均没有办理工商登记手续，同时仍然沿用当时合资经营的营业执照，被公司吸收合并的雅达电气历史上股权及注册资本亦存在一些不规范的情形。公司专门针对上述事宜进行了梳理整改，并取得了相关上级主管部门的确认文件，相关文件归总如下：

2009年12月29日，河源市国有资产监督管理委员会出具了“河国资委函〔2009〕34号”《关于对原河源市雅达电子有限公司产权界定及企业改制事项进行确认的函》，对公司改制前的全民所有制性质进行了确认，认为公司的改制事宜履行了必需的程序、未造成国有资产流失、保护了职工的合法权益，改制方案、程序和结果合法有效。

2011年2月24日，河源市工商局出具了“河工商函〔2011〕2号”《关于对广东雅达电子股份有限公司历史沿革有关问题意见的函》，对公司前身中外合资企业的出资及主体存续情况、改制前的全民所有制性质、雅达电气股权及出资的问题进行了确认，并同意不对上述事项做出行政处罚。

2011年3月7日，河源市人民政府出具了“河府〔2011〕32号”《关于确认广东雅达电子股份有限公司历史沿革有关事项的请示》，对公司改制前的全面所有制性质、改制合法合规性、改制至2004年的股权变动及增值不存在股权纠纷、2004年之后的股权变动及增资不存在股权纠纷、工会股的形成及处置合法不存在股权纠纷、公司对雅达电气的吸收合并不存在股权纠纷等事项进行了确认。

2011年5月16日，广东省人民政府以“粤办函〔2011〕261号”《关于确认广东雅达电子股份有限公司历史沿革有关事项的复函》同意河源市人民政府的上述意见。2011年12月12日，河源市国有资产监督管理委员会以“河国资委函〔2011〕39号”《关于确认广东雅达电子股份有限公司股本演变过程中工会股用途及处置的批复》确认将工会股通过股权激励的方式奖励给符合条件的员工。

案例 184 国有股转让未充分履行国资程序问题（湘财证券）

湘财证券股份有限公司（湘财证券 430399）主要从事证券经纪，证券投资咨询及与证券交易、证券投资活动有关的财务顾问，证券承销与保荐，证券自营，证券资产管理，证券投资基金代销，融资融券业务，代销金融产品业务。公司挂牌前存在的问题：部分国有股权转让未充分履行国资程序，该如何处理？

解决思路及方案详解：

如实充分披露相关信息，且均取得证券监管部门核准，内容：

湘财有限历次股权转让中存在涉及国有股权转让的情形，其中已确认取得了国有股权转让有关审批文件的如下：

序号	协议签署时间	转让方	转让金额（万元）	受让方	审批文件
1	2007 年 3 月	湖南华菱钢铁集团有限责任公司	39088	新湖控股有限公司	湖南省国有资产监督管理委员会《关于湖南华菱钢铁集团有限责任公司、湖南华升工贸进出口（集团）公司及所属公司转让湘财证券有限公司股权的批复》（湘国资产权函〔2007〕61 号）
2		湖南华升工贸进出口（集团）公司	7000		
3	2011 年 4 月	新疆伊力特实业股份有限公司	552.1	伊犁第四师国有资产投资有限责任公司	新疆生产建设兵团农业建设第四师国资委《关于伊力特实业股份有限公司转让所持湘财证券股权的决定（师国资发〔2011〕13 号）》
4	2008 年 5 月	西北电网有限公司	11852.7978	国网资产管理有限公司	国家电网公司向国务院国有资产监督管理委员会报送《关于无偿划拨英达国际信托有限公司、鲁能金穗期货有限公司、湘财证券有限责任公司国有股权的报告（国家电网金融〔2010〕105 号）》
5		山东鑫源控股有限公司	39088		
6	2009 年 11 月	山东鲁能物质集团有限公司	6517.33		

除上述国有股权转让外，湘财有限部分股权转让因历史年代较为久远，未能取得股东身份证明、审批文件等资料，导致无法辨识转让主体的国有股

东身份，或者无法核实转让时是否履行了国有股权转让程序，但是，鉴于：

（1）湘财证券历史上的股权变动依据相应法律、法规、规章等的规定取得证券监管部门核准的具体情况如下：

①1995年10月，湘财有限经中国人民银行总行“银复〔1995〕372号”文批准设立。1996年8月2日，湘财有限领取注册号为18380084－3（3－1）的《企业法人营业执照》，注册资本为人民币1亿元。②1999年10月8日，中国证监会做出“证监机构字〔1999〕113号”《关于核准湘财证券有限责任公司增资扩股并作为综合类证券公司的批复》，核准湘财有限注册资本由1亿元变更为100200万元。③2002年4月9日，中国证监会做出“证监机构字〔2002〕91号”《关于同意湘财证券有限责任公司调整增资扩股方案的批复》，核准湘财有限注册资本由100200万元变更为251470.5万元。④2004年5月19日，中国证监会出具“机构部部函〔2004〕175号”《关于同意湘财证券有限责任公司股权变更的函》，同意湖南金健米业股份有限公司、常德市粮油总公司、湖南国光瓷业集团股份有限公司将各自持有的合计5.27%的湘财有限股权转让给山西和信电力发展有限公司。⑤2007年2月5日，中国证监会湖南监管局做出“湘证监函〔2007〕06号”《关于湘财证券有限责任公司调整增资扩股方案的复函》，核准湘财有限注册资本由251470.5万元变更为292936.6356万元。⑥2007年4月19日，中国证监会做出“证监机构字〔2007〕89号”《关于同意湘财证券有限责任公司增资扩股方案的批复》，核准湘财有限注册资本由292936.6356万元变更为326936.6356万元。⑦2007年10月8日，中国证监会出具“证监机构字〔2007〕247号”《关于核准湘财证券有限责任公司股权变更的批复》，批准新湖控股有限公司受让湖南省湘诚置业担保有限责任公司等13家单位合计持有的湘财有限33.18%的股权。⑧2008年8月13日，中国证监会做出“证监许可〔2008〕1030号”《关于核准湘财证券有限公司变更注册资本的批复》，核准湘财有限注册资本由326936.6356万元变更为426936.6356万元。⑨2009年10月10日，中国证监会出具“证监许可〔2009〕1041号”《关于上股权的股东批复》，核准国网资产管理有限公司持有湘财有限5%以上股权的股东资格（西北电网有限公司、山东鑫源控股有限公司和山东鲁能物资集团有限公司将合计持有的湘财有限19.17%股权无偿划转给国网资产管理有限公司）。⑩2011年5月25日，湖南

证监局出具“湘证监函〔2011〕107号”《关于湘财证券变更持有5%以下股权股东的无异议函》，对新疆伊力特实业股份有限公司将持有湘财有限0.18%的股权转让给伊犁农四师国有资产投资有限责任公司无异议。⑪2012年6月18日，湖南省证监局做出“湘证监机构字〔2012〕59号”《关于核准湘财证券变更注册资本的批复》，核准湘财有限注册资本由2997255878元变更为3197255878元。⑫2013年11月13日，湖南监管局出具了“湘证监函〔2013〕309号”《关于湘财证券有限责任公司变更公司形式的无异议函》，对公司由有限责任公司整体变更为股份有限公司无异议。如上所述，自《证券公司管理办法》于2002年3月起施行后，导致湘财有限持股5%以上股东变动的历次股权转让行为均已取得了证券监管部门的同意。

（2）湘财有限历次股权转让事宜均履行了内部决策程序，签署了股权转让协议，办理了股权转让的工商变更登记手续。

（3）湘财有限历次股权转让行为均系转让方和受让方的真实意思表示，最近一次股权转让行为已履行完毕达二年以上，超过了我国民事诉讼法规定的诉讼时效；截至本法律意见书出具之日，湘财证券不存在因国有股权转让行为而导致股权纠纷的情形。

（4）湘财有限因经营不善，资产负债率过高，于2007年实施了资产重组。通过本次重组以及之后的股权调整，新湖控股成为湘财有限的控股股东。本次重组取得了以下政府主管部门的批准：

2005年7月22日，为推进湘财有限的资产重组，湖南省人民政府向人民银行出具了《关于请求将湘财证券有限责任公司纳入重点券商重组计划的函》。该函证实湘财证券“股权清晰，股东出资真实、完整、足额到位，无重大违规违法行为”。2007年1月11日，中国证监会下发《关于同意湘财证券有限责任公司增资扩股方案的批复》（证监机构字〔2007〕7号），对湘财有限拟实施的增资扩股方案予以批复。2007年2月5日，中国证监会湖南监管局下发《关于湘财证券有限责任公司调整增资扩股方案的复函》（湘证监函〔2007〕06号），同意湘财有限对中国证监会下发的《关于同意湘财证券有限责任公司增资扩股方案的批复》（证监机构字〔2007〕7号）中的增资扩股方案进行调整。

（5）根据具有证券业务资格的有关会计师事务所出具的审计报告，2004

年至2011年各年末，湘财有限的实收资本、净资产、每元出资额对应的净资产情况如下：（略）

上述各期期末，湘财有限经审计的每元出资额对应的净资产均低于人民币1元。2005年后，湘财有限的历次股权转让价格均为每元出资额对应人民币1元，且最后一次股权转让发生于2011年4月，因此，湘财有限2005年后的股权转让价格均高于每元出资额对应的净资产，该等股权转让皆不存在导致国有资产流失的情形。此外，2008年后，直至本公开转让说明书签署日，湘财证券涉及国有股东的历次股权转让均已取得了国有股权转让的有关审批文件。

（6）国网英大国际控股集团有限公司依法经无偿划转受让西北电网有限公司、山东鑫源控股有限公司和山东鲁能物资集团有限公司持有的湘财有限57458.1278万元出资并于2011年1月办理了相关股权变更的工商登记手续，现持有湘财证券17.97%股权，系湘财证券第一大国有股东。国网英大国际控股集团有限公司是国家电网公司的全资子公司，国家电网公司是国务院国有资产监督管理委员会的全资子公司。依照国有资产有关法律法规的规定，应当由湘财证券的第一大国有股东办理国有股权设置批复的有关手续。目前，关于湘财证券国有股权管理事项的申请已报送至国务院国有资产监督管理委员会，相关国有股权设置批复的手续正在办理过程中。

综上，虽然湘财有限历史上部分涉及国有资产的股权转让未充分履行国资相关程序，但不会对公司本次申请挂牌构成实质性法律障碍。除此之外，公司及其前身湘财有限的设立、股权设置、股本结构及历次股权变更均履行了相关法律程序，符合法律、法规及其他规范性文件的规定。

案例185 国有股变更程序存在瑕疵问题（天房科技）

天津市天房科技发展股份有限公司（天房科技430228）主要从事计算机及外围设备、电工器材、建筑材料、机械设备的批发兼零售，建筑智能化工程，系统集成，消防工程、环境工程施工，机电设备安装，安全监视报警器材制造和电梯安装等。公司2003年、2005年、2011年的三次增资过程均未履行国有资产评估程序，是否造成国有资产流失？是否对天房集团、天房物业及其他第三方造成损失？

解决思路：

（1）控股股东出具未造成国有股权流失的说明；

（2）天津市国资委确认挂牌公司的股权结构；

（3）详情如实披露。

方案详解：

（1）天房集团对于有限公司股权转让的批复和确认：根据《关于授权房地产开发经营集团有限公司统一经营集团国有资产的批复》（津国资〔1996〕4号），天房集团是经过合法授权的国有资产经营管理单位。2012年12月5日，天房集团出具《关于控股子公司天津市天房科技发展有限公司历史沿革过程中股权转让和增资行为的说明》（以下简称《说明》），对有限公司阶段股权转让和历次增资行为确认如下：天房集团及天房物业2002年9月向腾达楼宇的股权转让行为经过天房集团国有资产管理部门批准同意，是天房集团真实意思的表示，且经过有限公司股东会审议通过，程序合法有效。本次股权转让中，天房集团与天房物业已足额收到对价支付，对有限公司、腾达楼宇均无潜在的法律纠纷。由于天房集团与天房物业向有限公司出资及股权转让的时间间隔较短，在此期间有限公司的净资产并未发生较大变化，按原始出资金额核算此次股权转让价格的定价方式公允，因此虽然上述股权转让过程未履行国有资产评估程序，但未造成国有资产流失，也未对天房集团、天房物业及其他第三方造成任何损失。

（2）天房集团对有限公司增资行为的批复和确认：天房集团在《说明》中确认：公司2003年、2005年、2011年的三次增资过程均经过天房集团国有资产投资管理的内部决策程序，是天房集团真实意思的表示，且均经过有限公司股东会审议通过，审批程序合法有效。有限公司第三次增资完成后，虽然天房集团对有限公司持股比例发生变化，但由于其持股比例的变化方向为增加，且有限公司经营状况良好、盈利能力增长较快，提高国有资产控股比例有利于国有资产的保值增值，因此增资过程虽未履行国有资产评估程序，但并未造成国有资产流失。

（3）天津市国资委对于公司整体变更的批复：2012年10月22日，天津市人民政府国有资产监督管理委员会出具“津国资企改〔2012〕311号”《市国资委关于同意天津市天房科技发展有限公司股份制改制并进入股份报价转让系统的批复》，确认了天房科技的股权结构，即天房集团持股比例为68.984%，腾达楼宇持股比例为30.016%，同意天房科技整体变更为股份公司并进入股份报价转让系统，并要求公司在股份公司法人营业执照及企业国有资产产权登记证变更完毕后向天津市国资委备案。

（4）国有资产产权登记备案情况：2005年12月8日，公司取得国有资产产权占用登记证，确认公司注册资本为2000万元，也即至2005年12月8日公司的国有资产产权登记情况得到确认。2013年1月24日，有限公司2011年增资至10016万元及2012年完成整体变更为股份有限公司的行为，已完成企业国有资产产权登记备案，公司取得编号为：1200002013012400016的《企业国有资产产权登记表》。

案例186 对赌协议对挂牌的影响（万洲电气）

万洲电气股份有限公司（万洲电气430436）主要从事电力系统自动化控制与节能相关产品的研发、生产与销售。公司报告期内披露存有对赌协议。

问题一：对赌协议的合法有效性如何？

问题二：对赌协议的回购条件是怎样的？

问题三：对赌协议的回购可能性有多大？

问题四：回购对公司产生的不利影响是什么？

问题五：股东能否有效执行回购，是否存有潜在纠纷，是否影响公司的持续经营？

问题六：公司与股东所采取的措施是否全面、有效？

解决思路及方案详解：

对问题一：对赌协议的合法有效性。

经核查，公司的注册资本由5000万元增加至5678万元，其中江苏华工创投认缴418万元，武汉华工创投认缴260万元。江苏华工创投和武汉华工创投及其他相关方于2011年8月27日签署了《万洲电气集团有限公司之增资协议》（以下称《增资协议》）。2011年8月27日，公司股东赵世运、李明辉、李峰、赵邦国和包群英分别与江苏华工创投、武汉华工创投签署了《<

万洲电气集团有限公司之增资协议 > 之补充协议》（以下称《增资补充协议》），该补充协议约定在一定条件下，投资人江苏华工创投、武汉华工创投可以要求公司股东赵世运、李明辉、李峰、赵邦国和包群英回购其持有的公司全部股份。

经核查，《增资协议》及《增资补充协议》系各方的真实意思表示，合法有效。

对问题二：对赌协议的回购条件。

经核查，《增资补充协议》第一条约定“1. 若公司出现下述情形之一，甲方可以要求乙方回购甲方所持有的全部公司股份：（1）公司在 2014 年 12 月 31 日前未能在境内资本市场上市（指在 2014 年 12 月 31 日前无法获得中国证监会审核批准）；（2）公司放弃上市战略；（3）公司出现实质性障碍确定已无法实现上市目标。”该等条件构成投资人要求公司股东赵世运、李明辉、李峰、赵邦国和包群英回购其股份的回购条件。同时《增资补充协议》亦约定了回购价格等事宜。

根据公司及公司股东赵世运、李明辉、李峰、赵邦国和包群英于 2014 年 1 月 6 日出具的说明，上述回购条件明确具体，就有关回购事宜，赵世运、李明辉、李峰、赵邦国和包群英目前与投资人江苏华工创投、武汉华工创投之间不存在争议或潜在争议。

所以，《增资协议》及《增资补充协议》约定的上述回购条件明确具体，根据公司及公司股东赵世运、李明辉、李峰、赵邦国和包群英出具的说明，赵世运、李明辉、李峰、赵邦国和包群英目前与投资人江苏华工创投、武汉华工创投之间不存在争议或潜在争议。

对问题三：对赌协议的回购可能性。

根据《增资补充协议》约定的上述回购条件并经本所核查，公司并未战略放弃上市计划，且目前亦未出现实质性障碍，但公司将根据整体业绩经营情况、二级市场情况等综合考虑具体的上市计划时间安排。根据公司及公司股东赵世运、李明辉、李峰、赵邦国和包群英于 2014 年 1 月 6 日出具的说明，如投资人江苏华工创投、武汉华工创投未来提出回购要求时，赵世运、李明辉、李峰、赵邦国和包群英将会与江苏华工创投、武汉华工创投协商一致，妥善处理有关回购事宜，包括但不限于采取自筹资金回购、引进新投资人收购等措施解决有关回购事宜，并保证有关回购事项不会影响公司的正常生产经营情况。

由此，不排除投资人江苏华工创投、武汉华工创投未来提出回购股份的要求，但鉴于有关回购系公司股东赵世运、李明辉、李峰、赵邦国和包群英的协议义务，并非由公司直接回购，且公司股东赵世运、李明辉、李峰、赵邦国和包群英已保证采取措施妥善处理有关回购事宜，故有关股份回购的约定对公司本次挂牌不存在实质性法律障碍。

对问题四：回购对公司产生的不利影响。

根据股东赵世运、李明辉、李峰、赵邦国、包群英出具的说明，如果发生回购，股东赵世运、李明辉、李峰、赵邦国、包群英拟采取以下措施：

（1）公司专注于电力系统控制与节能产品的研发、生产与销售，主要产品包括电机控制与节能类产品、电气自动化控制类产品和电网电能质量优化与节能类产品。经过十余年的发展，公司已经形成了以电机控制与节能类产品为基础，以电气自动化控制类产品为延伸，以电网电能质量优化与配网子系统节能类产品为未来发展重点的产品结构，从单一的产品制造商逐步发展为控制与节能系统整体解决方案的提供商。公司正处于主动转型期，公司的配网智能优化节电系统已经取得了一定的发展，产品的技术工艺不断提升，新产品也逐渐得到客户的认可和政府部门的大力支持，2014 年公司的业绩有望得到大幅度改善，有希望通过直接寻找、沟通，以较合理的价格引进新的投资人。

（2）随着公司以电动机控制与节能产品为核心基础的大型集成系统市场竞争能力逐年稳步提升，以及以配网智能优化节电系统为支撑，公司新业务和新产品逐渐被市场所认可，公司的盈利能力将得到显著提升，且如果公司成功在全国中小企业股份转让系统挂牌，公司的股权价值将得到更大平台展示，上述因素将会吸引新的投资者进入，或者使江苏华工创投和武汉华工创投持有的公司股权得以转让。

（3）2014 年 5 月，公司新厂区办公大楼将竣工，届时公司管理、销售、研发等部门的员工将全部搬迁至新厂区办公，老厂区的办公场所及土地将会闲置。由于老厂区地处市中心且购置于 10 年前，如果届时出售，房屋和土地将会有较大的收益（注：老厂区土地和房屋目前没有任何他项权利）。如果上述前两项措施未能实现，公司将通过出售老厂区闲置土地房屋实现收益以及公司留存的未分配利润再进行股东分红的形式分配给股东赵世运、李明辉、李峰、赵邦国、包群英，由股东一并与其家庭积累、股东分红、自筹资金等回购江苏华工创投和武汉华工创投持有的公司股份。而且，处置该部分资产，不会对公司正常生产经营产生任何重大不利影响。

综上，鉴于存在上述应对回购的措施，如发生股份回购情形，亦不会对公司产生重大不利影响。

对问题五：股东能否有效执行回购，是否存有潜在纠纷，是否影响公司的持续经营。

根据公司股东赵世运、李明辉、李峰、赵邦国和包群英出具的说明，股东已有有效的措施执行回购，目前亦未触发《增资补充协议》约定的回购股份的条件，股东与投资人江苏华工创投、武汉华工创投之间不存在争议或潜在争议；《增资补充协议》约定的回购股份事宜不会影响公司的持续经营。

对问题六：公司与股东所采取的措施是否全面有效。

综上，根据公司股东赵世运、李明辉、李峰、赵邦国和包群英出具的说明，公司将积极夯实原有业务，努力开展新业务，成功实现企业转型发展，公司的业绩及综合实力将得到稳步提高；如触发《增资补充协议》约定的回购股份条件时，股东将采取包括但不限于采取自筹资金回购、引进新投资人收购等措施解决有关回购事宜。因此，公司与股东所采取的措施有效、全面。

案例187 增资对赌问题如何解决（易事达）

深圳易事达电子股份有限公司（易事达430628）致力于为国内外客户提供高质量、高性能的LED应用产品及解决方案。公司挂牌前曾发生增资对赌事宜，问题：该事项是否侵害其他股东的利益，是否会对公司持续经营带来不利影响?

解决思路：

（1）大股东出具承诺函，承担出资方提出的一切责任和义务；

（2）增资方出具承诺函，放弃受让股权的权利；

（3）增资方、公司与大股东签订补偿协议，协定自公司申报股转系统之日起豁免公司的责任和义务；

（4）主办券商详细核查大股东履行承诺的能力；

（5）主办券商、律师发表意见及如实披露事件详情。

方案详解：

1. 大股东出具承诺

2013年11月28日，为了公司本次挂牌不受到影响，公司股东段武杰、周继科做出承诺，承诺全部承担增资方基于上述《增资补充协议》提出的一切包括但不限于支付业绩补偿、差额补偿及/或转让股份的责任与义务，确保公司及其他股东不因上述《增资补充协议》的履行而遭受任何损失；如果公司或其他股东的利益因上述《增资补充协议》的履行受到任何损害或损失，承诺人将就该等损害或损失承担不可撤销的连带赔偿责任。

2. 增资方出具承诺函

根据《增资补充协议》，当增资方向第三方转让股权时，根据买方需要，可要求易事达股东段武杰、周继科也以增资方转让的同等条件转让一部分股权。对此，增资方承诺自公司向股转公司报送申请材料之日起放弃上述权利。

3. 三方签订补充协议

2013年12月31日，增资方钟山九鼎及湛卢九鼎（甲方）、公司（乙方）、公司大股东段武杰及周继科（丙方）签订了《增资补充协议二》，约定主要内容包括，①自乙方向全国中小企业股份转让系统申报挂牌材料之日起豁免乙方基于前述协议对赌条款约定的所有责任和义务；②自乙方向全国中小企业股份转让系统申报挂牌材料之日起增资方放弃可以要求乙方及丙方回购或受让甲方所持有的乙方股份的权利；③如果甲方向其他任何第三方转让甲方所持有的乙方全部或部分股份，甲方承诺对外每股转让价格不低于乙方最近一期经审计的每股净资产值；④如果乙方挂牌申请被否决，或者乙方挂牌申报材料被撤回，则上述甲方放弃的权利即自行恢复。

4. 主办券商核查情况

根据公司预估测算并经主办券商核查，股东段武杰、周继科对增资方负有业绩补偿、差额补偿和借款偿还的义务，主要如下：

（1）业绩补偿义务：根据《增资补充协议》，2012年业绩补偿款项为107.68万元，已由股东段武杰、周继科支付完毕。根据公司对2013年实现利润预估情况，测算2013年股东段武杰、周继科需向增资方支付的业绩补偿义务的金额预估在930.23万元至1209.30万元。

（2）差额补偿义务：根据公司预估测算，2013年末公司的每股净资产值在1.69元至1.73元之间，假设2014年3月增资方以每股净资产值对外转让该等全部股份，增资方获得股份转让价款在1872.15万元至1916.55万元之间。依据《增资补充协议》及《增资补充协议二》测算，增资方向第三方转让的价格将会不低于约定款项，因此股东段武杰、周继科无须向增资方支付的上述相关差额。

（3）退出借款偿还义务：根据《增资补充协议》及《借款协议》，相关对赌条款触发时，增资方可以提前请求股东段武杰、周继科偿还《借款协议》项下1500万元借款的本息，该等借款年复利为9%，到期日为2014年12月31日。截至2014年3月1日，本息应还金额将为1782.15万元。

（4）股东段武杰、周继科的自有资产：根据段武杰、周继科提供银行账户及股票账户资产信息及说明，段武杰、周继科拥有较为充足的可变现金融资产。

（5）公司可实施的现金分红情况：公司利润分配原则：根据《公司章程》，公司实行持续、稳定的利润分配政策，公司利润分配应重视对投资者的合理投资回报，并兼顾公司的可持续发展。公司利润分配不得超过累计可供分配利润的范围，不得损害公司持续经营能力。

截至2013年9月30日，本公司经审计的未分配利润为2690.25万元，货币资金余额为12303.14万元。由于公司一贯执行稳健的收付管理政策，货币资金充裕，符合实施现金分红的条件，实施现金分红不会对公司的持续经营能力造成重大不利影响。同时，公司股东段武杰、周继科合计持有的公司股份比例为76.87%，其有权向公司提起现金分红的议案，并能确保该等议案获得通过，公司实施现金分红在程序上具有可实现性。仅以2013年前三个季度指标估算，若公司实施现金分红，分红金额可达2690.25万元，公司股东段武杰、周继科可获得分红金额最高可达2068.00万元。公司预估2013年全年的可供分配利润将在3590.25万至3860.25万元之间，若公司以2013年末审计数据实施现金分红，股东段武杰、周继科可获得现金分红（扣除20%个人所得税）的金额可达2207.91万至2373.95万元。

（6）股东偿付能力分析：根据前述测算，假设2014年3月上述业绩补偿及还款义务发生，公司股东段武杰、周继科需向增资方支付的金额合计2712.38万至2991.4万元之间。而公司股东段武杰、周继科能够通过公司现金分红获得的款项金额合计在2207.91万至2373.95万元之间，考虑到预估假设对应关系的前提，上述二者最高差额的区间为338.43万至783.54万元，根据股东段武杰、周继科提供的可变现资产证明及说明，其自有资产足以偿还该等最高为783.54万元差额。段武杰、周继科做出承诺，如果公司或其他股东的利益因上述《增资补充协议》的履行受到任何损害或损失，将就该等损害或损失承担不可撤销的连带赔偿责任。

主办券商经核查认为：挂牌公司关于对赌条款相关责任和义务，自公司向股转公司申报本次挂牌资料之日，已通过股东已出具承诺函及三方新签署补充协议的方式免除，上述增资补充协议的对赌约定仅限于增资方与公司大股东之间。公司股东段武杰、周继科能够在不对公司股权结构产生不利影响的前提下通过自有资金及获取公司分红偿付相关对赌约定款项，并能够通过其持股比例提议并确保通过公司实施分红的议案，公司实施同比例分红不会侵害其他股东的利益，不会对公司持续经营带来不利影响。综上，上述增资补充协议的对赌约定对公司本次挂牌不构成实质影响。

律师经核查认为：根据《增资补充协议》、《增资补充协议二》及股东段武杰、周继科出具的《承诺函》，自易事达向股转公司申报本次挂牌资料之日，增资方豁免易事达基于《增资补充协议》项下的一切义务，虽然增资方可要求易事达股东段武杰、周继科履行支付相关业绩补偿等义务，但根据公司及股东段武杰、周继科的说明，段武杰、周继科通过自公司获得的现金分红及自有资产可以偿还该等业绩补偿、借款及利息。同时，根据股东段武杰、周继科出具的相关承诺，其将通过自有资金、现金分红或自筹资金的方式偿还上述业绩补偿等款项，确保不因支付上述业绩补偿等款项而转让其持有的公司股份。增资方亦承诺放弃在其向第三方转让股份时要求股东段武杰、周继科同时转让股份的权利。综上，律师认为，易事达股东段武杰、周继科出具了相关承诺及说明，在满足该等承诺及说明的情况下，上述增资扩股过程中存在的对赌事项不会损害公司及其他股东的利益，不会对本次挂牌构成重大实质性障碍。

案例188 PE与主要股东对赌的核查问题（爱科凯能）

爱科凯能科技（北京）股份有限公司（爱科凯能430351）致力于研发、生产、销售微创激光手术设备，为医院提供微创手术整体解决方案。公司挂牌前曾有一问题：PE与公司主要股东签订增资对赌协议的情况如何？

解决思路及方案详解：

核查并如实披露信息：2012年4月12日，北京望京科技孵化服务有限公司与公司、爱科咨询、常熟明辉、孙云龙及熊振宏签订《增资协议》，协议约定：

"望京孵化向公司增资200万元，出现以下情况之一，望京孵化有权要求爱科咨询和/或孙云龙及熊振宏回购望京孵化所持公司股份：①公司资产存在虚假，导致投资协议目的受到严重影响的；②因公司经营管理团队或研发团队发生重大变更，导致本协议规定的项目研究生产目的受到严重影响的；③公司和/或爱科咨询承诺和保证事项不真实；④公司和/或爱科咨询违反合同约定的义务；⑤公司累计新增亏损达到望京孵化投资时公司净资产的30%；⑥望京孵化投资公司期限为三年或按相关政府管理规定，期满爱科咨询和/或孙云龙、熊振宏回购望京孵化持有的全部股份。

"股权收购的价格为以下款项之较高者：①望京孵化已支付的全部增资款项及全部增资款项按中国人民银行于增资日公布的同期金融机构人民币贷款基准利率上浮50%（单利）计算的收益；②依据评估机构对公司截至股权收购通知之日的评估结果所计算的股权价值。

"在公司清算或结束业务时，望京孵化享有清算优先权，即望京孵化有权优先于其他股东获得相当于增资款项（如本次投资后望京孵化增加投资的为全部增资款项，此增资款项包括望京孵化投入公司的全部金额，包括计入注册资本及资本公积金的金额）及按中国人民银行于增资日公布的同期金融机构人民币贷款基准利率上浮50%（单利）计算的收益的清算财产以及宣布但尚未发放的股利。在完成对望京孵化上述清算优先权的支付之后，剩余财产由其他股东按出资比例进行分配。"

案例189 增资对赌条款应如何披露（欧讯体育）

北京欧迅体育文化股份有限公司（欧讯体育430617）致力于为客户提供体育赞助管理、体育资源策划管理、体育媒体内容管理等专业服务。公司挂牌前曾有一问题：公司增资存在对赌条款，是否会导致控股股东、实际控制人的变更，是否影响公司的合法权益？

解决思路：

（1）控股股东与投资方签署对赌协议，不涉及挂牌主体；

（2）新增股东所持有公司的股份不会影响公司的控制权；

（3）双方同时约定，挂牌成功时解除协议双方的权利和义务，消除了股权不确定的可能性。

方案详解：

阐明对公司及控股股东、实际控制人不构成实质性影响，详情如实披露。内容：根据投资各方2013年8月15日签订的投资协议，遵循真实、严谨的原则，公司实际控制人对投资方做出如下业绩承诺：

（1）截至2013年12月31日，2013年年度经审计的扣除非经常性损益的净利润不低于人民币760万元；

（2）截至2014年12月31日，2014年年度经审计的扣除非经常性损益的净利润不低于人民币1140万元；

（3）即2013年和2014年两年的平均利润扣除非经常性损益的净利润不低于人民币950万元。基于业绩承诺，投资方同意以新增的方式对公司投资人民币850万元并获得公司相应的股权。同时，该投资协议约定了新三板挂牌的申报时间以及在业绩承诺无法满足的情况下实际控制人朱晓东对投资人（投资人指：屹和投资、鼎宣投资、棕泉亿投资）的现金补偿和股权收购等条款，但同时约定，在公司向全国中小企业股份转让系统有限责任公司提交新三板挂牌申请之日起，本协议约定的关于投资人的特别条款自行失效，投资人依该等条款所享有的特别权利同时终止。

上述投资协议的签署方包括欧迅体育原股东与投资方，并不包括欧迅体育，因此投资协议只对欧迅体育原股东和投资方具有约束力，对欧迅体育并不具有约束力，投资协议中并无欧迅体育承担义务的具体约定。此外，投资协议包括了欧迅体育实际控制人朱晓东在满足约定条件下收购投资方持有的欧迅体育股权或对投资方的现金补偿条款，该等条款的履行将可能导致实际控制人朱晓东所持有的欧迅体育的股权比例增加或保持不变，不会导致欧迅体育控股股东、实际控制人的变更。投资协议为原股东和投资方的权利义务所做出的约定，并无关于欧讯体育义务、责任的约定，并未损害欧迅体育的合法权益。

案例 190 与股东对赌回购对挂牌的影响（皇冠幕墙）

天津皇冠幕墙装饰股份有限公司（皇冠幕墙 430336）主要从事室内外装饰装修工程、建筑幕墙工程设计、施工，铝合金门窗、塑钢门窗加工、销售、安装。公司 2014 年 3 月定向增发，投资方与两大股东签署对赌协议，该协议是否影响公司挂牌？

解决思路：

（1）投资方与控股股东签署对赌协议，不涉及挂牌主体；

（2）即使触发对赌协议，对于公司的控制权不产生影响；

（3）阐明此对赌不会影响公司的持续经营；

（4）如实披露详情。

方案详解：

2014 年 3 月 27 日，皇冠幕墙（430336）发布定向发行公告，公司定向发行 200 万股，融资 1000 万，新增一名股东天津市武清区国有资产经营投资公司（以下简称武清国投），以现金方式全额认购本次定向发行的股份。同时披露的还有武清国投与公司前两大股东欧洪荣、黄海龙的对赌条款，条款要求皇冠幕墙自 2014 年起，连续三年，每年经审计的营业收入保持 15% 增幅；如触发条款，武清国投有权要求欧洪荣、黄海龙以其实际出资额 1000 万 + 5% 的年收益水平的价格受让其持有的部分或者全部股份。完成定向发行后，欧洪荣、黄海龙以及武清国投所占公司股份比例分别为：46.609%、28.742% 以及 4.334%。

项目律师就该回购条款的合法合规性发表意见：上述条款为皇冠幕墙的

股东、实际控制人欧洪荣、黄海龙与武清国投附条件股份转让条款，双方本着意思自治的原则自愿订立，内容不影响皇冠幕墙及其他股东的利益，条款合法有效。假使条件成就，执行该条款，股份变更不会导致皇冠幕墙的控股股东、实际控制人发生变化，不影响挂牌公司的持续稳定经营。

CHAPTER12
第十二章

实际控制人、控股股东的认定、变更与风险

本章要领 17 大案例及 28 种常规、典型实务问题及其解决思路

◎将解决的 28 种实务问题

①供销社为实际控制人的认定；②实际控制人与控股股东的核查方法及途径；③第一大股东持有第二大股东 70% 股份；④实际控制人为国资委；⑤控股股东为上市公司；⑥实际控制人未被认定为法律层面的实际控制人；⑦亲属签署的一致行动协议的一般性内容；⑧一致行动人却不能实际控制公司；⑨夫妻持股不足 50% 但却能实际控制公司；⑩持股低但能实际控制公司的认定；⑪属于控股股东但却不是实际控制人；⑫上市公司无实际控制人与其子公司的实际控制人的认定；⑬实际控制人未追溯至最终出资人；⑭实际控制人与不当控制的风险处理；⑮母子公司皆有股权质押与控股股东变更风险；⑯股权质押与控制性纠纷和潜在纠纷；⑰股权质押潜在的股权变更对公司持续经营能力造成影响；⑱投资人变为香港身份对公司性质及控股股东形成的影响；⑲实际控制人不持有公司股份；⑳实际控制人变更与公司业务经营；㉑实际控制人变更与公司治理；㉒实际控制人变更与董监高变动；㉓实际控制人变更对持续经营能力的影响；㉔因无暇参与公司经营而导致实际控制人变更；㉕报告期内实际控制人变更对公司持续运营产生实际影响；㉖股权质押或将丧失控制权与重大风险提示的披露；㉗潜在控制权或存变动风险；㉘实际控制人报告期内存在违法违规。

◎典型问题及一般性解决思路

1. 实际控制人、控股股东内涵与问题关键

实际控制人是指通过投资关系、协议或者其他安排，能够支配、实际支配公司行为的自然人、法人或者其他组织。控股股东是指投资额占公司资本总额50%以上或者其持有的股份占股份有限公司股本总额50%以上的股东；出资额或者持有股份的比例虽然不足50%，但依其出资额或者持有的股份所享有的表决权足以对股东会、股东大会的决议产生重大影响的股东。实际控制人是指虽不是公司的股东，但通过投资关系、协议或者其他安排，能够实际支配公司行为的人。

新三板挂牌条件有关股东与股权的问题对公司实际控制的行为做出特别要求。在这些要求中认定谁为公司的实际控制人则成为关键环节。关于实际控制人与控股股东问题的关键主要为4种：

（1）实际控制人和控股股东认定的问题；

（2）存在共同控制的情形；

（3）无控股股东与实际控制人的情形；

（4）报告期内公司实际控制人发生变更的情形。其中第一、第四点本章将详细解读，第二、第三点内容下一章来专门阐述。

2. 实际控制人及控股股东的认定

实际控制人的认定，应当结合董事会与管理层席位、协议或其他安排等进行实质判断，以确定是否能决定一个企业的财务和经营政策，并能据以从该企业的经营活动中获取利益。

控股股东的认定，主要看是否符合如下5点条件：

（1）为挂牌公司持股50%以上的控股股东；

（2）可以实际支配挂牌公司股份表决权超过30%；

（3）通过实际支配挂牌公司股份表决权能够决定公司董事会半数以上成员选任；

（4）依其可实际支配的挂牌公司股份表决权足以对公司股东大会的决议产生重大影响；

（5）中国证监会或全国股份转让系统公司认定的其他情形。

3. 实际控制人变更问题的解决

本类问题的常规解决思路：

（1）新三板挂牌并未禁止报告期内实际控制人变更，因此报告期内发生实际控制人变更的，应该对此做出合理的解释和说明；

（2）实际控制人的变更对公司持续经营能力、管理团队稳定性是否存在影响是关键；

（3）分析实际控制人变更前后公司业务发展方向、客户、收入及利润的变化，中介机构做出明确的结论并如实披露详情；

（4）根据实际情形可在公开转让说明书中做出重大事项提示。

案例 191 供销社为实际控制人是如何认定的（天羚绒业）

新疆天羚绒业科技股份有限公司（天羚绒业 832427）于 2015 年 5 月挂牌，公司主要从事羊毛、羊绒的购销、加工和加工品的销售。公司挂牌时存在的问题：须补充核查公司将自治区供销社认定为实际控制人及实际出资人的原因，并提供充分依据，包括但不限于相关法律、法规及文件的规定。

解决途径：

进一步核查实际控制人及实际出资人认定的理由和依据：

（1）核查公司股权结构、工商登记资料等情况；

（2）获得主要事实证据：①公司股权结构图、股东名册、工商登记资料，②法人股东的工商登记资料；

（3）做出分析与判断。

解决思路及方案详解：

依据《公司法》第二百一十六条规定：控股股东，是指其出资额占有限责任公司资本总额百分之五十以上或者其持有的股份占股份有限公司股本总占公司股份的 85.38% 股权，其持有的股份占股份有限公司股本总额百分之五十以上，为公司的控股股东。中发〔1995〕5 号、新政办〔2000〕132 号文件规定，自治区供销合作社是为农服务的合作经济组织，各级供销合作社联合社理事会是本级社集体财产和所属企事业单位财产的所有权代表。2006 年 11 月 29 日，新疆维吾尔自治区人民政府办公厅印发新政办发〔2006〕187 号

《关于印发新疆维吾尔自治区供销合作社联合社职能配置、内设机构和人员编制方案的通知》，于2008年3月19日以举办单位的名义，将自治区供销社设立为事业单位法人，履行对本级社有资产行使出资人代表和管理职能。新疆维吾尔自治区供销合作社联合社（以下简称“自治区供销社”）持有供销集团公司100.00%股权，供销集团公司持有公司85.38%的股份，自治区供销社控制公司85.38%表决权。自治区供销社作为自治区直属事业单位，通过供销集团对直属企事业单位行使出资人的职责。因此自治区供销社为公司的实际控制人。

上述认定同时也符合《全国中小企业股份转让系统挂牌公司信息披露细则（试行)》关于控股股东和实际控制人的认定标准。

综上，公司实际控制人、实际出资人认定的理由和依据充分、合法。

申报律师补充核查：

根据中发〔1995〕5号、新政办〔2000〕132号文件规定，自治区供销合作社是为农服务的合作经济组织，各级供销合作社联合社理事会是本级社集体财产和所属企事业单位财产的所有权代表。新疆维吾尔自治区人民政府于2008年3月19日以举办单位的名义，将自治区供销社设立为事业单位法人，履行对本级社有资产行使出资人代表和管理职能。

经查验，供销集团公司系由自治区供销社用社有资产全额出资的有限责任公司，其持有注册号为650000038001126之《企业法人营业执照》，注册资本为69000万元，经营范围为“在自治区供销社授权的范围内对供销社系统的集体资产进行管理和经营”。

综上所述，供销集团公司系自治区供销社设立的全资子公司，供销集团公司又持有天羚绒业85.38%的股份，故自治区供销社对天羚绒业重大事项的决策产生实质性影响，系天羚绒业的实际控制人和实际出资人。

案例192 第一大股东持有第二大股东70%的股份与实际控制人的认定（绿岸网络）

上海绿岸网络科技股份有限公司（绿岸网络430229）主要从事网络游戏的开发以及运营。公司第一大股东持有第二大股东70%的股份，是怎样认定实际控制人的？

解决思路及方案详解：

截至本公开转让说明书签署之日，公司控股股东及实际控制人为许帆，其直接持有公司67.5%的股份，同时还持有公司第二大股东上海高讯投资有限公司70%的股份。

虽然从公司的历史沿革看，许帆从公司设立起至2012年9月前一直与其他股东同为第一大股东，作为公司主要创始人，自公司成立以来，许帆曾担任公司董事长、董事，并一直担任总经理一职，2012年9月起任公司董事长、总经理。因此，许帆为公司实际控制人。

综上来看，最近两年公司实际控制人未发生变化。

案例193 实际控制人为国资委与控股股东为上市公司的问题（恒宝通）

深圳市恒宝通光电子股份有限公司（恒宝通832449）于2015年5月挂牌，公司主要从事光纤通信模块及组件产品的研发、生产及销售。公司的实际控制人和控股股东分属不同的主体，问题：该如何做出认定，认定的理由和依据是否充分、合法？

解决思路及方案详解：

对公司控股股东、实际控制人及管理层进行访谈；查阅公司历史沿革资料、公司章程、股东名册、股权结构图；查看公司股东（大）会和董事会会议（执行董事决定）文件、日常审批单据等方式核查控股股东、实际控制人的认定依据。

1. 公司的控股股东为福建省青山纸业股份有限公司

理由如下：

福建省青山纸业股份有限公司在报告期内持有公司股权比例始终超过80%，为公司持股比例最大的股东。青山纸业现持有股份公司6514.9824万股，持股比例为81.44%，为股份公司第一大股东，第二大股东持股比例与其存在较大差距，且其他股东持股比例均不高，其持有股份所享有的表决权足以对股东大会的决议产生重大影响，故认定其为公司控股股东。

2. 公司的实际控制人为福建省人民政府国有资产监督管理委员会

该认定系基于如下事实：

（1）公司的控股股东为青山纸业。

（2）福建省轻纺（控股）有限责任公司直接持有青山纸业4.45%的股权，并通过其全资子公司福建盐业与金皇贸易分别间接持有青山纸业9.89%及3.85%的股权。轻纺控股、福建盐业以及金皇贸易属于《上市公司收购管理办法》规定的一致行动人。三者合计持有青山纸业18.19%股权。鉴于青山纸业的股权较为分散，轻纺控股持有股份的比例虽然不足50%，但通过与福建盐业以及金皇贸易的一致行动关系联合持有青山纸业最高比例的股权。能够通过其直接及间接持有的股份所享有的表决权对青山纸业股东大会的决议产生重大影响，故认定轻纺控股为青山纸业的控股股东及公司的间接控股股东。

（3）轻纺控股是福建省国资委100%持股的国有独资公司，经营范围为：经营授权的国有资产，对外投资经营、咨询、服务。因此认定福建省国资委是公司的实际控制人。

根据《公司法》第二百一十六条可知：控股股东，是指其出资额占有限责任公司资本总额百分之五十以上或者其持有的股份占股份有限公司股本总额百分之五十以上的股东；出资额或者持有股份的比例虽然不足百分之五十，但依其出资额或者持有的股份所享有的表决权已足以对股东会、股东大会的决议产生重大影响的股东。实际控制人，是指虽不是公司的股东，但通过投资关系、协议或者其他安排，能够实际支配公司行为的人。

依据上述规定，由于青山纸业系公司持股比例超过50%的第一大股东，认定青山纸业为公司的控股股东；基于福建省国资委持有轻纺控股100%之股权，而轻纺控股通过与福建盐业以及金皇贸易的一致行动关系联合持有青山纸业最高比例的股权，能够通过其直接及间接持有的股份所享有的表决权对青山纸业股东大会的决议产生重大影响，并通过青山纸业的控股股东的地位实际支配恒宝通股份。故认定福建省国资委为公司的实际控制人。

综上，主办券商认为公司的控股股东为青山纸业、实际控制人为福建省国资委，依据充分、符合相关法律法规的规定。

案例194 一致行动人未被认定为实际控制人的问题（钟舟电气）

江阴钟舟电气股份有限公司（钟舟电气430415）主要从事智能电力仪

表系列产品的研发、生产和销售。公司实际控制人的一致行动人未被认定为实际控制人，该如何解决？

解决思路及方案详解：

进行合法性分析并如实披露。内容：公司控股股东顾方钟与股东夏玲系夫妻关系，与股东顾萍霞和顾平娟系兄妹关系，此三人分别持股 6.38%、9.00%和 8.00%，为顾方钟的法定一致行动人。

（1）根据《上市公司收购管理办法》（以下简称“收购办法”）第八十三条的规定，“如无相反证据，投资者有下列情形之一的，为一致行动人：（九）持有投资者 30%以上股份的自然人和在投资者任职的董事、监事及高级管理人员，其父母、配偶、子女及其配偶、配偶的父母、兄弟姐妹及其配偶、配偶的兄弟姐妹及其配偶等亲属，与投资者持有同一上市公司股份”。目前，公司的股权结构如下：（略）

根据公司目前各股东的持股情况，顾方钟为公司实际控制人。股东夏玲与顾方钟系夫妻关系，股东顾萍霞和顾平娟与顾方钟系兄妹关系。因此，夏玲、顾萍霞和顾平娟为实际控制人顾方钟的法定一致行动人。同时，夏玲在 2011 年 11 月至 2012 年 6 月期间担任公司董事，2012 年 6 月至 2013 年 9 月担任公司监事会主席；顾萍霞及顾平娟自 2012 年 6 月至今担任公司董事。在此期间，公司“三会”做出的表决中，此三人与顾方钟意思表示相同，表决结果一致。综上所述，本所律师认为：夏玲、顾萍霞和顾平娟与实际控制人顾方钟为一致行动人。

（2）根据《收购办法》第八十四条的规定：“有下列情形之一的，为拥有上市公司控制权：（一）投资者为上市公司持股 50%以上的控股股东；（二）投资者可以实际支配上市公司股份表决权超过 30%；（三）投资者通过实际支配上市公司股份表决权能够决定公司董事会半数以上成员选任；（四）投资者依其可实际支配的上市公司股份表决权足以对公司股东大会的决议产生重大影响；（五）中国证监会认定的其他情形。”

顾方钟系公司创始人之一，自公司设立至今担任公司董事长兼总经理；顾方钟现直接持有公司 16.5%的股份，并作为公司控股股东科豪色织的实际控制人（其持有科豪色织 87%的股权，并担任法定代表人、董事长）间接持有公司 40.25%的股份。

根据法律意见，顾方钟通过其持股数量及所任职位对公司财务、人事、经营决策等具有控制力，为公司的实际控制人。顾萍霞和顾平娟虽为顾方钟的一致行动人，但其持股数量及任职均对公司的财务、人事、经营决策等不具有实际控制力，不符合实际控制人认定情况。因此未将顾萍霞和顾平娟认定为实际控制人。

综上，认定顾方钟一人为实际控制人是依据相关法律法规的规定并结合各股东持股情况及其对公司经营管理施加的影响做出的，合法合规。

案例195 股权分散与控股股东、实际控制人认定（四联智能）

四联智能技术股份有限公司（四联智能430758）2014年5月挂牌，公司主营业务是利用信息技术、自动化技术、浅层地热应用技术等技术，对大型楼宇及公共设施提供智能化与节能综合解决方案，达到高效、经济、节能减排效果。公司股权较为分散，公司认定控股股东和实际控制人为张琪、邬蜀豫夫妇，其中，张琪为第一大股东，持有公司28.15%的股份（公司董事长兼总经理），邬蜀豫持有公司3.03%的股份（2013年6月辞去董事职务）。问题：公司认定控股股东和实际控制人的依据是什么？

解决思路及方案详解：

据核查，张琪自四联股份成立以来，始终为公司的第一大股东，目前持有公司28.15%的股份，其妻子邬蜀豫持有公司3.03%的股份，两人合并持有公司31.18%的股份。四联股份自2001年设立至今，张琪邬蜀豫夫妇持股比例变化如下表所示：

股东	2001年6月	2006年3月	2007年9月	2010年11月	2011年8月	2011年11月	2012年9月
张琪	38.74%	68.79%	57.52%	21.06%	21.06%	29.03%	28.15%
邬蜀豫	5.33%	2.72%	3.77%	3.13%	3.13%	3.13%	3.03%

根据上表，2007年开始张琪逐渐向公司骨干员工等自然人转让了其持有的部分公司股份，至2010年11月其持股比例下降至30%以下，截至本补充法律意见书出具之日，张琪仍为公司第一大股东。

自公司设立以来，张琪一直担任公司的董事长、总经理，是公司经营管理层的领导核心。根据律师核查，最近两年公司共召开了15次股东大会会议，公司股东大会决议中不存在否决会议议案的情形，且公司其他股东与张琪在相关会议决议的表决意见相一致。最近两年公司共召开了23次董事会会议，董事会决议中不存在否决会议议案的情形，且公司其他董事与公司董事长张琪在相关会议决议的表决意见相一致。

2014年4月1日，公司除张琪、邬蜀豫外的全体股东分别签署了非一致行动的《声明与承诺》："自本人成为股份公司股东截至本声明出具日，本人为独立的股东，公司召开股东大会的表决事项，本人均是根据自己的意愿和判断行使表决权。本人不存在通过协议或其他安排与其他股东建立一致行动关系，或者因与其他股东共同或相互之间在事实上发生的行为或事件而被认定存在一致行动关系的情形，本人不拥有对公司的控制权，且以后也将不以任何方式谋求控制地位。本人承诺，自出具本声明与承诺之日起至5年内，本人不会通过协议或其他安排与其他股东建立一致行动关系。"

综上，张琪、邬蜀豫夫妇足以对公司的经营决策产生重大影响，对股份公司具有实际的控制权和影响力。张琪与邬蜀豫持有公司的股份虽然不足50%，但其所享有的表决权已足以对股东大会的决议产生重大影响，是公司的实际控制人。

案例196 持股低但实际控制公司的问题（易同科技）

上海易同科技股份有限公司（易同科技430258）主要从事计算机软件开发，计算机领域内技术开发、技术咨询、技术服务、技术转让，计算机网络工程施工，计算机及配件、办公用品、电脑耗材等。2009年11月后，公司两夫妇股东共持股45%左右，是否认定为实际控制人？

解决思路及方案详解：

股份公司成立时（2009年11月），朱玉明、杨亚官夫妇合计持有公司40.00%股份，杨军、施陈飞夫妇合计持有公司50.00%股份；股份公司第一次增资扩股后（2011年3月），朱玉明、杨亚官合计持有公司45.00%股份，杨军、施陈飞夫妇合计持有公司25.00%股份；股份公司第二次增资扩股后（2012年12月），朱玉明、杨亚官夫妇合计持有公司50.16%股份至今，杨军、施陈飞夫妇合计持有公司20.00%股份至今。在上述期间内，公司其他股东持股比例分散，与上述两对夫妇无关联关系，相互之间也无关联关系。

2009年11月至2011年3月期间，朱玉明、杨亚官分别为公司董事长兼总经理、董事，杨军、施陈飞分别为公司董事、监事会主席；朱玉明为公司创始人、法定代表人，是主要决策者、实际经营管理者及核心技术人员，杨亚官为公司决策者之一，而杨军仅作为公司财务投资者，并不参与公司经营的决策，施陈飞也仅为公司财务投资者和监督者之一。虽然在此期间朱玉明、杨亚官夫妇合计持股比例低于杨军、施陈飞夫妇合计持股比例，但不论从公司的历史沿革，还是当时的实际状况，公司均由朱玉明、杨亚官夫妇控制。

案例197 上市公司无实际控制人与子公司实际控制人认定问题（东软慧聚）

北京东软慧聚信息技术股份有限公司（东软慧聚430227）主要从事计算机系统服务，基础软件服务，应用软件服务，数据处理，销售自行开发后的产品、计算机、软件及辅助设备。公司实际控制人是上市公司，该上市公司无实际控制人，作为子公司如何认定实际控制人呢？

解决思路及方案详解：

辽宁东软创业投资有限公司（控股股东）成立于2000年4月8日，注册资本125000000元，法定代表人刘积仁，住所为大连高新技术产业园路8－5号B2座209室，公司类型为有限责任公司，经营范围：对以信息技术为主要业务方向的中小企业投资、投资管理和服务。

东软集团股份有限公司（600718）截至本说明书出具之日，持有辽宁东创60%股权，为辽宁东创控股股东。

东软集团成立于1991年6月17日，注册资本1227594245元，法定代表人刘积仁，注册地址为沈阳市浑南新区新秀街2号，公司类型为股份有限公司（中外合资、上市），经营范围：“计算机软、硬件，机电一体化产品开发、销售、安装；技术咨询服务；场地租赁；计算机软、硬件租赁；CT机生产；物业管理，交通及通信、监控、电子工程安装；经营本企业自产产品及技术进出口业务和本企业所需的机械设备、零配件、原辅材料及技术的进口业务，但国家限定经营或禁止进出口的商品及技术除外。”

东软集团各股东持股相对分散，不存在控股股东和实际控制人。东软集团第一大股东为东北大学科技产业集团有限公司，持股比例为17.6248%。因此，公司不存在实际控制人。

案例198 实际控制人与不当控制风险（微纳颗粒）

济南微纳颗粒仪器股份有限公司（微纳颗粒430410）主要经营颗粒技术及相关软件、配套设备的研发、生产、销售，货物进出口。公司的实际控制人为任中京与高维秀夫妇，他们分别持有公司68.41%和20.67%的股份，合计达89.08%的股份，存在不当控制的风险问题，该怎么解决？

解决思路及方案详解：

作重大事项提示并如实披露相关信息。公司的实际控制人为任中京与高维秀夫妇，分别持有公司68.41%和20.67%的股份，合计持有公司89.08%的股份；同时，任中京先生担任公司的董事长、总经理，高维秀女士担任公司的董事、财务总监。二人对公司形成绝对控股，对公司经营管理拥有较大的影响力。如二人利用其控股地位和管理职权对公司的经营决策、人事、财务等进行不当控制，可能给公司经营和其他股东利益带来一定风险。

案例199 母子公司股权都质押与控股股东变更风险（上陵牧业）

宁夏上陵牧业股份有限公司（上陵牧业430505）主要从事牛场运营、奶牛集约化养殖、种畜繁育、优质生鲜乳供应的畜牧业，主要产品是优质生鲜乳，用于生产高端液态奶。公司母子公司皆进行股权质押，是否会因此产生纠纷和潜在纠纷，是否会对公司持续经营能力造成影响，是否会因此而构成本次挂牌的实质性障碍？

解决思路：

（1）分析控股股东即质押人的履约能力；

（2）详述并分析股权质押合同的主要内容、双方权利义务、募集资金的用途、担保情况、回购价款情况及签订合同的原因等；

（3）律师对股权质押的合法合规性提出意见；

（4）做重大事项提示，并如实披露实情和风险。

方案详解:

1. 上陵牧业的股份和子公司翔达牧业的股份质押情况

2012年6月21日，为拓宽融资渠道，公司控股股东上陵集团与华融信托签订《特定股权收益权转让暨回购合同》，华融信托受让上陵集团的特定股权收益权而设立信托计划，向上陵集团提供人民币2亿元信托资金。上陵集团应于信托计划到期日2014年6月28日前，按照约定的价格溢价回购特定股权收益权。为了确保上陵集团按照约定按期支付溢价款和到期履行回购义务，2012年6月21日，上陵牧业与华融信托签订合同编号为华融信托〔2012〕集信第［53］号－质第［6］号的《股权质押合同》，上陵牧业将其持有子公司翔达牧业的2000万股（占总股本100%）质押给华融信托，并于2012年6月28日在宁夏回族自治区工商行政管理局办理了股权质押手续，并取得宁夏回族自治区工商行政管理局出具的《股权出质设立登记通知书》（宁工商股质登记设字〔2012〕第25号）。基于同样原因，2013年1月21日，上陵牧业的两股东上陵集团、思瑞投资分别与华融信托签订合同编号分别为华融信托〔2012〕集信第［53］号－质第［2］号－3号、华融信托〔2012〕集信第［53］号－质第［2］号－4号的《股权质押合同》，上陵集团、思瑞投资分别将其持有公司的4800万股（占总股本80%）、1200万股（占总股本20%）质押给华融信托，并于2013年1月22日在宁夏回族自治区工商行政管理局办理了股权质押手续，并取得宁夏回族自治区工商行政管理局出具的《股权出质设立登记通知书》（宁工商股质登记设字〔2013〕第14号）。律师已对上述股权质押的合法合规性出具专项法律意见，确认股权质押合法合规，程序符合规定。

2. 《特定股权收益权转让暨回购合同》的主要内容

（1）《特定股权收益权转让暨回购合同》的基本信息。合同编号：华融信托〔2012〕集信第［53］号－转第［1］号；信托计划：华融·上陵实业集团股权收益权集合资金信托计划；特定股权收益权：上陵集团持有的上陵雷克萨斯、上陵牧业、时新商厦、上陵房地产四家公司的全部股权的收益权；信托计划成立日期：2012年6月29日；信托计划预计到期日：自信托计划成立日起满24个月之日，即2014年6月28日。

（2）签订《特定股权收益权转让暨回购合同》的原因。上陵集团与华融信托签订《特定股权收益权转让暨回购合同》的实质并非是转让特定股权获得转让价款，而是通过设定权益的阶段性处置，得到相应的信托资金，是一种融资行为。通过设立上述信托计划，以信托资金受让特定股权收益权，并在约定时间内按照约定的价格溢价回购特定股权收益权，有利于拓宽上陵集团的融资渠道。

（3）信托计划募集资金的用途。《特定股权收益权转让暨回购合同》约定信托计划募集资金的用途为“用于其奶牛厂、纸浆贸易、汽车4S店等补充企业流动资金。未经华融信托书面同意，上述资金用途不得变更用于其他用途，尤其不得用于房地产项目或流向股市、期货市场等资本项目”。

经核查，上陵集团将2亿元募集资金具体用于其下属企业上陵雷克萨斯、上陵卓恒安和上陵卓恒宇三家子公司的4S店建设资金和补充流动资金16150万元，以及用于补充上陵牧业流动资金3850万元，符合《特定股权收益权转让暨回购合同》约定的募集资金用途。

（4）《特定股权收益权转让暨回购合同》约定合同各方的主要责权利。华融信托因受让特定股权收益权，而享有在约定时间内特定股权收益权实际获得的全部收益，同时承担向上陵集团支付特定股权收益权转让价款之义务；上陵集团将特定股权收益权转让给华融信托后，享有按照约定时间和用途使用信托计划募集资金的权利，同时承担于回购日自华融信托处回购特定股权收益权并依约向华融信托支付回购价款之义务。自信托计划成立日2012年6月29日起满12个月后，上陵集团有权按照合同约定提前偿还全部或部分回购价款及其他应付款项。

（5）《特定股权收益权转让暨回购合同》约定的担保情况。为保证华融信托在《特定股权收益权转让暨回购合同》项下的各项债权的顺利实现，上陵集团设立如下担保措施：上陵集团股东史信、史仁、史俭、史俨分别以其持有上陵集团52%、20%、18%、10%的股权，上陵集团以其持有的上陵雷克萨斯、上陵牧业、时新商厦、上陵房地产四家公司的全部股权，上陵牧业以其持有翔达牧业100%股权为上陵集团履行《特定股权收益权转让暨回购合同》项下之各项义务及责任提供股权质押担保；时新商厦以时新商厦之房产及所附着之国有土地使用权，南宇建材以南宇建材市场之房产及所附着之国有土地使用权为上陵集团履行《特定股权收益权转让暨回购合同》项下之各项义务及责任提供第二顺位抵押担保；史信、史仁、史俭、史俨及各自的配偶为上陵集团履行《特定股权收益权转让暨回购合同》项下之各项义务及责任提供连带责任保证担保。

（6）《特定股权收益权转让暨回购合同》约定的回购价款情况。回购价款由投资本金和投资溢价两部分组成。投资本金等于华融信托实际支付给上陵集团的，在信托计划中募集到的信托资金，共计2亿元人民币整本信托计划分三期募集完成，分别于2012年6月29日募集5100万元，2012年8月22日募集5600万元，2012年8月24日募集9300万元。华融信托分别于募集完成当日向上陵集团转让相应信托资金。投资溢价包括A类投资溢价和B类投资溢价。

A类投资溢价：上陵集团应于各投资溢价支付日（即自华融信托支付首期转让价款之日（即2012年6月29日）起每年6月20日、12月20日以及回购日）向华融信托支付A类投资溢价。A类投资溢价率为11.5%，应支付的具体金额=该投资溢价支付日前一个支付期间内投资本金余额×11.5%×该支付期间的实际天数÷365－该支付期间内提前支付的投资本金一并支付的A类投资溢价金额（如有）。截至本公开转让说明书签署日，上陵集团向华融信托支付的A类投资溢价合计为19839232.82元。

B类投资溢价：年溢价率为4.75%，日溢价率为4.75%÷365。B类投资溢价以每日的投资本金余额为基数，根据日溢价率按日计提，每日应计提B类投资溢价=当日的投资本金余额×B类投资溢价日溢价率。B类投资溢价的支付具体为：上陵集团应于华融信托支付首期转让价款后的首个工作日向华融信托支付B类投资溢价1200万元；上陵集团应于2012年9月20日向华融信托支付B类投资溢价200万元；2012年9月20日以后的每个投资溢价支付日，上陵集团向华融信托支付的B类投资溢价=自信托计划成立日2012年6月29日（含）至该投资溢价支付日（不含）期间每日计提的B类投资溢价之和－截至该投资溢价支付日（不含）上陵集团已向华融信托支付的B类投资溢价总和，如果根据该公式计算的B类投资溢价小于或者等于零，则该投资溢价支付日上陵集团不向华融信托支付B类投资溢价。截至本公开转让说明书签署日，上陵集团向华融信托支付的B类投资溢价合计为

14000000.00 元。

（7）上陵集团的履约能力。经审计，截至2012年12月31日，上陵集团资产总额为4179116827.01元、负债总额为2283078605.18元，净资产为1896038221.83元。资产负债率为54.63%，流动比率为2.09。截至2013年9月30日，上陵集团货币资金为296897409.08元，2013年1—9月经营活动产生的现金流量净额为95251282.63元。因此，上陵集团的资产负债结构较为合理，流动资产金额较大，保持了较强的流动性。2012年度，上陵集团实现净利润80778201.56元，公司盈利能力较好。

上陵集团系宁夏地区的优秀知名企业，近几年获得众多殊荣：2013年国家工商总局授予“2011—2012年度守合同重信用企业”称号，连续四年获得自治区工商局“2009—2012年度守合同重信用企业”称号，2010年、2011年自治区工商局、自治区质量技术监督局、自治区卫生局等八个部门联合授予“2010年度发展宁夏年度成就奖”、“2011年度公信力品牌奖”，2011年、2012年宁夏企业100强审定发布委员会授予“首届宁夏企业100强”称号，2012年自治区工商局、自治区消费者协会和宁夏日报报业集团授予“宁夏安全放心消费品牌企业”，2013年首届中国房地产创新模式大会组委会授予“中国房地产开发模式创新奖”，2013年自治区党委统战部和自治区工商联授予“全区优秀非公有制企业”等。因此，上陵集团的社会信誉度高。此外，上陵集团资信状况良好，自2011年起连续两年被宁夏银行评定为AAA级信用企业，享有多家银行的信贷支持2013年3月，中国建设银行宁夏分行评定上陵集团为重点客户，评定2013年度信用等级为AA-，给予6亿元的一般授信额度，实际贷款余额为4.7亿元，尚有1.3亿元授信额度未使用。同时，上陵集团申报整体授信额度7.5亿元，正在中国建设银行宁夏分行审查中。综上，上陵集团具有依约履行回购义务的能力，不能按时支付回购款的可能性极小。思瑞投资系上陵集团系统内部的员工持股平台，于2012年10月19日设立，实缴出资额1548万元，经营范围为投资管理。2012年11月12日思瑞投资自上陵集团处受让上陵牧业20%股权，成为上陵牧业的股东。截至本公开转让说明书签署日，思瑞投资仅对上陵牧业进行长期股权投资，未从事其他经营业务。作为上陵集团系统内部的员工持股平台，自愿为上陵集团本次融资行为提供股权质押担保。

如上所述，上陵集团到期不能偿还回购价款的可能性极小。上陵牧业和翔达牧业的股权质押情况，未对公司及子公司造成不利影响，未影响公司及子公司的资产独立性。上陵牧业股权清晰，根据对上陵集团偿债能力的分析，不会因股权质押产生纠纷和潜在纠纷，也不会因股权质押对公司持续经营能力造成影响，因此上述股权质押事项，不构成本次挂牌的实质性障碍，公司符合“股权明晰，股票发行和转让行为合法合规”和“具有持续经营能力”的挂牌条件。

案例200 投资人变为香港身份对公司性质的影响（求实智能）

福建求实智能股份有限公司（求实智能430484）主要从事开发、生产和销售智能小区模拟产品、智能小区数字产品、智能酒店产品、智能家居产品等智能技术产品。投资人变为香港身份，对公司及控股股东企业性质产生影响，该怎么解决？

解决思路及方案详解：

福建求实智能股份有限公司前身为福建求实电子有限公司，成立于2002年3月11日，成立时注册资本为100万元，为内资企业。2008年2月，张安东以境内资金向其增资200万元，持有公司40%的股份，2010年8月，张安东将上述股份转让给厦门求实智能网络设备有限公司。

2001年4月10日，张安东与章大进共同出资成立厦门求实智能网络设备有限公司，成立时注册资本为500万元，张安东持股比例为90%，为内资企业。2007年1月，张红玲无偿受让张安东持有厦门求实的全部股权；2009年5月，张安东以境内资金作为支付对价受让杨志平所持有厦门求实80%的股权；2010年7月，张安东以未分配利润转增形式增资1120万元。该公司目前的股权结构为：张安东持股80%，张红玲持股20%。

1995年8月，张安东取得香港永久性居民身份；张红玲女士于2003年12月取得香港永久性居民身份。对于张安东、张红玲在成为香港居民前后以其各自在国内的资产出资受让股权及对内资企业增资对企业性质的影响，公司在整体变更为股份有限公司的过程中，向厦门市投资促进局提出认定申请，并分别得到复函如下：

①“厦投促函〔2011〕25号”《厦门市投资促进局关于福建求实电子有

限公司企业性质认定的复函》：根据贵司提供的情况，贵司股东张安东、张红玲在变更为香港身份前后，如果以其在境内的合法人民币资产对公司进行投资，根据《关于外国投资者并购境内企业的规定》第五十八条规定“境内公司的自然人股东变更国籍的，不改变该公司的企业性质”及商务部《关于厦门投促局有关股东身份转变涉及企业性质认定问题的复函》（商法投资函〔2011〕97 号）的精神，我局认定你司企业性质不属于外商投资企业。②“厦投促函〔2011〕41 号”《厦门市投资促进局关于厦门求实智能网络设限公司企业性质认定的复函》：你司来函咨询有关公司股东张安东、张红玲在变更为香港身份前后，以其在境内取得的人民币资产对公司进行投资，企业性质如何认定的问题。现复函如下：根据《关于外国投资者并购境内企业的规定》第五十八条规定“境内公司的自然人股东变更国籍的，不改变该公司的企业性质”及商务部《关于厦门投促局有关股东身份转变涉及企业性质认定问题的复函》（商法投资函〔2011〕97 号）的精神，你司股东身份变更为外籍后，如果以其在境内取得的人民币资金进行投资，我局认定你司企业性质不属于外商投资企业。

张安东、张红玲在变更为香港身份前后，均以在境内的合法人民币资产对公司及厦门求实进行投资。因此，可以认定福建求实智能股份有限公司及其控股股东厦门求实智能网络设备有限公司不属于外商投资企业，属于内资企业。

案例 201 实际控制人不持有公司股份问题（维珍创意）

北京维珍创意科技股份有限公司（维珍创意 430305）主要从事 ATM 形象创新及安全防护产品的工业设计、IT 软硬件研发、市场开拓、系统集成、产品生产、系统安装及售后服务。公司实际控制人不持有公司股份，挂牌前该怎么解决？

解决思路及方案详解：

控股股东及实际控制人持股情况：公司控股股东是张秀清，实际控制人是高利军。张秀清持有公司 89.70% 的股份，计 1366 万股。张秀清是公司的控股股东，张秀清为高利军之母亲，但其不参与公司经营管理，公司的经营管理权及重大决策权由高利军行使，且高利军担任公司的董事长、总经理和法定代表人，对公司经营决策有决定性影响。所以，实际控制人是高利军。

实际控制人最近两年内变化情况：公司设立时控股股东为高利军，后为彻底解决设立瑕疵问题，高利军将其持有的公司全部股份赠予张秀清。此时，控股股东虽然由高利军变更为张秀清，但高利军与张秀清系母子关系，高利军从公司设立至今一直担任公司的法定代表人、董事长和总经理，对公司经营决策有决定性影响，且张秀清与高利军对公司的战略发展、管理理念和经营决策完全一致，高利军从公司设立至今在公司的日常经营、管理、财务决策等方面一直实际执行着公司的战略发展理念和经营决策，且在未来可预期期限内不会发生变化。

因此，高利军与张秀清之间的股份赠予行为，没有对公司持续发展、持续盈利产生障碍，高利军依然是能够实际支配公司行为的人，未导致公司实际控制人发生变更，高利军仍为公司实际控制人。

案例202 实际控制人变更与公司治理及经营（大树智能）

南京大树智能科技股份有限公司（大树智能430607）主要从事自动化控制设备的研发、设计、生产及销售，以技术为依托为客户提供自动化控制系统解决方案。实际控制人发生变更，是否对公司的持续经营形成一定的影响？

解决思路及方案详解：

1. 实际控制人变更情况及原因

报告期内，公司控股股东及实际控制人曾发生变化，具体情况如下：报告期初，大树有限为外商独资企业，澳大利亚籍公民王李宁持有大树有限100%的股权，当时公司董事会由王李宁、王李苏、王军三名成员组成，其中王李宁为王李苏的姐姐，王军为王李宁、王李苏的父亲。王军因年龄原因，未在公司任职及参与日常经营活动，王李宁曾于2010年5月12日出具经南京市公证处公证的授权委托书，授权王李苏全权办理大树有限经营管理的全部事项，故公司的日常经营活动主要由王李苏负责，但对于公司的重大决策和对公司经营活动产生重大影响的事项，会由王李苏、王李宁讨论取得一致意见后通过董事会进行决议。因此，根据上述公司股权结构、实际运作情况以及王李宁对王李苏的授权，认定王李宁、王李苏为公司的共同实际控制人。由于王李宁为澳籍华人，常年定居国外，不便管理国内公司的生产经营。因此，早在2010年，王李宁便全权委托王李苏负责公司的日常经营活动。但涉及公司的重大事项，王李苏仍需和王李宁沟通后，再进行决定。之后受精力及时间所限，加之多年未参与公司具体管理，王李宁与公司关系疏远，其本人亦不愿再牵扯公司事务。因此，2012年5月18日，王李宁出具了《大树智能科技（南京）有限公司股东决定》，将其所持全部股权转让给国内家人王李苏及王军，王军受让40%的股权，一直负责公司管理的王李苏受让60%，成为公司大股东。股权转让完成后，王李宁不再持有大树有限的股权，大树有限由外商独资企业变更为内资企业。

公司股东王李苏、王军出具了承诺函承诺："一、本人完全拥有上述股份享有的所有权、收益权、处置权等相关权利；本人不存在代他人持有大树智能股份的情形，亦不存在委托他人代本人持有大树智能股份的情形；二、截至本承诺出具之日，本人所持大树智能股份不存在被质押、冻结、查封及任何其他被限制行使权利的情形；三、本人所持大树智能股份均不存在纠纷或潜在纠纷，若由于本人所持大树智能股份发生任何形式的争议或纠纷，均由本人负责解决，并赔偿大树智能由此遭受的损失；四、本人对大树智能的出资资金来源是自有资金，不存在任何第三方为本人提供资金资助的情况；五、本人确认本说明的真实性、准确性，并愿意承担相应的法律责任；六、本人确认本承诺函所载的每一项承诺均为可独立执行之承诺，任何一项承诺若被视为无效或终止将不影响其他各项承诺的有效性。上述承诺如与事实不符，本人愿意承担一切法律责任。"2012年6月15日，大树有限股东会做出决议，选举王李苏、王军、张乐年为新一届董事会成员，王李宁不再持有大树有限股权，也不参与公司的经营管理。有限公司的控股股东和实际控制人变更为王李苏。

2. 实际控制人变更对公司业务经营、公司治理、董监高变动、持续经营能力的影响

虽然实际控制人在报告期内发生变更，但是对公司业务经营、公司治理、董监高变动、持续经营能力产生不利影响：

（1）业务经营：实际控制人变更前公司经营范围为：研制、开发、生产自动控制仪器及配套件；计算机工程、烟机安装工程及售后服务；技术转让、

技术咨询等服务项目；并销售自产产品。公司实际控制人变更后公司经营范围为：研制、开发、生产自动控制仪器及配套件；计算机工程、烟机安装工程及售后服务；技术转让、技术咨询等服务项目；并销售自产产品；自营和代理各类商品及技术的进出口（国家限定公司经营和禁止进出口的商品和技术除外)。实际控制人变更前后公司主营业务均主要为烟草制品行业客户提供工业自动化控制产品及系统解决方案，公司主要产品烟草异物智能剔除系统、烟丝（片）在线自动振动分选机等在实际控制人变更前后均未发生变化。

（2）公司治理：实际控制人变更前公司为外商独资企业，未设立股东会及监事会或监事，仅设立董事会，且在股权转让、增加注册资本等重大事项上按公司章程要求召开董事会或由股东决议，公司董事及股东依法行使权利、做出决定。实际控制人变更后公司按照《公司法》及公司章程设立股东会、董事会，并设监事一名。股份公司成立后，公司完善了公司治理结构，按照《公司法》规定设立股东大会、董事会、监事会，并制定了三会议事规则。公司严格按照公司治理要求进行规范运作。

（3）董事、监事、高级管理人员变动：实际控制变更前公司董事会由王李宁、王李苏、王军三名董事组成，三名董事均为同一家族成员，其中王李宁任董事长。实际控制人变更后，王李宁不再担任公司董事，同时为完善公司治理结构，公司引入核心技术人员张乐年作为公司董事，公司董事会由王李苏、王军、张乐年三名董事组成，其中王李苏任董事长。股份公司设立后，根据公司的法的规定新增了马士顺、樊改真、顾湘群三人为董事，公司董事会由王李苏、张乐年、马士顺、樊改真、顾湘群五名董事组成，王李苏任董事长。实际控制人变更前公司公司不设监事会，设监事一人，并委派鲁東担任公司监事。实际控制人变更后大树有限股东会做出决议，选举王静担任公司监事。股份公司设立后，根据公司法的规定选举郭阳、肖荣与职工代表监事王静三名监事组成，其中郭阳任监事会主席。实际控制人变更至股份公司设立前，公司的总经理为王李苏，副总经理为张乐年、马士顺、樊改真、鲁東。实际控制人变更后至股份公司设立后，公司总经理为王李苏，马士顺、樊改真、鲁東、王庆义为公司副总经理，潘燕为公司财务总监，鲁東为公司董事会秘书。虽然王李宁在实际控制人变更前为公司实际控制人及董事，但是在实际控制人变更前后公司总经理均为王李苏，公司日常经营活动也始终由王李苏负责，公司董事、监事、高级管理人员在实际控制人变更前后有一定的变化，但是董事、监事、高级管理人员在实际控制人变更前后均在公司任职，担任公司生产、经营、管理的主要职务。因此董事、监事、高级管理人员变更对公司生产、经营、管理无重大影响。

（4）持续经营能力：公司 2011 年营业收入为 9177 万元，2012 年营业收入为 9353 万元。公司 2013 年 1—6 月份营业收入为 1988 万元，符合公司的销售特点，公司在实际控制人变更后，生产经营保持稳定增长。因此，实际控制人变更前后，公司业务经营无重大变化，公司生产经营保持稳定增长。

综上所述，同时经核查认为，公司股权结构清晰，报告期内不存在股权委托持股情况；报告期内公司的日常经营活动始终主要由王李苏负责，所以公司实际控制人变更并不影响公司治理的有效性和经营管理的连续性；公司在实际控制人变更前后核心管理层并无重大变化，根据公司法规范了董事会，并设立了监事会，公司治理结构得到了完善；公司经营范围及主营业务在实际控制人变更前后亦未发生重大变化，公司生产经营稳定，业绩平稳增长。因此，公司实际控制人虽最近两年内发生变更，但是对公司的持续经营无重大不利影响。

案例 203 无暇参与经营导致实际控制人变更的问题（星立方）

北京星立方科技发展股份有限公司（星立方 430375）主要从事计算机系统服务，数据处理，基础软件服务，应用软件服务，销售电子产品、通信设备、计算机、软件及其辅助设备、安全技术防范产品、机械设备，专业承包及工程勘察设计。因相关人士无暇参与公司经营而导致实际控制人变更，该怎么处理？

解决思路及方案详解：

在股份制改造之前，股东计划对公司进行增加注册资本并决定规范公司经营，由于朱晓霞女士不愿继续投资且无暇参与公司经营，遂决定退出投资，不再担任星立方有限公司股东。2013 年 5 月 22 日，股东之间签订《出资转让协议》。2013 年 6 月 9 日，有限公司股权转让获工商行政管理部门核准，导致公司实际控制人由朱晓霞女士变更为刘宇明先生。报告期内，公司实际控制人虽发生变更，但由于刘宇明在公司持续运营期间一直负责公司的经营管理事务，故不存在因实际控制人变更而对公司持续经营及公司治理产生不利影响的情况，与此同时，公司借助股份制改造建立符合现代化公司的法人治理机制，更加有利于公司未来合法合规的发展。

案例204 实际控制人变更对持续经营的影响（长城软件）

四川长城软件科技股份有限公司（长城软件430426）主要从事第二类增值电信业务中的信息服务业务，电子产品，商品批发与零售。公司报告期内实际控制人变更，是否对公司持续稳定经营产生一定的不利影响？

解决思路及方案详解：

分析并如实披露。实际控制人变更风险如下：

2011年6月30日，有限公司发生股权变更。冯珏、刘红分别与刘新签署了股权转让协议，刘新取得有限公司33.765%股权，为有限公司第二大股东。刘珊珊持有公司39.46%的股权，为公司第一大股东。公司董事长由刘珊珊变更为刘新。2011年9月，有限公司进行增资及股权变更。股权变更事项完成后，刘新为公司第一大股东，持有30.18%的公司股权。公司实际控制人由刘珊珊变更为刘新。实际控制人变更前后，公司管理团队、业务发展方向、主要客户、收入及盈利能力等方面未发生明显变化。报告期内，公司实际经营未受到重大不利影响，保持持续稳定增长趋势。但若未来实际控制人发生变化，将可能对公司持续稳定经营产生一定的不利影响。

案例205 股权质押或存丧失控制权风险（华博胜讯）

安徽华博胜讯信息科技股份有限公司（华博胜讯430494）主要从事公共文化与公共安全领域软硬件产品的开发与销售、计算机系统集成及技术支持与服务。公司控股股东股权质押导致存在丧失控制权的风险，该怎么处理？

解决思路及方案详解：

进行重大事项提示以披露风险。公司股权质押可能导致丧失控制权的风险：

2013年5月、8月和9月，原有限公司股东王学杰与合肥高新融资担保有限公司签署《质押反担保合同》，以其持有的原有限公司14.84%、30.00%和35.16%的股权，通过股权质押的方式，就合肥高新融资担保有限公司对原有限责任公司向徽商银行合肥高新开发区支行、杭州银行合肥分行分别贷款150万元、150万元和300万元提供担保的事项，向合肥高新融资担保有限公司提供反担保。用做反担保的股权为股东王学杰持有的原有限公司全部股权，占有限公司股权比例为80%。公司目前生产经营及财务状况正常、过往信用状况良好，能够按照贷款协议的约定按期支付上述借款的利息，公司历史上也从未发生欠款、欠息等债务违约事项。但是，如果未来宏观经济环境发生重大不利变化或者公司发生严重经营不善等事项，导致公司的偿债能力大幅下降，到期无法偿还银行贷款，相关债权人及质权人有可能为实现债权而采取相应措施，导致公司的股份权属发生变动，发生实际控制人丧失公司控制权的风险。

控股股东王学杰将所持华博胜讯股份质押给合肥高新融资担保有限公司进行反担保的行为，系王学杰为华博胜讯因生产经营需要向商业银行进行融资，就担保方合肥高新融资担保有限公司为公司该等融资提供担保而采取的反担保措施。目前华博胜讯生产经营及业务发展情况良好，盈利能力较强，经营活动产生的现金流正常，能够按照贷款协议的约定按期支付银行利息，不存在逾期还款及违约的情形；经核查华博胜讯报告期内已经发生的银行借款，华博胜讯均能按时还本付息，且无不良信用记录。

华博胜讯目前不存在发生银行借款合同违约的法律风险，控股股东王学杰以所持华博胜讯股权质押进行反担保的行为不会导致华博胜讯的实际控制人发生变化，该等股权质押行为对本次挂牌不构成实质性法律障碍。

案例206 潜在控制权变动风险如何处理（合胜科技）

上海合胜计算机科技股份有限公司（合胜科技430630）主要从事IT服务业务。公司存在潜在控制权变动风险，该如何解决？

解决思路及方案详解：

截至本公开转让说明书签署日，公司股东共计自然人42名，其中仲志亮、施巍、王磊、段旭光等四人为公司实际控制人，其持股比例分别为16.7937%、16.7937%、16.7937%、16.7937%，合计持股67.1748%。尽管上述四人自公司2004年设立以来一直保持相同的持股比例并共同经营公司，但鉴于公司在全国股份转让系统挂牌后，上述四人所持股份可依据相关业务规则进行转让，未来可能会对公司控制权结构和治理结构造成潜在影响。

公司的控股股东和实际控制人仲志亮、施巍、王磊、段旭光于2011年2月签订了协议，约定四人担任公司的经营管理层，在公司的经营管理方面共同协商、共同决策，在公司的经营决策事项上保持一致，在直接或者间接履行股东权利和义务方面始终保持一致行动，协议的有效期至合胜计算机在中国境内公开发行股票并上市满五年之日。

案例207 公司及实际控制人报告期内被处罚的问题（威控科技）

北京威控科技股份有限公司（威控科技430288）主要从事智慧酒店客房信息系统，硬件平台涉及智能控制、能耗分析和管理、故障诊断、智能照明等，软件云平台为客户构架丰富的增值服务，打造自主盈利的价值生态链。公司及其实际控制人报告期内存在违法违规及受处罚情况，该怎么办?

解决思路及方案详解：

公司及其实际控制人最近两年存在的违法违规及受处罚情况2011年6月23日，因公司财务人员疏忽导致公司支票无法及时承兑，中国人民银行营业管理部出具“银管罚－支票〔2011〕第01279号”处罚决定书，对公司处以罚款3564.5元。2012年2月27日，因公司财务人员工作疏忽，未及时申报办理变更登记，北京市海淀区地方税务局第一税务所出具行政处罚决定书，对公司处以罚款500元。

上述违法违规行为系因有限公司工作人员疏忽所致，有限公司在收到处罚决定书后及时缴纳了罚款，并对有关人员进行了批评教育。公司在2012年11月股份制改造后相应完善了内部控制制度，公司未来将严格执行财务管理制度，杜绝类似情形的发生。

公司律师与主办券商通过查阅两项行政处罚告知书、决定书及相关法律法规的规定，一致认为上述违法违规行为情节轻微，罚款数额较低，且未对公司或他人利益造成重大影响，根据《中国人民银行行政处罚程序规定》和《中华人民共和国税收征收管理法（新征管法）》的相关规定，均属于非重大行政处罚情形，不构成重大违法违规行为。除上述行政处罚以外，公司最近两年内不存在其他违法违规及受处罚的情况。公司已经取得工商部门、税务部门和社保部门出具的无违法违规情况证明。公司实际控制人最近两年内不存在违法违规及受处罚的情况。

CHAPTER13
第十三章

共同控制、无实际控制人的认定与风险控制

本章要领 20 大案例及 25 种常规、典型实务问题及其解决思路

◎将解决的 25 种实务问题

①实际控制人直接或间接 100% 控股公司；②实际控制人共同控制分歧风险；③夫妻共持公司 80% 股份与共同控制人的认定；④夫妻共同为公司实际控制人的认定；⑤控股股东为 14 名自然人股东；⑥三人持股平均与对公司共同控制；⑦共同控股股东及实际控制人的认定；⑧亲人持股与一致行动协议；⑨管理层签署一致行动协议与共同控制的操作；⑩实际控制人不当控制的风险；⑪共同控制人行动一致的认定；⑫共同控制人共同持有股份额度的转让与限制；⑬股权分散与共同控制的认定与风险；⑭控股股东股权分散；⑮增资的股权变动与实际控制人；⑯无控股股东与共同控制的认定；⑰无控股股东、实际控制人与股东一致协议的解决途径；⑱报告期外无实际控制人与挂牌影响；⑲无控股股东但存在共同控制；⑳双方约定构建实际控制人；㉑股权分散与没有实际控制人；㉒两大股东持股相当是否构成共同控制的认定；㉓不存在控股股东与共同控制的认定；㉔无实际控制人与重大行动的民主决策；㉕股权分散且无实际控制人对公司的影响。

◎典型问题及一般性解决思路

1. 控制与共同控制的概念及关键

控制是指有权决定一个企业的财务和经营政策，并能据以从该企业的经营活动中获取利益。共同控制就是指两个或两个以上的股东通过协议、股权

约束或其他方式达成重大事件决策的“同一行动”来实现共同支配、把控公司经营和方向的现象。

由于公司控制权往往能够决定和实质影响公司的经营方针、决策和经营管理层的任免，一旦公司控制权发生变化，公司的经营方针和决策、组织机构运作及业务运营等都可能发生重大变化，给发行人的持续发展和持续盈利能力带来重大不确定性，所以，关于股东、股权及公司治理两项新三板挂牌条件中对实际控制人的认定是有较高要求的。

关于实际控制人与控股股东问题的关键主要为4种：

（1）实际控制人和控股股东认定的问题；

（2）存在共同控制的情形；

（3）无控股股东与实际控制人的情形；

（4）报告期内公司实际控制人发生变更的情形。

其中第一、第四点上一章已经讲过了，本章将专门来探讨第二、第三点内容。

2. 共同控制的认定

本类问题的常规解决思路：

（1）说明公司股权结构分散，没有任何一名股东占控股地位，但其中两名或多名股东股权合计超过50%；

（2）核查并阐明在经营过程中，关于各项重大决策，他们是否都曾保持了一致性的意见并形成了一致行动的习惯；

（3）如果无法从股权结构及董事会、管理层席位上认定他们的控制关系，那么，他们之间需要自愿签署“在经营过程中的各项重大决策事项保持一致意见”一致行动性决议；

（4）如有必要，让其他股东做出“不发生签订一致行动人协议”的承诺；

（5）根据实际情形，可在公开转让说明书中做出重大事项提示。

3. 无控股股东/实际控制人的认定

本类问题的常规解决思路：

（1）阐明公司股权结构相对分散，未能有任意一名股东占控股股东地位并实际实施控制权；

（2）根据法律法规、公司章程、各股东承诺函，说明单一股东无法控制股东大会；

（3）根据各股东承诺函和实际情况，说明股东不存在一致行动、代持股权或达成了一致行动的意愿；

（4）如有必要，可以采取股东承诺锁定部分股份的应对措施；

（5）健全内部管理制度以保证公司治理的有效性；

（6）健全内部控制制度以防范某些股东有效实施内部控制，从而保障股东的利益；

（7）根据实际情形，可在公开转让说明书中做出重大事项提示。

案例208 实际控制人直接或间接100%控股公司的问题（大方软件）

郑州大方软件股份有限公司（大方软件430548）主要从事为电力企业提供有关电网电能损耗的理论计算、统计计算、分析决策、经济运行、网损管理方面的软件系统，以及与线损、无功电压、电网规划等专业领域相关的软件开发和服务。公司3个实际控制人直接或间接100%控股公司，是否存在实际控制人不当控制风险和出现分歧的风险，该如何解决？

解决思路及方案详解：

进行风险提示并如实披露。公司的实际控制人为曹建凯、徐卫和孙希，其中曹建凯和孙希为夫妻关系，三人于2009年10月15日签订《一致行动协议书》，约定三人作为一致行动人。三人分别持有公司16.61%、33.22%与16.61%的股份，直接持有公司66.44%的股份，并通过颐和众方间接控制公司33.56%的股份，合计控制公司100%的股份。

1. 实际控制人不当控制风险

实际控制人能对公司决策产生重大影响，并能够实际支配公司的经营决策。如果实际控制人通过行使表决权等方式对本公司的人事任免、生产和经营决策进行不当控制，将会损害公司及公司中小股东的利益。

针对上述风险，公司采取的应对措施为：

（1）公司在《公司章程》中制定了保护中小股东利益的条款；制订了“三会”议事规则等一系列公司内部控制制度。

（2）公司未来将通过引入外部监事、独立董事等方式，从决策、监督层面加强对实际控制人的制衡，以防范实际控制人侵害公司及其他股东利益。

2. 实际控制人共同控制出现分歧的风险

如果实际控制人对于公司重大事项出现分歧，可能会影响一致行动协议的执行，甚至导致一致行动协议解除，将影响公司运营发展的稳定性。

针对上述风险，公司采取的应对措施为：

（1）在《一致行动协议》中，约定召开股东大会审议有关公司经营发展的重大事项前须充分沟通协商，达成一致意见后统一在股东大会上对该事项行使表决权，如果各方意见不一致时，应以持股数较多的一方的意见为表决意见。

（2）平时注重交流各自对行业发展动态、公司发展方向、日常经营管理等事项的看法，做到及时沟通，及时解决分歧；信息共享，避免由于信息不对称造成重大意见分歧，从而顺利形成一致意见。

案例 209 夫妻共持 80% 股份与共同控制的认定（中电方大）

北京中电方大科技股份有限公司（中电方大 430411）2014 年 1 月挂牌，是提供以电力安全服务为核心的技术开发、技术服务、软件产品销售的高新技术企业。该公司曾在拟挂牌报告期内存在一问题：控股股东、实际控制人认定的理由和依据是什么，认定是否充分、合法？

解决思路：

（1）控股股东的认定；

（2）共同控制人行动一致的认定；

（3）共同控制人共同持股额度因转让限制未来 3 年稳定无重大变更。

方案详解：

认定第一大股东邓岳辉和第二大股东刘红英构成共同实际控制人，理由如下：

1. 直接持有公司股权或支配公司股份的表决权

根据公司的工商登记档案文件并经核查，截至本补充法律意见书出具日，邓岳辉持有公司 600 万股，占公司总股本 50%，刘红英持有公司 360 万股，占公司总股本 30%，邓岳辉和刘红英夫妇均直接持有公司的股份并支配公司股份的表决权。

2. 共同控制人行动一致

根据公司的历次股东大会（股东会）和董事会等三会文件资料、公司章程，报告期内，邓岳辉和刘红英夫妇在公司历次股东大会（股东会）的表决、董事会的表决以及对董事的提名均由其个人直接表决，投票意向一致、表决结果一致。邓岳辉和刘红英夫妇共同作为公司实际控制人，对公司股东大会、董事会的决议具有实质性影响，对董事、高级管理人员的任免起到关键作用。

3. 共同控制人稳定无重大变更

经核查，邓岳辉和刘红英夫妇共同作为发行人的实际控制人，系基于婚姻关系，依据婚姻法的规定形成的共同共有关系，邓岳辉和刘红英夫妇对公司和公司股份的共同控制权在其婚姻存续期间一直是稳定的、有效的，且邓岳辉和刘红英夫妇作为公司的共同实际控制人，均承诺按照《全国中小企业股份转让系统业务规则（试行）》2.8 规定解除转让限制，邓岳辉和刘红英共同拥有公司控制权的情况在挂牌之日起三年可预期期限内是稳定有效存在的，共同拥有公司控制权没有且不会出现重大变更。

综上，邓岳辉现持有公司 50% 的股份，为公司控股股东，目前担任公司法定代表人兼董事长、总经理，刘红英现持有公司 30% 的股份，为公司第二大股东，现任公司董事、财务总监、董事会秘书。二人对公司的经营管理和决策施加重大影响，实际控制公司的经营管理，构成共同实际控制人。

案例 210 夫妻共同为公司实际控制人的认定理由（豪威尔）

郑州豪威尔电子科技股份有限公司（豪威尔 430471）主要从事农用机械配套仪器仪表及相关产品的开发、生产与销售。公司夫妻共同为公司实际控制人，是怎么认定的？

解决思路及方案详解：

控股股东和实际控制人的认定。截至本公开转让说明书签署日，公司第一大股东孙玉琴持有 285.87 万股，占总股本的 31.76%，第二大股东李启海持有 270.09 万股，占总股本的 30.01%，二人合计持有公司 61.77% 的股份；且自公司 2006 年 6 月成立以来，两人合计持有公司股权一直为公司第一大股东，同为公司的创始人，因此能够对公司股东会和股东大会产生重大实际的影响；另，自公司成立以来，孙玉琴一直任公司董事，李启海一直任公司董事长、总经理，因此就董事会和公司的实际运营管理而言，两人又能够实际控制公司，影响公司的经营理念及实际决策；孙玉琴与李启海系夫妻关系，自公司成立以来在董事会和股东会或股东大会的表决中均意思表示一致。但自股份公司成立后，为能够使公司实际控制权更加明确，便于统一决策，孙玉琴与李启海于2013年2月26日签订《一致行动协议》，协议对重大事项决策做了强制性约束，以保证共同实际控制权的发挥。

综上，孙玉琴与李启海共同构成公司的实际控制人，最近两年没有发生变化。协议约定：如果协议双方进行充分沟通协商后，对有关公司经营发展的重大事项行使何种表决权达不成一致意见，双方在股东大会上对该等重大事项共同投弃权票。公司认为其不丧失实际控制人的地位，理由具体如下：

《公司法》第一百零四条规定："股东大会做出决议，必须经出席会议的股东所持表决权过半数通过。但是，股东大会做出修改公司章程、增加或者减少注册资本的决议，以及公司合并、分立、解散或者变更公司形式的决议，必须经出席会议的股东所持表决权的三分之二以上通过。"孙玉琴与李启海二人合计持有公司61.77%的股份，占公司总表决权数的50%以上，如果两人在股东大会上对重大事项共同投弃权票则该重大事项则无法通过，因此就不会影响到公司实际控制人的控制地位。

案例211 实际控制人为控股股东的14名自然人问题（重钢机械）

天津重钢机械装备股份有限公司（重钢机械430274）主要从事非标准机械装备和高端钢制品的研发、生产、销售与相关技术服务。公司的实际控制人为控股股东的14名自然人股东，该如何解决？

解决思路及方案详解：

公司的控股股东为天津晖若投资有限公司。公司的实际控制人为李坤、俞春庚、王宝春、邢桂荣、张庆宏、苏文、苏清花、聂志杰、王丽娟、孙玉良、张荣霞、李晓宇、晏飞和陈忠民14名自然人。上述14名自然人系晖若投资的股东，其中，孙玉良、王宝春、陈忠民、张荣霞、聂志杰、苏清花、邢桂荣、晏飞、俞春庚和李坤，该十名股东同时还系公司股东，分别持有公司 1.27%、1.27%、1.09%、1.06%、0.85%、0.85%、0.85%、0.81%、0.76%和0.19%的股份，因此，晖若投资的14名股东合计持有公司62.66%的股份。自2007年12月股份公司设立以来，李坤、俞春庚、王宝春、邢桂荣、张庆宏、苏文、苏清花、聂志杰、王丽娟、孙玉良、张荣霞、李晓宇、晏飞和陈忠民14名自然人直接或通过晖若投资间接持有的公司股权持续稳定并略有增长，一直拥有公司50%以上表决权，目前合计拥有公司62.66%的表决权，能够对公司股东大会的重大决策产生重大影响。

自2008年以来，李坤一直担任公司董事长、总经理，自2007年以来俞春庚一直担任公司董事、副总经理、董事会秘书，王宝春一直担任公司董事、副总经理，晏飞一直担任生产厂长，陈忠民一直担任经营部经理，上述人员能够对公司董事会的重大决策及公司日常经营产生重大影响。

上述人员能够对公司股东大会、董事会的重大决策产生重大影响，在经营管理中具备了实施控制的合法条件，公司在设立以来的5年多时间内保持了各项业务的稳定开展。

2013年1月31日，晖若投资的全体股东李坤、俞春庚、王宝春、邢桂荣、张庆宏、苏文、苏清花、聂志杰、王丽娟、孙玉良、张荣霞、李晓宇、晏飞和陈忠民共14名自然人签署《一致行动人协议》，约定在处理有关公司经营发展重大事项时均应采取一致行动，包括在提出议案前内部先对相关议案或表决事项进行协调，以及在公司股东大会、董事会行使表决权时保持一致。

综上，根据股份公司设立以来历次股东大会、董事会决议及《一致行动协议书》，李坤、俞春庚、王宝春、邢桂荣、张庆宏、苏文、苏清花、聂志杰、王丽娟、孙玉良、张荣霞、李晓宇、晏飞和陈忠民14名自然人能够对公司股东大会、董事会的重大决策和公司经营活动产生重大影响，为公司的共同实际控制人。

案例212 亲属签署一致行动协议的具体内容（联宇技术）

武汉联宇技术股份有限公司（联宇技术430252）主要从事水利信息化系统的研发存、系统集成、销售、安装和服务。亲属签署一致行动协议，其内容是怎样的？

解决思路及方案详解：

桂子胜、桂勇、桂子荣于2013年6月6日签署《一致行动人协议》，做出如下约定：

“1. 三方同意，在处理有关联宇技术经营发展，且根据公司法和联宇技术之《公司章程》需要由联宇技术之股东大会、董事会做出决议的事项时，均采取一致行动。

“2. 甲、乙、丙三方采取一致行动的方式为：就有关联宇技术经营发展的重大事项向股东大会、董事会行使提案权和在相关股东大会、董事会上行使表决权时保持一致。

“3. 如一方拟就有关联宇技术经营发展的重大事项向股东大会、董事会提出议案之前，或在股东大会或董事会针对该等事项行使表决权之前，须在一致行动人内部先对相关议案或表决事项进行沟通协商，直至形成一致意见，并按照该一致意见在董事会或股东大会上对该等事项行使表决权。如果协议各方进行充分沟通协商后，对有关联宇技术经营发展的重大事项行使何种表决权达不成一致意见，各方在董事会或股东大会上对该等重大事项共同投弃权票。

“4. 除关联交易需要回避的情形外，三方保证在参加联宇技术股东大会、董事会行使表决权时，按照三方事先协商所达成的一致意见行使表决权。

“5. 三方在参与联宇技术其他经营决策活动中以及履行股东权利和义务等方面，意见均保持一致。

“6. 任何一方持有本公司的股份不得通过协议、授权或其他约定委托他人代为持有。

“7. 任何一方均不得与签署本协议之外的第三方签订与本协议内容相同、近似的协议或合同。

“8. 本协议的一致行动关系不得为协议的任何一方单方解除或撤销；协议所述与一致行动关系相关的所有条款均为不可撤销条款。

“9. 各方保证除了自身需要遵守本协议之外，还保证其所控制的持有联宇技术股权的公司（包括但不限于纽英伦、宏博源等）同样遵守本协议。

“10. 协议生效后，甲乙丙三方均为联宇技术的实际控制人。三方应当按照有关法律、法规的规定和本协议的约定以及各自做出的承诺行使权利。

"11. 本协议各方于2012年11月23日签订的《一致行动人协议》，自本协议生效之日起终止。

"12. 本协议自签署之日起生效，至公司股票上市①之日起满36个月时终止。"

三人对公司经营管理和决策施予重大影响，可实际控制公司的发展方向。在协议有效期内，三人对公司实施共同控制是稳定并有效存在。

案例213 三人持股平均与一致行动的共同控制问题（星奥股份）

北京星奥科技股份有限公司（星奥股份430574）主要从事体育场馆专用系统深化设计与实施、赛事信息系统技术支持服务。自2007年11月起，公司股东杨亚中、李明勇、陈斌三人一直持有公司股份分别为34%、33%、33%。问题：如何确认公司的实际控制人？

解决思路及方案详解：

自报告期初至今，杨亚中、李明勇、陈斌三人直接持有公司股权的比例一直保持在34%、33%、33%，均对公司形成重大影响；但任何一人凭借其股权均无法单独对公司股东大会决议、董事会选举和公司的重大经营决策实施决定性影响；自2007年11月起，杨亚中、李明勇、陈斌三人即已形成上述对公司的持股结构，三人一直密切合作，对公司发展战略、重大经营决策、日常经营活动均有相同的意见、共同实施重大影响，在公司历次股东会、股东大会、董事会上均有相同的表决意见。综上，三人在股权关系上构成了对公司的共同控制。

自报告期初至今，杨亚中、李明勇、陈斌三人一直在公司担任董事、高级管理人员、核心技术人员等重要职务，对公司经营决策具有重大影响。基于共同的利益基础和共同认可的公司发展目标，三人彼此信任，历史上合作关系良好。在公司所有重大决策上均在事前充分沟通的基础上达成了一致意见，对公司经营决策具有重大影响，事实上构成了对公司经营上的共同控制。

① 本协议第12条所称"上市"指公司首次公开发行股票后并在依法设立的证券交易所上市交易。

报告期内杨亚中、李明勇、陈斌持有公司股权的比例没有重大变化，股权不存在重大不确定性。2007 年 11 月起，历次股权转让、转增股本、增资扩股等情形没有导致杨亚中、李明勇、陈斌持有公司股权发生变动，杨亚中、李明勇、陈斌合并持有公司股权的比例一直稳定在 100%，且历次股权变化均履行了必要的法律程序，进行了工商变更登记，股权关系清晰、明确，杨亚中、李明勇、陈斌持有公司的股权合法有效，不存在重大不确定性。

自报告期初至本说明书签署之日，公司治理结构逐步完善。杨亚中、李明勇、陈斌 3 人对公司的共同控制未对公司的规范运作产生不利影响。

为保证公司控制权的持续、稳定，杨亚中、李明勇、陈斌于 2012 年 12 月 25 日共同签署了《一致行动协议》，主要条款包括：①对三人历史上的一致行动行为进行了确认。②一致行动有效期 5 年。③本协议一方拟向董事会或股东大会提出应由董事会或股东大会审议的议案时，应当事先就议案内容与另两方进行充分的沟通和交流，如果另一方对议案内容有异议，在不违反规定的前提下三方均应当做出适当让步，对议案内容进行修改，直至三方共同认可议案的内容后，以其中一方的名义或三方的名义向董事会或股东大会提出相关议案，并对议案做出相同的表决意见。④在本协议生效后至公司股票在全国中小企业股份转让系统挂牌之日的期间内以及公司股票在全国中小企业股份转让系统挂牌之日起的 60 个月内，不转让或委托他人管理其所持有的公司股份，也不由公司回购其所持有的公司股份。在上述期限过后，三方均应严格执行法律法规和监管机构关于转让中小企业股份转让系统挂牌公司股票限制的相关规定。

公司关于控股股东及实际控制人的认定符合相关法律法规的要求，杨亚中、李明勇、陈斌三人共同签署的《一致行动协议书》合法有效，三人的权利义务清晰、责任明确，三人为公司的共同控股股东及共同实际控制人，报告期内未发生变化，并且在未来可预期的期限内将继续保持稳定。

案例 214 亲人持股与一致行动及实际控制人的认定（分豆教育）

北京分豆教育科技股份有限公司（分豆教育 831850）2015 年 1 月挂牌，注册资金 3200 万，前身为“北京圣殿山教育顾问有限公司”，因挂牌需要，2014 年 9 月公司改制并正式更名为“北京分豆教育科技股份有限公司”。公司曾在申请挂牌报告期内存在一问题：控股股东、实际控制人认定的理由和依据是什么？认定是否充分、合法？

解决思路：

（1）股改前有限公司股权关系的分析与认定；

（2）历次增资后的股权关系的变化和确认；

（3）两位大股东之间签订《一致行动协议书》；

（4）如实披露。

方案详解：

根据《公司法》第二百一十六条的规定，控股股东是指其出资额占有限责任公司资本总额百分之五十以上或者其持有的股份占股份有限公司股本总额百分之五十以上的股东；出资额或者持有股份的比例虽然不足百分之五十，但依其出资额或者持有的股份所享有的表决权已足以对股东会、股东大会的决议产生重大影响的股东。第二百一十六条的规定，实际控制人，是指虽不是公司的股东，但通过投资关系、协议或者其他安排，能够实际支配公司行为的人。股份公司的发起人于鹏持有公司1047万股，占股份公司股本总额的26.85%，为股份公司的第一大股东，于鹏所持股份虽不足50%，但依其持有的股份所享有的表决权已足以对股东大会的决议产生重大影响，故于鹏为股份公司的控股股东。

2014年3月18日增资前，杨静持有北京圣殿山教育顾问有限公司80%的出资担任监事；陈世平持有圣殿山有限20%出资担任执行董事兼总经理；于鹏虽不持有出资额，但其时任副总经理，负责公司日常经营管理，且于鹏与杨静为夫妻关系，杨静与陈世平为母女关系，三人对公司重大决定及对公司财务、人事、经营决策等具有控制力，共同控制公司。2014年3月18日增资后，于鹏持有32.72%的股份，尹志远持有25.63%的股份。2014年11月17日增资后，于鹏持有26.85%的股份，尹志远持有21.03%的股份。2014年3月18日增资至今：于鹏担任董事长，尹志远担任总经理；且二人与于鹏的法定一致行动人杨静、陈世平、许波共同签订了《一致行动协议书》，约定在公司会议提案及表决、公司高管提名及投票选举以及在公司的其他有关经营决策中意思表示一致。故自2014年3月18日增资后至今，于鹏与尹志远变更为实际控制人。

综上，经核查认为：控股股东、实际控制人认定的理由和依据充分且合法。

案例 215 管理层一致行动与共同控制操作（科硕科技）

广东科硕机械科技股份有限公司（科硕科技 430571）主要从事生产和研发锂电隔膜生产设备和电池生产相关设备。公司董事长吴明选，董事、总经理和财务负责人叶美选通过签署一致行动协议形成公司共同控制人，是否合法，是怎样操作的？

解决思路及方案详解：

控股股东及实际控制人认定：吴明选持有公司股份 185 万股，占总股本的 37%，是公司第一大股东。公司股东吴明选和叶美跃为公司共同实际控制人，且报告期内未发生变化，其依据如下：

（1）吴明选和叶美跃为公司的创始人，二人对公司共同控制具有历史原因。自 2006 年 10 月 17 日公司成立至 2012 年 3 月 18 日，吴明选持有公司 100% 股权，担任公司执行董事兼总经理，为公司法定代表人，负责公司的技术和业务管理工作，为公司的控制人之一。叶美跃虽未持有公司股权，但是一直担任公司副总经理，负责公司的生产、采购、财务、行政、业务等多项重要的管理工作，对公司的经营决策具有重大控制权。2012 年 3 月，吴明选将其持有的部分股权转让给叶美跃，并由叶美跃、沈江海及吴明迅（吴明选之弟）共同增资于公司，转让及增资完成后，形成公司当前的股权结构，吴明选及叶美跃合计持有 60% 的股权。而且，本次转让及增资完成后，公司执行董事和总经理由叶美跃担任，公司监事由吴明选担任。2012 年 12 月 26 日，股份公司成立后，吴明选担任公司董事长，叶美跃担任公司董事、总经理和财务负责人。由上可认定，公司自有限责任公司成立始，吴明选和叶美跃即为公司的共同实际控制人。

（2）吴明选和叶美跃自有限公司成立开始在各项重大决策时均保持一致意见。自有限公司成立始，吴明选和叶美跃在充分沟通协商的基础上，就经营发展和一致行动达成了共同意见；在每次股东会（或董事会）召开前，吴明选和叶美跃都就相关讨论事项提前进行沟通，达成统一意见并按照该意见进行表决。因此，在 2013 年 8 月 23 日之前，吴明选和叶美跃虽然没有签署过书面一致行动决议，但在多年生产经营过程中事实上形成了一致行动关系，在公司的历次重大事项决策上未出现过重大分歧，一直保持一致性。

（3）吴明选、叶美跃通过约定形成了一致行动关系。为保证公司控制权的持续、稳定，2013年8月23日，吴明选和叶美跃签订《一致行动决议》，双方约定在《一致行动决议》期内将继续按照共同协商的原则履行公司经营管理的职责。协议主要内容如下："①本决议一方拟向董事会或股东大会提出应由董事会或股东大会审议的议案时，应当事先就议案内容与另一方进行充分的沟通和交流，如果另一方对议案内容有异议，双方均应当做出适当让步，对议案内容进行修改，直至双方均认可议案的内容后，再向董事会或股东大会提出相关议案，并对议案做出相同的表决意见。②对于非由本决议的一方提出的议案，在董事会或股东大会召开前双方应当就待审议的议案进行充分的沟通和交流，直至双方达成一致意见，并各自以自身的名义在董事会会议或股东大会会议上做出相同的表决意见。如果难以达成一致意见，一方拟对议案投同意票，而另一方拟对该议案投反对票或弃权票的，则双方在正式会议上均应对该议案投同意票；如果一方拟对议案投反对票，而另一方拟对该议案投弃权票的，则双方在正式会议上均应对该议案投反对票。③本决议生效后至公司在全国中小企业股份转让系统挂牌之日起36个月内，本协议双方不得转让或委托他人管理其所持有的公司股份。④双方承诺一致行动决议的实施应以不损害中小股东的利益为前提。⑤本决议自各方签署至公司在全国中小企业股份转让系统挂牌之日起36个月内有效。⑥双方承诺将严格遵守和履行相关法律、行政法规、中国证监会行政规章及规范性文件规定的关于一致行动人的义务和责任。⑦本协议各双方承诺，除上述《一致行动决议》外，公司股东未曾签订、在本《一致行动决议》有效期内也不会签订任何可能影响公司控制权稳定性的协议，在本《一致行动决议》有效期内也不会做出可能影响公司控制权稳定性的其他安排。"

《一致行动决议》的签订，系双方真实意思表示，且不违反法律、行政法规的强制性规定，协议合法有效。故吴明选和叶美跃为公司的共同实际控制人，并且在未来可预期的期间内将保持稳定。

案例216 公司无控股股东情形下的共同控制认定（伯朗特）

广东伯朗特智能装备股份有限公司（伯朗特430394）主要从事注塑成

型机用机械手及周边自动化设备的研发、生产、销售，同时提供自动化生产线的整体解决方案。公司前三大股东持股相近，无绝对控股股东，三大股东签订一致行动协议，被认定为共同控制，怎样操作的？

解决思路及方案详解：

公司无绝对控股股东。公司的实际控制人为尹荣造、杨医华及邓共招，三人分别持有公司24%、22%、22%的股份，合计持有公司68%的股份。共同控制的认定如下：

（1）尹荣造、杨医华及邓共招持股情况：

期间	持股比例（%）			合计
	尹荣造	杨医华	邓共招	
2008. 5. 9—2011. 12. 13	25. 00	25. 00	25. 00	75. 00
2011. 12. 14 至今	24. 00	22. 00	22. 00	68. 00

（2）尹荣造、杨医华及邓共招能够对董事会的决策和公司经营活动产生重大影响。有限公司阶段，尹荣造自2008年11月起担任公司执行董事，自2011年12日起担任公司法定代表人、执行董事；杨医华、邓共招分别担任公司业务部高级副总经理、高级经理；邓共招自2008年11月起担任公司监事。股份公司成立后，尹荣造担任公司法定代表人、董事长、总经理，杨医华担任董事、副总经理，邓共招担任董事。三人一直从事公司的经营管理活动，自有限公司成立以来，三人合计持有的公司股份一直保持在50%以上，能够对公司的董事会的决策和经营活动产生重大影响。

（3）尹荣造、杨医华与邓共招为公司实际控制人：自有限责任公司成立以来，尹荣造、杨医华与邓共招合计持股比例均在50%以上，对于公司的重大事项、财务、经营政策及人事任免等决策，三人均在事前通过协商达成一致意见，并通过公司股东会决议的方式共同控制公司。2013年10月8日，股份公司成立。尹荣造、杨医华和邓共招于2013年9月26日签订《一致行动协议》，确保了对公司控制权的持续稳定。该协议主要内容如下：

三方在公司股东大会和董事会会议中行使表决权时采取相同的意思表示和保持一致。三方在公司股东大会和董事会会议中行使表决权前应进行协商沟通以达成一致意见，如无法达成一致意见的，按以下方式保持一致行动：若一方的持股数量高于其他两方之和的，则以该方的意见为准；若其中两方达成一致意见，而且该两方的持股数量超过另一方，则以该两方的意见为准；若三方的意见均不相同，且没有任何一方的持股数量超过其他两方之和，则以持股数量最多的一方意见为准。各方作为一致行动人行使股东权利不得违背中国法律法规规范性文件及公司章程的规定，不得损害公司及其他股东利益，不得影响公司的规范运作。

各方承诺将严格遵守和履行中国相关法律、行政法规、行政规章及规范性文件规定的关于一致行动人的义务和责任。

通过上述《一致行动协议》，尹荣造、杨医华和邓共招合计能够支配表决权比例为68%，合计处于控股地位，并确保未来意见一致。除上述《一致行动协议》外，公司股东未签订任何可能影响公司控制权稳定性的协议，亦不存在可能影响公司控制权稳定性的安排。据此，主办券商认为，尹荣造、杨医华和邓共招为公司的实际控制人。

案例217 股权分散情形下的控股股东及实际控制人认定（欧萨咨询）

上海欧萨评价咨询股份有限公司（欧萨咨询430319）主要从事建设项目职业病危害评价，民用建筑室内环境、环境卫生、建筑工程质量、洁净室、工业安全、电磁辐射环境、接地电阻计量认证，企业环境、安全、健康、管理领域内的四技服务。在公司股权分散的情况下该如何认定控股股东、实际控制人？

解决思路及方案详解：

股东国淳创投持有公司30.71%股份，王小兵持有公司25.93%股份，张朝一持有公司25.93%股份，伍波持有公司6.22%股份，夏志玲持有公司6.22%股份，国际创投持有公司5.00%股份，任何单一股东均不能对公司决策形成实质性控制，公司无控股股东。

截至本公开转让说明书签署之日，王小兵先生持有公司25.93%股份，张朝一先生持有公司25.93%股份。2013年4月8日，王小兵与张朝一签订《一致行动协议》，该协议自双方签署后生效，有效期至本次申请挂牌取得核准之日起36个月届满，该协议对双方保持一致行动事宜做出如下约定：

（1）双方在处理须经公司董事会、股东大会批准的重大事项时应采取一致行动。

（2）双方作为董事时，任一方向董事会提出议案前须与另一方协商，取得一致意见后共同向董事会提出议案；未达成一致意见的，任一方不得单独提交议案。董事会审议有关议案前，双方须充分协商以达成一致表决；不能达成一致时，在表决事项的内容符合国家法律及相关规定的前提下，如一方投弃权票的，则最终双方意见应根据另一方的意见进行表决；如一方投反对票、一方投同意票时，则双方均应投反对票。

（3）双方作为股东时，任一方向股东大会提出议案前须与另一方协商，取得一致意见后共同向股东大会提出议案；未达成一致意见的，任一方不得单独提交议案；股东大会审议有关议案前，双方须充分协商以达成一致表决；不能达成一致时，则在表决事项的内容符合国家法律及相关规定的前提下，如一方投弃权票的，则最终双方意见应根据另一方的意见进行表决；如一方投反对票、一方投同意票时，则双方均应投反对票。

（4）股权转让时，如协议一方向第三方转让股份，须经另一方的同意。根据上述《一致行动协议》，王小兵与张朝一合计持有公司51.86%的股份，为公司共同实际控制人。

案例218 无控股股东但存在共同控制的认定问题（长合信息）

上海长合信息技术股份有限公司（长合信息430407）主要从事地铁通信领域的通信传输、数据网络、语音交换及调度电话等系统的研发、销售及相关技术服务。公司无控股股东，但存在共同控制，这是怎样认定的？

解决思路及方案详解：

公司自然人股东黄学军、隋志毅、张敏为公司法人股东上海益诚汉明投资合伙企业（有限合伙）的合伙人，其中黄学军为执行事务合伙人，隋志毅、张敏为有限合伙人。

公司股东黄学军、隋志毅、张敏于2013年8月12日签订《一致行动协议》，三方为公司的共同控制人。公司无控股股东，实际控制人为黄学军、隋志毅、张敏。截至本公开转让说明书签署日，三人直接持有公司8333333.00股股份，通过益诚汉明间接持有公司1666667.00股股份，合计持有公司100%股份。根据公司历史上的决策情况，自2011年初黄学军成为公司股东之日起，黄学军、隋志毅、张敏三人对公司发展战略、重大经营决策、日常经营活动均发表相同的意见，共同实施重大影响，在公司历次股东（大）会、董事会上均有相同的表决意见；且三人一直担任公司董事长、董事或总经理等重要职务，能够实际支配公司董事会和日常经营活动；2013 年 10 月 12 日，三人也共同出具书面说明，确认三人作为公司股东期间持续一致行动的事实。2013 年 8 月 12 日，为延续和稳定共同控制的状态，黄学军、隋志毅、张敏三人正式签署了《一致行动协议》。因此，认定黄学军、隋志毅、张敏为公司的共同实际控制人。公司实际控制人近两年未发生变化。

案例 219 两大股东持股相当与共同控制问题（励图科技）

安徽励图信息科技股份有限公司（励图科技 430398）主要从事计算机软件、数字媒体产品、电子产品的开发、生产、销售及相关技术咨询、服务；系统集成，信息系统，网络工程，综合布线。公司两大股东持股相当，是否构成共同控制，该如何认定？

解决思路及方案详解：

公司控股股东、实际控制人是朱祝华和王骏。朱祝华持有公司 40.597% 的股份，计 648.9 万股。王骏持有公司 40.597% 的股份，计 648.9 万股。两人合计持有公司 81.194% 的股份，计 1297.8 万股。朱祝华担任公司董事长，王骏担任公司董事、总经理。

1. 认定朱祝华、王骏为公司控股股东的依据

（1）将朱祝华和王骏认定为控股股东符合《公司法》第 217 条的规定。根据 2006 年 1 月 1 日起施行的《公司法》第 217 条第（二）项的规定：控股股东，是指其出资额占有限责任公司资本总额百分之五十以上或者其持有的股份占股份有限公司股本总额百分之五十以上的股东；出资额或者持有股份的比例虽然不足百分之五十，但依其出资额或者持有的股份所享有的表决权已足以对股东会、股东大会的决议产生重大影响的股东。截至本说明书签署之日，朱祝华持有公司 40.597% 的股份，王骏持有公司 40.597% 的股份，两人合计持有公司 81.194% 股份，合计享有的表决权在股东会中超过三分之二，处于绝对多数。朱祝华与王骏两人于 2013 年 8 月 16 日签署了《一致行动协议书》，约定两人："在决定公司日常经营管理事项时，共同行使公司股东权

利，特别是行使召集权、提案权、表决权时采取一致行动。”两人一致行动构成共同控制股东。符合《公司法》第217条对“控股股东”的认定要求。

（2）根据《上市公司章程指引》（证监公司字〔2006〕38号）的规定，可以认定朱祝华和王骏为公司控股股东。根据证监会2006年3月16日发布的《上市公司章程指引》（证监公司字〔2006〕38号）第一百九十二条规定：（一）控股股东，是指其持有的股份占公司股本总额50%以上的股东；持有股份的比例虽然不足50%，但依其持有的股份所享有的表决权已足以对股东大会的决议产生重大影响的股东。该规定与《公司法》第217条第（二）项的规定一致，也可作为认定朱祝华和王骏为公司控股股东的依据，理由同上。

（3）参照目前已上市公司“神州泰岳”（股票代码300002）对控股股东的认定情况，也可以认定朱祝华和王骏为公司控股股东。根据创业板已上市公司“神州泰岳”所备案的《北京神州泰岳软件股份有限公司首次公开发行股票并在创业板上市招股说明书》表述：股东“王宁、李力为公司的共同实际控制人，报告期内未发生变化；截至本招股说明书签署之日，两人各持有公司18.5756%的股权，并列为公司第一大股东”。而且《招股说明书》对认定二人是控股股东有明确表述，“公司系自然人持股的股权结构，实际控制人和控股股东均为王宁和李力”。该公司股东王宁、李力与朱祝华和王骏持股情况类似，两人均是所在公司第一大股东，持股比例相同，均签署了一致行动协议书，且该公司股东王宁、李力两人各持有公司18.5756%的股权，股权比例远不及朱祝华与王骏在本公司各所持股份比例40.597%。因此，参照已上市公司“神州泰岳”对控股股东的认定情况，可以认定朱祝华和王骏为公司控股股东。基于以上事实，认定朱祝华与王骏为公司控股股东不违反法律、法规规定。

2. 认定朱祝华、王骏为公司实际控制人的依据

（1）截至本说明书签署之日，朱祝华持有公司40.597%的股份，计648.9万股。王骏持有公司40.597%的股份，计648.9万股。两人合计持有公司81.194%的股份，计1297.8万股。其他33位自然人股东合计持有公司18.806%的股份，计300.6万股。朱祝华、王骏在公司中共同持股比例处于控制地位。

（2）朱祝华和王骏在共同成立励图有限之前，曾共同在安徽现代电视技术研究所工作过，为同事关系，关系较好。两人志向相投，共同创业，于2000年9月共同成立了励图有限。

（3）有限公司阶段，朱祝华担任执行董事兼总经理，王骏担任监事。股份公司成立后，朱祝华担任董事长，王骏担任董事、总经理兼财务总监，两人均担任公司高级管理职务，并实际控制公司。两人在公司中的实际控制地位自设立至今未发生变化。

（4）公司设立至今，两人在首次出资及历次增资时均保持了相同的股权比例，且两人在公司的生产经营决策中保持了高度的一致性。

（5）股份公司设立至今，公司有关董事、监事和高管的提名，以及董事会、股东大会及公司重大决策中，两人意见一致。

（6）自股份公司设立以来，公司治理结构健全，运行良好，两人共同拥有公司控制权的情况不影响公司的规范运作。

（7）两人于2013年8月16日签署了《一致行动协议书》，主要内容如下："在决定公司日常经营管理事项时，共同行使公司股东权利，特别是行使召集权、提案权、表决权时采取一致行动。包括但不限于：（一）决定公司的经营方针和投资计划；（二）选举和更换非职工代表担任的董事、监事，决定有关董事、监事的报酬事项；（三）审议批准董事会的提案；（四）审议批准董事会或者监事的报告；（五）审议批准公司的年度财务预算方案、决算方案；（六）审议批准公司的利润分配方案和弥补亏损方案；（七）对公司增加或者减少注册资本做出决议；（八）对发行公司债券做出决议；（九）对公司合并、分立、解散、清算或者变更公司形式做出决议；（十）修改公司章程；（十一）公司章程规定的其他职权。"

基于以上事实，朱祝华、王骏共同拥有公司控制权是真实、合理、稳定的，共同控制在可预期期限内可以保持稳定。

案例220 控股股东非实际控制人与共同控制认定（万洲电气）

万洲电气股份有限公司（万洲电气430436）主要从事电力系统自动化控制与节能相关产品的研发、生产与销售。公司说明书披露，公司控股股东为赵世运，公司实际控制人为赵世运、李明辉、李峰、赵邦国和包群英。问题：请公司补充说明并披露公司控股股东及实际控制人的认定理由及依据，如有一致行动安排，请补充提供并摘要披露，其认定是否充分、合规？

解决思路及方案详解：

经核查，公司的第一大股东为赵世运，直接持有公司2000万股股份，约占公司股份总数的35.22%。公司的实际控制人为赵世运、李明辉、包群英、赵邦国、李峰，上述五人合计持有公司5000万股股份，约占公司股份总数的88.06%。同时，五人公司的创始人，分别担任公司董事、总经理或副总经理，对公司股东大会及董事会决策有重大影响，同时五人签署了《一致行动人协议》。

（1）自公司设立至今，赵世运、李明辉、李峰、赵邦国和包群英五人通过直接持有公司股份的方式对公司构成了共同控制，上述五人直接合并持有公司股权的比例一直保持在50%以上。公司设立至今实际控制人持股变化情况具体如下表所示（略）。自公司设立以来经历了多次增资，但赵世运、李明辉、李峰、赵邦国、包群英五人持有公司的股权比例始终在50%以上，对公司具有绝对的控制权。

（2）公司治理结构健全、运行良好，赵世运、李明辉、李峰、赵邦国、包群英五人共同拥有公司控制权的情况不影响公司的规范运作，且自公司设立至今，上述五人在公司一直或曾经担任重要职务，对公司经营决策具有重大影响。上述五人基于共同的利益基础和共同认可的公司发展目标，对公司发展战略、重大经营决策、日常经营活动决策达成一致。公司设立至今实际控制人在公司的任职情况如下表所示（略）。上述五人皆为公司的创始人，从公司设立至今曾担任公司董事、总经理或副总经理，在股东会及董事会上一直根据协商一致的结果进行表决或投票，对公司股东大会及董事会决策有重大影响。

（3）上述五人签署了《一致行动人协议》，自公司成立以来五人一直根据协商一致的结果进行表决或投票，并且同意在今后按照相关约定采取一致行动，在充分沟通及协商的基础上行使各自在公司的表决权和经营管理权；在公司的生产经营过程中，凡涉及公司重大经营管理决策事项时，各方应先行协商一致，取得共同意见后，再行在公司董事会或股东大会进行一致表决，以便在行动上保持一致；一方拟就公司重大经营管理决策事项向董事会或股东大会提出议案时，须事先与其他各方进行充分的沟通与协商，在取得一致意见后，再行向董事会或股东大会提出提案。《一致行动人协议》合法有效、权利义务清晰、责任明确。

综上，认定赵世运、李明辉、李峰、赵邦国、包群英共同控制的依据是充分的，符合《<首次公开发行股票并上市管理办法>第十二条“实际控制人没有发生变更”的理解和适用——证券期货法律适用意见第1号》等相关法律法规对于共同控制的认定要求。

案例221 不存在控股股东，如何认定共同控制（方林科技）

苏州方林科技股份有限公司（方林科技430432）主要从事笔记本电脑、平板电脑及手机等消费类电子产品的锂电池组件生产及相关配件的生产和销售，并能够为品牌终端客户提供电池模组整套解决方案。公司不存在控股股东公司，是如何认定为共同控制的？

解决思路及方案详解：

《公司法》第217条（二）的规定：控股股东，是指其出资额占有限责任公司资本总额百分之五十以上或者其持有的股份占股份有限公司股本总额百分之五十以上的股东；出资额或者持有股份的比例虽然不足百分之五十，但依其出资额或者持有的股份所享有的表决权已足以对股东会、股东大会的决议产生重大影响的股东。基于上述认定，方林有限不存在控股股东。公司实际控制人为俞文伟、王国洪和王国伟，其三人现共持有公司3589.484784万股股份，占公司股份总额的56.43844%。公司为俞文伟、王国洪和王国伟共同控制。

共同控制认定依据如下：

（1）王国洪、俞文伟和王国伟持股情况（略）。

（2）王国洪、俞文伟和王国伟能够对董事会的决策和公司经营活动产生重大影响。2002年11月21日，苏州方林科技电子材料有限公司成立，2003年1月起，王国伟就在方林有限担任总经理。股份公司成立后，俞文伟与王国洪并列为公司第一大股东，俞文伟担任公司的董事长，王国洪担任公司的董事，王国伟继续担任总经理并兼任公司董事。俞文伟、王国洪和王国伟三人能够对公司董事会的决策和公司经营活动产生重大影响。另外，自有限公司成立以来，俞文伟、王国洪和王国伟三人均能做出一致决策，从未发生过纠纷和分歧。

（3）王国洪、俞文伟和王国伟通过共同控制关系成为公司实际控制人。从2009年7月起，王国洪、俞文伟和王国伟合计持股比例均在50%以上，对于公司的重大事项、财务、经营政策及人事任免等决策，三人均在事前通过协商达成一致意见，并通过公司股东会决议的方式共同控制公司。股份公司成立时，三人签署了《一致行动协议》，主要内容包括：各方一致同意对于方林科技需股东大会决议的所有事项，做出完全一致的决策。如果各方在股东大会上就某项议案的表决意见不一致，则视为各方均放弃表决权，各方所代表的表决权不计入股东大会表决权总数；各方对于需股东大会决议事项应在事先充分沟通并达成一致意见，并保证不会因各方协商而延误方林科技相关事项决策，亦不会延误对方林科技做出相关事项决策的时机。

综上，公司股东王国洪、俞文伟和王国伟在公司遇到重大事项时均会协商达成一致意见，并在股东会中统一表决，《一致行动协议》的签署是对三方事实上的一致行动关系和共同控制关系的确认，有助于未来公司发展战略、经营理念和公司运营的稳定、持续。王国洪、俞文伟和王国伟的共同控制主要是通过合法行使其表决权实现的，且公司章程中规定实际控制人不得利用其控制地位侵害公司和其他股东的利益，如果实际控制人违反相关法律、法规及章程的规定，给公司及其他股东造成损失的，应当承担赔偿责任。因此，共同控制既能确保公司发展战略、经营管理和公司运营的稳定性，又能在相关规章制度的约束下不损害到公司及其他投资者的利益。公司的实际控制人在最近两年未发生变化。

案例222 股权分散与无实际控制人的处理思路（山本光电）

深圳市山本光电股份有限公司（山本光电430378）主要从事销售电子背光源，销售发光二极管、塑胶膜、塑料制品、镜头、镜头模组，货物及技术进出口。公司股权分散，无实际控制人，该怎么办？

解决思路及方案详解：

如实披露信息。由于公司各股东所持股份相对分散，没有单一股东持有股份公司30%以上的股份，没有单一股东可以对股份公司股东大会的决策形成实质性影响。周晓斌持有深圳市创鑫道投资合伙企业（有限合伙）42.86%的出资额，持有股份公司7.25%股份的王志高持有深圳市创鑫道投资合伙企业（有限合伙）42.86%的出资额，据此，周晓斌、王志高和深圳市创鑫道投资合伙企业（有限合伙）具有除共同投资山本光电以外的其他关联关系；另经核查，周晓斌和赵后鹏均为公司的关联方深圳市宇顺电子股份有限公司的股东，除此以外，公司的12名股东之间不存在除共同投资山本光电以外的其他关联关系。公司现有董事5名，董事会成员为周晓斌、王志高、赵后鹏、龚裕和、徐敏，该5名董事均为公司的股东，不存在任何单一董事可以对公司董事会的决策形成实质性影响。

综上所述，公司无实际控制人。

案例223 股权相对分散与无实际控制人的解决详情（景弘环保）

武汉景弘环保科技股份有限公司（景弘环保430283）主要从事大气污染治理，是工业粉尘治理一体化解决方案提供商。主营业务为除尘系统工程总承包和袋式除尘器的研发、设计、制造、销售。公司股权相对分散，无实际控制人，挂牌前该怎样解决？

解决思路：

（1）充分分析股权分散、无实际控制人对公司的影响；

（2）如实披露并风险提示。

方案详解：

公司股权结构分散，任何单一股东均无法控制股东大会、董事会，股东间无一致行动。因此，公司不存在控股股东和实际控制人。

（1）最近两年内，公司股权结构一直维持比较分散的状态，不存在控股股东和实际控制人。目前，公司共有96名股东，前五大股东合计持有56.56%的公司股份，分别持有19.79%、19.47%、7.64%、6.43%、3.23%，无单一股东持有公司30%以上股权。

（2）根据《公司法》及《公司章程》、《股东大会议事规则》的规定，股东大会做出普通决议，须经出席会议的股东所持表决权过半数通过，特别决议须经出席会议的股东所持表决权的三分之二以上通过。公司任何单一股东所持有的公司股份均未超过公司总股本的30%，任何单一股东均无法控制股东大会或对股东大会决议产生决定性影响。

（3）根据《公司法》及《公司章程》、《董事会议事规则》的规定，董事会审议通过会议提案并形成相关决议，必须有超过公司全体董事人数之半数的董事对该提案投赞成票。

根据《公司章程》的规定，董事会成员和监事会成员的任免由股东大会以普通决议通过。股东大会做出普通决议，应当由出席股东大会的股东（包括股东代理人）所持表决权的过半数通过。股东大会做出特别决议，应当由出席股东大会的股东（包括股东代理人）所持表决权的三分之二以上通过。公司董事均由股东大会选举产生，且各股东均按照各自的表决权参与了董事选举的投票表决。因此，公司任何单一股东均没有能力决定半数以上董事会成员的选任。

根据《公司法》及《公司章程》的规定：董事会会议应有过半数的董事出席方可举行。除法律法规和本章程另有规定外，董事会做出决议，必须经全体董事的过半数通过。公司任何股东均无法控制董事会或对董事会决议产生决定性影响。公司全体董事间不存在任何形式的关联关系，且独立依据自己的意愿对会议议案进行表决。不存在任何单一股东单独控制董事会的情形。

综上，公司股权结构一直较为分散，不存在控股股东和实际控制人，亦不存在多人共同拥有公司控制权的情形。在公司无实际控制人的情形下，公司股东通过股东大会、董事会，按照公司章程及公司有关制度的规定对公司进行治理；从近年来公司经营管理层稳定性和日常经营情况来看，公司无实际控制人的情形未对公司经营稳定性造成重大不利影响；此外，公司前五大股东自愿参照《全国中小企业股份转让系统业务规则（试行）》关于控股股东及实际控制人股份锁定要求进行股份锁定。

因此，公司无实际控制人的情形对公司的治理结构、决策机制及生产经营等方面不会产生不利影响。

案例224 公司无控股股东和实际控制人问题（斯派克）

湖南斯派克科技股份有限公司（斯派克430392）主要从事精细化工产

品的开发、生产及销售，生物化工新技术、新产品研究开发及技术咨询，自营和代理各类商品和技术的进出口。问题：公司无控股股东和实际控制人，是否会对公司挂牌新三板形成影响?

解决思路：

（1）股权结构比较分散，无一致行动协议，全体股东出具声明，认定公司无控股股东和实际控制人；

（2）如实披露信息。

方案详解：

公司目前共有34名股东，股权结构比较分散，无任何股东单独持股比例高于30%；公司的第一大股东段湘生持有公司15.37%的股份，公司其他股东持股均低于15%。公司全体股东出具《声明》：股东之间不存在通过协议、合作、关联方关系或其他安排与任何其他股东存在一致行动的情形。2012年12月15日，股份公司召开创立大会暨2012年第一次股东大会，选举段湘生、杨贵生、肖铁勇、聂萍、付军共5人为公司董事，组成公司第一届董事会，其中，段湘生、聂萍为公司股东，杨贵生由股东江苏华达化工集团有限公司提名，肖铁勇由原股东国家农药创制工程技术研究中心提名，付军由股东长沙麓谷创业投资管理有限公司提名。

因此，公司任何股东无法单独通过实际支配公司股份表决权决定公司董事会半数以上成员选任，无法单独通过实际支配的股份决定公司的重大事项。根据《公司法》的相关规定及全体股东出具的《声明》及各股东对公司的实际影响，公司不存在控股股东及实际控制人。

案例225 报告期外无实际控制人，该如何处理（索享股份）

索享（北京）科技股份有限公司（索享股份430280）主要从事生产加工计算机软硬件；货物进出口、技术进出口、代理进出口；销售计算机、软件及辅助设备、通信设备、机械设备、文化用品。公司报告期外无实际控制人，挂牌前该怎么处理?

解决思路及方案详解：

如实披露。公司控股股东和实际控制人为常达，持有公司492万股公司股份，占公司股本的82%。常达于2010年5月通过股权转让方式成为公司股东，持股比例为65%。2011年4月，常达进一步受让公司的股权，持股比例增至99%。2012年增资后常达的股权比例降至82%。从2010年5月至今，常达持股比例均为低于50%，能够通过在股东大会行使表决权的方式决定公司的经营和财务政策及管理层人事任免，是在公示的实际控制人。在2010年5月之前，公司的股权比例呈现出每个股东股权比例相同、出资额均分的格局，公司无实际控制人。

案例226 公司无实际控制人的解决途径（翼捷股份）

上海翼捷工业安全设备股份有限公司（翼捷股份430234）主要从事安全仪器仪表、消防报警产品及传感器的生产组装、集成、软件嵌入、测试和研发、销售和服务，提供楼宇自动化专业领域内的技术服务。公司无实际控制人，该如何处理？

解决思路及方案详解：

做重大事项提示。张杰先生持有本公司40.00%的股份，程琨先生持有本公司30.00%的股份，孙晓菲女士持有本公司30.00%的股份，任何单一东均不能对公司决策形成实质性控制。因而，公司无控股股东和实际控制人。公司单个股东持有的股份均未超过总股本50%，均无法决定董事会多数席位，公司的经营方针及重大事项决策系由全体股东充分讨论后确定，无任何一方能够决定和做出实质影响，公司无实际控制人。由于公司无控股股东及实际控制人，决定了公司所有重大行为必须民主决策，由全体股东充分讨论后确定，避免了因单个股东控制引起决策失误而导致公司出现重大损的可能性，但可能存在决策效率被降低的风险。

案例227 实际控制人未追溯至最终出资人的问题（星原丰泰）

北京星原丰泰电子技术股份有限公司（星原丰泰430233）主要从事生产高频模块电源，技术开发；研发、销售高频模块电源，货物进出口、技术进出口、代理进出口。公司实际控制人未追溯至最终出资人，该怎么处理？

解决思路及方案详解：

公司的实际控制人为北京京仪集团有限责任公司，京仪集团是北京控股集团有限公司的全资子公司，北京控股集团有限公司的出资人为北京市国有资产监督管理委员会。实际控制人的认定依据：

（1）京仪集团拥有对其所属企业改制、重组、合并、分立等重大事项的审批权。

根据《北京市国资委关于贯彻落实＜关于规范国有企业改制工作意见＞的通知》（京国资改发字〔2004〕23 号）和《北京控股集团有限公司企业改制工作规定》（试行），北京市国资委审核批准所出资企业中的国有独资企业、国有独资公司的重组、股份制改造、合并、分立等重大事项。除上述应由市国资委或市政府决定或批准的改制事项外，所出资企业依法决定或批准其所属企业的其他改制事项，并报市国资委备案。北京控股集团有限公司作为北京市国资委下属的国有独资公司，对集团直接出资企业中的国有独资企业、国有独资公司的重组、股份制改造、合并、分立等重大事项拥有审批权限。除应由集团决定或批准的事项外，集团直接出资企业依法决定或批准其所属企业的其他改制事项，批准后相关文件报集团备案。因此京仪集团拥有对其所属企业改制、重组、合并、分立等重大事项的审批权限。

（2）公司设立、公司控股股东北京自动化技术研究院收购非国有股东股权、增资及改制均为京仪集团批复后实施。

（3）北京自动化技术研究院的出资人为京仪集团。

综上，京仪集团可以通过北京自动化技术研究院控股的方式决定星原丰泰的经营和财务政策及管理层人事任免等重大事项，同时拥有对星原丰泰改制重组、增资、合并、分立等重大事项的审批权限。因此，京仪集团为星原丰泰的实际控制人。